선생님이 들려주는
이 책으로 공부해야 하는 이유!

●● 낯선 비문학에 쉽게 다가가기 비문학을 어렵게 느끼고 다가가기 힘들어하는 학생들이 많습니다. 이 책은 비문학 독해가 낯선 학생들에게 비문학 독해란 무엇이고 어떻게 공부해야 하는지를 친절하게 알려 줍니다. 그리고 호기심을 유발하는 다양한 지문을 제시하여 읽기에 흥미를 갖게 하고 비문학과 차차 친해질 수 있도록 하지요.
　　 – 김경아 선생님

●● 수능까지 내다본 비문학 공부의 첫걸음 최근 수능 국어에는 정보량이 많은 긴 비문학 지문이 출제되고 있습니다. 수능에서 비문학 독해 능력이 매우 중요해진 것이지요. 이러한 흐름을 볼 때 이제 중학생에게도 비문학 독해 학습이 꼭 필요해졌습니다. 수능까지 내다본 비문학 공부를 시작하기에 이 책은 더없이 좋은 교재입니다. 이 책은 비문학 독해의 개념과 방법을 안내하고 있고, 지문과 문제에서 수능 유형을 충실하게 반영하였습니다. 선생님이자 동시에 예비 중1 아이의 엄마로서, 우리 아이에게도 꼭 필요한 교재라는 생각이 들었습니다.
　　 – 송경님 선생님

●● 깔끔하고 체계적인 구성으로 부담 없는 학습 가능 이 책은 대체로 지문 1쪽 + 문제 1쪽의 2쪽 구성이 반복되는 단순하고 깔끔한 구성으로 되어 있습니다. 지문의 길이가 적절하고 문제도 2~3개 정도로 많지 않아서, 비문학에 익숙지 않은 중학생들이 부담스럽지 않게 접근할 수 있어요. – 오정화 선생님

●● 독해력이 강조되는 요즘, 매우 필요하고 활용도 높은 교재 독해력은 국어 공부뿐만 아니라 모든 학습의 바탕입니다. 독해력의 중요성은 갈수록 강조되고 있고, 자유 학기제나 자유 학년제를 시행하는 학교가 늘면서 교과서 밖 지문을 수업에 활용하는 경우도 많아지고 있습니다. 이 책으로 공부하면 독해력과 어휘력, 사고력을 기를 수 있고, 이는 학교 공부를 잘할 수 있는 바탕이 됩니다. – 백승재 선생님

●● 자신의 독해를 점검할 수 있는 친절하고 자세한 해설 이 책은 '정답과 해설'에 전 지문과 문제가 다시 수록되어 있습니다. 제시된 지문 해설을 차근차근 읽으며 지문 분석 능력을 향상시킬 수 있지요. 또 문제마다 정답과 오답의 이유를 상세히 설명해 두어, 지문에서 근거를 찾아 정답을 찾는 방법을 쉽게 익힐 수 있습니다. 본문 학습 후 '정답과 해설'을 보며 자신의 독해를 점검하면 자연스럽게 독해력이 신장되겠죠?
　　 – 허은경 선생님

●● 중학생 수준에 맞는 내용 구성 지문이 너무 길거나 문제가 너무 많으면 아이들이 지치기 쉽고 독해에 의욕을 잃을 수도 있습니다. 이 책은 지문 분량이 평균 4문단 정도여서 중학생이 읽기에 적절합니다. 글의 난이도도 중학생 수준에 맞추되 다소 쉬운 것과 보다 수준 높은 지문을 적절히 배합하여, 아이들이 학습의 성취감을 느끼며 더 높은 수준에 도전할 수 있도록 이끌어 줍니다. – 이수진 선생님

●● 자기 주도 학습이 가능한 교재 이 책은 자기 주도 학습에 효과적인 장치들을 두루 갖추고 있습니다. 지문을 읽기 전에 보조단의 말풍선을 읽으면 독해의 방향을 잡을 수 있어요. 그리고 지문마다 '독해력 Upgrade'가 있어 글을 읽고 문단별 핵심 내용을 정리해 볼 수 있고, '정답과 해설'이 체계적이고 자세해서 자신이 놓친 부분과 잘 이해하지 못한 부분을 쉽게 확인할 수 있어요.
　　 – 양혜민 선생님

● ● **필수 어휘를 익히며 어휘력이 탄탄해진다**　이 책은 학생들의 어휘력 향상을 적극적으로 도와줍니다. 매 지문마다 핵심 어휘를 예문으로 확인해 보는 어휘 문제를 제시하였고, 단원별로 어휘 테스트를 2회씩 제공하고 있습니다. 어휘의 뜻을 짚어 보고 예문에 적용해 보면서 어휘력을 업그레이드시킬 수 있어요.　　　　　　　　　　　　　　　　　　　　　　　　　　　　　　　　－ 김요셉 선생님

● ● **독해의 원리에 따른 독해 습관 기르기**　이 책은 독해 실전에 앞서 사실적 · 추론적 · 비판적 · 창의적 독해의 원리를 제시하고 있습니다. 그리고 이러한 독해 원리를 적용하여 독해 훈련을 할 수 있도록 사실적 · 추론적 · 비판적 · 창의적 이해를 확인하는 문제들을 수록하였습니다. 따라서 '지문 읽기 + 문제 풀기'를 반복하면 독해의 원리에 따라 독해하는 습관을 형성할 수 있을 것입니다. － 고영옥 선생님

● ● **기본 개념을 쌓고 문제 해결력도 키운다**　이 책의 지문들은 인문, 사회, 과학 등 각 영역의 주요한 기본 개념들을 다루고 있습니다. 지문을 주의 깊게 읽는 것만으로도 기본 개념을 쌓는 데 큰 도움이 됩니다. 그리고 내용을 파악하는 데 그치지 않고 사고의 확장성을 고려한 문제들이 제시되어서 문제 해결력도 키울 수 있습니다.　　　　　　　　　　　　　　　　　　　　　　　　　　－ 이한 선생님

● ● **비문학 독해, 지금부터 꾸준히 하면 고등학교 국어 공부도 문제없다**　이 책은 총 세 권으로 구성되어 있고 권마다 48개의 지문이 수록되어 있습니다. 이 시리즈를 모두 공부하면 무려 144개의 지문을 읽게 되는 것이고, 문제 푸는 연습도 그만큼 많이 하게 되는 것이죠. 중학생 때 이 교재로 독해 연습을 해 나가면 고등학생이 되어서 내신 국어나 수능 국어 비문학을 접할 때 당황하지 않고 문제를 잘 풀어 갈 수 있을 것입니다.　　　　　　　　　　　　　　　　　　　　　　　　　　　　　　－ 박영민 선생님

● ● **생각하는 힘을 기르고, 세상을 보는 시야가 넓어진다**　줄거리가 있어 이해하기 쉬운 문학에 비해, 비문학은 읽기 꺼려하는 학생들이 많습니다. 비문학 중에서도 학생마다 선호하는 영역이 달라서, 어떤 학생들은 과학을 싫어하기도 하고 어떤 학생들은 사회를 싫어하기도 해요. 하지만 편식이 몸에 좋지 않듯이 읽기도 마찬가지입니다. 중학생 시기에는 다양한 주제의 글을 두루 읽으며 배경지식을 쌓고, 각각의 주제에 대해 생각해 보는 것이 중요합니다. 이 책은 그러한 기회를 제공해 줌으로써 학생들이 생각하는 힘을 기르게 해 줍니다.　　　　　　　　　　　　　　　　　　　　　－ 한혜연 선생님

● ● **독해력에 날개를 달 절호의 기회**　항상 우리 아이들에게 읽기 훈련을 체계적으로 시키고 싶어 목말라 했는데, 반갑게도 이 책을 만날 수 있게 되어 기쁩니다. 이 책은 독해 학습에 효과적인 장치들을 체계적으로 구성한 교재입니다. 예비 중1이나 중1 때부터 이 책으로 공부하면, 아이들이 비문학 독해에 대해 가지고 있는 막연한 두려움을 조금씩 없애고 독해력을 무럭무럭 키울 수 있을 것입니다. 중학생들의 독해 실력과 국어 성적에 날개를 달아 줄 이 책을 추천합니다!　　　　　　　　　　　　－ 강윤숙 선생님

교재 개발에 도움을 주신 모든 선생님들께 깊이 감사드립니다.

강기태 서울	강윤숙 인천	고기정 서울	고영옥 서울	김경아 군포	김요셉 서울
김지유 서울	박영민 인천	박용선 서울	백승재 김해	서화양 서울	송경님 이천
심희영 서울	양윤진 서울	양혜민 서울	오정화 서울	윤정희 서울	이수진 용인, 광주
이 한 서울	정은정 인천	최홍민 평택	한혜연 구리	허은경 서울	홍진아 서울

중학 국어

일등급 독해력

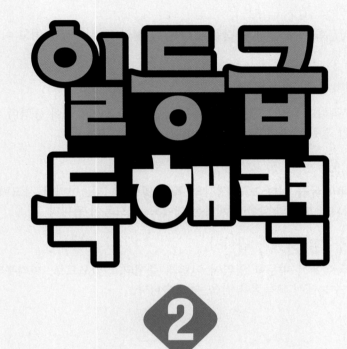

2

비문학, 어떻게 공부할까?

왜 비문학 독해를 공부해야 하나요?

하나 비문학 독해란 무엇인가요?
국어에서 '비문학 독해'란 문학 작품이 아닌 한 편의 완결된 글을 읽고 이와 연관된 문제를 푸는 것입니다.

둘 모든 학습의 바탕인 독해력을 기를 수 있습니다.
독해력이 부족하면 국어 공부를 잘할 수 없습니다. 그리고 국어 능력이 부족하면 다른 과목 역시 학업 성취를 기대하기 어렵습니다.

셋 다양한 독서를 통해 사고력을 기를 수 있습니다.
다양한 제재의 글을 읽다 보면 생각의 폭이 넓어집니다. 이러한 사고력은 중·고등학교 생활뿐만 아니라 미래의 삶을 설계하는 데에도 큰 도움이 됩니다.

넷 고등학교 공부의 토대가 됩니다.
최근 수능 국어에서 비문학 영역이 어렵게 출제되고 있으므로, 미리부터 이에 철저하게 대비해야만 수능에서 고득점을 받을 수 있습니다.

어떤 지문이 나오나요?

비문학에서는 인문, 사회, 과학, 기술, 예술, 융합 등 다양한 제재의 지문이 제시됩니다.

제재	지문의 성격
인문	철학, 역사, 심리학, 논리학, 윤리학 등과 관련된 지문이 출제됩니다. 인간의 삶을 둘러싼 매우 근원적인 문제를 다루고 있습니다.
사회	경제, 정치, 법, 언론, 문화 현상 등과 관련된 지문이 출제됩니다. 현대 사회의 특성이나 구체적인 사회 현상을 주로 다루고 있습니다.
과학	물리학, 화학, 생명 과학, 지구 과학 등과 관련된 지문이 출제됩니다. 꼭 알아야 할 중요한 과학 원리나 개념을 다루고 있습니다.
기술	정보 통신 기술, 의학 기술, 산업 기술 등과 관련된 지문이 출제됩니다. 최신 기술의 동향이나 원리를 주로 다루고 있습니다.
예술	미술, 음악, 영화, 사진, 건축 등과 관련된 지문이 출제됩니다. 예술 사조나 예술 기법, 특정 작품에 대한 비평을 주로 다루고 있습니다.
융합	인문·과학의 복합, 예술·기술의 복합과 같이 여러 제재의 내용이 혼합된 지문이 출제됩니다. 지문의 길이가 길고 내용이 어려운 경우가 많습니다.

어떤 문제가 출제되나요?

글을 읽을 때는 사실적 독해, 추론적 독해, 비판적 독해, 창의적 독해가 필요합니다. 따라서 비문학에서는 이러한 독해 능력을 평가하기 위한 문제 유형들이 출제됩니다.

독서의 방법	평가 내용	문제 유형
사실적 독해	글에 드러나 있는 정보를 있는 그대로 이해하고 파악했는가?	• 이 글의 내용과 일치하지 않는 것은? • 이 글의 중심 화제로 가장 적절한 것은?
추론적 독해	글의 전체 맥락을 활용하여 드러나 있지 않은 정보를 이끌어 낼 수 있는가?	• 이 글로 미루어 알 수 있는 것은? • 이 글을 바탕으로 추론한 내용으로 적절하지 않은 것은?
비판적 독해	지문의 내용과 글쓴이의 관점에 대해 비판적으로 판단할 수 있는가?	• 이 글을 읽은 독자의 반응으로 적절하지 않은 것은? • ㉠에 대한 반론으로 가장 적절한 것은?
창의적 독해	이해한 내용을 구체적인 사례나 다른 상황에 적용할 수 있는가?	• ㉠의 예로 가장 적절한 것은? • 이 글을 바탕으로 〈보기〉의 사례를 검토한 내용으로 적절하지 않은 것은?

어떻게 공부할까요?

하나 매일매일 일정한 분량을 꾸준하게 공부합니다.
다양한 글을 꾸준하게 읽는 것이 독해력 향상의 지름길입니다.

둘 비문학 지문의 특성과 문제 유형을 알아 둡니다.
비문학에서 주로 어떤 지문이 제시되는지, 어떤 문제 유형이 출제되는지 익혀 두면 지문 독해 및 문제 풀이에 도움이 됩니다.

셋 지문을 읽고 나면 내용을 요약하고 주제를 정리해 봅니다.
하나의 글에는 많은 정보가 담겨 있습니다. 독해 후에 문단별로 내용을 요약하고 전체 주제를 정리하는 연습을 반복해야 독해력이 향상됩니다.

넷 틀린 문제는 틀린 이유를 반드시 확인합니다.
비문학 문제는 지문 안에 답의 근거가 있습니다. 문제를 틀렸다면 지문을 다시 읽어 보고 왜 그 문제를 틀렸는지 확인해야 합니다.

다섯 모르는 어휘가 나왔을 때는 꼭 그 의미를 익혀 둡니다.
어휘의 사전적 의미를 익히고, 그 어휘가 문장에서 어떻게 활용되는지 확인합니다.

구성과 특징

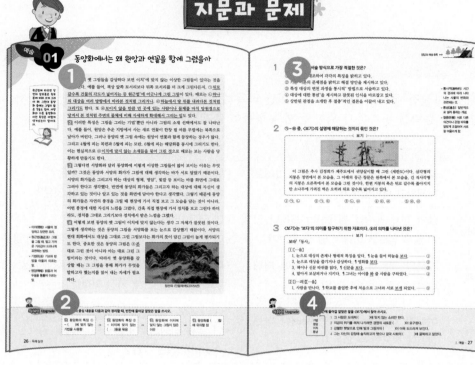

1 다양한 주제와 난이도의 지문

- 수능이나 모의고사에 출제될 가능성이 높은 다양한 주제를 뽑은 다음, 중학생 수준에 맞게 내용을 윤문하여 지문으로 제시했습니다.
- 지문의 순서는 길이와 난이도 등을 고려하여 배치했습니다. 제시된 순서대로 공부하면서 점차 어려운 지문에 도전해 보세요.
- 지문 안내 장치를 마련하여 독해의 방향을 잡도록 했습니다.

2 독해 연습 장치인 독해력 Upgrade

- 글의 전체 흐름을 파악하고 문단별 중심 내용을 요약해 볼 수 있는 학습 장치를 제시했습니다.
- 빈칸을 채우며 독해력 향상 훈련을 해 보세요.

3 다양한 유형의 우수한 문제

- 사실, 추론, 비판, 창의 등 다양한 유형의 문제를 수록했습니다.
- 지문을 읽은 후 문제를 풀면서 지문을 바르게 독해했는지 꼭 확인해 보세요.

4 어휘 연습 장치인 어휘력 Upgrade

- 지문이나 문제에 나왔던 어휘의 의미를 제대로 알고 있는지 확인할 수 있는 학습 장치를 제시했습니다.
- 틀린 문제가 있다면, 복습을 통해 어휘의 뜻을 확실히 익혀 두세요.

정답과 해설

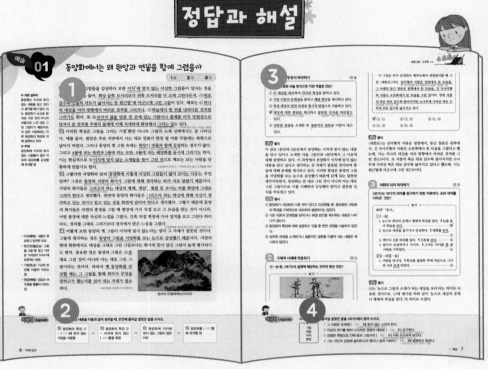

1 꼼꼼한 지문 분석과 주제

- 전 지문을 재수록한 다음 핵심 내용, 문장 간의 관계, 내용 전개 방식 등 글의 내용과 구조를 꼼꼼하게 분석했습니다.
- 독해의 방향을 제대로 잡았는지 확인할 수 있도록 지문 해제와 주제를 제시했습니다.
- 제시된 자료를 참고하여 지문을 바르게 독해했는지 확인해 보세요.

2 독해력 Upgrade 정답

- 〈독해력 Upgrade〉의 정답을 확인한 다음, 자신이 요약한 내용과 차이가 있는지 비교해 보세요.
- 차이가 있다면, 지문을 다시 읽으며 내용을 정리해 보세요.

3 친절한 문제 분석과 해설

- 전 문제를 재수록한 다음 〈보기〉와 선택지를 꼼꼼하게 분석했습니다.
- 정답과 오답의 이유를 알기 쉽게 풀어서 해설했습니다.
- 틀린 문제가 있다면, 틀린 이유를 정확하게 파악해 보세요.

4 어휘력 Upgrade 정답

- 〈어휘력 Upgrade〉의 정답을 확인한 다음, 어휘의 뜻을 바르게 알고 있는지 확인해 보세요.
- 틀린 문제가 있다면, 복습을 통해 어휘의 뜻을 확실히 익혀 두세요.

이 책의 차례

| 책 속의 책 | **정답과 해설** (전 지문과 문제를 재수록하여 알기 쉽게 해설하였습니다.)

학습 계획표

권장 학습 플랜

◎ 이 교재는 쉬운 지문부터 어려운 지문까지 순차적으로 공부할 수 있도록 구성하였습니다.

◎ 하루에 3지문씩 차례대로 공부하여 18일 안에 비문학 독해 공부를 마무리합니다.

학습 날짜(월/일)	학습 내용	틀린 문제	복습 계획
1일차 (월 일)	독해 원리 01 ~ 03		
2일차 (월 일)	독해 원리 04 ~ 06		
3일차 (월 일)	예술 01 ~ 03		
4일차 (월 일)	예술 04 ~ 06		
5일차 (월 일)	예술 07 ~ 09		
6일차 (월 일)	사회 01 ~ 03		
7일차 (월 일)	사회 04 ~ 06		
8일차 (월 일)	사회 07 ~ 09		
9일차 (월 일)	인문 01 ~ 03		
10일차 (월 일)	인문 04 ~ 06		
11일차 (월 일)	인문 07 ~ 09		
12일차 (월 일)	과학 01 ~ 03		
13일차 (월 일)	과학 04 ~ 06		
14일차 (월 일)	과학 07 ~ 09		
15일차 (월 일)	기술 01 ~ 03		
16일차 (월 일)	기술 04 ~ 06		
17일차 (월 일)	기술 07 ~ 09		
18일차 (월 일)	융합 01 ~ 03		

나만의 학습 플랜

◎ 자신의 학습 능력과 상황에 따라 꾸준하게 공부하는 것이 가장 중요합니다.
◎ 스스로 학습 계획을 세우고 반드시 지킬 수 있도록 노력해 보세요.

학습 날짜(월/일)	학습 내용	틀린 문제	복습 계획
1일차 (월 일)			
2일차 (월 일)			
3일차 (월 일)			
4일차 (월 일)			
5일차 (월 일)			
6일차 (월 일)			
7일차 (월 일)			
8일차 (월 일)			
9일차 (월 일)			
10일차 (월 일)			
11일차 (월 일)			
12일차 (월 일)			
13일차 (월 일)			
14일차 (월 일)			
15일차 (월 일)			
16일차 (월 일)			
17일차 (월 일)			
18일차 (월 일)			

독해 원리

아자! 힘내~

독해의 방법 심화

원리 1 글의 주제 파악하기

글의 주제를 파악해야 하는 이유

✿ 주제는 글에서 말하고자 하는 중심 생각을 의미합니다.

✿ 글을 읽는 목적은 결국 글의 주제를 파악하기 위한 것이라고 할 수 있습니다.

✿ 글의 주제를 바르게 파악해야, 추론적 독해와 비판적 독해 등 읽은 내용을 심화하는 활동이 가능합니다.

글의 주제를 파악하는 방법

✿ 글에 나타난 세부적인 내용들을 바탕으로 중심 내용을 파악합니다.

✿ 여러 문단으로 이루어진 글에서는 각 문단의 중심 내용을 종합해 봅니다.

✿ 글쓴이가 글을 쓴 의도와 목적을 고려하여 글 전체의 주제를 정리합니다.

---

1 다음 글의 주제로 가장 적절한 것은?

> 곰과 호랑이는 환웅에게 찾아와서 사람이 되게 해 달라고 했다. 환웅은 이들에게 어두운 동굴에 가서 백 일 동안을 쑥과 마늘만 먹고 지내게 했다. 호랑이는 참지 못하고 중간에 동굴 밖으로 뛰쳐나간 데 반해, 곰은 끝까지 참고 견디어서 인간 여자로 다시 태어나게 되었다. 호랑이는 민첩하고 날카로운 동물이고, 곰은 미련하고 둔한 동물이라고 한다. 그러나 단군 신화를 보면 오히려 미련하고 둔함이 승리하는 것을 볼 수 있다. 사람의 성격 역시 민첩하고 날카롭다는 것 뒤에는 참을성이 없다는 약점이 숨어 있을 수 있고, 미련하고 둔한 것에는 인내와 끈기라는 장점이 숨어 있을 수 있다.

① 우리의 조상은 곰과 호랑이다.　② 곰은 미련하고 둔한 동물이다.

③ 쑥과 마늘만 먹고 지내기는 힘들다.　④ 어떤 성격이든 장점과 약점이 함께 있다.

⑤ 미련한 성격을 가진 사람은 참을성도 없다.

---

2 다음 글에서 글쓴이가 궁극적으로 말하고자 하는 것은?

> 1960년대 이래 산업화와 도시화의 영향으로 식생활이 채식˅ 위주에서 육식˅ 위주로 바뀌었다. 국민 건강이나 한국인의 전통적인 기질과 체질을 고려한다면, 육식 위주의 식생활은 결코 바람직하지 않다. 환경 운동가로 널리 알려진 제레미 리프킨은 《쇠고기를 넘어서》라는 책에서 개인의 건강을 위해서든, 지구 생태계의 보존을 위해서든, 굶주리는 사람을 위해서든, 동물 학대를 막기 위해서든 산업 사회에서 고기 중심의 식생활 습관은 하루빨리 버려야 한다고 역설하고 있다.

˅ 채식(菜食): 고기류를 피하고 주로 채소, 과일, 해초 따위의 식물성 음식만 먹음.

˅ 육식(肉食): 음식으로 고기를 먹음. 또는 그런 식사.

① 동물을 학대하는 것은 바람직하지 않다.

② 지구상에는 수많은 사람들이 굶주리고 있다.

③ 산업화와 도시화는 식생활에 영향을 주었다.

④ 한국인의 전통적인 기질과 체질에는 육식이 어울린다.

⑤ 육식 위주의 식습관보다 채식 위주의 식습관을 길러야 한다.

3 다음 글의 주제로 가장 적절한 것은?

> 21세기는 바다의 시대라고 한다. 이는 바다가 무한한 잠재적 가치를 지니고 있기 때문이다. 바다는 지구 표면적의 71퍼센트를 차지하며 바닷물은 지구상에 있는 물의 98퍼센트에 이른다. 우리는 바다에 대해 얼마나 알고 있을까? 그리고 바다는 우리에게 어떤 혜택을 주고 있을까?
>
> 바다는 지구 전체의 기후에 큰 영향을 미친다. 바다는 우리가 배출하는 이산화 탄소를 흡수하고, 지구를 감싸고 있는 대기와의 상호 작용을 통해 지구 전체의 기후를 일정하게 유지하게 한다.
>
> 그리고 바다는 다양한 바다 생물에게 서식지를 제공해 주고 있다. 바다에는 육지보다 훨씬 다양한 생물이 살고 있으며 그 수도 엄청나다. 이러한 바다의 막대한 생물 자원은 인류에게는 없어서는 안 될 중요한 자산이다.
>
> 지금까지 바다가 우리에게 주는 혜택에 대해 알아보았다. 바다는 지구 전체의 기후를 일정하게 유지하고, 다양한 바다 생물에게 서식처를 제공하며, 이러한 바다 생물은 인류에게 없어서는 안 될 중요한 생물 자원이 된다.

① 바다는 우리에게 많은 혜택을 준다.
② 바다는 지구의 기후에 큰 영향을 미친다.
③ 바다는 바다 생물에게 서식지를 제공해 준다.
④ 바다는 인류에게 막대한 생물 자원을 제공해 준다.
⑤ 바다는 지구 표면적의 많은 부분을 차지하고 있다.

4 다음 글의 중심 내용으로 가장 적절한 것은?

> 잠이 환경에 따라 얼마나 잘 진화해 왔는지를 보여 주는 한 예로 돌고래를 들 수 있다. 잠을 자고 있는 돌고래의 뇌파를 검사해 보았더니, 한쪽 뇌에는 커다란 진폭의 느린 파장(델타파♥)이 나타나고, 그 반대쪽 뇌에는 빠른 파장(알파파♥)이 나타났다. 잠을 자고 있는 동안 돌고래의 양쪽 뇌 모두에서 델타 파장이 나오는 경우는 결코 없다. 즉 다른 동물들과 달리 돌고래의 뇌는 꼭 반만 잠을 자는 것이다. 이렇게 돌고래의 뇌 전체가 잠을 잘 수 없는 이유는, 돌고래는 수면 중에도 호흡을 하기 위해 간혹 수면 위로 떠올라야 하기 때문이다.
>
> 얼룩말이나 기린은 잠을 아주 조금 잔다. 이들은 졸린 상태로 있거나, 잠을 자더라도 동료를 보초병으로 세운 상태에서 잠을 잔다. 그 이유는 사자처럼 무서운 동물이 공격하면 신속히 피하기 위해서이다. 이에 비해 굴속에 사는 짐승들은 포식자의 공격으로부터 비교적 안전하기 때문에 편한 상태로 오래 잔다. 예컨대 적의 공격으로부터 안전한 굴속 천장에 매달려 사는 박쥐는 하루에 무려 18시간이나 잠을 잔다.

♥ 델타파: 잠에 빠져 있을 때의 뇌의 파장.
♥ 알파파: 깨어 있을 때의 뇌의 파장.

① 동물들마다 잠자는 시간이 다르다.
② 포식자 때문에 동물들이 피해를 본다.
③ 동물들의 잠에 대한 정확한 연구가 필요하다.
④ 잠은 각 동물들이 처한 환경에 맞게 진화했다.
⑤ 동물들이 잠을 자는 이유는 명확하게 알려지지 않았다.

글의 구조와 내용 전개 방식 파악하기

글의 구조와 내용 전개 방식을 파악해야 하는 이유

✿ 모든 글은 그 종류와 목적에 따라 나름대로의 구조와 내용 전개 방식을 지니고 있습니다.

✿ 글의 구조와 내용 전개 방식을 파악하면 글의 주제를 보다 효과적으로 이해할 수 있습니다.

✿ 글쓰기 전략, 설명 방법, 서술 방식, 논지 전개 방식 등의 용어를 사용하기도 합니다.

글의 구조와 내용 전개 방식을 파악하는 방법

✿ 정의, 비교, 대조, 예시 등 내용 전개 방식과 관련된 개념을 익혀 둡니다.

✿ 각 문단의 중심 내용과 역할을 파악하고 문단과 문단 간의 관계를 확인합니다.

✿ 글쓴이가 내용을 효과적으로 전달하기 위해 사용한 방법이 무엇인지 생각해 봅니다.

1 **다음 글에 주로 사용된 설명 방법은?**

> 음성 언어와 문자 언어의 특성을 이해하기 위해서는 일단 음성과 문자의 속성에 주목해야 한다. 음성은 소리이기 때문에 청각에 의존한다. 또한 소리이기 때문에 말하고 듣는 그 순간 그 장소에만 존재하고 곧바로 사라진다. 반면에 문자는 기록이기 때문에 시각에 의존하고, 오랜 기간 동안 보존이 가능하며, 그 기록을 가지고 다른 곳으로 이동할 수도 있다.

① 과정 　　② 대조 　　③ 비유 　　④ 예시 　　⑤ 정의

독해 Tip

글의 내용 전개 방식

• 정의: 어떤 대상의 뜻을 밝혀 설명하는 방법.

• 예시: 구체적인 예를 들어 설명하는 방법.

• 비교: 둘 이상의 대상이 지닌 공통점을 중심으로 설명하는 방법.

• 대조: 둘 이상의 대상이 지닌 차이점을 중심으로 설명하는 방법.

• 분류: 대상을 일정한 기준에 따라 종류를 나누어 설명하는 방법.

• 분석: 대상을 구성 요소로 나누어 설명하는 방법.

• 인과: 대상의 원인과 결과를 밝혀 설명하는 방법.

• 과정: 일이 되어 가는 방법이나 순서를 중심으로 설명하는 방법.

2 **다음 글의 둘째 문단에서 내용을 설명하는 방식으로 적절한 것은?**

> 아프지 않은 주사기를 상상해 본 적이 있는가? 나노 기술을 이용하면 우리가 상상만 해 왔던 일들이 실제로 이루어질 가능성이 높다. '나노'는 10억분의 1을 가리키는 말로, 1나노미터는 머리카락 굵기의 10만분의 1 정도이다. 나노 물질은 크기가 매우 작아서 인간의 눈으로는 볼 수 없고, 전자 현미경을 이용해야만 관찰이 가능하다.
>
> 나노 기술은 정보 통신, 의학, 산업 등 다양한 분야에 응용 가능한 기술로 주목받고 있다. 정보 통신 분야에서는 우주에서도 통화가 가능한 휴대 전화, 각자 자기 나라 말로 외국인과 자유롭게 대화할 수 있는 실시간 동시 통역기 등을 개발 중이다. 의학 분야에서는 공기는 통하고 바이러스는 걸러 주는 투명 마스크, 몸속 구석구석을 관찰, 진단, 수술하는 의료용 로봇 등이 개발되고 있다. 산업 분야에서는 멀리서도 리모컨 하나로 색을 바꿀 수 있는 자동차, 빛을 받으면 스스로 표면을 깨끗하게 하는 청소용품에 대한 연구가 진행되고 있다.

① 의학 분야에 이용된 나노 기술을 분석하고 설명하였다.

② 나노 기술의 문제점을 알아보고 해결 방안을 제시하였다.

③ 나노 기술을 응용할 수 있는 분야를 나열하고 예를 들어 설명하였다.

④ 나노 기술을 산업 분야에 이용하게 된 원인을 알아보고 결과를 제시하였다.

⑤ 정보 통신과 의학 분야에 응용된 나노 기술의 차이점을 알아보고 설명하였다.

3 다음 글의 둘째 문단에 사용된 설명 방식으로 가장 적절한 것은?

> 얼마 전 한국, 벨기에, 체코, 프랑스 등 11개국이 공동으로 신청한 매사냥이 유네스코 인류 무형 유산에 등재되었다. 이는 동서양을 아우른 공동 등재라는 점에서 의미가 깊다. 현재까지도 명맥을 이어 가고 있는 우리의 전통 문화유산인 매사냥에 대해 알아보자.
> 매사냥은 매를 이용해 꿩, 토끼 같은 야생 동물을 잡는 사냥법이다. 일반적으로 사냥을 할 때 동물은 주인의 사냥을 돕는 보조적인 역할만 하지만, 매사냥에서 매는 주인을 대신해 짐승을 잡는 사냥꾼 역할을 한다. 매사냥의 주인공은 사람이 아니라 매인 것이다.

① 매사냥의 종류를 열거하고 기능을 분석하였다.
② 매사냥에 관한 통계 자료와 역사적 사실을 인용하였다.
③ 매사냥을 전승 방법에 따라 나누고 특징을 비교하였다.
④ 매사냥의 뜻을 풀이하고 다른 사냥과의 차이점을 드러내었다.
⑤ 매사냥이 전승되고 있는 이유와 그로 인한 결과를 밝히고 있다.

4 다음 글의 구조를 가장 잘 나타낸 것은?

> **가** '새말'이란 이미 있었거나, 새로 생겨난 개념 혹은 사물을 표현하기 위해 지어낸 말, 그리고 이미 있던 말이라도 새 뜻이 주어진 것을 통틀어 일컫는다. 다른 언어로부터 사물과 함께 차용되는 외래어도 여기에 포함된다. 광복 후 우리나라에서는 국어를 순화하기 위해 많은 새말을 만들어 내기도 하였다.
> **나** 완전히 새로운 뿌리가 창조되는 일은 그리 흔하지 않다. 있다고 해도 의성어나 의태어 계통인 것이 많다. 6·25 전쟁 때 처음으로 미군 제트 전투기가 등장했다. 이 제트기는 당시에 어느 비행기보다도 빨랐으며, 눈 깜짝할 사이에 '쌕쌕' 소리를 내며 사라져 갔다. 그때 사람들은 이 비행기를 '쌕쌕이'라고 했다.
> **다** 이미 있던 말들을 가지고 합성♥하거나 파생♥시켜서 새로운 말을 만드는 것이 가장 생산적인 방법으로 새말의 대부분을 차지한다. 이는 어느 언어에서나 공통된 현상이다. '불고기, 꼬치안주, 가락국수' 등이 합성법에 의해 만들어진 새말들이다.
> **라** 외국어로부터 들어온 말도 새말의 많은 부분을 차지한다. 그중에는 '붓, 먹, 보라매, 구두, 남포, 담배' 등과 같이 완전히 우리말처럼 되어 외래어라는 의식조차 없는 것이 있는가 하면, '구역질(口逆질), 비위(脾胃), 반찬(飯饌)' 등과 같이 거의 그 어원♥을 의식하지 못할 만큼 우리말이 된 것도 있다.

♥ 합성(合成): 둘 이상의 것을 합쳐서 하나를 이룸.
♥ 파생(派生): 사물이 어떤 근원으로부터 갈려 나와 생김.
♥ 어원(語源): 어떤 단어의 근원적인 형태. 또는 어떤 말이 생겨난 근원.

① (가) – (나) – (다) – (라)

② (가) ─┬ (나) ─┐
        └ (다) ─┘─ (라)

③ (가) ─┬ (나)
        ├ (다)
        └ (라)

④ (가) – (나) ─┬ (다)
              └ (라)

⑤ (가) ─┐
        ├ (다) – (라)
   (나) ─┘

추론적 독해 ①

이유나 근거 추론하기

> **이유나 근거를 추론해야 하는 이유**
> ❀ 이유나 근거 추론은 어떤 주장이나 판단을 논리적으로 뒷받침하는 내용이 무엇인지 찾는 활동입니다.
> ❀ 어떤 주장을 하거나 판단을 내릴 때는 반드시 그 이유나 근거를 제시해야 합니다.
> ❀ 이유나 근거가 타당한지 따져야 글쓴이의 주장이나 판단이 타당한지 따질 수 있습니다.
>
> **이유나 근거를 추론하는 방법**
> ❀ 글쓴이의 주장이나 판단이 무엇인지 확인하고, 그 의미를 생각해 봅니다.
> ❀ 글쓴이가 그러한 주장이나 판단을 하게 된 이유나 근거를 정리합니다.
> ❀ '주장 – 근거', '판단 – 이유' 사이의 논리적 관계가 타당한지 따져 봅니다.

1 ⓐ의 이유로 알맞은 것은?

> ⓐ백화점에는 유리와 거울이 유난히 많다. 기둥이나 벽도 거울처럼 사람의 모습이 비치는 반들반들한 대리석으로 되어 있다. 남녀노소 누구나 거울 앞을 지날 때면 무의식적으로 거울에 비친 자신의 모습을 들여다보는 습관이 있기 때문에 걷는 속도가 느려진다. 그러므로 거울 앞에 선 사람은 그냥 스쳐 지나갈 수도 있는 주위 진열대에 좀 더 관심을 갖게 되며 거울에 비친 반대편 물건에 시선이 끌릴 수도 있다. 그래서 백화점의 거울은 고객의 시선을 한 번이라도 더 제품에 쏠리게 만드는 수단인 것이다.

① 고객에게 유리와 거울을 팔려고
② 물건을 몰래 가져가는 것을 감시하려고
③ 구입할 물건이 어디에 있는지 알려 주려고
④ 고객이 한 번이라도 더 제품을 보게 하려고
⑤ 고객들이 편리하게 매장을 이용할 수 있게 하려고

2 ㉠의 이유로 가장 적절한 것은?

> 많은 사실들을 관찰하고 난 다음, 그 관찰을 기초로 하여 보편적 법칙을 세우는 것이 귀납 추리이다. 과학자들은 어느 정도의 사실 관찰에 근거하여, "모든 쇠는 산소에 접하면 녹슨다."든지 "모든 생물은 죽는다."와 같은 일반적인 명제를 주장하게 된다. 그러나 이처럼 ㉠부분적인 관찰 사실로부터 얻은 결론을 일반적인 진리로 여기는 것은 논리적으로 오류이다. 과학자들은 그들이 주장하는 일반 법칙에 대하여 모든 사례를 완전히 조사, 관찰한 것은 아니기 때문이다.

① 예외의 사실이 발견될 수 있기 때문에
② 서로 상반되는 의미를 주장하기 때문에
③ 마음의 연상 작용에 의해 추리하기 때문에
④ 부분적인 사실과 전체가 일치할 수 있기 때문에
⑤ 하나가 성립하면 다른 하나는 성립할 수 없기 때문에

독해 Tip

추리의 종류
• 귀납 추리: 구체적인 사실로부터 일반적인 명제나 법칙을 이끌어 내는 방법. 예 태평양의 바닷물도 짜다. → 인도양의 바닷물도 짜다. → 그러므로 모든 바닷물은 염수이다.
• 연역 추리: 일반적인 원리를 바탕으로 구체적인 사실을 이끌어 내는 방법. 예 모든 사람은 죽는다. → 공자는 사람이다. → 그러므로 공자는 죽는다.

3 다음 글에서 내세우고 있는 근거로 적절하지 <u>않은</u> 것은?

> 최근 최만리˘ 등 일부 사대부˘들이 우리글 훈민정음에 대해 반대하는 내용의 상소˘를 올린 것은 조정의 본뜻을 이해하지 못한 처사로 심히 유감스러운 일이다.
>
> 우선 그들은 앞으로 관리들이 훈민정음 때문에 학문을 소홀히 할 것이라고 하는데, 이는 전혀 이치에 맞지 않는 말이다. 한자에 대한 표준음이 정해져 있지 않아 백성들이 여러모로 불편해하는 엄연한 사실을 그들은 애써 외면하고 있다. '牧丹'을 두고 어떤 이는 '목단'으로, 어떤 이는 '모란'으로 발음한다. 이러니 똑같이 한문을 공부하고도 서로 뜻이 통하지 않는 결과가 생긴 것이다.
>
> 또 그들은 훈민정음만 가지고 관리를 뽑으면 아무도 성리학을 공부하지 않을 것이라고 하는데, 이는 사실을 왜곡한 것이다. 유교 경전에 대한 학습과 연구는 국가에서 정한 공부의 핵심 요소이다. 시험 과목에 훈민정음을 추가한다는 것이지 훈민정음만으로 관리를 뽑는다고 한 적이 없다.
>
> 그리고 장차 한자를 아는 사람이 적어지면 사회 기강이 무너진다고 주장하는데, 이것은 지나친 생각이다. 지금까지 우리 사회에서 한자는 배우기가 너무 어려워 극히 일부 사람들만 사용해 왔고, 나머지 대부분의 사람들은 글자를 모르고 살아왔다.
>
> 끝으로 훈민정음 창제는 유교 정신의 실천과 사회 질서 확립에 어긋나는 것이 아님을 밝혀 두는 바이다.

> ˘ **최만리(崔萬理):** 조선 세종 때의 문신이자 학자. 훈민정음의 창제와 반포에 대하여 여섯 가지 이유를 들어 반대 상소를 올렸다.
> ˘ **사대부(士大夫):** 문무 양반(文武兩班)을 일반 평민층에 상대하여 이르는 말.
> ˘ **상소(上疏):** 임금에게 글을 올리던 일. 또는 그 글.

① 훈민정음만 가지고 관리를 뽑는 것이 아니다.
② 한자에 대한 표준음이 없어 백성들이 불편해한다.
③ 한자를 아는 사람이 적어지면 사회 기강이 무너진다.
④ 훈민정음 창제는 유교 정신의 실천에 어긋나지 않는다.
⑤ 한자는 배우기가 어려워 극히 일부 사람들만 사용해 왔다.

4 ④의 계기를 가장 잘 보여 주는 당시의 신문 기사 제목은?

> 김수남은 다큐멘터리 사진 분야에서 한국을 대표하는 작가였다. 특히 30여 년 동안 찍어 온 한국의 굿 사진은 한낱 미신으로 여겨졌던 굿 문화를 한국인의 소중한 문화유산으로 평가받게 하면서 굿에 대한 우리 사회의 인식을 바꾸어 놓았다.
>
> ④그는 1970년대에 처음으로 굿 사진을 찍기 위해 굿판에 뛰어들었다. 새마을 운동의 이념이 전국에 몰아치던 때여서, 굿은 점점 문명의 외곽으로 밀려나고 있었다. 그것을 '전통문화' 운운하며 소개할 만한 사회적 분위기가 아니었던 것이다.
>
> 당시 김수남은 '이거 이제 곧 사라지겠구나. 찍어 둬야겠다.'는 단순한 생각으로 그 일을 시작했다. 그러나 무속인들은 그가 감각적이고 희한한 장면만 찍으려 한다고 생각해서 낯선 사진작가에게 마음을 열지 않았다. 그래서 그는 본격적으로 굿에 대한 공부를 시작하며 진지하게 그들의 삶 속으로 들어가게 된다.

① 무속 문화의 전통 단절 – 무속인들 설 자리 잃어
② 종교 지도자, 극적 만남 – 종교 간 화해 분위기 무르익어
③ 전통문화 보존 위원회 출범 – 정부 지원금 늘리기로 확정
④ 전국 예술인 협회, 성명서 발표 – "표현의 자유를 허락하라"
⑤ 전통 종교와 외래 종교 간의 갈등 그린 작품 – 올해의 작품상 수상

의도 및 관점 추론하기

의도 및 관점을 추론해야 하는 이유

✿ '의도'는 글을 쓴 이유나 목적을 의미하고, '관점'은 화제에 대한 글쓴이의 입장이나 생각을 의미합니다.

✿ 의도 및 관점 추론은 글을 쓴 목적 및 글의 화제에 대한 글쓴이의 기본 입장을 확인하는 활동입니다.

✿ 의도 및 관점 추론을 통해 글의 핵심 내용과 주제에 대해 보다 깊이 있게 이해할 수 있습니다.

의도 및 관점을 추론하는 방법

✿ 글의 중심 화제를 파악하고 글 전체의 중심 내용을 정리합니다.

✿ 독자에게 무엇을 말하려고 하는지를 고려하여 집필 동기와 글을 쓴 의도를 생각해 봅니다.

✿ 글을 쓴 의도를 바탕으로 중심 화제에 대한 글쓴이의 입장, 생각, 태도 등을 추리합니다.

---

1 다음 글의 내용과 텔레비전에 대한 관점이 같은 것은?

> 텔레비전은 강력한 교육적 기능을 가지고 있다. 현대 사회에서 텔레비전은 가장 영향력 있는 사회 교육 교사로서의 역할을 한다. 텔레비전을 통해 제공되는 수많은 유용한 내용의 메시지들은 시청자에게 올바른 삶을 살아가는 지표 역할을 할 수 있다. 바람직한 생활의 규범을 가르쳐 줄 뿐만 아니라, 언어, 의상, 관습 등 모든 면에서 사회화의 기능을 담당하는 중요한 학습 수단으로 활용될 수 있다.

① 텔레비전은 가족 간의 대화를 단절시키고 있어.
② 텔레비전은 필요한 정보를 얻는 창구이기도 해.
③ 텔레비전에는 폭력적이고 선정적인 내용도 많아.
④ 텔레비전을 너무 오랫동안 시청하면 눈이 나빠져.
⑤ 텔레비전은 사람들의 비판 의식을 약화시킬 수 있어.

---

2 다음 글에 담긴 글쓴이의 관점으로 적절하지 <u>않은</u> 것은?

> "무릇 살아 있는 것은 사람으로부터 소, 말, 돼지, 양, 곤충, 개미에 이르기까지 모두 사는 것을 원하고 죽는 것을 싫어한다네. 어찌 큰 것만 죽음을 싫어하고 작은 것은 싫어하지 않겠는가? 그렇다면 개와 이의 죽음은 같은 것이겠지. 내 말을 믿지 못하거든, 그대의 열 손가락을 깨물어 보게나. 엄지손가락만 아프고 나머지 손가락은 안 아프겠는가? 우리 몸에 있는 것은 크고 작은 마디를 막론하고 그 아픔은 모두 같은 것일세. 더구나 개나 이나 각기 생명을 받아 태어났는데, 어찌 하나는 죽음을 싫어하고 하나는 좋아하겠는가? 그대는 눈을 감고 조용히 생각해 보게. 그리하여 달팽이의 뿔을 소의 뿔과 같이 보고, 메추리를 큰 붕새♥와 동일하게 보도록 노력하게나. 그런 뒤에야 내가 그대와 더불어 도(道)를 말할 수 있을 걸세."
>
> – 이규보, 〈슬견설♥〉

♥ 붕새: 하루에 구만 리를 날아간다는, 매우 큰 상상의 새.

♥ 슬견설(蝨犬說): '슬'은 이를 뜻하고, '견'은 개를 뜻한다. 그리고 '설'은 한문 수필의 한 양식이다.

① 개와 이의 죽음은 같다.　　　② 개와 이는 모두 소중하다.
③ 모든 동물의 죽음은 같다.　　④ 사물의 본질보다 크기가 중요하다.
⑤ 편견을 버리고 사물의 본질을 봐야 한다.

3 다음 글을 쓴 목적으로 가장 적절한 것은?

> 동물들은 시각과 청각을 이용하여 서로 의사를 전달한다. 먼저 시각적인 것부터 살펴보자. 까치와 가까운 새인 어치는 머리 깃털을 세우는 각도에 따라 마음 상태나 사회적 지위를 나타낸다고 한다. 기분이 좋지 않을 때나 공격하려 할 때면 머리 깃털을 90도 각도로 곧추세운다. 힘이 없는 놈은 늘 머리털을 낮추고 있어야 한다. 힘도 없으면서 머리 깃털을 잘못 세웠다가 더러 혼쭐이 나는 수도 있다. 곧 지위가 높은 새일수록 머리 깃털을 높이 세우는 경우가 많고, 지위가 낮은 새일수록 머리 깃털을 감추고 살살기는 경우가 많다.
>
> 얼룩말은 반가운 친구를 만나거나 기분이 좋을 때면 귀를 세우고 이를 드러내면서 '히힝'거린다. 공격을 하거나 남을 위협할 때는 귀를 낮춘 상태에서 이를 드러내며 '히힝'거린다. 물론 두 경우의 '히힝' 소리에는 약간의 차이가 있다. 그래서 이런 모습을 보인 다음에 어떤 행동을 하는지 관찰하면 '히힝' 소리의 의미 차이를 알 수 있다.

① 동물에 대한 글쓴이의 애정을 표현하기 위해
② 인간과 동물 간의 의사소통 방법을 연구하기 위해
③ 동물의 생명을 소중히 여겨야 한다고 설득하기 위해
④ 동물의 다양한 의사소통 방법에 대해 설명하기 위해
⑤ 동물의 의사소통에 대한 연구가 부족함을 비판하기 위해

4 (나)의 관점에서 제기할 수 있는 주장으로 가장 적절한 것은?

> **가** 정부는 '강화 갯벌'에 조력 발전소를 세울 계획을 발표하였다. 갯벌은 그 자체로 가치가 있고, 갯벌이 파괴될 때의 피해도 무시할 수 없는 것이 사실이다. 그러나 이곳에 발전소가 만들어지면 한 해에 24억 1,000만kWh의 전기를 만들 수 있는데, 이는 인천 광역시의 각 가정에서 1년 동안 쓰는 전력의 약 60%를 감당할 수 있는 양이라고 한다. 그 결과 한 해에 354만 배럴의 원유 수입 대체 효과가 생겨 전력 수급 문제를 상당 부분 해결할 것으로 기대된다. 더욱이 공사 기간 동안 약 6만 4,000명의 고용 효과가 발생할 것으로 분석되어, 정부 차원에서는 포기하기 어려운 사업이다. 따라서 경제적 이익과 장기적인 전력 수급 문제를 생각할 때 조력 발전소를 건설해야 한다.
>
> **나** 강화 갯벌에 조력 발전소가 건설되면 녹조 현상이 일어나 생태계가 파괴될 수 있다. 강화 갯벌이 지니는 가치는 무엇인가? 우선 강화 갯벌은 자연 정화 가치를 지닌다. 강화 갯벌은 서해안 갯벌과 비무장 지대 및 한강이 만나는 곳으로, 온갖 오염 물질이 이 갯벌을 거쳐 서해 먼바다로 가게 된다. 이때 강화 갯벌에 사는 수많은 미생물은 바다로 나가는 오염 물질을 효과적으로 분해한다. 이를 하수 처리장의 운영 비용으로 환산하면 헥타르당 384만 원의 가치를 가진다고 한다. 갯벌은 자연 그대로 두어도 가치가 크다. 따라서 강화 갯벌은 보존되어야 한다.

▼ 갯벌: 밀물 때는 물에 잠기고 썰물 때는 물 밖으로 드러나는 모래 점토질의 평탄한 땅.

▼ 녹조 현상(綠潮現象): 남조류가 대량으로 발생하였을 때 물이 녹색으로 변하는 현상. 녹조가 발생하면 수중 생물이 죽어 생태계를 파괴한다.

① IT 산업과 함께 바이오 산업을 육성하자.
② 공터에 상업용 건물과 함께 공공 도서관을 설립하자.
③ 녹지에 골프장을 건설하는 대신 생태 공원을 조성하자.
④ 소프트웨어 가격을 내리는 대신 불법 사용 단속을 강화하자.
⑤ 학교 폭력 예방 교육을 실시하는 대신 학교 안에 CCTV를 설치하자.

비판적 독해

글쓴이의 생각 비판하기

글쓴이의 생각을 비판해야 하는 이유

✿ 글쓴이의 생각 중에는 공감할 수 있는 것도 있고, 공감할 수 없는 것도 있습니다.

✿ 글을 읽을 때는 글쓴이의 생각을 그대로 수용하는 것이 아니라 비판적으로 독해해야 합니다.

✿ 글쓴이의 생각 비판은 반박할 부분을 찾아 글쓴이의 생각이 지닌 문제점을 지적하는 활동입니다.

글쓴이의 생각을 비판하는 방법

✿ 글쓴이의 생각과 주장을 찾고 그 근거가 무엇인지 파악합니다.

✿ 글쓴이의 생각과 주장 중에서 공감할 수 없는 부분이 있는지 판단해 봅니다.

✿ 공감할 수 없는 것이 있다면 그 이유를 생각해 보고, 반론의 근거를 정리합니다.

1 ㉠에 대한 비판으로 적절하지 <u>않은</u> 것은?

> 한국의 농촌 여성들은 이 밖에도 온 가족의 옷을 직접 만들고, 온갖 음식을 만들고, 무거운 공이와 절구를 사용하여 벼를 찧고, 무거운 짐 보따리를 머리에 이고 장에 가며, 물을 길어 오고, 먼 거리에 있는 밭에 나가 일을 하고, 늦게 자고 일찍 일어나며, 실을 잣고 베를 짠다. 게다가 이들은 예외 없이 아이를 많이 낳는데, 아이가 세 살이 될 때까지 젖을 먹인다. ㉠농촌 여성들은 삶의 즐거움이 별로 없다고 말할 수 있다. 이들은 고된 가사를 며느리에게 물려줄 때까지 그저 묵묵히 일만 하는 존재에 불과하다. 그들은 서른에 벌써 쉰 살은 먹어 보이고, 마흔 살이 되면 이가 거의 빠진다.
>
> – 이사벨라 버드 비숍, 〈외국인의 눈에 비친 19세기 말의 한국〉

① 피상적˅으로 관찰하여 내린 결론이군.

② 외국인의 관점에서 바라본 편견이군.

③ 한국인의 정서를 모르는 주관적 생각이군.

④ 서로의 문화적 차이를 인정하는 관점이군.

⑤ 당시 여성들에 대한 이해가 부족한 판단이군.

> ˅ 피상적(皮相的): 본질적인 현상은 추구하지 아니하고 겉으로 드러나 보이는 현상에만 관계하는 것.

2 다음 글에 나타난 글쓴이의 관점을 비판할 때 인용할 수 있는 속담은?

> 검(儉)이란 무얼까? 의복이란, 몸을 가리기만 하면 되는 것인데, 고운 비단으로 된 옷이야 조금이라도 해지면 세상에서 볼품없는 것이 되어 버리지만, 텁텁하고 값싼 옷감으로 된 옷은 약간 해진다 해도 볼품이 없어지지 않는다. 한 벌의 옷을 만들 때 앞으로 계속 오래 입을 수 있을지 없을지를 생각해서 만들어야 하며, 곱고 아름답게만 만들어 빨리 해지게 해서는 안 된다. 이런 생각으로 옷을 만들게 되면, 당연히 곱고 아름다운 옷을 만들지 않게 되고, 투박하고 질긴 것을 고르지 않을 사람이 없게 된다.
>
> – 정약용, 〈유배지에서 보낸 편지〉

① 강물도 쓰면 준다.　　　　② 굳은 땅에 물이 고인다.

③ 개미 금탑 모으듯 한다.　　④ 가랑비에 옷 젖는 줄 모른다.

⑤ 보기 좋은 떡이 먹기도 좋다.

3 (가)를 비판하고 (나)를 지지하기에 적절한 의견은?

> **가** '얼짱'은 젊은이들이나 쓰는 속어˘인 데다가 조어˘ 방식에도 문제가 있다고 흠을 잡을지도 모르겠다. '얼짱'이 주로 젊은 층에서 쓰는 속어임에는 틀림없다. 그러나 국어사전에 표준적이고 품위 있는 말만 실어야 한다고 생각한다면 그것은 커다란 오해다. 국어사전에는 속어는 물론, 욕설과 같은 비어나 범죄자들이 쓰는 은어˘까지도 올라와 있다. 사전은 일정 빈도 이상 나타나는 말이라면 무슨 말이든 다 수용할 수 있다.
>
> **나** 우리가 말하고 쓰는 모든 단어가 단순히 많이 쓰인다고 해서 사전에 오르는 것은 아니다. 단어로서의 자격을 안정적으로 확보한 단어라야 사전에 오를 수 있다. 지속적인 쓰임새가 확실하지 않고, 아무 자리에서나 자연스럽게 쓰기에 부담스러운 '얼짱'과 같은 말은 아직 사전에 오를 단어로서의 자격을 안정적으로 확보하지 못한 듯하다.

① '피부짱' 같은 말은 사전에 올릴 수 있어.
② '얼짱' 같은 말을 사전에 올리기는 아직 성급해.
③ 우리가 사용하는 모든 단어는 사전에 실어야 해.
④ '얼짱' 같은 말은 이제 자연스럽게 써도 될 것 같아.
⑤ '얼짱' 같은 말은 지속적으로 사용해야 할 필요가 있어.

> ˘ 속어(俗語): 통속적으로 쓰는 저속한 말.
> ˘ 조어(造語): 이전에 없던 새로운 말을 만듦.
> ˘ 은어(隱語): 어떤 계층이나 부류의 사람들이 다른 사람들이 알아듣지 못하도록 자기네 구성원들끼리만 빈번하게 사용하는 말.

4 (나)를 근거로 하여 (가)의 @를 비판할 때, 가장 적절한 것은?

> **가** 이산화 탄소가 포함된 온실가스˘를 감축하기 위한 방안 중 하나로 탄소세를 도입해야 한다는 주장이 제기되고 있다. '탄소세'는 화석 연료에 함유된 탄소 성분의 정도에 따라 세율을 달리하여 부과하는 조세를 말한다. 탄소세가 도입되면 탄소가 함유된 에너지의 가격이 인상되어 소비를 억제하는 효과가 나타난다. 그리고 화석 연료를 대체하는 에너지를 개발하려는 노력이 촉진되어 궁극적으로 온실가스 배출이 감소된다. 이러한 이유로 탄소세를 @즉각 도입하자는 주장이 대두되었다.
>
> **나** 탄소세를 도입하고 있는 나라는 스웨덴, 핀란드 등 몇 나라에 불과하다. 세계 이산화 탄소 배출량의 상당한 비중을 차지하는 미국과 중국을 비롯한 대부분의 나라들은 아직 탄소세를 도입하고 있지 않다.

① 화석 연료에 의존하는 산업 비율을 낮추려면, 대체 에너지 개발을 촉진해야 한다.
② 탄소세 도입 효과를 극대화하기 위해서는, 에너지 절약에 대한 정책적 지원이 필요하다.
③ 국제 무역 경쟁력 제고를 위해서는, 우리나라도 친환경 산업을 적극적으로 지원해야 한다.
④ 화석 연료에 대한 징벌적 관세를 피하려면, 이산화 탄소 배출을 감축할 수 있는 방안을 마련해야 한다.
⑤ 온실가스 감축의 실효성을 높이려면, 우리나라의 탄소세 도입에 앞서 국제적인 공조가 필요하다.

> ˘ 온실가스(溫室gas): 지구 대기를 오염시켜 온실 효과를 일으키는 가스를 통틀어 이르는 말. 이산화 탄소, 메탄 따위의 가스를 말한다.

원리 6 다른 상황에 적용하기

다른 상황에 적용해 보아야 하는 이유
- ✿ 글의 내용을 이와 직접적인 관련이 없는 다른 상황에 적용해 보는 활동입니다.
- ✿ 글을 읽는다는 것은 자신과 사회가 처한 다양한 문제에 대해 생각해 보는 것이기도 합니다.
- ✿ 글의 내용을 다른 상황에 적용해 보며 자신과 사회의 문제를 해결하기 위한 방법을 모색할 수 있습니다.

다른 상황에 적용하는 방법
- ✿ 글에 제시되어 있는 상황, 원리, 내용을 정확히 파악합니다.
- ✿ 글의 내용과 견줄 수 있는 다른 상황을 찾아 공통점을 확인합니다.
- ✿ 그 상황이 글에 언급되어 있는 여러 요소를 빠짐없이 충족하고 있는지 확인합니다.

---

1 다음 글과 유사한 상황으로 볼 수 있는 것은?

> 우리나라에도 몇몇 도입종들이 활개를 치고♥ 있다. 예전엔 청개구리가 울던 연못에 요즘은 미국에서 건너온 황소개구리가 들어앉아 이것저것 닥치는 대로 삼키고 있다. 어찌나 먹성이 좋은지 심지어는 우리 토종 개구리들을 먹고 살던 뱀까지 잡아먹는다. 토종 물고기들 역시 미국에서 들여온 블루길에게 물길을 빼앗기고 있다.

♥ 활개를 치다: 의기양양하게 행동하다. 또는 제 세상인 듯 함부로 거들먹거리며 행동하다.

① 최근 전통 혼례를 치르는 사람이 많아졌다.
② 우리의 사물놀이가 외국인에게도 인기를 끌게 되었다.
③ 전통 음악인 국악과 서양 음악의 협연이 이루어지고 있다.
④ 할리우드 영화를 제치고 한국 영화가 흥행에 성공하고 있다.
⑤ 전통 명절인 단오나 대보름보다 서양 명절인 크리스마스를 즐기는 가족이 많다.

---

2 ㉠에 해당하는 사례로 적절하지 <u>않은</u> 것은?

> 언론에 있어 '진실한 보도와 논평♥'을 하기 위해서는 사물을 역사적으로 관찰할 줄 아는 안목이 있어야 한다. 어떠한 사물을 옳게 보도하거나 논평할 수 있으려면, 그 사물의 의미 또는 가치를 올바르게 평가할 수 있어야 한다. ㉠사물의 가치는 역사의 발전에 따라 달라진다. 오늘에 인정받았던 가치가 내일에는 부정되기도 하고, 오늘에 부정된 가치가 내일에는 새롭게 평가받기도 한다.

♥ 논평(論評): 어떤 글이나 말 또는 사건 따위의 내용에 대하여 논하여 비평함.

① 예전에는 효도가 최고의 가치 덕목이었으나, 지금은 완전히 무시되고 있다.
② 과거에는 개발 논리가 우선되었으나, 지금은 환경 보호도 중요시되고 있다.
③ 조선 후기에 천주교가 박해를 당했으나, 오늘날은 종교의 하나로 인정받고 있다.
④ 과거에는 예인들이 광대라 하여 천시되었으나, 지금은 젊은이들의 우상으로 각광받고 있다.
⑤ 옛날에는 여성의 지위가 남성보다 낮았지만, 현재는 여성의 지위가 상승해 남성과 동등한 위치에 자리하고 있다.

3 ⓐ의 모습에 가장 가까운 것은?

> 인류는 오랜 진화 과정을 거쳐 온 결과 생각하는 사람, 현명한 인간이라는 뜻의 호모 사피엔스라는 학명이 붙었습니다. 저는 이게 지나친 자만이라고 생각합니다. 우리가 정말 현명한 인간이라면 우리의 집인 환경을 망가뜨리면서 살아오진 말았어야죠. 돌이키기 힘들 정도로 환경을 훼손해 놓고 현명하다고 자화자찬▼하고 있는 것이 지금 우리의 모습입니다.
>
> 물론 인간은 똑똑합니다. 굉장히 머리가 좋죠. 그런데 이대로 가면 ⓐ제 꾀에 제가 넘어가는 헛똑똑이▼가 되고 말 것입니다. 우리가 정말 지구에서 오래도록 살아남으려면 현명한 인간이라는 오만함을 버리고 다른 동물, 다른 식물과 함께 사는 길을 모색하고 이를 적극적으로 실천에 옮겨야 할 것입니다.

▼ 자화자찬(自畵自讚): 자기가 한 일을 스스로 자랑함을 이르는 말.

▼ 헛똑똑이: 겉으로는 똑똑한 체하지만 실제로는 아무런 실속이 없는 사람.

① 불편한 점이 많았지만 계속된 홍보를 통해 분리수거가 일상화되었다.
② 거듭된 실패로 다들 포기했지만 계속 도전하여 마침내 전구를 발명해 내었다.
③ 터널 대신 우회로를 건설해 비용이 증가했지만 멸종 위기 동물의 서식지를 보존할 수 있었다.
④ 살충제 개발로 해충을 없애 식량 증산을 이루었지만 토양 오염으로 인류의 생명까지 위협받게 되었다.
⑤ 세탁기가 자동화되면서 익혀야 될 사용법은 늘어났지만 한 번에 빨래에서 헹굼, 탈수까지 할 수 있게 되었다.

4 ㉮의 의미를 이해하기 위한 사례에 해당하는 것은?

> 도시의 정글, 복잡한 도로에서 원활한 교통을 위해 내가 할 수 있는 일은 무엇일까? 가장 중요한 것은 되도록 한 차로에서 일정한 속도를 유지하려고 노력하는 일이다.
>
> 운전을 하다 보면 옆자리의 아내와, 혹은 뒷자리의 아이들과 이야기를 하게 되고 그러면 자연스레 주의를 빼앗겨 앞차와의 간격이 벌어지게 된다. 속도가 느려진 운전자는 앞차를 따라잡기 위해 다시 가속을 한다. 또 차가 밀려 옆 차로로 옮기려고 시도하면 그로 인해 뒤차나 옆 차로의 차들은 감속을 해야 한다.
>
> 교통을 연구하는 물리학자들의 연구에 따르면, 자동차가 '가다 서다'를 반복하면 그 효과가 뒤차들에게 ㉮파동의 형태로 전달된다고 한다. 속도가 달라지는 자동차를 뒤따라가는 뒤차들은 안전거리를 유지하기 위해서 속도를 늦추거나, 너무 떨어진 앞차와의 거리를 좁히기 위해 속도를 높임으로써 뒤쪽의 교통 밀도를 증가시켰다 감소시켰다 하여 일종의 물결파를 만들게 한다. 이런 물결 효과는 마치 충격파처럼 계속해서 뒤쪽의 차들에 전달되고, 어느 지점에 이르러서는 고밀도의 교통 체증을 만들게 된다는 것이다. 따라서 제 속도를 유지하는 침착한 운전 습관이 도시의 정글에서 살아남는 방법이다.

① 비행기에서 낙하산이 차례차례 떨어지고 있었다.
② 폭음이 울리자 사람들은 깜짝 놀라서 사방으로 흩어졌다.
③ 빗방울이 떨어져서 호수 위에 하나 둘씩 원을 만들고 있었다.
④ 공연장에 입장하기 위해 사람들이 꼬리를 물고 ㄹ자 모양으로 줄을 서 있었다.
⑤ 새로운 국적법▼ 시행을 앞두고 국적 포기를 신청하려는 사람들이 한꺼번에 몰려들었다.

▼ 국적법(國籍法): 대한민국 국민의 국적 취득과 상실 요건에 관하여 규정한 법률.

독해 실전

I

예술

동양화에서는 왜 원앙과 연꽃을 함께 그렸을까

> 원근법에 따르면 당연히 앞부분은 뒷부분에 비해 크게 그려야 해. 그런데 동양화 중에는 그렇지 않은 것들도 있어. 서양화와 다른 동양화의 이런 특징은 어떻게 생겨났는지 알아보자.

1 동양의 옛 그림들을 감상하다 보면 이치˚에 맞지 않는 이상한 그림들이 있다는 것을 알게 된다. 예를 들어, 책상 앞쪽 모서리보다 뒤쪽 모서리를 더 크게 그린다든지, ⓐ뒤로 갈수록 건물의 각도가 넓어지는 등 원근법˚에 어긋나게 그린 그림이 있다. 때로는 ⓑ하나의 대상을 여러 방향에서 바라본 것처럼 그리거나, ⓒ하늘에서 땅 위를 내려다본 것처럼 그리기도 한다. 또 ⓓ보이지 않을 만큼 먼 곳에 있는 사람이나 물체를 마치 망원경으로 당겨서 본 것처럼 주변의 물체에 비해 자세하게 확대해서 그리는 일도 있다.

2 이러한 특징은 그림을 그리는 기법˚뿐만 아니라 그림의 소재 선택에서도 잘 나타난다. 예를 들어, 원앙은 추운 지방에서 사는 새로 연꽃이 한창 필 여름 무렵에는 북쪽으로 날아가 버린다. 그러나 동양의 옛 그림 속에는 원앙이 연꽃과 함께 등장하는 경우가 많다. 그리고 4월에 피는 목련과 5월에 피는 모란, 6월에 피는 해당화를 동시에 그리기도 한다. 이는 현실적으로 ⓔ이치에 맞지 않는 소재들을 묶어 그린 것으로 때로는 보는 사람을 당황하게 만들기도 한다.

3 그렇다면 서양화와 달리 동양화에 이렇게 이상한 그림들이 많이 보이는 이유는 무엇일까? 그것은 동양과 서양의 화가가 그림에 대해 생각하는 바가 서로 달랐기 때문이다. 서양의 화가들은 그리고자 하는 대상의 형체, 명암˚, 빛깔 등 보이는 바를 화면에 그대로 그려야 한다고 생각했다. 반면에 동양의 화가들은 그리고자 하는 대상에 대해 자신이 생각하고 있는 것이나 알고 있는 것을 화면에 담아야 한다고 생각했다. 그렇기 때문에 동양의 화가들은 자연의 풍경을 그릴 때 현장에 가서 직접 보고 그 모습을 담는 것이 아니라, 어떤 풍경에 대한 자신의 느낌을 그렸다. 간혹 직접 현장에 가서 경치를 보고 그린다 하더라도, 경치를 그대로 그리기보다 경치에서 받은 느낌을 그렸다.

4 어떻게 보면 동양의 옛 그림이 이치에 맞지 않는다는 생각 그 자체가 잘못된 것이다. 그렇게 생각하는 것은 동양의 그림을 서양화를 보는 눈으로 감상했기 때문이다. 서양의 현대 회화에서도 대상을 그대로 그린 그림보다는 화가의 뜻이 담긴 그림이 높게 평가되기도 한다. 중요한 것은 동양의 그림은 ⓐ본대로 그린 것이 아니라 아는 대로 그린 그림이라는 것이다. 따라서 옛 동양화를 감상할 때는 그 그림을 통해 화가가 무엇을 말하고자 했는지를 읽어 내는 자세가 필요하다.

정선의 〈인왕제색도〉(1751년)

- ⦁이치(理致): 사물의 정당하고 당연한 조리.
- ⦁원근법(遠近法): 그림을 그릴 때, 멀고 가까운 거리감이 드러나게 표현하는 방법.
- ⦁기법(技法): 기교와 방법을 아울러 이르는 말.
- ⦁명암(明暗): 밝음과 어두움을 통틀어 이르는 말.

독해력 Upgrade

※각 문단의 중심 내용을 다음과 같이 정리할 때, 빈칸에 들어갈 알맞은 말을 쓰시오.

| 1 동양화의 특징 ① – ( )에 맞지 않는 기법을 사용함 | → | 2 동양화의 특징 ② – 이치에 맞지 않는 ( )들을 묶음 | → | 3 동양화에 이치에 맞지 않는 그림이 많은 이유 | → | 4 동양화를 ( )할 때 유의할 점 |

1 **이 글에 사용된 서술 방식으로 가장 적절한 것은?**

① 두 대상을 대조하여 각각의 특징을 밝히고 있다.
② 기존 이론의 문제점을 밝히고 해결 방안을 제시하고 있다.
③ 특정 대상의 변천 과정을 통시적˅ 방법으로 서술하고 있다.
④ 대상에 대한 통념˅을 제시하고 잘못된 인식을 바로잡고 있다.
⑤ 상반된 관점을 소개한 후 절충˅적인 결론을 이끌어 내고 있다.

˅ 통시적(通時的): 시간
의 경과에 따라 나타
나는 사물의 변화와
관련되는 것.
˅ 통념(通念): 일반적으
로 널리 통하는 개념.
˅ 절충(折衝): 서로 다른
의견이나 관점 따위를
알맞게 조절하여 서로
잘 어울리게 함.

2 **㉠~㉤ 중, 〈보기〉의 설명에 해당하는 것끼리 묶인 것은?**

┤ 보기 ├

　이 그림은 추사 김정희가 제주도에서 귀양살이할 때 그린 〈세한도〉이다. 삼각형의
지붕은 정면에서 본 모습을, 그 아래의 둥근 창문은 왼쪽에서 본 모습을, 긴 직사각형
의 지붕은 오른쪽에서 본 모습을 그린 것이다. 한편 지붕의 폭은 뒤로 갈수록 좁아지지
만 소나무에 가려진 벽은 오히려 뒤로 갈수록 넓어지고 있다.

① ㉠, ㉡　　　② ㉠, ㉢　　　③ ㉡, ㉤　　　④ ㉢, ㉣　　　⑤ ㉣, ㉤

3 **〈보기〉는 '보다'의 의미를 탐구하기 위한 자료이다. ⓐ의 의미를 나타낸 것은?**

┤ 보기 ├

보다¹「동사」

①【…을】
　1. 눈으로 대상의 존재나 형태적 특징을 알다. ¶눈을 들어 하늘을 <u>보다</u>. ·············· ①
　2. 눈으로 대상을 즐기거나 감상하다. ¶영화를 <u>보다</u>. ······························· ②
　3. 책이나 신문 따위를 읽다. ¶신문을 <u>보다</u>. ·································· ③
　4. 맡아서 보살피거나 지키다. ¶그녀는 아이를 <u>봐</u> 줄 사람을 구하였다. ·············· ④

②【…과】【…을】
　1. 사람을 만나다. ¶학교를 졸업한 후에 처음으로 그녀와 서로 <u>보게</u> 되었다. ········ ⑤

어휘력 Upgrade　　※다음의 빈칸에 들어갈 알맞은 말을 〈보기〉에서 찾아 쓰시오.

┤ 보기 ├
기법
명암
이치
통념

1 그 사람은 도대체 (　　　)에 맞지 않는 소리만 한다.
2 지금의 위기를 헤쳐 나가려면 경영의 새로운 (　　　)이 요구된다.
3 강렬한 햇빛으로 인해 빛과 그림자의 (　　　)이 더욱 도드라져 보인다.
4 그는 자신의 감정에 솔직하고자 했으나 결국 사회의 (　　　)에 굴복하고 말았다.

영화의 의미를 창출하는 '몽타주' 기법

영화 관련 정보를 검색하다 보면 '몽타주'나 '미장센'과 같은 용어가 나올 때가 있어. 이러한 용어의 뜻을 알면 영화를 더욱 재미있게 감상할 수 있을 거야. 글을 읽으며 '몽타주'의 의미를 알아보자.

1 몽타주(Montage)는 '조립하다'라는 뜻의 프랑스어 몽테(monter)에서 나온 말이다. 영화에서 몽타주는 숏˘과 숏을 결합해 감독이 전달하고자 하는 특정한 의미나 효과를 얻으려는 작업을 가리킨다. 소련의 영화감독이자 이론가였던 푸돕킨은 "각각의 숏 자체는 아무 의미가 없을 수 있지만, 감독은 특정 숏들을 연결하여 새로운 의미를 창조할 수 있다."라고 주장했다. 이는 몽타주가 활용된 장면의 의미는 배우들의 연기가 아니라 감독의 편집에 의해서 만들어진다는 뜻이다.

2 푸돕킨의 스승 쿨레쇼프는 영화에서 전통적인 연기 기술은 필요하지 않다고 믿었다. 그는 이를 증명하기 위해 다음과 같은 실험을 진행했다. 그는 먼저 무표정한 남자 배우의 얼굴을 찍었다. 그리고 이 숏을 수프가 들어 있는 접시를 촬영한 숏과 병치˘했다. 이를 본 관객들은 무표정한 남자 배우가 현재 배고파한다고 생각했다. 이어 그는 무표정한 남자 배우의 얼굴을 찍은 숏과 여자의 시체가 들어 있는 관을 찍은 숏을 연결했다. 이를 본 관객들은 남자가 깊은 슬픔에 빠져 있다고 생각했다. 이 실험을 통해 쿨레쇼프는 배우들의 연기가 없어도 숏들을 조합함으로써 남자가 처한 상황이나 심리 상태를 효과적으로 전달할 수 있음을 입증˘했다.

3 한편 예이젠시테인과 같은 영화 이론가는 영화가 단순한 오락이 아니라 대중의 의식을 바꿀 수 있는 지적 예술로서 기능해야 한다고 생각했다. 그는 매끄럽게 숏과 숏을 연결하는 대신, 연결된 숏과 숏이 서로 충돌하면서 발생하는 특정한 의미를 관객들에게 전달하기 위해 노력했다. 예를 들어, 예이젠시테인은 노동

예이젠시테인의 영화 〈전함 포템킨〉(1925년)

자들이 기관총에 의해 죽임을 당하는 장면을 담은 숏에 황소가 도살˘되는 숏을 연결했다. 이 몽타주는 인간으로서 대우받지 못하고 고통스러운 노동에 시달리다 죽임을 당하는 노동자들의 비참한 처지를 비유적으로 보여 줌으로써 관객의 공감을 유도˘했다. 연결되는 두 숏을 통해 이미 내포된 의미 이상의 새로운 의미를 만들어 낸 것이다.

4 앞에서 언급한 영화 이론가들은 영화가 현실 속에 숨어 있는 본질을 끌어낼 수 있어야 한다고 생각했다. 그들은 숏에 담긴 현실의 사물이나 상황들은 몽타주 기법을 통해 편집되지 않고서는 그 본질을 관객들에게 보여 줄 수 없다고 주장했다. 현실은 하나의 사물이나 상황으로 이루어지는 것이 아니라, 이를 둘러싼 또 다른 사물이나 상황들의 연속으로 이루어지는 것이기 때문이다.

- ˘숏(shot): 한 번의 연속 촬영으로 찍은 장면을 이르는 말.
- ˘병치(竝置): 두 가지 이상의 것을 한곳에 나란히 두거나 설치함.
- ˘입증(立證): 어떤 증거 따위를 내세워 증명함.
- ˘도살(屠殺): 짐승을 잡아 죽임.
- ˘유도(誘導): 사람이나 물건을 목적한 장소나 방향으로 이끎.

독해력 Upgrade ※각 문단의 중심 내용을 다음과 같이 정리할 때, 빈칸에 들어갈 알맞은 말을 쓰시오.

| **1** 몽타주의 개념과 몽타주의 중요성을 강조한 ( ) | → | **2** 연기 기술보다 몽타주가 중요함을 입증한 ( ) | → | **3** 숏과 숏의 ( )을 통해 새로운 의미를 전달하려 한 예이젠시테인 | → | **4** 현실의 본질을 끌어내기 위한 몽타주 기법의 필요성 |

1 이 글을 바탕으로 〈보기〉를 이해한 내용으로 적절하지 **않은** 것은?

① (가)와 (나)의 감독은 두 숏을 연결하여 새로운 의미를 만들어 내려 했군.
② (가)의 감독은 두 숏을 결합하여 배고파하는 남자의 모습을 나타내려고 했군.
③ (나)의 감독은 두 숏을 조합하여 슬픔에 빠진 남자의 모습을 드러내려고 했군.
④ (가)와 (나)를 보니 숏과 숏의 충돌을 통해 비유적인 의미를 창조해 낼 수 있군.
⑤ (가)와 (나)를 보니 숏과 숏을 조합함으로써 사람의 심리 상태를 드러낼 수 있군.

2 몽타주를 중시한 영화 이론가들의 입장에서 할 수 있는 말로 적절하지 **않은** 것은?

① 영화를 만들 때에는 배우들의 연기 기술보다 감독의 편집이 중요합니다.
② 같은 숏이라도 어떤 숏과 병치시키느냐에 따라 그 의미가 달라질 수 있습니다.
③ 영화는 편집 과정을 통해 현실 속에 숨어 있는 본질을 드러낼 수 있어야 합니다.
④ 개별 숏은 의미가 없을 수 있지만 이를 다른 숏들과 결합하면 새로운 의미를 만들 수 있습니다.
⑤ 무엇보다도 영화는 흥미 있는 내용들을 효과적으로 연결하여 대중에게 재미를 줄 수 있어야 합니다.

어휘력 Upgrade　　※다음의 빈칸에 들어갈 알맞은 말을 〈보기〉에서 찾아 쓰시오.

┌ 보기 ┐
도살
병치
유도
입증
└───┘

1 행사를 공개적으로 진행하여 일반인의 참여를 (　　　)하였다.
2 전염병이 퍼질 우려가 있어 많은 가축들이 (　　　)을 당하였다.
3 변호사는 피고인의 무죄를 (　　　)하기 위해 백방으로 노력했다.
4 훌륭한 소설들은 여러 가지 구성 요소들을 조화롭게 (　　　)하고 있다.

단순함의 미학, 미니멀리즘

집에 가구나 생활용품 같은 것이 꽉 들어차서 답답한 느낌을 받은 적이 있을 거야. 그래서 최근에는 집을 꾸밀 때도 미니멀리즘을 추구하는 사람들이 많아. 미니멀리즘이 무엇인지 구체적으로 알아보자.

1 과거의 예술은 작가가 주제 의식이나 말하고자 하는 의도를 작품에 직접 담아 전달하려는 경향이 강했다. 의도를 강력하게 전달하기 위해서 화려하거나 복잡한 표현 기법이 많이 사용되었기 때문에, 감상자가 작품을 통해 느낄 수 있는 다양한 생각이나 상상력이 ㉠제한˚되는 측면이 있었다.

2 현대 사회는 과거와 비교할 수 없을 정도로 다양하고 복잡해졌다. 정보의 홍수 속에서 피로감을 느끼는 현대인들은 이제 보다 단순한 것들을 ㉡선호˚하게 되었다. 미니멀리즘(minimalism)은 간결하고 절제된 표현 기법으로 대상의 본질을 표현하려는 예술적 경향을 말한다. 간결하고 단순하게 표현된 작품이 오히려 본질을 더 잘 드러낼 수 있을 뿐만 아니라 감상자로 하여금 다양하게 상상할 수 있게 한다는 것이다. 미니멀리즘은 예술적 표현이 단순할수록 현실 세계를 더 쉽게 표현할 수 있다는 '단순성의 원리'와 작품과 작품을 둘러싼 배경이 하나로 합쳐져 감상자에게 예술적 체험을 제공한다는 '확장성의 원리'를 바탕에 두고 있다.

3 단순성과 확장성의 원리는 미니멀리즘 작품 중 특히 조형물˚에서 잘 나타난다. 미니멀리즘 작가들은 작품을 만들 때 단순성의 원리에 따라 예술적인 기교를 최소화하며, 작품의 재료를 ㉢변형˚하지 않고 원재료에 가깝게 사용한다. 오른쪽에 제시된 솔 르윗의 작품을 보면, 벽면에 같은 재료를 ㉣활용하여 좌우 대칭이 되는 동일한 패턴의 조형물을 ㉤배치한 것을 확인할 수 있다. 이렇게 단순하게 작품을 만들면, 감상자들은 각

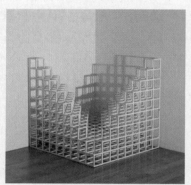

솔 르윗, 〈corner piece #4〉

자의 상황이나 경험에 따라 자유롭게 이미지를 떠올리게 된다. 또한 자신이 처음에 떠올렸던 이미지에서 벗어나 또 다른 이미지를 떠올리기도 수월해진다˚.

4 한편 미니멀리즘 조형물이 놓인 장소는 단순히 작품의 배경 역할만 하지는 않는다. 작품이 놓인 공간은 감상자로 하여금 작품을 그 작품이 놓인 공간의 관련성 속에서 감상하게 한다. 솔 르윗의 작품에서 좌우 대칭인 조형물과 달리, 조형물을 비추는 빛의 방향에 의해 벽면의 그림자가 다른 것을 확인할 수 있다. 벽면에 비친 그림자의 차이 때문에 감상자는 왼쪽보다 오른쪽 조형물에서 더 깊고 넓은 공간적 느낌을 받게 된다. 즉, '확장성의 원리'는 감상자가 조형물이 놓인 배경에까지 감상을 확대하여 새로운 예술 체험을 하는 것을 말한다. 이러한 체험 역시 감상자가 더 많은 것을 상상할 수 있게 하여 작품 감상의 폭을 넓힌다.

- ♥제한(制限): 일정한 한도를 정하거나 그 한도를 넘지 못하게 막음.
- ♥선호(選好): 여럿 가운데서 특별히 가려서 좋아함.
- ♥조형물(造形物): 여러 가지 재료를 이용하여 구체적인 형태나 형상으로 만든 물체.
- ♥변형(變形): 모양이나 형태가 달라지거나 달라지게 함.
- ♥수월하다: 까다롭거나 힘들지 않아 하기가 쉽다.

독해력 Upgrade ※각 문단의 중심 내용을 다음과 같이 정리할 때, 빈칸에 들어갈 알맞은 말을 쓰시오.

| **1** 작가의 의도가 강해 감상의 폭이 제한되었던 과거 예술 | → | **2** ( )의 개념과 바탕이 되는 원리 | → | **3** ( )의 원리에 따른 표현 기법과 그 효과 | → | **4** ( )의 원리에 따른 표현 기법과 그 효과 |

1 이 글의 내용과 일치하지 <u>않는</u> 것은?

① 복잡한 현대 사회에서 사람들은 단순한 것을 선호한다.
② 미니멀리즘은 절제된 표현을 통해 본질을 드러내려 한다.
③ 미니멀리즘 작품은 감상하는 사람의 자유로운 상상을 제한한다.
④ 미니멀리즘 작가들은 예술적인 기교를 되도록 사용하지 않으려 한다.
⑤ 미니멀리즘 작품은 그 작품이 놓인 배경까지 감상을 확대하게 한다.

2 이 글과 관련하여 〈보기〉를 이해한 내용으로 적절하지 <u>않은</u> 것은?

| 보기 |

〈무제—L빔들〉은 로버트 모리스의 미니멀리즘 경향을 보여 주는 작품으로, 회색 빛깔의 두꺼운 나무로 된 산업 재료 L빔들을 그대로 가져다가 배치하여 작품의 의미를 나타내고 있다.

① 작가는 L빔들을 가져다가 거의 변형하지 않고 작품의 재료로 사용했군.
② 작가는 화려하고 복잡한 표현 기법을 사용하여 자신의 의도를 드러내려 했겠군.
③ 감상자는 이 작품을 작품이 놓인 공간과 관련지어 감상하게 되겠군.
④ 감상자는 이 작품을 보고 각자의 경험에 따라 자유롭게 이미지를 떠올리겠군.
⑤ 감상자는 작품과 작품의 배경을 합쳐서 감상하는 새로운 체험을 하게 되겠군.

3 ㉠~㉤을 사용하여 만든 문장으로 적절하지 <u>않은</u> 것은?

① ㉠: 그 영화는 청소년의 관람이 <u>제한</u>되어 있다.
② ㉡: 젊은 부부들은 생활이 편리한 아파트를 <u>선호</u>한다.
③ ㉢: 민수는 폐품을 <u>변형</u>하여 장난감을 만들었다.
④ ㉣: 여가를 자기 계발에 효과적으로 <u>활용</u>해야 한다.
⑤ ㉤: 그의 주장은 내가 아는 상식과 <u>배치</u>하는 면이 많다.

어휘력 Upgrade ※다음의 빈칸에 들어갈 알맞은 말을 〈보기〉에서 찾아 쓰시오.

| 보기 |
변형
선호
수월
제한

1 이 도서실은 정리가 잘되어 있어서 자료를 찾기가 (　　　)하다.
2 생활 수준이 높아짐에 따라 무공해 식품의 (　　　)가 두드러진다.
3 친한 사람의 글씨체는 아무리 (　　　)을 시켜도 금방 알아볼 수 있다.
4 조선 시대에는 신분에 따라 착용할 수 있는 의복에 (　　　)이 있었다.

설명서가 필요 없는 행동 유도성 디자인

1 어떤 동상에 튀어나온 부분이 있으면 사람들이 자꾸만 그 곳을 만져 색이 변하곤 한다. 돌출˚된 부분이 있으면 만지거나 누르고 싶어지는 것이 사람의 심리이기 때문이다. 이처럼 특정한 재료나 모양으로 이루어진 대상은 사람들에게 특정한 행동을 유발˚한다. 이러한 특징을 이용하여 건축, 가구, 생활용품, 전자 제품 등을 디자인하는 경우가 있는데 이를 '행동 유도성 디자인'이라고 한다. 행동 유도성 디자인이 뛰어난 제품은 설명서가 없더라도 제품의 사용 방법에 대한 강렬한 메시지 를 제공할 수 있다.

2 우리 주변에서 가장 흔하게 볼 수 있는 행동 유도성 디자인은 문이다. 문은 밀거나 당겨서 여닫는 문이 있는가 하면, 옆으로 밀어서 여닫는 문도 있다. 그런데 문을 여는 방식에 따라 손잡이도 다르게 디자인된다. 그렇기 때문에 우리는 문의 손잡이를 보면 그 형태만으로도 문이 어떻게 열리고 닫히는지를 파악할 수 있다.

3 어떤 행동 유도성 디자인은 사용자가 느끼지 못할 정도로 자연스럽게 제약˚을 주어 행동의 단서˚를 제공한다. 예를 들어, 디지털 카메라의 건전지나 메모리 카드는 잘못된 방향으로 넣으면 아예 들어가지 않도록 디자인한다. 사용자가 어떤 방향으로 넣어야 하는지 혼동˚하지 않도록 하기 위한 것이다. 이를 제약의 원리라고 한다. 사용자의 행동을 특정한 하나의 방향으로 제한함으로써 제품의 작동 원리를 자연스럽게 익히게 하는 것이다.

4 또한 행동 유도성 디자인은 사람의 행동과 그 행동에 따른 결과가 밀접하게 대응되게 유도한다. 예를 들어, 자동차는 핸들을 오른쪽으로 돌리면 차가 오른쪽으로 움직이도록 디자인한다. 이를 대응의 원리라고 한다. 만약 파일럿이 비행기를 더 높이 뜨게 하려면 조종대를 자신의 앞으로 당겨야 하는데, 초기에는 이것을 반대로 디자인해 많은 사고가 발생했다. 행동과 그 행동에 따른 결과와의 관련성이 낮으면 사용자는 제품을 사용할 때 어려움을 느끼게 된다.

5 겉으로는 푹신하고 아름다워 보이는 소파가 막상 앉았을 때 불편하다면, 이는 뛰어난 디자인이라고 할 수 없다. 앉고 싶게 생긴 의자, 물을 따르고 싶도록 디자인된 주전자, 누르고 싶도록 만들어진 리모컨과 같이 제품이 그 기능과 역할을 제대로 수행˚할 수 있도록 만들어야 행동 유도성 디자인이 잘 구현된 것이다.

독해력 Upgrade ※각 문단의 중심 내용을 다음과 같이 정리할 때, 빈칸에 들어갈 알맞은 말을 쓰시오.

| **1** 행동 유도성 디자인의 ( )과 효과 | → | **2** 행동 유도성 디자인의 대표적 사례인 문 | → | **3** 행동 유도성 디자인에서 사용하는 ( )의 원리 | → | **4** 행동 유도성 디자인에서 사용하는 ( )의 원리 | → | **5** 행동 유도성 디자인을 잘 구현하기 위한 조건 |

1 '행동 유도성 디자인'에 대한 설명으로 적절하지 <u>않은</u> 것은?

① 제품의 형태만으로도 조작 방법을 짐작할 수 있게 한다.

② 제품의 기능적인 면과 미적인 면이 조화를 이루게 한다.

③ 사용자가 느끼지 못할 정도로 자연스럽게 행동을 제한하기도 한다.

④ 사용자의 행동과 그 행동에 따른 결과가 밀접하게 관련을 맺도록 한다.

⑤ 튀어나온 부분이 있으면 만지고 싶어지는 사람의 심리를 이용한 것이다.

2 행동 유도성 디자인이 적용된 예로 보기 <u>어려운</u> 것은?

① 가위 손잡이에 구멍을 내어 손가락을 집어넣도록 유도˙한다.

② 컵라면의 용기 내부에 선을 그어 적정량의 물을 붓도록 이끈다.

③ 장난감 블록의 튀어나온 부분을 홈에 정확히 맞춰야만 블록이 끼워지게 한다.

④ 젓가락의 음식을 집는 부분을 더 얇게 만들어 거꾸로 사용하는 것을 방지한다.

⑤ 새로 나온 선풍기의 사용법을 그림으로 설명하여 누구나 쉽게 사용할 수 있게 한다.

˙유도(誘導): 사람이나 물건을 목적한 장소나 방향으로 이끎.

3 〈보기〉의 밑줄 친 제품에서 파악할 수 있는 메시지로 알맞은 것은?

┤ 보기 ├

자동차에는 시트를 조작할 수 있는 버튼이 있다. 자동차의 <u>시트 조작 버튼</u>을 특정 방향으로 누르면 시트가 그 방향으로 움직인다.

① 신체 구조에 맞게 시트를 조정할 수 있다.

② 잘못된 방향으로는 시트가 움직이지 않는다.

③ 간단하게 손가락만으로 버튼을 조작할 수 있다.

④ 버튼을 밀고 당기는 방향에 따라 시트가 이동한다.

⑤ 교통사고가 발생했을 때 시트를 빠르게 움직일 수 있다.

어휘력 Upgrade ※다음의 빈칸에 들어갈 알맞은 말을 〈보기〉에서 찾아 쓰시오.

┤ 보기 ├
수행
유발
제약
혼동

1 그 광고는 소비자들의 구매 욕구를 (   )하였다.

2 단체 생활에는 여러 가지 (   )이 있기 마련이다.

3 언론은 비판과 견제의 기능을 (   )해야 할 책임이 있다.

4 그는 시력이 좋지 않아 친구와 다른 사람을 (   )하였다.

아름다운 음의 법칙, 피타고라스 음계와 삼분 손익법

고대 그리스의 철학자 피타고라스는 아름다운 음을 내는 규칙을 밝혀냈는데, 이를 피타고라스 음계라고 해. 그런데 동양에도 이와 유사한 방법을 이용한 삼분 손익법이 있었어. 이 두 가지 방법이 어떻게 다른지 살펴보자.

1 아름다운 곡을 연주하기 위한 노력은 동서양을 막론하고˘ 다양하게 시도되었다. 이 과정에서 음계, 즉 음악에 쓰이는 음의 배열을 만드는 일은 필수적˘이었다. 서양의 음계는 '피타고라스 음계'에서, 동양의 음계는 '삼분 손익법'에서 시작되었다.

2 뛰어난 수학자였던 피타고라스는 집 근처 대장간에서 흘러나오는 망치 소리를 들으면서 음계의 수학적 이론을 밝혀낸다. 그는 하프를 직접 연주하면서 소리를 분석했고, 그 결과 하프에서 나오는 소리들이 조화로운 화음을 내는 경우는 하프 현 길이의 비가 간단한 정수 비례 관계에 있을 때라는 사실을 알아냈다. 또한 이때 현의 길이는 진동수와 비교적 정확하게 반비례로 대응된다는 사실도 알게 되었다. 이러한 과정을 통해 피타고라스가 확립한 음계를 ㉠'피타고라스 음계'라고 부른다. 그는 현의 길이의 비가 2 : 1(낮은 도 : 높은 도), 3 : 2(도 : 솔), 4 : 3(도 : 파)과 같이 간단한 정수의 비로 표현되는 음일수록 두 음이 잘 어울린다는 사실을 밝혀냈다. 서로 어울리지 않는 도와 레는 진동수의 비가 8 : 9로 최소 공배수가 72나 된다. 반면 잘 어울리는 5도 화음인 도와 솔의 진동수의 비는 2 : 3, 4도 화음인 도와 파는 3 : 4에 해당한다. 특히 낮은 도와 솔이 이루는 음정을 완전 5도라고 부르는데, 피타고라스는 이 완전 5도 음정의 비율을 기준으로 하여 음계를 만들었다.

3 서양에 피타고라스 음계가 있다면 동양에는 ㉡삼분 손익법이 있다. 우리나라의 경우 《악학궤범》에서 12율이라고 부르는 음계를 사용한 기록을 확인할 수 있는데, 12율은 황종, 임종, 태주, 남려, 고선, 응종, 유빈, 대려, 이칙, 협종, 무역, 중려로 이루어져 있다. 삼분 손익법은 12율의 음높이를 정하는 방법으로, 악기의 소리를 내는 율관˘의 길이를 3등분하여 3분의 1을 빼거나 더한다. '삼분 손일'을 하게 되면 1/3을 뺀 나머지 2/3의 길이에 해당하는 음을 내는데, 이때 율관은 서양 음계의 솔처럼 완전 5도의 음정을 갖는다. '삼분 익일'을 하면 1/3을 더해 4/3의 길이에 해

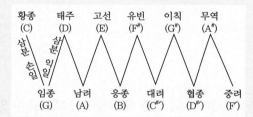

당하는 음을 내는데, 율관의 길이가 늘어났으므로 음이 낮아진다. 이와 같은 방식으로 손일과 익일을 교대로 사용하면 12율을 얻을 수 있다. 즉, 황종의 율관의 길이를 1이라 할 때, 삼분 손일에 의해 2/3배 하면 율관의 길이는 2/3로 임종이 되고, 임종을 삼분 익일에 의해 4/3배 하면 율관의 길이는 8/9로 태주가 된다.

4 피타고라스 음계와 삼분 손익법을 통해 만든 음계가 현대에도 그대로 적용˘되는 것은 아니다. 하지만 이러한 음계가 동서양 음악과 연주의 발전에 큰 영향을 미쳤다는 점은 부인˘할 수 없다.

˘ 막론하다(莫論하다): 이것저것 따지고 가려 말하지 아니하다.
˘ 필수적(必須的): 꼭 있어야 하거나 하여야 하는 것.
˘ 율관(律管): 음악에 쓰는 율, 즉 기본이 되는 음을 불어서 낼 수 있는 원통형의 대나무 관.
˘ 적용(適用): 알맞게 이용하거나 맞추어 씀.
˘ 부인(否認): 어떤 내용이나 사실을 옳거나 그러하다고 인정하지 아니함.

 독해력 Upgrade ※각 문단의 중심 내용을 다음과 같이 정리할 때, 빈칸에 들어갈 알맞은 말을 쓰시오.

1 동서양 음계의 출발점인 피타고라스 음계와 삼분 손익법	→	**2** ( ) 의 수학적 원리	→	**3** ( )의 수학적 원리	→	**4** 피타고라스 음계와 삼분 손익법의 의의

1 이 글의 내용과 일치하지 <u>않는</u> 것은?

① 피타고라스는 하프 현의 길이가 진동수와 비례한다는 사실을 알아냈다.

② 피타고라스 음계에서 간단한 정수의 비로 표현되는 2개의 음은 조화롭다.

③ 삼분 손익법에서는 손일과 익일을 교대로 사용하여 음계를 만든다.

④ 삼분 손익법에서 소리를 내는 율관의 길이가 길어지면 음이 낮아진다.

⑤ 피타고라스 음계와 삼분 손익법은 동서양 음악의 발전에 영향을 미쳤다.

2 <보기>는 현을 사용하는 악기인 피아노이다. 이 글을 참고하여 ㉠에 대해 추론한 내용으로 적절한 것은?

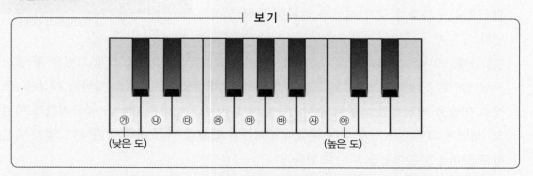

① ㉮와 ㉯는 간단한 정수의 비로 표현되지 않아 서로 어울리지 않는 음에 해당한다.

② ㉮와 ㉰의 진동수의 비는 4:3이다.

③ 4도 화음인 ㉮와 ㉱는 현의 길이와 진동수의 크기가 반비례한다.

④ 5도 화음의 현의 길이의 비는 2:3이다.

⑤ ㉮와 ㉺의 현의 길이의 비는 8:9이다.

3 황종의 음을 내는 율관의 길이가 90cm라고 할 때, ㉡에 대해 이해한 내용으로 적절하지 <u>않</u>은 것은?

① 율관의 길이를 삼분하면 30cm이다.

② 율관의 길이를 손일하면 60cm이다.

③ 태주의 음은 율관의 길이가 80cm일 때 날 것이다.

④ 남려의 음은 율관의 길이가 약 53.4cm일 때 날 것이다.

⑤ 남려는 삼분 손익 중 익일의 방법을 사용하여 만들어지는 음이다.

어휘력 Upgrade ※다음의 빈칸에 들어갈 알맞은 말을 <보기>에서 찾아 쓰시오.

┌ 보기 ┐
막론
부인
적용
필수적

1 새로 발견한 원리를 신제품 개발에 (   )했다.

2 그들은 지위의 고하를 (   )하고 모두 처벌하였다.

3 한문학은 조선 시대의 양반들이 (   )으로 익혀야 하는 교양이었다.

4 범인이 범행 사실을 완강히 (   )하자 경찰은 확실한 증거를 들이댔다.

르네상스 미술과 바로크 미술, 어떻게 다를까

르네상스 미술은 14~16세기, 바로크 미술은 17~18세기에 유행한 미술 사조야. 미술의 역사에서 매우 중요한 위치를 차지하고 있지. 뵐플린이라는 학자가 이 두 사조의 특징을 어떻게 구분했는지 알아보자.

1 17세기 이후 등장한 바로크 미술은, 이상적이고 안정감 있는 아름다움을 추구했던 르네상스 미술과 달리 사실적이고 극적인 면을 추구하여 정적인 미술에 생동감을 불어넣었다. 미술의 역사를 연구했던 뵐플린은 바로크 미술과 르네상스 미술을 다음과 같은 몇 가지 측면에서 비교, 분석함으로써 바로크 미술의 특징을 분명히 했다.

2 첫째, 르네상스 미술은 선을 중시하는 선적인 그림이다. 이는 뒤러의 〈자화상〉과 같이 인물과 배경의 뚜렷한 윤곽선을 통해 확인할 수 있다. 반면 바로크 미술은 회화적인 그림이다. 렘브란트의 〈자화상〉에서 볼 수 있듯이, 인물과 배경을 뚜렷한 윤곽선으로 구분하지 않고 명암과 색채를 통해 드러낸다.

뒤러의 〈자화상〉과 렘브란트의 〈자화상〉

3 둘째, 르네상스 미술은 멀리 보이는 장면을 묘사할 때 경치를 작게 그렸을 뿐 공간이 지닌 깊이는 느껴지지 않는다. 그리고 화면 속에 대상을 가지런히 배열하기 때문에, 르네상스 미술은 평면적인 느낌을 준다. 이에 반해 바로크 미술은 대상을 불규칙하게 배열하고, 평면에 그림자가 지게 하여 대상의 부피감과 입체감˚이 드러나게 한다. 그렇기 때문에 바로크 미술은 깊이감을 지니고 있다.

4 셋째, 르네상스 미술은 사물의 배치가 너무나 안정적이어서 그중 하나라도 위치를 바꾸었다가는 전체 그림이 망가질 듯한 구도를 가지고 있다. 그렇기 때문에 르네상스 미술은 폐쇄적˚인 느낌을 준다. 반면 바로크 미술은 아무 규칙이나 질서도 없이 대상의 움직이는 한순간을 포착한 듯하다. 그래서 바로크 미술은 개방적인 느낌을 준다.

5 넷째, 르네상스 미술은 크게 그려진 인물부터 작게 그려진 인물까지 모두 그 존재가 부각˚되어 있다. 감상자의 시선이 화면의 여러 부분에 골고루 가게 되므로, 르네상스 미술은 다분히 다원적˚이라고 할 수 있다. 이에 반해 바로크 미술은 인물이 자신의 고유성을 주장하기보다는 그림 안에 종속˚되어 있다. 감상자의 시선이 그림 전체를 주목하게 되므로, 바로크 미술의 감상자들은 그림에서 통일성을 느낄 수 있다.

6 마지막으로, 르네상스 미술은 명료한˚ 선을 통해 모든 개별 형상을 온전히 드러낸다. 이에 따라 감상자들은 차분하게 세심한 부분까지 감상할 수 있지만, 때로는 시선이 분산되기도 한다. 반면 바로크 미술에서 선들은 명료하지 않다. 심지어 화면에 가득 찬 색채가 그림 속의 개별 대상을 명료하지 않게 만들기도 한다. 그러나 이러한 불명료함이 감상자를 그림 전체에 집중하게 만들어 주는 역할을 한다.

▾ 입체감(立體感): 위치와 넓이, 길이, 두께를 가진 물건에서 받는 느낌.

▾ 폐쇄적(閉鎖的): 외부와 통하거나 교류하지 않는 것.

▾ 부각(浮刻): 어떤 사물을 특징지어 두드러지게 함.

▾ 다원적(多元的): 사물을 형성하는 근원이 많은 것.

▾ 종속(從屬): 자주성이 없이 주가 되는 것에 딸려 붙음.

▾ 명료하다(明瞭하다): 뚜렷하고 분명하다.

독해력 Upgrade ※각 문단의 중심 내용을 다음과 같이 정리할 때, 빈칸에 들어갈 알맞은 말을 쓰시오.

| **1** 바로크 미술과 르네상스 미술의 차이 | → | **2** 선적인 르네상스 미술과 (   )인 바로크 미술 | → | **3** (   )인 르네상스 미술과 깊이감의 바로크 미술 | → | **4** 폐쇄적인 르네상스 미술과 (   )인 바로크 미술 | → | **5** (   )인 르네상스 미술과 통일성의 바로크 미술 | → | **6** 명료한 르네상스 미술과 불명료한 바로크 미술 |

1 **이 글의 내용 전개 방식**으로 가장 적절한 것은?

① 한 학자의 이론이 지닌 한계를 분석하고 있다.
② 한 학자의 이론이 정립*되는 과정을 밝히고 있다.
③ 두 미술 양식이 지닌 특징을 대조하여 제시하고 있다.
④ 두 미술 양식이 미술사에 끼친 영향을 소개하고 있다.
⑤ 두 미술 양식의 발전 과정을 시간의 흐름에 따라 설명하고 있다.

■ 전개 방식: 독자들이 이해하기 쉽게 내용을 전달하기 위해 글쓴이가 활용한 방법. 정의, 예시, 대조 등의 방법이 있다.

▾ 정립(定立): 정하여 세움.

2 **이 글을 바탕으로 〈보기〉를 감상한 내용으로 적절하지 않은 것은?**

┤ 보기 ├

(가) 지오토, 〈애도〉   (나) 루벤스, 〈솔로몬의 심판〉

(가)는 르네상스 미술 작품이고, (나)는 바로크 미술 작품이다.

① (가)는 인물과 배경의 윤곽선이 뚜렷하고, (나)는 인물과 배경의 윤곽선이 뚜렷하지 않군.
② (가)는 가지런한 배열로 평면적인 느낌을 주지만, (나)는 불규칙한 배열로 입체적인 느낌을 주는군.
③ (가)는 인물들의 개별 형상이 명료하게 드러나지만, (나)는 인물들의 형상이 명료하게 드러나지 않는군.
④ (가)는 배치가 안정적이어서 개방적인 느낌을 주지만, (나)는 아무 질서가 없이 폐쇄적인 느낌을 주는군.
⑤ (가)를 보는 감상자는 화면 속의 대상을 골고루 감상하겠지만, (나)를 보는 감상자는 그림 전체를 통일적으로 감상하겠군.

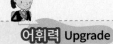

어휘력 Upgrade

※다음의 빈칸에 들어갈 알맞은 말을 〈보기〉에서 찾아 쓰시오.

┤ 보기 ├
명료
부각
종속
폐쇄적

1 논설문을 쓸 때에는 글쓴이가 주장하는 바를 (   )하게 드러내야 한다.
2 자유로운 질문을 막는다면 회의 분위기는 (   )으로 흐를 수밖에 없다.
3 오늘날 많은 나라들이 경제적, 문화적으로 주요 선진국에 (   )되어 있다.
4 광고는 제품의 장점을 (   )함으로써 소비자에게 더 많은 제품을 팔기 위한 수단이다.

예술이 종말을 고했다고?

예술 작품 중에는 전혀 훌륭한 예술 작품처럼 보이지 않는 것들도 있어. 그래서인지 단토라는 미술 평론가는 예술의 종말을 선언하기도 했지. 단토가 주장하는 예술의 종말이 무슨 뜻인지 살펴보자

팝 아트의 선구자, 앤디 워홀

1 1964년 팝 아트♥의 창시자로 유명한 앤디 워홀은 수세미나 비누를 만들던 브릴로 회사의 포장 상자와 겉모양이 비슷한 나무 상자를 작품으로 만들어 전시했다. 즉각 이 작품에 대한 찬사♥와 비난의 목소리가 나오기 시작했다. 더불어 슈퍼마켓에서 볼 수 있는 브릴로 상자나 앤디 워홀이 전시한 〈브릴로 상자〉나 큰 차이가 없음에도 불구하고, 왜 후자의 것만 예술 작품이 되는지에 대한 진지한 고찰♥이 시작되었다. 이후 미국의 철학자이자 미술 평론가인 단토는 이 작품을 토대로 '예술의 종말'을 선언하였다.

2 단토는 예술 작품과 예술 작품이 아닌 대상은 시각적 차이만으로는 구별되지 않는다고 생각했다. 그는 예술이 되기 위해서는 두 가지 요소를 필수적으로 갖추고 있어야 한다고 보았다. 하나는 예술가가 의도한 주제를 가지고 있어야 한다는 것인데, 단토는 이를 '무엇에 관함'이라고 하였다. 다른 하나는 그 주제를 적절한 매체나 효과적인 방식을 활용해 나타내야 한다는 것으로, 단토는 이를 '구현♥'이라고 하였다. 즉, 단토는 예술 작품이란 해석해야 할 주제를 가지고 우리 앞에 나타난 그 무엇이라고 보았다.

3 그러나 어떤 주제의 작품을 만들어 이를 '예술'이라고 선언한다고 해서 그 작품이 바로 예술 작품이 되는 것은 아니다. 단토는 관람자와 평론가들이 그 예술 작품을 이해하고 작가의 의도를 인정할 수 있는지, 당대의 예술 상황을 주도하는 지식과 이론 및 태도는 어떠한지 등을 종합적으로 검토해야 예술이 된다고 보았다. 그는 이런 것들을 총괄하는 믿음 체계에 '예술계'라는 명칭을 붙였다. 이를 바탕으로 단토는 ㉠앤디 워홀의 〈브릴로 상자〉는 예술 작품으로 보아야 한다며, 만약 1964년이 아닌 1900년대 초반이나 그 이전에 전시되었다면 예술 작품으로 인정받지 못했을 것이라고 주장했다.

4 당시만 해도 예술계는 '예술은 진정한 가치를 지닌 미적 가치를 모방한다.'는 미메시스 이론, 즉 모방 이론을 따르고 있었다. 모방 중심의 예술에서는 생생한 시각적 경험을 가져다 주는 미적 가치의 정확한 재현♥을 중요하게 여긴다. 단토는 앤디 워홀의 작품 이후 이러한 예술의 역사는 종말을 고하게 되었다고 보았다. 즉, 이전의 모방 중심의 예술 세계가 종결되고, 모방이 아닌 다양한 형태의 예술이 나오리라고 본 것이다. 따라서 단토의 예술 종말론은 비극적 선언이 아닌 낙관적♥ 전망이다. 그렇다면 예술의 종말 이후 예술은 어떠한 모습일까? 단토는 예술이 추구해야 할 특정한 방향이 없는 시기, 예술을 통해 성취해야 하는 목표에 대해 고민하지 않아도 되는 시기를 보내게 될 것이며, 이 때문에 예술은 전에 없는 자유로운 양식과 형태를 보일 것이라고 예언하였다.

♥ 팝 아트(pop art): 전통적인 예술 개념을 타파하고자 했던 1960년대의 미술 운동으로, 일상생활 용품을 주로 활용함.

♥ 찬사(讚辭): 칭찬하거나 찬양하는 말이나 글.

♥ 고찰(考察): 어떤 것을 깊이 생각하고 연구함.

♥ 구현(具現): 어떤 내용이 구체적인 사실로 나타나게 함.

♥ 재현(再現): 다시 나타남. 또는 다시 나타냄.

♥ 낙관적(樂觀的): 앞으로의 일 따위가 잘되어 갈 것으로 여기는.

독해력 Upgrade ※각 문단의 중심 내용을 다음과 같이 정리할 때, 빈칸에 들어갈 알맞은 말을 쓰시오.

| **1** 〈브릴로 상자〉를 계기로 예술의 종말을 선언한 ( ) | → | **2** 단토가 생각하는 예술 작품의 두 가지 ( ) | → | **3** 워홀의 작품이 예술 작품으로 인정받을 수 있는 이유 | → | **4** 단토가 주장하는 예술의 ( )의 의미 |

1 이 글에서 다루고 있는 내용이 <u>아닌</u> 것은?

① 단토가 이름을 붙인 '예술계'의 의미
② 단토가 예술 종말론을 주장하게 된 계기
③ 단토의 예술 종말론이 지닌 부정적인 의미
④ 단토가 예상한 예술의 종말 이후의 예술의 모습
⑤ 단토가 제시한 예술 작품이 갖추어야 할 필수 조건

2 이 글을 바탕으로 〈보기〉를 이해한 내용으로 적절하지 <u>않은</u> 것은?

| 보기 |

A   B   C

A는 실제 브릴로 회사의 종이 포장 상자이다. B는 A를 차용[♥]하여 나무로 만든 워홀의 〈브릴로 상자〉이다. C는 다시 B를 차용한 비들로의 〈워홀 아님〉이다.

♥차용(借用): 돈이나 물건 따위를 빌려서 씀.

① A는 예술 작품으로 볼 수 없지만 B에 영감을 제공했겠군.
② B는 A와 겉모습이 비슷하지만 예술 작품으로 볼 수 있겠군.
③ C를 감상할 때는 해석해야 할 주제가 담겨 있는지 살펴보아야겠군.
④ B와 C를 예술 작품으로 인정하려면 당대의 예술 상황을 고려해야 하겠군.
⑤ B와 C를 감상할 때는 미적 가치를 정확하게 재현하고 있는지 확인해야겠군.

3 ㉠의 이유로 가장 적절한 것은?

① 과거의 사람들은 워홀의 예술 작품을 감상할 만한 안목[♥]이 부족했기 때문이다.
② 과거에 사용한 예술 기법이 1960년대에 사용한 예술 기법보다 뛰어났기 때문이다.
③ 1900년대 초반까지는 예술 작품으로 인정하는 기준이 훨씬 더 엄격했기 때문이다.
④ 워홀의 작품도 예술이 될 수 있다는 믿음 체계가 1960년대에 수용되었기 때문이다.
⑤ 1964년 당시에는 예술계가 워홀의 예술 작품을 무비판적으로 받아들였기 때문이다.

♥안목(眼目): 사물을 보고 분별하는 견식.

어휘력 Upgrade ※다음의 빈칸에 들어갈 알맞은 말을 〈보기〉에서 찾아 쓰시오.

| 보기 |
구현
낙관적
재현
차용

1 이 견해는 미래에 대한 (   ) 전망이라 볼 수 있다.
2 그들은 세계 축구 4강 신화의 (   )을 위해 뛰고 또 뛰었다.
3 그는 외국의 이론을 (   )하여 자신이 세운 이론에 접목하였다.
4 그 회사는 앞선 기술력으로 상상 속의 공간을 현실에 (   )할 수 있게 되었다.

조선 시대의 조상 숭배관이 담긴 종묘 정전

종묘에 가 본 적 있니? 종묘는 서울의 종로에 있는 조선 시대 건축물인데, 유네스코 세계 문화유산으로 지정되어 있어. 기회가 닿으면 종묘에 가서 이 글에 나타난 종묘 정전의 건축적 특징을 살펴보자.

1 역사 드라마를 보면 "종묘사직을 보존하소서!"라고 말하는 장면이 자주 나온다. 종묘는 역대 임금의 위패˘를 모시던 사당이고 사직은 나라와 조정을 의미하므로, 종묘사직은 왕실과 나라를 통틀어 이르는 말이다. 그만큼 유교의 예법에 따라 조상에게 제사를 지내던 종묘는 조선 시대의 중요한 건축물이었다.

2 종묘는 국가의 정통성을 보여 주려는 권위 건축으로서의 성격과 제사 공간의 마련이라는 제사 건축으로서의 성격을 함께 지닌다. 특히 정전은 조선 왕조 역대 임금과 왕비의 위패를 모신 제사 건축물로서 최고의 격식을 갖추고 있다. 종묘의 중심 건물인 정전은 신실 19칸, 좌우 월랑, 20개의 배흘림기둥˘과 맞배지붕˘으로 이루어져 있다. 화려하지 않고 단순한 신실이 반복되는 정전의 절제˘된 건축 형태와 장엄한 공간 구성은 다른 어떤 건축물도 흉내 낼 수 없는 종묘만의 특징이다.

3 정전의 각 신실은 건축 구성의 기본 단위이다. 신실은 한 칸으로 되어 있으므로 결국 정전은 건물 한 칸 한 칸이 모여서 전체를 이룬다. 신실은 처음에 7칸이었으나 한 칸에 하나의 신위만을 모셨기 때문에 시간이 흐르면서 건물을 증축˘하였다. 19칸의 신실은 각 칸의 앞면이 개방되어 있고 그 간격이 모두 일정하다. 정전은 단순하게 구성된 여러 개의 신실이 모여 하나의 수평적인 건축 형태를 이루며 무궁한˘ 번영을 상징하고 있다.

4 신실의 간격이 일정하므로 정전에는 20개의 똑같은 기둥이 열을 지어 늘어서게 된다. 이렇게 반복되는 줄기둥 20개가 넓은 정전 마당을 바라보고 있는 모습은 장엄한 의식을 연상시킨다. 여기에 묵직이 내려앉은 맞배지붕은 정전이 지닌 상승감을 지그시 눌러 주며 절제와 경건의 감정을 더욱 자아낸다. 또 정전 건물의 양 끝에는 직각으로 돌출한 월랑을 두었다. 동쪽 월랑은 벽이 있는 내부 공간을 만들지 않고 기둥만을 두어 사람들이 대기하는 장소로 활용되었다. 서쪽 월랑은 벽이 있는 내부 공간을 만들어 물건을 보관하는 창고로 사용하였다. '一'자형 신실 좌우에 월랑을 두면서 건물은 'ㄷ'자 형태가 되는데, 이는 건물의 형태적 완결성을 높이고 있다.

5 한편 정전에서 보이는 단순한 아름다움과 엄숙함은 묘한 파격˘과 비대칭성이라는 조형 원리와 같이 어우러져 있다. 단순하게 반복되는 신실 및 줄기둥과 달리, 양쪽 월랑은 개방적인 느낌과 폐쇄적인 느낌을 모두 담고 있다. 이러한 비대칭은 ㉠정전의 숨막히는 대칭적 질서를 넘어서는 파격을 보여 준다. 대칭과 비대칭, 질서와 파격을 모두 포용하는 힘은 종묘가 지닌 소중한 미덕이다.

- ˘위패(位牌): 죽은 사람의 이름을 적은 나무패.
- ˘배흘림기둥: 기둥 중간 부분의 배가 약간 부르도록 한 건축 양식.
- ˘맞배지붕: 건물의 모서리에 추녀가 없이 용마루까지 측면 벽이 삼각형으로 된 지붕.
- ˘절제(節制): 정도에 넘지 아니하도록 알맞게 조절하여 제한함.
- ˘증축(增築): 이미 지어져 있는 건축물에 덧붙여 더 늘리어 지음.
- ˘무궁하다(無窮하다): 공간이나 시간 따위가 끝이 없다.
- ˘파격(破格): 일정한 격식을 깨뜨림.

독해력 Upgrade ※각 문단의 중심 내용을 다음과 같이 정리할 때, 빈칸에 들어갈 알맞은 말을 쓰시오.

| **1** 조선 시대의 중요한 건축물이었던 종묘 | → | **2** 종묘의 건축적 성격과 (　　)의 구성 요소 | → | **3** (　　)의 특징과 의미 | → | **4** 줄기둥, 맞배지붕, (　　)의 특징과 효과 | → | **5** 대칭과 비대칭이 조화를 이루고 있는 종묘 정전 |

1 **이 글의 내용과 일치하지 않는 것은?**

① 정전의 신실은 처음 지어졌을 때보다 12칸이 늘었다.
② 월랑의 구조는 정전의 단순한 형태에 변화를 주고 있다.
③ 종묘의 건축에서는 대칭성과 비대칭성이 동시에 확인된다.
④ 정전의 배흘림기둥과 맞배지붕은 무궁한 번영을 상징한다.
⑤ 종묘는 국가의 정통성을 보여 주려는 의도가 반영된 건축물이다.

2 **〈보기〉가 종묘 정전을 처음 설계하는 단계에서의 구상이라고 할 때, 적절하지 않은 것은?**

┤ 보기 ├

전체적인 구상
• 위패를 모신 제사 공간이라는 점을 고려하여 화려하지 않게 만든다. ················· ㉮

세부적인 구상
• 신실: 각 칸의 간격을 모두 일정하게 하고 앞면을 개방한다. ····················· ㉯
• 기둥: 똑같은 형태로 마당을 향하게 하여 장엄한 느낌이 들게 한다. ············· ㉰
• 지붕: 맞배지붕을 사용해 정전의 상승감을 누르면서 절제된 느낌이 들게 한다. ······ ㉱
• 월랑: 동쪽과 서쪽 끝에 똑같은 모양의 건물을 돌출된 형태로 배치하여 형태적
  완결성을 높인다. ····················· ㉲

① ㉮   ② ㉯   ③ ㉰   ④ ㉱   ⑤ ㉲

3 **㉠이 의미하는 바를 바르게 파악한 것은?**

① 정전은 화려하지 않으면서도 장엄한 느낌을 준다.
② 정전은 기본 건축 단위인 신실을 나중에 증축할 수 있게 만들었다.
③ 정전은 신실과 기둥이 주는 느낌과 양쪽 월랑이 주는 느낌이 다르다.
④ 정전은 다른 어떤 건축물도 따라올 수 없는 아름답고 엄숙한 건축물이다.
⑤ 정전은 유교적 격식에 얽매이지 않는 자유로운 건축 형태를 지니고 있다.

어휘력 Upgrade ※다음의 빈칸에 들어갈 알맞은 말을 〈보기〉에서 찾아 쓰시오.

┤ 보기 ├
무궁
절제
증축
파격

1 귀사의 (   )한 발전을 기원합니다.
2 학교는 요즘 강의실을 (   )하고 있다.
3 어렸을 때부터 (   )의 미덕을 가르쳐야 한다.
4 임금 협상에서 회사 측은 노조의 요구보다 더 많이 양보하는 (   )을 보였다.

음악에서의 긴장과 이완

1 우리는 살면서 많은 일을 겪게 된다. 인간의 삶은 항상 긴장과 이완˘이 반복되면서 이루어진다. 인간의 삶을 다양한 방식으로 형상화하는 음악에서는 여러 방식을 통해 이러한 긴장과 이완을 작품에 구현하고자 한다. 이때 긴장과 이완을 보다 조화롭게 음악에 녹아들게 하면 연주하거나 감상하는 사람들은 그 음악에 친숙함을 느낄 뿐만 아니라 예술적 감동에까지 이르게 된다.

2 그러면 악보를 보며 긴장과 이완을 구현하는 대표적인 방식에 대해 살펴보자.

궁 작 작 작　　궁 작 작 작　　궁 작 궁 작　　궁 작 작 작

3 먼저 선율의 상승과 하강˘을 통해 긴장과 이완이 구현될 수 있다. 인간은 자연의 원리를 거스르는 것을 대할 때 긴장을 느끼게 되고, 그 원리에 순응˘하는 것을 대할 때 이완된다. 선율이 상승하는 것은 위에서 아래로 흐르는 자연의 원리를 거스르는 것이므로, 우리는 이 악보의 첫 마디부터 마지막 마디의 첫 음까지 진행될 때 긴장을 느끼게 된다. 이때 상승한 음과 상승 전의 음 사이의 높이 차이가 크다면 긴장의 느낌이 더욱 강해진다. 반면에 자연의 원리에 순응하는 선율의 하강 부분에서는 이완을 느끼게 되는데, 이때는 완만˘할수록˘ 이완의 느낌이 강해진다.

4 긴장과 이완을 구현하는 또 하나의 방식은 리듬의 변화를 활용˘하는 것이다. 악보의 높은음자리표(𝄞) 부분을 보면, 선율이 맨 꼭대기에 도달하기까지 모티프(♪♫)가 네 차례 나온다. 그런데 두 번째 마디까지는 모티프가 한 마디에 한 번씩 나오지만, 세 번째 마디 안에서는 두 개가 조급하게 이어진다. 즉, 모티프를 촘촘하게 배치함으로써 가속도를 붙여 긴장을 느끼게 한 것이다. 또 낮은음자리표(𝄢) 부분을 보자. 여기서 다른 요소를 고려하지 않고 리듬만 살펴보면, 〈궁작작작 궁작작작 궁작궁작 궁작작작〉이라는 진행을 발견할 수 있다. 이때 두 번째 마디까지는 한 마디에 큰박자 '궁'이 한 번씩 나오는 반면 세 번째 마디에서는 한 마디에 두 번 나온다. 이 역시 음악을 몰아가는 느낌을 주어 긴장감을 더해 준다. 하지만 마지막 마디에서는 다시 처음 리듬으로 돌아가 이완의 느낌을 갖게 해 준다.

▾ **이완(弛緩):** 바짝 조였던 정신이 풀려 늦추어짐.

▾ **하강(下降):** 높은 곳에서 아래로 향하여 내려옴.

▾ **순응(順應):** 환경이나 변화에 적응하여 익숙하여지거나 체계, 명령 따위에 적응하여 따름.

▾ **완만하다(緩慢하다):** 급하지 않고 느릿느릿하다.

▾ **활용(活用):** 충분히 잘 이용함.

▾ **모티프(motif):** 음악 형식을 구성하는 가장 작은 단위로 보통 둘 이상의 음이 모여서 이루어짐.

 독해력 Upgrade ※각 문단의 중심 내용을 다음과 같이 정리할 때, 빈칸에 들어갈 알맞은 말을 쓰시오.

| **1** 음악에서 긴장과 ( )을 구현했을 때의 효과 | → | **2** 긴장과 이완의 구현 방식을 살펴보기 위한 예 | → | **3** 긴장과 이완의 구현 방식 ① – 선율의 ( )과 하강 | → | **4** 긴장과 이완의 구현 방식 ② – ( )의 변화 |

1 이 글에 표제˙와 부제˙를 붙인다고 할 때, 가장 적절한 것은?

① 긴장과 이완의 의미
　— 악보와 연주의 관계를 중심으로
② 음악적 원리의 형성 과정
　— 리듬 속에 나타난 긴장과 이완을 중심으로
③ 악보를 구성하는 요소
　— 긴장과 이완의 조화를 중심으로
④ 사람의 마음을 끄는 음악적 요소
　— 선율과 리듬의 조화를 중심으로
⑤ 음악에서 긴장과 이완의 구현 방식
　— 선율과 리듬의 활용을 중심으로

▼ 표제(標題): 신문이나 잡지 기사의 제목.
▼ 부제(副題): 표제에 덧 붙여서 내용을 한정하 거나 보충하는 제목.

2 이 글을 읽고 〈보기〉를 접한 학생들이 보인 반응으로 적절하지 <u>않은</u> 것은?

① '어린 송아지가'보다 높은 음으로 되어 있는 '부뚜막에 앉아'를 부를 때 긴장이 더 느껴 지겠군.
② 첫째 줄을 부를 때 선율로 인한 긴장을 가장 크게 느끼는 곳은 제일 높은 음인 '어'이 겠군.
③ 둘째 줄 첫 마디의 '엄마–'를 부를 때 '마'에서 '–'로 진행하는 동안 선율에서 오는 긴 장감이 커지겠군.
④ 둘째 줄 두 번째 마디의 '엄마–'를 부를 때 음이 갑자기 높아지는 '엄'에서 선율에 의 한 긴장을 강하게 느낄 수 있겠군.
⑤ '엉덩이가 뜨거워'를 부를 때 선율에서 느껴지는 긴장의 이완을 경험할 수 있겠군.

어휘력 Upgrade　※다음의 빈칸에 들어갈 알맞은 말을 〈보기〉에서 찾아 쓰시오.

보기
완만
이완
하강
활용

1 버스는 고갯길에서 (　　　)한 속도로 움직이고 있었다.
2 진수는 시험을 앞두고 긴장의 (　　　)을 위해 음악을 들었다.
3 여가를 자기 계발에 잘 (　　　)하는 사람만이 성공할 수 있다.
4 경기가 (　　　) 국면으로 접어들자 기업들은 투자를 피하고 있다.

[01~04] 다음 단어와 그 뜻풀이를 바르게 연결하시오.

01 고찰 •　　　　• ㉠ 일반적으로 널리 통하는 개념.

02 돌출 •　　　　• ㉡ 돈이나 물건 따위를 빌려서 씀.

03 차용 •　　　　• ㉢ 어떤 것을 깊이 생각하고 연구함.

04 통념 •　　　　• ㉣ 예기치 못하게 갑자기 쑥 나오거나 불거짐.

[05~08] 〈보기〉의 글자들을 조합하여 다음의 뜻풀이에 알맞은 단어를 쓰시오.

```
┤ 보기 ├
목 변 선 안 약 제 형 호
```

05 조건을 붙여 내용을 제한함. (　　　)

06 사물을 보고 분별하는 견식. (　　　)

07 여럿 가운데서 특별히 가려서 좋아함. (　　　)

08 모양이나 형태가 달라지거나 달라지게 함. (　　　)

[09~12] 다음의 빈칸에 들어갈 알맞은 단어를 〈보기〉에서 찾아 쓰시오.

```
┤ 보기 ├
부인 입증 재현 혼동
```

09 그는 신문에 보도된 내용을 강력하게 (　　　)했다.

10 이 박물관에는 고대인들의 생활 모습을 (　　　)해 놓은 모형이 있다.

11 김 박사는 실험을 통해 바이러스가 그 병의 원인이라는 것을 (　　　)하였다.

12 이제는 어느 누구도 자유와 방종을 (　　　)하는 경우가 없으리라고 확신한다.

[13~16] 제시된 초성과 뜻풀이를 참고하여 다음의 빈칸에 알맞은 단어를 쓰시오.

13 ㅎ ㄱ : 높은 곳에서 아래로 향하여 내려옴.
예 주가가 연일 (　　　) 곡선을 긋고 있다.

14 ㅈ ㅇ : 알맞게 이용하거나 맞추어 씀.
예 이론을 실제에 (　　　)하는 것은 여간 어려운 일이 아니다.

15 ㅈ ㅊ : 이미 지어져 있는 건축물에 덧붙여 더 늘리어 지음.
예 학생 수가 점점 늘어 감에 따라 학교를 (　　　)할 필요가 있었다.

16 ㅈ ㅎ : 일정한 한도를 정하거나 그 한도를 넘지 못하게 막음.
예 그 회사는 대졸자로 (　　　)했던 입사 지원 자격에 대한 규정을 철폐하였다.

[17~20] 다음의 밑줄 친 부분과 바꿔 쓸 수 있는 말을 〈보기〉의 단어를 활용하여 쓰시오.

```
┤ 보기 ├
보존하다 수월하다 증명하다 확대하다
```

17 토마토는 손쉽게 가꿀 수 있는 채소이다. (　　　)

18 우리 연구소에서는 인삼의 약효를 과학적으로 밝혔다. (　　　)

19 식당 측은 주차장을 넓혀 손님들의 편의를 도모하였다. (　　　)

20 현재 남아 있는 전통 한옥을 잘 지킬 수 있는 방안을 마련합시다. (　　　)

어휘력은 독해력의 기초!

• 나의 어휘력은 몇 점? ＿＿＿＿＿개 / 20개
• 18개 이상을 맞혔다면? 어휘의 기초가 튼튼합니다.
• 17개 이하로 맞혔다면? 본문에 제시된 지문과 어휘를 다시 공부한 다음 문제를 풀어보세요.

[01~04] 다음 단어와 그 뜻풀이를 바르게 연결하시오.

01 병치 •

• ㉠ 일정한 격식을 깨뜨림.

02 이완 •

• ㉡ 칭찬하거나 찬양하는 말이나 글

03 찬사 •

• ㉢ 바짝 조였던 정신이 풀려 늦추어짐

04 파격 •

• ㉣ 두 가지 이상의 것을 한곳에 나란히 두거나 설치함.

[05~08] 〈보기〉의 글자들을 조합하여 다음의 뜻풀이에 알맞은 단어를 쓰시오.

┌──── 보기 ────┐
기 각 법 부 속 절 제 종
└──────────────┘

05 기교와 방법을 아울러 이르는 말. ( )

06 어떤 사물을 특징지어 두드러지게 함. ( )

07 자주성이 없이 주가 되는 것에 딸려 붙음. ( )

08 정도에 넘지 아니하도록 알맞게 조절하여 제한함. ( )

[09~12] 다음의 빈칸에 들어갈 알맞은 단어를 〈보기〉에서 찾아 쓰시오.

┌──── 보기 ────┐
낙관적 다원적 폐쇄적 필수적
└──────────────┘

09 그는 워낙 ( )이어서 좀처럼 절망하지 않는다.

10 정보화 사회를 대비하려면 컴퓨터 지식은 ( )이다.

11 냉전 체제가 붕괴된 국제 사회는 ( )인 체제가 되었다.

12 우리가 ( )인 태도를 고집한다면 세계에서 고립될 수밖에 없다.

[13~16] 제시된 초성과 뜻풀이를 참고하여 다음의 빈칸에 알맞은 단어를 쓰시오.

13 ㅈ ㄹ : 정하여 세움.
　예 그는 동양과 서양의 학문을 종합하여 새로운 이념을 ( )하려 하고 있다.

14 ㄱ ㅎ : 어떤 내용이 구체적인 사실로 나타나게 함.
　예 그는 자신의 철학을 ( )하기 위해 정치에 뛰어들었다고 밝혔다.

15 ㅇ ㄷ : 사람이나 물건을 목적한 장소나 방향으로 이끎.
　예 기업에서는 광고를 통해 소비자들의 상품 구매를 ( )한다.

16 ㄷ ㅅ : 어떤 문제를 해결하는 방향으로 이끌어 가는 일의 첫 부분.
　예 김 형사는 그 사건을 해결하기 위해 결정적인 ( )를 찾고 있다.

[17~20] 다음의 밑줄 친 부분과 바꿔 쓸 수 있는 말을 〈보기〉의 단어를 활용하여 쓰시오.

┌──── 보기 ────┐
유발하다 주목하다 포용하다 활용하다
└──────────────┘

17 그때만 해도 그를 <u>눈여겨보는</u> 사람은 거의 없었다. ( )

18 부모의 마음은 모든 것을 <u>감싸 주는</u> 넓은 바다와 같다. ( )

19 과속 운행은 대형 교통사고를 <u>일으키는</u> 원인 중 하나이다. ( )

20 김 과장은 그 나라의 값싼 노동력을 <u>써먹을</u> 수 있는 획기적인 방안을 내놓았다. ( )

┌─────────────────────────────┐
어휘력은 독해력의 기초!

• 나의 어휘력은 몇 점? _____개 / 20개
• 18개 이상을 맞혔다면?　어휘의 기초가 튼튼합니다.
• 17개 이하로 맞혔다면?　본문에 제시된 지문과 어휘를 다시 공부한 다음 문제를 풀어보세요.
└─────────────────────────────┘

독해 실전

아자! 힘내~

사회

손해 보는 게 너무 싫어요

돈을 벌었을 때의 기쁨과 돈을 잃었을 때의 고통 중에 어느 것이 더 클까? 경제학자들은 후자가 더 크다고 말하고 있어. 그 이유를 '손실 회피 성향'이라는 사람들의 심리와 관련지어 생각해 보자.

1 일반적인 경제학에서는 인간을 합리적이고 이기적인 존재로 보며, 인간이 효용˙을 극대화하는 방향으로 선택한다고 주장한다. 그러나 행동주의 경제학에서는 인간을 제한적으로 합리적이고 감성적인 존재로 보며, 인간이 효용을 극대화하는 방향이 아니라 어느 정도 만족하는 선에서 선택한다고 주장한다. 행동주의 경제학자들이 말하는 이러한 인간의 성향을 잘 보여 주는 것이 ㉠'손실 회피 성향'이다.

2 행동주의 경제학자들은, 사람들은 자신이 얻은 것보다 잃은 것의 가치를 심리적으로 더 크게 느끼는 경향이 있다고 말한다. 예를 들어, 5만 원을 잃어버렸을 때 느끼는 상실감˙이 5만 원을 얻었을 때 느끼는 행복감보다 더 크다는 것이다. 그렇기 때문에 사람들은 손실을 회피하려는 성향을 갖게 된다.

3 행동주의 경제학자인 대니얼 카너먼은 이를 설명하기 위해 다음과 같은 실험을 진행했다.

첫 번째 실험	두 번째 실험
• 참가자에게 100만 원이 주어진다. • 내기에서 이기면 두 배인 200만 원을 갖는다. • 내기에서 지면 원래의 100만 원을 갖는다. • 내기에 응하지 않으면 50만 원을 더해 150만 원을 갖는다.	• 참가자에게 200만 원이 주어진다. • 내기에서 이기면 원래의 200만 원을 갖는다. • 내기에서 지면 절반인 100만 원을 갖는다. • 내기에 응하지 않으면 50만 원을 내놓아 150만 원을 갖는다.

두 실험에서 피실험자들은 동일하게 내기에 응하지 않으면 150만 원, 내기에서 이기면 200만 원, 내기에서 지면 100만 원을 갖는다. 그런데 대다수의 사람들이 첫 번째 실험에서는 내기에 응하지 않는 쪽을 선택했고, 두 번째 실험에서는 내기에 응하는 쪽을 선택했다. 첫 번째 실험의 경우 내기에서 지는 것보다 내기에 응하지 않고 50만 원을 더 받는 편이 낫다고 생각했고, 두 번째 실험의 경우 내기에 응하지 않고 50만 원을 내놓는 것보다 내기에 응하는 편이 낫다고 생각했기 때문이다. 이를 통해 사람들은 돈을 더 벌 수 있다는 기대감보다 돈을 잃을 수 있다는 불안감에 더 크게 지배된다는 사실을 알 수 있다.

4 손실 회피 성향의 또 다른 사례로 '보유˙ 효과'를 들 수 있다. 보유 효과란 사람들은 물건이건 사회적 지위이건 무엇인가를 소유하고 나면, 갖고 있지 않을 때보다 그 대상을 훨씬 높게 평가하는 성향을 보이는 것을 말한다. 예를 들어, 사람들은 한 병에 5달러를 지불하고 구매한 포도주가 50달러가 되었음에도 불구하고 이를 팔려고 하지 않는 심리 상태를 보이는 경우가 많다. 이는 물건에 대한 애착˙에서 비롯되는 것이 아니라, 자신의 소유물을 남에게 넘기는 것을 손실로 여기는 심리 상태 때문에 발생한다.

˙ **효용(效用):** 인간의 욕망을 만족시킬 수 있는 재화의 효능.

˙ **회피(回避):** 어떤 일이나 상황에 대하여 직접 하거나 부딪치기를 꺼리고 피함.

˙ **상실감(喪失感):** 무엇인가를 잃어버린 후의 느낌이나 감정 상태.

˙ **보유(保有):** 가지고 있거나 간직하고 있음.

˙ **애착(愛着):** 몹시 사랑하거나 끌리어서 떨어지지 아니함. 또는 그런 마음.

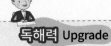 **독해력 Upgrade**

※각 문단의 중심 내용을 다음과 같이 정리할 때, 빈칸에 들어갈 알맞은 말을 쓰시오.

1 인간의 성향에 대한 ( ) 경제학자들의 견해	➡	**2** ( ) 회피 성향의 의미와 그 예	➡	**3** 실험을 통해 입증된 손실 회피 성향	➡	**4** ( ) 효과의 개념과 그 예

1 이 글의 설명 방법으로 가장 적절한 것은?

① 특정 실험 결과를 통해 이론을 뒷받침하고 있다.
② 이론의 특징을 요약하고 그 의의를 밝히고 있다.
③ 상반되는 두 개의 개념이 지닌 차이점을 대조하고 있다.
④ 이론의 변천˘ 과정을 시간의 순서에 따라 설명하고 있다.
⑤ 이론의 한계를 분석하고 앞으로의 전망을 제시하고 있다.

˘ 변천(變遷): 세월의 흐름에 따라 바뀌고 변함.

2 '행동주의 경제학자들'의 견해로 적절하지 <u>않은</u> 것은?

① 사람들은 제한적으로 합리적이다.
② 사람들은 손실을 회피하려는 성향을 가지고 있다.
③ 사람들은 얻은 것보다 잃은 것의 가치를 더 크게 느낀다.
④ 사람들은 자신이 처한 상황에서 효용을 극대화하는 결과가 나오도록 선택한다.
⑤ 사람들은 무엇인가를 소유하면 갖고 있지 않을 때보다 그 가치를 훨씬 높게 평가한다.

3 ㉠의 사례로 적절한 것을 〈보기〉에서 있는 대로 골라 묶은 것은?

┤ 보기 ├

ㄱ. 주식 투자자 '갑'은 주가가 올라 이익이 나면 쉽게 주식을 팔지만, 주가가 떨어져 손해를 보면 주식을 쉽게 팔지 못한다.
ㄴ. 가정주부 '을'은 어떤 회사의 전자 제품 무료 체험 이벤트에 참여한 후, 디자인과 기능이 마음에 들어 그 제품을 구매했다.
ㄷ. 회사원 '병'은 "매년 암 검사를 받지 않으면 몸속의 암을 발견하지 못할 수도 있습니다."라는 홍보 문구를 보고 병원을 찾아 검사를 받았다.
ㄹ. 소비자 '정'은 홈 쇼핑에서 "이번 기회를 놓치면 더 이상 싸게 살 수 없습니다."라는 말을 듣자, 이번에 제품을 사지 않으면 손해를 볼 것 같은 느낌이 들었다.

① ㄱ, ㄴ　　　　② ㄴ, ㄹ　　　　③ ㄱ, ㄴ, ㄷ
④ ㄱ, ㄷ, ㄹ　　　⑤ ㄴ, ㄷ, ㄹ

어휘력 Upgrade　※다음의 빈칸에 들어갈 알맞은 말을 〈보기〉에서 찾아 쓰시오.

┤ 보기 ├
변천
애착
회피
효용

1 그는 자신의 책임을 (　　　)하려고 변명을 늘어놓았다.
2 그녀는 학생들을 가르치는 일에 강한 (　　　)을 가지고 있다.
3 물건을 구입할 때는 먼저 그 (　　　) 가치를 따져 보아야 한다.
4 그 제도는 시도해 보지 않은 방법이 없을 만큼 (　　　)을 거듭했다.

쌀값이 오르면 쌀을 안 먹게 될까

김밥 가격이 2,500원에서 3,000원으로 올랐다면, 나는 이 김밥을 계속 사 먹어야 할까? 이와 관련된 경제학 개념이 '가격 탄력성'이야. '가격 탄력성'이 무슨 뜻일지 생각하며 글을 읽어 보자.

1 탄력성이란 어떤 대상에 자극˅을 주었을 때 반응이 얼마만큼 나타나는가를 의미하는 것으로, 자극에 대한 반응의 크기라 할 수 있다. 경제학에서는 가격 탄력성, 소득 탄력성, 이자율 탄력성 등 탄력성의 개념을 중요하게 다루고 있다. 이 중 가격 탄력성은 가격 변화에 따라 생산자의 공급이나 소비자의 수요가 변하는 정도를 확인할 수 있기 때문에 많은 경제학자들의 연구 대상이 되어 왔다.

2 가격은 수요와 공급에 따라 결정된다. 가격이 올라갈 경우 기업은 이익을 위해 제품의 공급을 늘리지만, 소비자는 가격 부담 때문에 상품을 구매하지 않으므로 수요는 감소한다. 어떤 제품의 수요를 줄이고 싶을 때 가격을 올리는 이유도 이와 관련이 있다. 가격이 결정되는 구조가 수요 및 공급과 연관되어 있으므로, 가격 탄력성도 수요의 가격 탄력성과 공급의 가격 탄력성으로 나눌 수 있다.

3 가격 탄력성은 반응의 변화율을 자극의 변화율로 나눈 값으로 계산할 수 있다. 수요의 가격 탄력성은 자극(가격)이 1% 변화할 때, 반응(수요량)이 몇 % 변화하는지를 숫자로 나타내면 된다. 만약 수요의 가격 탄력성이 2라는 값이 나왔다면, 가격을 1% 상승시키면 수요량이 2% 감소하고, 가격을 1% 하락시키면 수요량이 2% 증가한다는 의미이다. 공급의 가격 탄력성도 마찬가지로 계산을 하는데 만약 공급의 가격 탄력성이 0.5라고 한다면, (㉠   )는 의미이다.

4 가격 탄력성을 계산하면 상품이 얼마나 탄력적인지를 알 수 있고, 여러 상품 중 어떤 것이 더 탄력적인지를 비교할 수도 있다. 가격 탄력성은 1을 기준으로 '탄력성>1'이면 탄력적, '0<탄력성<1'이면 비탄력적, '탄력성=1'이면 단위 탄력적이라고 해석한다. 즉, 가격의 변화율보다 수요나 공급의 변화율이 더 크면 탄력적이고 가격 변화에 민감˅하다고 보며, 그 반대의 경우에는 비탄력적이고 가격 변화에 민감하지 않다고 해석한다.

5 가격 탄력성은 다음과 같은 요인에 영향을 받는다. 첫째, 필수품의 수요는 비탄력적이다. 우리 생활에서 중요하게 쓰이는 필수품은 가격이 상승해도 소비를 줄이기가 어렵기 때문이다. 둘째, 다른 상품으로 대체˅하기가 용이한 상품은 수요가 탄력적이다. 가격이 오르지 않은 다른 상품을 사기 때문이다. 셋째, 대체할 수 있는 상품이 없는 독점˅ 제품의 경우 수요가 비탄력적이다. 그 상품만 써야 하기 때문이다. 마지막으로 가정의 소비 지출 가운데 차지하는 비중이 큰 상품의 수요는 탄력적이다. 비중이 큰 만큼 가격이 조금만 올라도 많은 금액을 지출해야 하기 때문이다.

▾자극(刺戟): 어떠한 작용을 주어 감각이나 마음에 반응이 일어나게 함. 또는 그런 작용을 하는 사물.

▾민감(敏感): 자극에 빠르게 반응을 보이거나 쉽게 영향을 받음. 또는 그런 상태.

▾대체(代替): 다른 것으로 대신함.

▾독점(獨占): 개인이나 하나의 단체가 다른 경쟁자를 배제하고 생산과 시장을 지배하여 이익을 독차지함. 또는 그런 경제 현상.

독해력 Upgrade

※각 문단의 중심 내용을 다음과 같이 정리할 때, 빈칸에 들어갈 알맞은 말을 쓰시오.

| **1** 탄력성 및 가격 탄력성의 개념 | → | **2** (   ) 결정 요인인 수요와 공급 | → | **3** 가격 (   )을 구하는 방법과 의미 | → | **4** 가격 탄력성의 (   )에 따른 해석 | → | **5** 가격 탄력성을 결정하는 요인과 특징 |

1 이 글을 이해한 내용으로 적절하지 <u>않은</u> 것은?

① 탄력성은 자극에 대한 반응의 크기를 말한다.
② 어느 제품의 가격이 상승하면 그 제품의 수요는 줄어든다.
③ 어느 제품의 가격 탄력성이 '3'이면 그 제품은 탄력적이다.
④ 어느 제품이 단위 탄력적이라고 한다면 가격 탄력성의 값은 '1'이다.
⑤ 탄력성이 '1.4'인 제품은 탄력성이 '0.7'인 제품보다 가격 변화에 덜 민감하다.

2 ㉠에 들어갈 말로 가장 적절한 것은?

① 가격이 0.5% 상승하면 공급량이 1% 증가하고, 가격이 0.5% 하락하면 공급량이 1% 감소한다
② 가격이 0.5% 상승하면 공급량이 0.5% 증가하고, 가격이 0.5% 하락하면 공급량이 0.5% 감소한다
③ 가격이 1% 상승하면 공급량이 0.5% 증가하고, 가격이 1% 하락하면 공급량이 0.5% 감소한다
④ 가격이 1% 상승하면 공급량이 0.5% 감소하고, 가격이 1% 하락하면 공급량이 0.5% 증가한다
⑤ 가격이 1% 상승하면 공급량이 1.5% 감소하고, 가격이 1% 하락하면 공급량이 1.5% 증가한다

3 ⑤를 뒷받침하는 사례로 적절하지 <u>않은</u> 것은?

① 쌀값이 두 배로 올랐지만 쌀 판매량은 그다지 줄어들지 않았다.
② 실속을 추구하는 소비 심리가 확산되면서 명품 가방의 판매량이 크게 줄어들었다.
③ 가격이 크게 올랐음에도 불구하고 한 종류밖에 없는 치료제의 판매량은 줄어들지 않았다.
④ 사이다 가격이 오르면서 가격이 변하지 않은 콜라 판매량이 급증˘하고 사이다 판매량은 급감˘하였다.
⑤ 볼펜과 텔레비전 가격이 각각 10% 상승했는데 볼펜 판매량보다 텔레비전 판매량이 크게 줄어들었다.

▾ 급증(急增): 갑작스럽게 늘어남.
▾ 급감(急減): 갑작스럽게 줄어듦.

어휘력 Upgrade ※다음의 빈칸에 들어갈 알맞은 말을 <보기>에서 찾아 쓰시오.

┌─ 보기 ─┐
대체
독점
민감
자극
└────────┘

1 수영이는 누구보다도 유행에 (　　　)하다.
2 우리 회사는 그 제품을 국내에 (　　　)으로 유통하고 있다.
3 그는 (　　　) 선수로 선발되었으나 경기에서 기대 이상의 활약을 보였다.
4 나는 성적이 크게 오른 친구에게 (　　　)을 받아 열심히 공부하게 되었다.

사회의 화합을 해치는 공공 갈등

학교에서 친구들과 무언가를 결정할 때 다툰 적 있지 않니? 모두가 만족할 만한 선택을 하는 것은 쉽지 않아. 국가가 정책을 결정하는 과정에서도 많은 갈등이 발생하고 있어. 그러한 갈등이 발생하는 원인을 생각하며 글을 읽어 보자.

1 학교나 회사와 같이 비교적 규모가 작은 집단에서 갈등이 발생했을 때는 구성원 간의 논의와 절충˚을 통해 이를 해결한다. 그러나 국가와 같이 규모가 큰 집단의 경우에는 구성원 전체의 논의나 합의를 이끌어 내기가 쉽지 않다. 정부나 공공 기관은 공공˚의 이익을 위해 많은 정책을 수행한다. 공공 정책은 다수의 사람들을 대상으로 하기 때문에 이에 불만을 가진 소수의 의견들이 충돌하는 경우가 많다. 공공 정책을 결정하거나 추진하는 과정에서 이해관계자˚ 간 또는 이해관계자와 정책 수행 기관 간에 발생하는 갈등을 '공공 갈등'이라고 한다.

2 공공 갈등이 생기는 원인으로는 크게 세 가지가 있다. 첫째, ㉠해당 정책으로 인해 영향을 받는 사람들 간에 경제적 이해관계가 충돌하는 경우이다. 예를 들어, 어떤 도시의 A라는 지역에 쓰레기 소각장을 건설하는 정책이 추진된다고 생각해 보자. 다른 지역의 주민들은 소각장 설치에 찬성하겠지만, A지역 주민들은 이에 반대할 것이다. 소각장이 생기면서 A지역의 땅값이 떨어져 경제적으로 손해를 볼 가능성이 높기 때문이다.

3 둘째, ㉡정부나 공공 기관이 정책에 관련된 정보를 독점˚하고 공개하지 않는 경우이다. 공공 정책을 결정하는 과정은 투명하고 민주적이어야 한다. 그런데 민주적 절차를 따르다 보면 자칫 시행 시기를 놓치게 된다는 생각에, 정책 수행 기관이 정보를 제한적으로 공개하고 집행˚을 서두르는 경우가 발생하기도 한다. 이렇게 정책이 결정되고 진행되면 정책의 옳고 그름에 상관없이 해당 정책에 대한 강력한 거부감이 형성된다.

4 셋째, ㉢해당 정책에 대해 사람들 간에 가치관이나 인식의 차이가 있는 경우이다. 예를 들어, 국가가 국민의 건강을 위해 동물 실험을 확대하는 정책을 실시한다고 가정해 보자. 경제적 이해관계가 충돌하지 않고 정책 결정이 민주적으로 이루어졌다 하더라도, 동물 실험을 찬성하는 사람들과 동물 실험의 비윤리성을 주장하는 사람들 간에 갈등이 발생할 수 있다.

5 따라서 공공 정책을 결정할 때에는 그 정책으로 인해 벌어질 공공 갈등에 대해 충분히 고려해야 한다. 그리고 공공 정책으로 인해 피해를 보는 사람이 있다면 적절한 보상이 이루어져야 한다. 우리 사회는 다양한 생각을 가진 사람과 집단으로 이루어져 있어 각각의 의견이 동일할 수는 없다. 하지만 발생할 수 있는 갈등에 대해 예측하고 민주적 절차를 지킴으로써 공공 갈등의 피해를 줄이도록 노력해야 한다.

˚ **절충(折衷):** 서로 다른 사물이나 의견, 관점 따위를 알맞게 조절하여 서로 잘 어울리게 함.

˚ **공공(公共):** 국가나 사회의 구성원에게 두루 관계되는 것.

˚ **이해관계자(利害關係者):** 어떤 일이나 사건의 이익과 손해에 직접적 또는 간접적으로 관계가 있는 사람.

˚ **독점(獨占):** 혼자서 모두 차지함.

˚ **집행(執行):** 실제로 시행함.

독해력 Upgrade

※각 문단의 중심 내용을 다음과 같이 정리할 때, 빈칸에 들어갈 알맞은 말을 쓰시오.

| **1** 공공 정책의 추진 과정에서 생기는 (   ) | → | **2** 공공 갈등의 발생 원인 ① — 경제적 (   ) 충돌 | → | **3** 공공 갈등의 발생 원인 ② — 절차의 비민주성 | → | **4** 공공 갈등의 발생 원인 ③ — (   )이나 인식의 차이 | → | **5** 공공 갈등을 줄이기 위한 노력의 필요성 |

1 **이 글에 사용된 설명 방식으로 가장 적절한 것은?**

① 상반˙되는 이론을 절충하고 있다.
② 용어에 대한 개념을 정의하고 있다.
③ 묻고 답하는 방식으로 흥미를 유발하고 있다.
④ 가정을 통해 긍정적인 결과를 보여 주고 있다.
⑤ 권위 있는 학자의 말을 인용하여 신빙성˙을 더하고 있다.

▾상반(相反): 서로 반대
되거나 어긋남.

▾신빙성(信憑性): 믿어
서 근거나 증거로 삼
을 수 있는 정도나 성
질.

2 **이 글에 대한 이해로 적절하지 않은 것은?**

① 공공의 이익을 위한 정책이라도 모든 사람을 만족시키기는 어렵다.
② 규모가 큰 집단에서는 구성원들 간의 갈등을 조정하기가 쉽지 않다.
③ 민주적 절차에 따라 공공 정책이 결정되고 추진되면 갈등을 예방할 수 있다.
④ 정책을 결정할 때에는 발생할 수 있는 갈등에 대해 미리 예측해 보아야 한다.
⑤ 사람들은 경제적 이해관계에 따라 같은 정책에 대해 다른 판단을 내릴 수 있다.

3 **㉠~㉢에 해당하는 사례를 <보기>의 (가)~(다)에서 찾아 바르게 짝지은 것은?**

┤ 보기 ├
(가) ○○시는 성 소수자에 대한 지원 정책을 마련하려 했으나, 특정 종교 단체에서 이를 강하게 반대했다.
(나) △△시는 외곽의 한 지역에 하수도 정화 시설을 지으려 했으나, 그 지역의 주민들은 집값이 떨어질 것이라며 반대했다.
(다) □□시는 지역 내의 국립 공원에 케이블카를 건설하려 했는데, 시민 단체에서는 환경에 미치는 영향을 투명하게 공개하지 않았다며 반발했다.

	㉠	㉡	㉢
①	(가)	(나)	(다)
②	(나)	(가)	(다)
③	(나)	(다)	(가)
④	(다)	(가)	(나)
⑤	(다)	(나)	(가)

어휘력 Upgrade   ※다음의 빈칸에 들어갈 알맞은 말을 <보기>에서 찾아 쓰시오.

┤ 보기 ├
공공
상반
절충
집행

1 법은 공정하고 공평하게 (　　　)되어야 한다.
2 경찰은 (　　　)의 안녕과 질서를 유지하기 위하여 존재한다.
3 우리는 서로의 생각을 (　　　)하여 합리적인 대안을 마련했다.
4 서로의 견해가 (　　　)되는 경우 대화를 통해 타협점을 찾아야 한다.

법질서 유지를 위한 합헌적 법률 해석

우리는 무수히 많은 법의 적용을 받으며 살고 있어. 그런데 어떤 법이 헌법에 위반되는 것 같기도 하고 아닌 것 같기도 하면 어떻게 할까? '합헌적 법률 해석'이 무슨 뜻일지 생각하며 글을 읽어 보자.

1 헌법은 국민의 기본적인 권리를 보장하며 국가의 통치 원리를 규정하고 있는 국가의 최고법이다. 그리고 헌법은 이를 만들고 고치는 데에 참여한 정치 세력들이 국가의 통치와 국민의 기본권에 관하여 합의한 내용을 법 규범의 형태로 정립˘한 국가의 기본법이다. 즉, 헌법은 국가의 법체계에서 가장 높은 위치에 있다는 점에서 최고법이자 근본 원리를 담았다는 점에서 기본법이라고 할 수 있다.

2 따라서 우리나라의 법체계는 헌법을 기본으로 하여 법률, 명령, 규칙, 조례 등의 규범들이 순차적으로 구성된다. 헌법은 최고법이기 때문에 하위에 있는 법률이 헌법을 위반해서는 안 된다. 만약 하위 법률이 헌법의 정신을 명확하게 반영하지 못했을 때는 위헌˘의 논란이 발생할 수 있다. 그런데 어떤 법률이 위헌인지 아닌지 정확하게 판단하는 것은 생각보다 쉽지 않다. 원래 법은 추상적이어서 다양하게 해석될 여지가 있기 때문이다.

3 일반적으로 하위 법률이 헌법에 위배˘된다면, 헌법에 어긋나는 법 규범은 그 효력을 잃는 것이 원칙이다. 하지만 하나의 법률이 여러 가지 의미로 해석될 수 있는 경우라면 어떻게 할까? 어떤 경우에는 합헌적, 어떤 경우에는 위헌적으로 해석할 수 있는 경우에는 예외적으로 헌법과 합치˘되는 쪽으로 해석해야 하는데, 이를 합헌적 법률 해석이라고 한다. 말하자면, 합헌적 법률 해석이란 위헌인 것처럼 보이는 법률일지라도 헌법의 테두리 속에 합치될 수 있는 여지가 조금이라도 있다면, 함부로 이를 위헌으로 판단하기보다는 가급적 합헌으로 해석해야 한다는 것을 의미한다.

4 합헌적 법률 해석을 하는 이유는 법률을 해석할 때 가급적 헌법에 합치되는 쪽으로 해석하여 통일적인 법질서를 유지하기 위해서이다. 그리고 법률이 위헌으로 결정되어 효력을 상실하면 법적 안정성이 깨지므로, 가급적 합헌으로 해석하여 법률의 효력을 유지시키기 위한 목적도 있다. 아울러 국민의 대표인 입법부˘가 제정한 법률을 위헌이라고 해석하여 곧바로 없애면 입법부의 권한을 침해˘할 수 있다는 판단에서 ㉠나온 것이기도 하다.

5 물론 법률에 위헌적인 부분이 있는데도 무조건 합헌이라고 해석하는 것은 아니다. 어떤 법률 조항이 합헌으로도 해석할 수 있고 위헌으로도 해석할 수 있는 경우에, 합헌적인 내용만을 떼어 부분적으로 합헌이라고 결정하거나, 위헌적인 내용만을 떼어 부분적으로 위헌이라고 결정하기도 한다. 이는 법률 자체의 효력은 없애지 않되 일정한 해석 기준을 제시함으로써 법률을 위헌적으로 해석할 수 있는 여지를 없애기 위한 것이다.

˘ 정립(定立): 정하여 세움.

˘ 위헌(違憲): 법률 또는 명령, 규칙, 처분 따위가 헌법의 조항이나 정신에 위배되는 일.

˘ 위배(違背): 법률, 명령, 약속 따위를 지키지 않고 어김.

˘ 합치(合致): 의견이나 주장 따위가 서로 맞아 일치함.

˘ 입법부(立法府): 법률 제정을 담당하는 국가 기관.

˘ 침해(侵害): 침범하여 해를 끼침.

 독해력 Upgrade ※각 문단의 중심 내용을 다음과 같이 정리할 때, 빈칸에 들어갈 알맞은 말을 쓰시오.

| **1** ( )의 개념과 지위 | → | **2** 다양하게 해석될 여지가 있는 법률 | → | **3** ( ) 법률 해석의 개념과 의미 | → | **4** 합헌적 법률 해석을 해야 하는 ( ) | → | **5** 합헌적 법률 해석의 방법 |

1 이 글을 통해 알 수 있는 내용으로 적절하지 <u>않은</u> 것은?

① 법은 추상적이어서 다양하게 해석될 수 있다.
② 헌법에 어긋나는 하위 법률은 그 효력을 잃게 된다.
③ 합헌적 법률 해석은 입법부의 권한을 침해하지 않기 위한 방법이다.
④ 위헌의 여지가 있는 법률은 바로 위헌으로 결정해야 법적 안정성이 유지된다.
⑤ 어떤 법률에 합헌적 요소와 위헌적 요소가 모두 있다면 합헌인 것으로 판단한다.

2 이 글을 바탕으로 〈보기〉를 이해한 내용으로 가장 적절한 것은?

| 보기 |

　예전에 집회 및 시위에 관한 법률(집시법)에는 "해가 뜨기 전이나 해가 진 후에는 옥외◆ 집회나 시위를 해서는 안 된다."라는 규정이 있었다. 2014년 헌법 재판소는 "이 규정을 해가 진 후부터 같은 날 24시까지의 시위에 적용하는 것은 위헌"이라고 판결하였다. 이에 따라 해가 진 후부터 같은 날 24시까지는 시위가 가능해졌다. 헌법 재판소가 이렇게 결정한 것은 '해가 뜨기 전이나 해가 진 후'라는 광범위◆한 시간대의 시위를 금지해 집회의 자유를 과도◆하게 제한했다고 판단했기 때문이다.

◆옥외(屋外): 집 또는 건물의 밖.
◆광범위(廣範圍): 범위가 넓음. 또는 넓은 범위.
◆과도(過度): 정도에 지나침.

① 헌법 재판소는 집시법이 헌법의 정신을 반영하고 있다고 생각했군.
② 헌법 재판소는 집시법을 폐지하여 통일적인 법질서를 유지하려고 했군.
③ 헌법 재판소는 집시법에서 합헌적인 내용만을 떼어 합헌이라고 결정했군.
④ 헌법 재판소는 집시법 자체의 효력을 없애지 않고 부분적으로만 위헌이라고 판단했군.
⑤ 헌법 재판소는 합헌적 요소와 위헌적 요소를 구별함으로써 강력하게 법을 집행하려고 했군.

3 ㉠과 문맥적 의미가 가장 유사한 것은?

① 그는 약속 장소에 <u>나오지</u> 않았다.
② 그 실수는 내 욕심에서 <u>나온</u> 것이었다.
③ 학급 신문에 내 사진이 큼지막하게 <u>나왔다</u>.
④ 바위 틈새로 <u>나온</u> 나무뿌리를 잡고 계속 올라갔다.
⑤ 그 상품은 시장에 <u>나온</u> 후에 곧바로 큰 인기를 끌었다.

어휘력 Upgrade ※다음의 빈칸에 들어갈 알맞은 말을 〈보기〉에서 찾아 쓰시오.

| 보기 |
과도
위배
정립
침해

1 우리들은 새로운 목표를 (　　　)했다.
2 (　　　)한 지출로 파산 지경에 이르렀다.
3 그는 느닷없이 나타나 우리의 권리를 (　　　)했다.
4 누구라도 법에 (　　　)되는 행위를 한 사람은 반드시 처벌받아야 한다.

지도자의 권위는 어디에서 오나

아직도 많은 나라들이 독재 체제를 유지하고 있어. 그것은 이 나라들의 정치권력이 정치적 권위를 인정받지 못했기 때문이야. 정치적 권위가 무슨 뜻인지 생각하며 글을 읽어 보자.

1 정치란 사회생활을 하는 사람들 사이의 의견 차이나 갈등을 해결하는 활동이다. 그런데 의견 차이나 갈등을 해결하는 과정에서 또 다른 갈등이나 대립이 생겨나기도 한다. 이때 필요한 것이 '정치적 권위'이다. 정치적 권위는 특정인이나 특정 집단, 혹은 국가의 권력 행사를 아무런 저항 없이 자발적˚으로 받아들이려는 사람들의 마음 상태로부터 발생한다. 예를 들어, 정치 지도자가 어떤 말을 했을 때 사람들이 쉽게 그 말을 옳다고 받아들일 경우, 우리는 그 정치 지도자가 정치적 권위를 지니고 있다고 말한다.

2 사회학자 막스 베버는 모든 정치적 권위가 물리적 힘에 의존한다고 지적했다. 그러면서 그는 정치 체제가 제대로 기능하기 위해서는 정치적 권위를 만들어 내는 그와 같은 힘이 정당한 것으로 인정되어야 한다고 주장했다. 베버는 이러한 힘의 정당성은 ㉠전통적 권위, ㉡카리스마적 권위, 그리고 ㉢합리적-법적 권위에 의해 실현된다고 보았다.

3 '전통적 권위'는 족장 혹은 왕의 권력 행사에서 볼 수 있는 권위에 해당한다. 이러한 권위는 대대로 전해 내려오는 전통이나 관습에 의해 정당화˚된다. 그런데 사회적으로 엄청난 변화가 일어나는 시기에는 전통이나 관습만으로는 정치적 권위를 유지하기 어렵다. 혼란한 시기가 되면 사람들은 초인적인 능력과 카리스마˚를 가진 정치가가 나타나 혼란을 벗어나게 해 주기를 원한다. 그러나 이러한 '카리스마적 권위'는 장기간 지속되기 어렵다. 혼란한 상황이 어느 정도 정리되면 그 권위는 독재라는 명예롭지 못한 결과를 낳게 되어 국민의 믿음을 잃게 되기 때문이다. 그래서 베버는 전통적 권위와 카리스마적 권위는 점차 합리적-법적 권위로 대체되면서 사라질 것이라고 보았다.

4 '합리적-법적 권위'는 근대 산업 사회에 들어와 생긴 제도화된 권위이다. 이러한 권위는 사회적 협의를 통해 만들어진 합법적인 질서를 중요시한다. 그렇기 때문에 사회적 합의에 의해 만들어진 '법'이 정치적 권위의 기반˚이 된다. 이렇게 법이 합리적-법적 권위의 근거가 되기 때문에, 현대 사회의 정치권력들은 법에 의존하여 권위를 높이려고 한다. 그러나 제3세계의 많은 정치권력들은 아직도 합리적-법적 권위의 토대가 매우 약하다. 이때문에 정권을 잡은 세력이 국민들에게 정치적 권위를 인정받지 못하는 경우가 많다. 이는 곧 정치권력이 자신의 정당성 혹은 정통성을 창출˚하는 데 실패했음을 의미한다. 그렇다 보니 ㉯오랜 기간 동안 정치 불안의 위기를 벗어나지 못하고 있다.

- **자발적(自發的):** 남이 시키거나 요청하지 아니하여도 자기 스스로 나아가 행하는 것.
- **정당화(正當化):** 정당성이 없거나 정당성에 의문이 있는 것을 무엇으로 둘러대어 정당한 것으로 만듦.
- **카리스마(charisma):** 대중을 심복시켜 따르게 하는 능력이나 자질.
- **기반(基盤):** 기초가 되는 바탕. 또는 사물의 토대.
- **창출(創出):** 전에 없던 것을 처음으로 생각하여 지어내거나 만들어 냄.

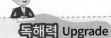

독해력 Upgrade ※각 문단의 중심 내용을 다음과 같이 정리할 때, 빈칸에 들어갈 알맞은 말을 쓰시오.

| **1** 정치의 기능과 정치적 권위의 의미 | → | **2** (　　　　)가 제시한 정치적 권위의 유형 | → | **3** (　　　　) 권위와 카리스마적 권위의 의미와 한계 | → | **4** 합리적-법적 권위의 토대가 약했을 때 나타나는 정치 (　　　) |

1 이 글의 내용과 일치하지 <u>않는</u> 것은?

① '전통적 권위'는 관습에 의해 그 힘이 정당화되었다.
② '카리스마적 권위'는 상황에 따라 독재로 이어질 수 있다.
③ '합리적－법적 권위'는 사회적인 합의에 기반을 두고 있다.
④ 정치적 권위는 강제적으로 사람의 마음을 움직이려 할 때 생긴다.
⑤ 정치 지도자가 권위가 있으면 사람들은 보통 그의 말을 옳다고 여긴다.

2 ㉠~㉢에 해당하는 사례를 〈보기〉에서 찾아 바르게 짝지은 것은?

┤ 보기 ├

　10명의 회원이 모여 취미 모임을 만들고 회장을 뽑았는데, 다음과 같은 상황이 발생했다.

a. 모임의 규칙을 정하고 이에 따라 회장을 뽑았는데, 회장이 규칙대로 모임을 이끌자 회원들은 이에 잘 따랐다.
b. 나이가 가장 많은 회원을 회장으로 뽑았는데, 회장은 나이가 어린 회원들을 무시하며 모임을 자기 뜻대로 이끌었다.
c. 능력이 가장 뛰어난 사람을 회장으로 뽑았는데, 모임에서 몇 가지 문제가 생기자 회원들은 모든 문제의 해결을 회장에게 미루었다.

	㉠	㉡	㉢
①	a	c	b
②	b	a	c
③	b	c	a
④	c	a	b
⑤	c	b	a

3 ㉮의 이유로 가장 적절한 것은?

① 정치권력이 강력한 법으로 통치했기 때문에
② 정치권력이 전통이나 관습을 무시했기 때문에
③ 정치권력 내에 뛰어난 지도자가 없었기 때문에
④ 정치권력이 경제 발전을 제대로 이루지 못했기 때문에
⑤ 정치권력이 정당성을 인정받을 수 있는 법적 근거가 약하기 때문에

어휘력 Upgrade　※다음의 빈칸에 들어갈 알맞은 말을 〈보기〉에서 찾아 쓰시오.

┤ 보기 ├
기반
자발적
정당화
창출

1 어떤 이유로도 폭력을 (　　　)할 수는 없다.
2 판소리는 전승되던 설화에 (　　　)을 두고 형성되었다.
3 이제는 기업도 환경 오염을 막기 위해 (　　　)으로 노력해야 한다.
4 현재의 선거 풍토를 대폭 개선해 새로운 정치 문화를 (　　　)해야 한다.

사회 안전망, 최저 소득 보장제와 기본 소득제

열심히 노력했음에도 불구하고 생활이 어려운 사람이 있다면 어떻게 해야 할까? 국가에서는 이런 사람들을 지원하기 위해 여러 가지 정책을 펼치고 있어. 어떤 정책이 있는지 구체적으로 알아보자.

1 우리나라 사람들의 평균 소득을 기준으로 했을 때, 소득이 평균 소득의 60% 미만에 포함되는 이들을 경제적 취약˘ 계층이라고 한다. 불안정한 일자리를 가지고 있어 낮은 임금을 받는 사람, 지속적인 노동을 할 수 없는 고령자, 신체적 혹은 정신적 질병을 가진 사람 등이 이에 속하는 경우가 많다. 그렇기 때문에 이들의 삶을 보호하는 제도적 장치가 필요한데, 이 중 하나가 최저 소득 보장제이다.

2 ⊙최저 소득 보장제는 경제적 취약 계층이 최소한의 삶을 유지할 수 있도록 국가가 어느 정도의 생계비를 보장해 주는 제도이다. 국가는 생계를 스스로 유지할 수 없는 대상을 선정하고 이들에게 최저 생계비를 지원한다. 최저 생계비란 사람이 건강하고 문화적인 생활을 유지하는 데 필요한 최소한의 비용을 의미하는데, 일반 국민들의 소득 수준과 물가 수준 등을 고려하여 결정한다.

3 최저 소득 보장제는 소득이 많은 사람들에게 걷은 세금을 활용하여 가난한 사람들의 삶을 지원하기 때문에 소득 불평등 문제를 해결할 수 있는 하나의 방법이 될 수 있다. 그러나 이 제도는 장점만 있는 것이 아니다. 때로는 일을 하여 소득을 올리기보다 정부의 지원을 받는 것이 유리하다 판단하여 적극적으로 일을 하지 않는 사람들을 양산˘하는 모순˘이 발생하기도 한다. 또한 국가가 지원 대상을 선별˘하거나 관리하는 비용이 발생하고, 지원이 필요한 대상이 누락˘되는 경우도 발생할 수 있다.

4 이러한 문제점 때문에 최저 소득 보장제의 대안˘으로 기본 소득제가 제시되기도 한다. ⊙기본 소득제란 국가가 모든 국민에게 일정한 금액을 지급하는 것을 말한다. 이것은 지원 대상을 심사하여 선정하는 과정이 생략되기 때문에 최저 소득 보장제의 단점을 보완할 수 있다. 하지만 여전히 정부의 지원을 받는 것을 선호하여 일자리를 적극적으로 찾지 않는 사람들이 발생할 수 있다. 또한 모든 국민에게 지원되는 만큼 국가의 예산이 충분히 준비되어야 하는 부담도 존재한다.

5 그럼에도 불구하고 기본 소득제를 통해 기본 소득이 제공되면, 생계가 어려운 국민들도 시장에서 필요한 물건을 구매할 수 있게 되어 소비가 ⓐ늘어난다. 그리고 늘어난 소비만큼 경제가 성장할 수 있는 발판이 마련된다. 또한 일자리를 구하려는 사람들은 생계에 대한 부담이 줄어든 만큼 보다 나은 일자리를 선택할 수 있어 실업자들의 경제적 자립에 도움을 줄 수 있다.

˘취약(脆弱): 무르고 약함.
˘양산(量産): 많이 만들어 냄.
˘모순(矛盾): 어떤 사실의 앞뒤, 또는 두 사실이 이치상 어긋나서 서로 맞지 않음을 이르는 말.
˘선별(選別): 가려서 따로 나눔.
˘누락(漏落): 기입되어야 할 것이 기록에서 빠짐.
˘대안(代案): 어떤 안을 대신하는 안.

독해력 Upgrade   ※각 문단의 중심 내용을 다음과 같이 정리할 때, 빈칸에 들어갈 알맞은 말을 쓰시오.

| **1** 경제적 취약 계층을 ( )하는 제도의 필요성 | → | **2** ( ) 소득 보장제의 개념과 시행 방법 | → | **3** 최저 소득 보장제의 장점과 단점 | → | **4** ( ) 소득제의 개념과 단점 | → | **5** 기본 소득제의 장점 |

1 ㉠과 ㉡의 내용을 다음과 같이 정리할 때, 적절한 것은?

	구분	㉠	㉡
①	개념	국민 모두에게 일정 금액을 지급하는 제도	경제적 취약 계층의 생계비를 보장하는 제도
②	시행 주체	일반 국민	소득이 많은 사람들
③	지원 대상	소득이 평균 소득의 60% 미만인 사람들	모든 국민
④	장점	지원 대상을 선별하고 관리하는 비용이 발생하지 않음.	소득 불평등 문제가 해결됨.
⑤	단점	국가의 예산이 넉넉해야 시행할 수 있음.	지원만 받고 일하지 않는 사람들이 발생할 수 있음.

2 이 글에서 알 수 있는 내용으로 적절하지 <u>않은</u> 것은?

① 최저 생계비를 받는 사람들을 선정하는 과정에서 비용이 발생한다.
② 기본 소득제를 시행하는 과정에서 지원이 필요한 대상이 누락될 수 있다.
③ 국가는 평균보다 낮은 소득을 가진 사람들의 삶을 제도적으로 보호하려 한다.
④ 나이나 질병 때문에 생계를 유지할 수 없을 때에는 최저 생계비를 지원받을 수 있다.
⑤ 기본 소득이 확보되면 생활필수품을 구매할 수 있게 되어 생계에 대한 부담이 줄어든다.

3 ⓐ와 바꿔 쓸 수 있는 말로 가장 적절한 것은?

① 증가(增加)한다
② 증발(增發)한다
③ 증산(增産)한다
④ 증설(增設)한다
⑤ 증축(增築)한다

어휘력 Upgrade ※다음의 빈칸에 들어갈 알맞은 말을 <보기>에서 찾아 쓰시오.

┌─ 보기 ─┐
│ 누락 │
│ 선별 │
│ 양산 │
│ 취약 │
└─────┘

1 주최 측의 실수로 그의 이름이 합격자 명단에서 (　　　)되었다.
2 기업들은 국내 산업 기반의 (　　　)으로 국제 경쟁력을 상실했다.
3 요즘 방송은 오락성 프로그램만을 (　　　)하고 있다고 비판을 받는다.
4 우리는 한우와 수입 고기를 (　　　)하는 요령을 알아 둘 필요가 있다.

일탈에 관한 좌절-공격 이론과 낙인 이론

1 일탈은 사회의 규범을 어기는 행위를 말한다. 그런데 우리는 왜 일탈을 하게 되는 것일까? 학자들은 이 질문에 답하기 위해 많은 연구를 해 왔다. 일탈의 원인을 밝히려는 연구는 크게 개인적 관점과 사회적 관점으로 나뉜다.

2 일탈의 원인을 개인의 문제로 본 이론들은 주로 일탈자의 생물학적 특성이나 심리적 요인에 주목˚하였다. 그중에서 '좌절-공격 이론'은 개인의 심리적 요인에서 일탈의 원인을 찾는 대표적 이론의 하나이다. 이 이론에서는 일탈의 원인을 개인의 심리적 욕구의 좌절로 보았다. 심리적 욕구가 충족˚되지 않으면 사람은 본능적으로 욕구 충족을 방해하는 대상에 대해 ㉠공격적인 행동을 하게 된다는 것이다. 만일 그 대상을 찾지 못하거나 혹은 그 대상이 자기보다 훨씬 강하다고 생각되면, 그것을 대체할 수 있는 다른 대상이라도 찾아 분풀이를 한다고 보았다. 이 이론은 일탈의 원인을 밝히면서 인간의 심리에 주목하게 해 주었다. 그러나 좌절-공격 이론은 일탈의 책임을 사회 구조가 아니라 개인에게서만 찾으려 했다는 한계도 지니고 있다.

3 한편 일탈의 원인을 사회적인 맥락 속에서 파악하려고 했던 이론들도 있었다. 그중에서도 '낙인 이론'은 일탈에 대한 새로운 관점을 제시해 주었다. 이 이론에서는 일탈을 낙인의 결과로 보았다. 낙인이란 어떤 행동을 규범에서 벗어난 것으로 규정˚하는 행위이다. 규범에 어긋나는 크고 작은 행동은 누구나 할 수 있다. 하지만 이러한 행동을 했다고 그들 모두가 사회에서 일탈자로 낙인찍히는 것은 아니다. 사람들로부터 그 행동이 잘못된 것이라고 낙인찍히고 비난을 받게 될 때 비로소 일탈이 된다는 것이다. 따라서 이 이론에서는 어떤 행동의 성격보다 그 행동이 일어나는 상황과 여건을 더욱 중요하게 보았고, 그에 따라 일탈이 매우 상대적인 것이라고 주장했다.

4 또한 낙인 이론에서는 한번 낙인이 찍히면 그 낙인에서 벗어나기가 쉽지 않다는 것에도 관심을 가졌다. 일단 일탈자로 낙인찍힌 자는 결국 사회적 역할을 수행하는 데 지장을 받게 되고 사회 적응에 어려움을 겪게 되어, 이후에도 일탈이 지속된다고 보았다. 이 이론은 일탈이 낙인에 따른 사회적 결과물임을 강조함으로써 일탈의 원인을 개인이 아닌 사회적 관계 속에서 조명˚할 수 있게 해 주었다. 하지만 낙인 이론은 이미 규범을 어긴 사람에 대한 사회적 반응에만 초점을 맞추어 애초의 행동을 유발시킨 다른 원인에 대해서는 간과˚하고 있다는 한계도 지니고 있다.

- **주목(注目):** 관심을 가지고 주의 깊게 살핌.
- **충족(充足):** 일정한 분량을 채워 모자람이 없게 함.
- **규정(規定):** 내용이나 성격, 의미 따위를 밝혀 정함.
- **조명(照明):** 어떤 대상을 일정한 관점으로 바라봄.
- **간과(看過):** 큰 관심 없이 대강 보아 넘김.

독해력 Upgrade

※각 문단의 중심 내용을 다음과 같이 정리할 때, 빈칸에 들어갈 알맞은 말을 쓰시오.

| **1** ( )의 개념과 일탈의 원인에 대한 의문 | ➡ | **2** ( ) 이론에서 본 일탈의 원인과 이론의 장점 및 한계 | ➡ | **3** ( ) 이론에서 본 일탈의 원인 | ➡ | **4** 낙인 이론의 장점과 한계 |

1 이 글의 집필 의도로 가장 적절한 것은?

① 이론이 형성되는 역사적 과정을 보여 준다.
② 대비˚되는 관점을 지닌 두 이론을 소개한다.
③ 특정 이론의 문제점에 대한 글쓴이의 대안을 제시한다.
④ 기존 이론을 뒷받침할 수 있는 새로운 근거를 제시한다.
⑤ 두 이론의 공통점을 확대 적용하여 새로운 사실을 밝힌다.

˚ 대비(對比): 두 가지의 차이를 밝히기 위하여 서로 맞대어 비교함. 또는 그런 비교.

2 '좌절 - 공격 이론'의 관점에서 ㉠에 대해 설명한 내용으로 적절한 것은?

① 욕구 충족의 포기
② 심리적 안정감의 표현
③ 욕구의 좌절로 인한 반응
④ 사회적 적응을 위한 실천
⑤ 세력이 약한 대상에 대한 보호

3 '낙인 이론'의 입장에서 〈보기〉를 이해한 내용으로 적절하지 <u>않은</u> 것은?

보기

① 낙인 때문에 신입 사원이 앞으로 일탈 행동을 지속할 가능성이 커지겠군.
② 신입 사원이 지각을 하게 된 원인을 개인의 심리적 요인에서 찾을 수 있겠군.
③ 신입 사원은 회사에서 게으르고 불성실한 사람이라는 낙인을 벗기가 쉽지 않겠군.
④ 만약 직장 사람들이 신입 사원을 낙인찍지 않았다면 그의 지각은 일탈로 보기 어렵겠군.
⑤ 일탈자라는 낙인 때문에 신입 사원은 앞으로 사회적 역할을 수행하는 데 지장이 있겠군.

어휘력 Upgrade

※다음의 빈칸에 들어갈 알맞은 말을 〈보기〉에서 찾아 쓰시오.

보기
간과
규정
조명
충족

1 이번 화재의 원인을 누전이라고 (   )하기는 어렵다.
2 이 글은 한국의 문화를 새로운 관점에서 (   )하고 있다.
3 우리는 이번 사태의 심각성을 결코 (   )해서는 안 된다.
4 먹고사는 기본적인 욕구가 (   )되어야 문화적인 것에 관심을 둘 수 있다.

소득을 나누어 불평등을 줄여요

우리나라의 빈부 격차가 심각하다는 얘기를 들은 적이 있을 거야. 다른 나라의 철학자들도 빈부 격차 문제에 관심을 기울였지. 벤담과 롤스라는 철학자는 이 문제를 어떻게 해결하려 했을지 알아보자.

1 우리나라의 커다란 사회 문제 중 하나가 빈부의 격차˘이다. 계층 간 소득 격차가 확대되어 빈부의 격차가 커지면 계층끼리 화합을 이루지 못하고 여러 가지 문제가 발생한다. 무엇보다 부가 한쪽으로 ⓐ치우치면 고소득 계층을 제외한 나머지 계층들의 소비가 줄게 된다. 그러면 시장에 돈이 돌지 않아 원활한 경제 성장이 어렵다. 따라서 많은 국가에서는 소득 재분배˘를 통해 이러한 문제를 해결하려고 한다.

2 영국의 철학자이자 법학자인 벤담은 소득 재분배 정책을 실행할 때 가장 중요하게 고려해야 하는 것으로 '사회 전체의 총만족도'를 들었다. 그런데 이 총만족도에는 고소득층의 만족도 또한 포함되어 있다. 고소득층에게 세금을 많이 내게 해서 저소득층을 지원하는 데 사용한다면, 물론 저소득층의 만족도는 높아질 것이다. 하지만 고소득

제러미 벤담

층은 자신들이 일해서 번 돈을 나라에 빼앗기는 기분을 느끼게 되므로, 결국 사회 전체의 총만족도는 높아지지 않는다. 벤담은 국가의 소득 재분배 정책은 지지하지만, 고소득층의 재산을 나누어 모든 사람이 부를 균등˘하게 가져야 한다는 생각에는 찬성하지 않았다.

3 한편 미국의 철학자인 롤스는 최하위 저소득층에게 가장 큰 혜택을 줄 수 있도록 소득 재분배 정책을 실행해야 한다고 주장했다. 롤스는 만약 자신이 고소득층에 속할지 저소득층에 속할지 모르는 상황이라면, 대다수 사회 구성원은 최하위 소득 계층에 가장 큰 혜택이 돌아가는 소득 재분배 정책을 지지할 것이라고 생각했다. 이 때문에 롤스는 극빈층˘의 복지를 위해 분배의 형평˘을 추구하는 정책이 정당하다

존 롤스

고 생각했다. 그러나 롤스는 완전히 평등한 사회를 추구하지는 않았다. 정부에서 모든 사회 구성원의 소득을 동일하게 만들겠다고 약속하면, 사람들의 노동 의욕이 떨어지고 사회의 총소득도 감소해 극빈층의 복지 수준이 오히려 악화˘될 것이기 때문이다.

4 그렇다면 올바른 소득 재분배는 어떻게 이루어질 수 있을까? 우선 벤담과 롤스 모두 소득은 재분배되어야 한다고 생각하고 있다는 점에 주목해야 한다. 여기에는 소득 재분배가 경제적 효율성을 높인다는 생각이 전제되어 있다. 따라서 소득 재분배를 시행함으로써 나타나는 부정적 영향보다 긍정적 영향이 더 크다는 점을 사람들에게 인식시켜야 한다. 다음으로 벤담과 롤스 모두 소득은 불평등할 수밖에 없다는 점을 인정하고 있다. 따라서 모든 계층의 불만을 최소화할 수 있는 합리적인 소득 재분배 정책을 찾으려는 노력이 필요하다. 특히 사회적으로 약자인 저소득층이 스스로 빈곤에서 벗어날 수 있도록 기회를 균등하게 제공하는 정책도 고민되어야 할 것이다.

▾ 격차(隔差): 빈부, 임금, 기술 수준 따위가 서로 벌어져 다른 정도.
▾ 재분배(再分配): 이미 분배하였던 것을 다시 분배함.
▾ 균등(均等): 고르고 가지런하여 차별이 없음.
▾ 극빈층(極貧層): 몹시 가난한 계층.
▾ 형평(衡平): 균형이 맞음. 또는 그런 상태.
▾ 악화(惡化): 일의 형세가 나쁜 쪽으로 바뀜.

독해력 Upgrade ※각 문단의 중심 내용을 다음과 같이 정리할 때, 빈칸에 들어갈 알맞은 말을 쓰시오.

| **1** 빈부 격차가 커졌을 때의 문제점과 소득 ( )의 필요성 | ➡ | **2** 소득 재분배에 관한 벤담의 견해 – 사회 전체의 ( ) 고려 | ➡ | **3** 소득 재분배에 관한 ( )의 견해 – 극빈층의 복지 고려 | ➡ | **4** 올바른 소득 재분배 정책을 위해 고려할 점 |

1 이 글을 바탕으로 소득 재분배에 관한 벤담과 롤스의 견해를 〈보기〉와 같이 정리하였다. 적절하지 <u>않은</u> 것은?

보기	
벤담	롤스
• 사회 전체의 총만족도를 고려하는 것이 가장 중요하다.	• 최하위 저소득층을 배려하는 것이 가장 중요하다. ······················ ㉢
• 고소득층이 세금을 많이 내 저소득층을 지원하더라도 사회 전체의 총만족도는 높아지지 않는다. ············· ㉠	• 자신의 소득 수준을 알기 전이라면 사람들은 재분배를 위한 부담 비율이 적은 정책을 지지한다. ············· ㉣
• 모든 사람이 부를 똑같이 나누어 가져서는 안 된다. ······················ ㉡	• 모든 사람의 소득이 동일해지면 사람들의 노동 의욕은 감소한다. ········· ㉤

① ㉠   ② ㉡   ③ ㉢   ④ ㉣   ⑤ ㉤

2 벤담과 롤스가 모두 동의할 수 있는 진술˅을 〈보기〉에서 고른 것은?

보기
ㄱ. 사람의 소득은 불평등할 수밖에 없다.
ㄴ. 소득의 재분배는 경제적 효율성을 높일 수 있다.
ㄷ. 극빈층을 중심으로 소득 재분배가 이루어져야 한다.
ㄹ. 사회 정의를 위해 고소득층이 양보하는 자세를 지녀야 한다.

① ㄱ, ㄴ   ② ㄱ, ㄷ   ③ ㄴ, ㄷ
④ ㄴ, ㄹ   ⑤ ㄷ, ㄹ

˅진술(陳述): 일이나 상황에 대하여 자세하게 이야기함. 또는 그런 이야기.

3 문맥상 ⓐ와 바꾸어 쓸 수 있는 말로 가장 적절한 것은?

① 방치(放置)되면
② 좌우(左右)되면
③ 투입(投入)되면
④ 편중(偏重)되면
⑤ 포함(包含)되면

어휘력 Upgrade   ※다음의 빈칸에 들어갈 알맞은 말을 〈보기〉에서 찾아 쓰시오.

보기
격차
균등
악화
형평

1 그 회사의 제품은 품질이 모두 (   )하다.

2 한 조직의 책임자는 (   )을 고려하여 일을 처리해야 한다.

3 회사에서는 업무에 따른 임금 (   )를 줄이기 위해 협상을 시작하였다.

4 그동안 화해 국면을 보여 온 양국 관계가 이번에 다시 (   )될 조짐을 보이고 있다.

헤겔이 바라본 시민 사회

'시민 사회'란 어떤 사회를 의미하는 걸까? 시민 사회에 살고 있으면서도 이 질문에 답하기는 쉽지 않을 거야. 시민 사회에 대해 연구한 헤겔의 이론을 살펴보며 함께 궁금증을 해결해 보자.

1 '시민 사회'란 신분에 지배되지 않으며, 자유롭고 평등한 개인이 결합하여 만들어진 사회를 뜻한다. 시민 사회는 봉건 사회˚와 대립되는 개념으로 17세기에 등장하였는데, 1990년대 이후 세계 각지에서 '시민 사회론'이 부각되며 다시 주목받게 되었다. 19세기 독일의 철학자 헤겔은 이 시민 사회의 개념을 국가와 구분하여 이론으로 완성한 바 있다. 헤겔의 이론은 다양한 시민 사회 이론 중 날카로운 통찰력˚을 보여 준다고 평가받고 있으며, 현재의 시민 사회를 연구하는 데에도 여전히 도움이 되고 있다.

2 헤겔은 시민 사회가 두 가지의 보편적 성질에 따라 움직인다고 보았다. 그에 따르면 개인은 사회를 이루고 있는 다른 개인과 쌍방˚ 또는 의존적 관계를 가지는데, 이 관계 속에서 자신의 욕구를 이기적으로 충족하는 존재이다. 또한 개인은 개인적 욕구를 타인과의 사회적 관계 속에서 추구하고자 하는 공동체적 성격도 갖는다. 이러한 특성 때문에 헤겔은 시민 사회 안에서 개인의 이익을 조정하고 공동의 이익을 실현하는 데 기여하는 ㉠'직업 단체'와, 복지 및 치안˚ 문제를 해결하는 '복지 행정 조직'의 역할을 중요하게 여겼다. 직업 단체와 복지 행정 조직이 시민 사회가 이상적인 국가로 나아가기 위한 연결 고리라고 생각했기 때문이다.

3 헤겔은 시민 사회를 완벽하다고 보지 않았다. 그가 꼽은 시민 사회의 가장 큰 문제점은 '불평등'이었다. 헤겔은 개인의 능력이 불평등하게 주어진 부와 재능에 의해 제한되기 때문에, 모든 개인에게 시민 사회에 참여할 수 있는 기회가 평등하게 주어지지 않는다고 보았다. 물론 이를 개선하기 위해 시민 사회가 규범이나 제도를 마련하였지만, 헤겔은 시민 사회가 만든 규범이나 제도만으로는 시민 사회에 존재하는 불평등을 개선할 수 없다고 생각했다. 따라서 헤겔은 사회 문제를 해결하고 공공의 질서를 확립할 최종 주체˚로 국가를 설정하였으며, 시민 사회가 국가에 협력해야 한다고 주장하였다.

4 헤겔이 파악한 시민 사회는 기본적으로 개인이 욕망을 추구하며 살아가는 생활의 영역이자, 개인의 욕구를 사회 안에서 추구하는 공동체의 영역이다. 이 시민 사회는 내부의 단체 및 조직의 역할을 통해 이상적인 국가와 연결되는, 국가의 전 단계로도 볼 수 있다. 그렇다면 현재 우리가 살고 있는 시대의 시민 사회는 어떻게 설명할 수 있을까? 현대의 시민 사회는 일반적으로 국가와 시장으로부터 독립된 영역이자 국가와 시장을 감시하고 통제하는 영역이라고 설명할 수 있다. 이는 헤겔이 말한 시민 사회보다 조금 더 독립적이고 발전된 형태에 해당한다.

- ˚봉건 사회(封建社會): 중세 시대에, 봉건적 생산 양식을 바탕으로 한 사회. 영주와 농노를 기본 계급으로 함.
- ˚통찰력(洞察力): 사물이나 현상을 환히 꿰뚫어 보는 능력.
- ˚쌍방(雙方): 이쪽과 저쪽 또는 이편과 저편을 아울러 이르는 말.
- ˚치안(治安): 국가 사회의 안녕과 질서를 유지·보전함.
- ˚주체(主體): 사물의 작용이나 어떤 행동의 주가 되는 것.

독해력 Upgrade

※각 문단의 중심 내용을 다음과 같이 정리할 때, 빈칸에 들어갈 알맞은 말을 쓰시오.

| **1** 시민 사회의 개념과 (   )의 이론을 살펴보아야 할 필요성 | → | **2** 시민 사회의 보편적 성질과 헤겔이 중시한 두 기구 | → | **3** 시민 사회의 문제점과 (   )의 필요성 | → | **4** 헤겔의 시민 사회에서 더 발전한 (   )의 시민 사회 |

1 이 글을 통해 알 수 <u>없는</u> 것은?

① 시민 사회의 개념
② 현대 시민 사회의 특성
③ 시민 사회라는 개념이 등장한 시기
④ 헤겔이 생각한 시민 사회의 문제점
⑤ 시민 사회와 대립되는 봉건 사회의 특징

2 이 글을 읽고 헤겔의 시민 사회 이론에 대해 반응한 내용으로 적절하지 <u>않은</u> 것은?

① 시민 사회의 개인은 이기적인 속성을 지니고 있구나.
② 시민 사회의 개인은 타인과의 관계 속에서 살아가는 존재구나.
③ 시민 사회는 완벽하지 않기 때문에 국가에 협력해야 하는구나.
④ 개인의 자유로운 욕망 때문에 시민 사회가 이상적인 국가로 나아가지 못하는구나.
⑤ 시민 사회의 제도와 규범만으로는 사회 문제를 해결하거나 공공질서를 확립하기 어렵구나.

3 이 글의 ㉠과 〈보기〉의 ㉡을 비교한 내용으로 가장 적절한 것은?

┤ 보기 ├

　프랑스의 사회학자 뒤르켐은 시민 사회에서의 ㉡직업 단체의 역할과 기능을 연구하였다. 그는 개인의 이익을 조정하고 공익과 공동체적 연대를 실현할 주체로서 직업 단체의 역할을 강조하였다. 또한 직업 단체가 정치적 중간 집단으로서 구성원의 이해관계를 국가에 전달하는 한편, 국가를 견제˚해야 한다고 보았다.

˘ 견제(牽制): 일정한 작용을 가함으로써 상대편이 지나치게 세력을 펴거나 자유롭게 행동하지 못하게 억누름.

① ㉠과 ㉡ 모두 국가를 견제하는 기능을 한다.
② ㉡과 달리 ㉠은 시민 사회 내부에 존재한다.
③ ㉠과 달리 ㉡은 시민 사회와 국가를 연결하는 기능을 한다.
④ ㉠과 달리 ㉡은 치안 및 복지 문제를 해결하는 기능을 한다.
⑤ ㉠과 ㉡ 모두 개인의 이익을 조정하고 공익 실현을 추구한다.

어휘력 Upgrade　　※다음의 빈칸에 들어갈 알맞은 말을 〈보기〉에서 찾아 쓰시오.

┤ 보기 ├
견제
쌍방
주체
치안

1 내 인생을 결정하는 (　　　)는 바로 나 자신이다.
2 그 선수는 강력한 우승 후보였기 때문에 경기 내내 다른 선수들의 (　　　)를 받았다.
3 외국으로 여행을 갈 때에는 그 나라의 (　　　)이 잘 유지되고 있는지 알아보아야 한다.
4 이 사고는 어느 한쪽의 잘못이 아니라 (　　　)이 잘못해서 일어난 것이라고 판명되었다.

[01~04] 다음 단어와 그 뜻풀이를 바르게 연결하시오.

01 간과 • • ㉠ 많이 만들어 냄.

02 균등 • • ㉡ 큰 관심 없이 대강 보아 넘김.

03 양산 • • ㉢ 고르고 가지런하여 차별이 없음.

04 치안 • • ㉣ 국가 사회의 안녕과 질서를 유지·보전함.

[05~08] <보기>의 글자들을 조합하여 다음의 뜻풀이에 알맞은 단어를 쓰시오.

┤ 보기 ├
격 반 상 악 애 차 착 화

05 서로 반대되거나 어긋남. ( )

06 일의 형세가 나쁜 쪽으로 바뀜. ( )

07 몹시 사랑하거나 끌리어서 떨어지지 아니함. ( )

08 빈부, 임금, 기술 수준 따위가 서로 벌어져 다른 정도. ( )

[09~12] 다음의 빈칸에 들어갈 알맞은 단어를 <보기>에서 찾아 쓰시오.

┤ 보기 ├
선별 조명 취약 회피

09 그 회사는 재정 기반이 ( )하여 어려움을 겪고 있다.

10 아버지는 송이가 큰 것들을 ( )하여 따로 포장하셨다.

11 그 프로그램은 알려지지 않은 독립운동가들의 삶을 ( )하였다.

12 사건의 책임을 ( )하려는 김 후보의 태도에 유권자들은 실망을 감추지 못했다.

[13~16] 제시된 초성과 뜻풀이를 참고하여 다음의 빈칸에 알맞은 단어를 쓰시오.

13 ㄷ ㅇ : 어떤 안을 대신하는 안.
예 정부는 환경 오염 문제에 대한 뚜렷한 ( )을 마련해야 한다.

14 ㅂ ㅇ : 가지고 있거나 간직하고 있음.
예 그 팀은 우수한 신인 선수의 입단으로 막강한 전력을 ( )하게 되었다.

15 ㅈ ㄱ : 어떠한 작용을 주어 감각이나 마음에 반응이 일어나게 함.
예 그가 당했던 모욕은 훗날에 그가 성공할 수 있게 한 ( )이 되었다.

16 ㅈ ㅊ : 서로 다른 사물이나 의견, 관점 따위를 알맞게 조절하여 서로 잘 어울리게 함.
예 우리는 진후의 의견과 민주의 생각을 ( )하여 보다 나은 방법을 찾기로 했다.

[17~20] 다음의 밑줄 친 부분과 바꿔 쓸 수 있는 말을 <보기>의 단어를 활용하여 쓰시오.

┤ 보기 ├
감소하다 동일하다 소유하다 용이하다

17 이 선풍기는 조립이 쉬운 것이 장점이다. ( )

18 수출이 줄고 수입이 늘어서 나라 살림이 어려워지고 있다. ( )

19 그는 노후 자금 준비를 위해 가지고 있던 약간의 토지를 팔았다. ( )

20 판소리나 민속극도 구비 전승의 문학이라는 점에서는 민요와 같다. ( )

어휘력은 독해력의 기초!

• 나의 어휘력은 몇 점? _____개 / 20개
• 18개 이상을 맞혔다면? 어휘의 기초가 튼튼합니다.
• 17개 이하로 맞혔다면? 본문에 제시된 지문과 어휘를 다시 공부한 다음 문제를 풀어보세요.

[01~04] 다음 단어와 그 뜻풀이를 바르게 연결하시오.

01 급증 •　　　• ㉠ 갑작스럽게 늘어남.

02 대체 •　　　• ㉡ 다른 것으로 대신함.

03 위배 •　　　• ㉢ 균형이 맞음. 또는 그런 상태.

04 형평 •　　　• ㉣ 법률, 명령, 약속 따위를 지키지 않고 어김.

[05~08] <보기>의 글자들을 조합하여 다음의 뜻풀이에 알맞은 단어를 쓰시오.

┤ 보기 ├
> 기 독 반 변 점 천 침 해

05 침범하여 해를 끼침. (　　　)

06 세월의 흐름에 따라 바뀌고 변함. (　　　)

07 기초가 되는 바탕. 또는 사물의 토대. (　　　)

08 개인이나 하나의 단체가 다른 경쟁자를 배제하고 생산과 시장을 지배하여 이익을 독차지함. (　　　)

[09~12] 다음의 빈칸에 들어갈 알맞은 단어를 <보기>에서 찾아 쓰시오.

┤ 보기 ├
> 상실감 신빙성 자발적 통찰력

09 그녀는 사회 전반에 대한 (　　　)이 부족하다.

10 그는 연인과 헤어진 (　　　)으로 한동안 방황했다.

11 늘 거짓말만 늘어놓는 그의 말은 도무지 (　　　)이 없다.

12 교통질서 확립을 위해서는 시민들의 (　　　)인 참여가 필요하다.

[13~16] 제시된 초성과 뜻풀이를 참고하여 다음의 빈칸에 알맞은 단어를 쓰시오.

13 ㄱ ㄷ : 정도에 지나침.
예 내가 보기에는 그들의 씀씀이가 (　　　)해 보인다.

14 ㄱ ㅈ : 내용이나 성격, 의미 따위를 밝혀 정함.
예 검찰은 이번 사건을 불법 행위로 (　　　)하고 수사에 나섰다.

15 ㅊ ㅊ : 전에 없던 것을 처음으로 생각하여 지어내거나 만들어 냄.
예 철수는 청바지를 탈색해서 새로운 분위기의 멋을 (　　　)했다.

16 ㄷ ㅂ : 두 가지의 차이를 밝히기 위하여 서로 맞대어 비교함.
예 그 소설에서는 성격이 서로 상반된 인물이 극명하게 (　　　)되어 있다.

[17~20] 다음의 밑줄 친 부분과 바꿔 쓸 수 있는 말을 <보기>의 단어를 활용하여 쓰시오.

┤ 보기 ├
> 누락되다 위반하다 충돌하다 편중되다

17 우리나라의 문화 시설은 도시에 치우쳐 있다.
(　　　)

18 제한 속도를 어긴 자동차가 경찰의 단속에 걸렸다.
(　　　)

19 중앙선을 넘어간 승용차가 마주 오던 트럭과 정면으로 부딪쳤다.
(　　　)

20 검찰은 이번 사건의 용의자에 대한 경찰의 전과 기록이 빠진 경위를 조사하기 시작했다. (　　　)

어휘력은 독해력의 기초!

• 나의 어휘력은 몇 점?　＿＿＿＿＿개 / 20개
• 18개 이상을 맞혔다면?　어휘의 기초가 튼튼합니다.
• 17개 이하로 맞혔다면?　본문에 제시된 지문과 어휘를 다시 공부한 다음 문제를 풀어보세요.

독해 실전

인문

말을 빌려 탄[借馬] 이야기[說]

남의 물건을 빌려 쓸 때 어떤 마음이 들까? 아마 함부로 쓰는 사람이 있는가 하면, 좀 더 조심스럽게 사용하는 사람이 있을 거야. 이 글의 글쓴이는 말을 빌려 타면서 무슨 생각을 했는지 알아보자.

1 나는 집이 가난해서 말이 없기 때문에 간혹 남의 말을 빌려서 탔다. 그런데 야위고 둔한 말을 얻었을 경우에는 일이 아무리

급해도 감히 채찍을 대지 못한 채 금방이라도 쓰러지고 넘어질 것처럼 벌벌 떨며 조심하기 일쑤요, 개천이나 도랑이라도 만나면 또 말에서 내리곤 한다. 그래서 후회하는 일이 거의 없다. 반면에 발굽이 높고 귀가 쫑긋하며 잘 달리는 준마˅를 얻었을 경우에는 의기양양하여 마음대로 채찍을 갈기기도 하고 고삐를 놓기도 하면서 언덕과 골짜기를 모두 평지로 여긴 채 매우 유쾌하게 달리곤 한다. 그러나 간혹 위험하게 말에서 떨어지는 환란˅을 면하지 못한다.

2 아, 사람의 감정이라는 것이 어쩌면 이렇게까지 달라지고 뒤바뀔 수가 있단 말인가. 남의 물건을 빌려서 잠깐 동안 쓸 때에도 오히려 이와 같은데, 하물며 진짜로 자기가 가지고 있는 경우야 더 말해 무엇 하겠는가.

3 그렇기는 하지만 사람이 가지고 있는 것 가운데 남에게 빌리지 않은 것이 또 뭐가 있다고 하겠는가. 임금은 백성으로부터 힘을 빌려서 존귀하고 부유하게 되는 것이요, 신하는 임금으로부터 권세를 빌려서 총애˅를 받고 귀한 신분이 되는 것이다. 그리고 자식은 어버이에게서, 지어미는 지아비에게서, 종은 주인에게서 각각 빌리는 것이 또한 심하고도 많은데, 대부분 자기가 본래 가지고 있는 것처럼 여기기만 할 뿐 끝내 돌이켜 보려고 하지 않는다. 이 어찌 미혹˅된 일이 아니겠는가.

그러다가 혹 잠깐 사이에 그동안 빌렸던 것을 돌려주는 일이 생기게 되면, 만방(萬邦)˅의 임금도 외톨이가 되고 백승(百乘)˅을 가졌던 집도 외로운 신하가 되는 법인데, 더군다나 미천한˅ 자의 경우야 더 말해 무엇 하겠는가.

4 맹자(孟子)가 말하기를 "남의 것을 오랫동안 빌려 쓰고 있으면서 돌려주지 않았으니, 어찌 그것이 자기의 소유가 아닌 줄 알겠는가."라고 하였다. 내가 이 말을 접하고서 ㉠느껴지는 바가 있기에, 〈차마설〉을 지어서 그 뜻을 넓히노라.

– 이곡, 〈차마설〉

- ˅준마(駿馬): 빠르게 잘 달리는 말.
- ˅환란(患亂): 근심과 재앙을 통틀어 이르는 말.
- ˅총애(寵愛): 남달리 귀여워하고 사랑함.
- ˅미혹(迷惑): 무엇에 홀려 정신을 차리지 못함.
- ˅만방(萬邦): 세계의 모든 나라.
- ˅백승(百乘): 백 대의 수레. 많은 재물과 권력의 비유.
- ˅미천하다(微賤하다): 신분이나 지위 따위가 하찮고 천하다.

독해력 Upgrade ※각 문단의 중심 내용을 다음과 같이 정리할 때, 빈칸에 들어갈 알맞은 말을 쓰시오.

1 (　　)을 빌려 탔을 때의 심리 변화 → **2** 자기 (　　)일 때의 심리 변화 → **3** 모든 것은 자기 소유가 아니라 (　　) 것이라는 깨달음 → **4** 〈차마설〉을 쓴 동기

1 이 글의 서술 방식에 대한 설명으로 적절하지 <u>않은</u> 것은?

① 대화 형식을 통해 교훈적인 내용을 전달하고 있다.
② 구체적인 사례를 들어 자신의 주장을 뒷받침하고 있다.
③ 권위˘ 있는 사람의 말을 인용하여 주제를 강조하고 있다.
④ 개인의 일상적인 경험을 일반화하여 깨달음을 유도하고 있다.
⑤ 대조적인 상황을 제시하여 말하고자 하는 바를 이끌어 내고 있다.

▼권위(權威): 일정한 분야에서 사회적으로 인정을 받고 영향력을 끼칠 수 있는 위신.

2 이 글의 '나'에 대한 이해로 가장 적절한 것은?

① '나'는 '야위고 둔한 말'을 빌리는 경우 '벌벌 떨'다가 위험에 처하기 때문에 후회하게 된다고 여기고 있다.
② '나'는 '준마'를 빌려 탈 때의 '의기양양'한 감정이 그것을 소유할 때에는 발생하지 않을 것이라고 예상하고 있다.
③ '나'는 '가지고 있는 것'이 없는 천한 사람들을 '미혹'되었다고 생각하고 있다.
④ '나'는 자기가 소유하고 있는 권력이 빌린 것임을 돌아보는 '임금'의 모습을 '외톨이'로 표현하고 있다.
⑤ '나'는 '맹자'의 '이 말'에서, 빌린 것을 소유했다고 여기는 사람들에 대한 문제의식˘을 떠올리고 있다.

▼문제의식(問題意識): 문제점을 찾아서 그에 적극적으로 대처하려는 태도.

3 ㉠의 의미로 가장 적절한 것은?

① 남의 물건을 빌려 썼을 때는 반드시 돌려주어야 한다.
② 사람의 마음은 늘 바뀌므로 변하지 않도록 조심해야 한다.
③ 사람이 가지고 있는 것은 모두 빌린 것이므로 자기 소유의 것은 없다.
④ 사람은 남에게 무엇인가를 빌리지 않고 스스로의 힘으로 살아가야 한다.
⑤ 자기 소유인 줄 알고 쓰던 물건들은 실제 주인이 따로 있음을 알아야 한다.

어휘력 Upgrade ※다음의 빈칸에 들어갈 알맞은 말을 〈보기〉에서 찾아 쓰시오.

보기
미천
미혹
준마
환란

1 옛날에는 가수가 (　　　　)한 직업으로 여겨졌다.
2 그해에는 갖가지 (　　　　)으로 민심이 흉흉하였다.
3 주몽은 위험에 대비해 골라 둔 (　　　　)를 타고서 부여에서 도망쳤다.
4 사회가 혼란할 때는 달콤한 말로 대중을 (　　　　)하는 무리가 종종 나타난다.

동기냐 결과냐, 그것이 문제로다

어떤 쪽을 선택하는 것이 좋을지 도저히 판단할 수 없는 딜레마의 상황에 처해 본 적이 있니? 이런 상황에서 옳고 그름을 판단하는 기준이 무엇일지 생각하며 글을 읽어 보자.

1 다음 상황을 생각해 보자. 민준이가 등교하는 길에 다리가 불편한 할머니가 횡단보도 건너는 것을 도와 달라고 하였다. 지금 학교에 가지 않으면 지각을 하여 벌점을 받게 된다. 민준이는 할머니를 도와야 할까, 아니면 학교에 가야 할

까? 이런 상황을 도덕적 딜레마♥라 한다. 이런 상황에서 개인 행위의 옳고 그름을 판단하는 기준이 필요하다. 이러한 기준을 우리는 크게 두 가지 관점에서 제시할 수 있다. 하나는 의무론적 관점이고 다른 하나는 목적론적 관점이다.

2 ㉠의무론적 관점은 행위에 대한 도덕적 판단이 도덕 법칙에 따라 이루어져야 한다고 보았다. 이 관점은 도덕 법칙을 지키려는 의지를 의무로 보았으며 결과와 무관하게 행위 자체의 옳고 그름에 주목♥하였다. 도덕 법칙은 언제나 타당하고 보편적인 것이기에 '왜'라는 질문은 성립하지 않는다. 따라서 좋지 않은 결과를 초래♥하더라도 도덕 법칙은 지켜야 한다. 이런 의미에서 의무론적 관점을 법칙론이라고도 한다.

3 그러나 의무론적 관점에는 한계가 있다. 두 개의 옳은 도덕 법칙이 충돌할 때 의무론적 관점에 따르면 결정을 내릴 수 없다. 예를 들어, 1번 철로에는 3명의 인부가, 2번 철로에는 5명의 인부가 일을 하고 있을 때, 브레이크가 고장 난 채 달리고 있는 기차의 기관사는 어떤 길을 선택해야 할까? 의무론적 관점은 이 상황에서 어떤 철로를 선택해야 할지 결정을 내릴 수 없다.

4 한편 ㉡목적론적 관점은 행복이나 쾌락을 인간이 추구해야 할 목적으로 보았다. 이 관점은 오로지 최선의 결과를 가져오는 행위가 옳은 행위이며, 경험을 통하여 도덕을 얻을 수 있다고 생각하였다. 도덕은 '보다 많은 사람들에게 보다 많은 행복을 가져오는 행위'이다. 따라서 어떤 행위를 결정할 때는 미래에 있을 결과를 고려해야 한다. 이런 의미에서 목적론적 관점을 결과론이라고도 한다.

5 그러나 목적론적 관점에도 한계가 있다. 똑같은 결과라도 사람마다 판단이 달라질 수 있기 때문이다. 위의 예에서 브레이크가 고장 난 채 달리고 있는 기차의 기관사가 1번 철로를 선택하는 것이 목적론적 관점에서는 옳은 선택이겠지만, 1번 철로에 있던 인부의 가족에게 물었을 경우 이에 대한 대답은 달라질 것이다. 이런 문제 때문에 목적론적 관점은 도덕 법칙에 대해 많은 예외♥를 허용♥할 우려가 있다.

♥ 딜레마(dilemma): 선택해야 할 길은 두 가지 중 하나로 정해져 있는데, 그 어느 쪽을 선택해도 바람직하지 못한 결과가 나오게 되는 곤란한 상황.

♥ 주목(注目): 관심을 가지고 주의 깊게 살핌.

♥ 초래(招來): 어떤 결과를 가져오게 함.

♥ 예외(例外): 일반적 규칙이나 정례에서 벗어나는 일.

♥ 허용(許容): 허락하여 너그럽게 받아들임.

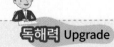 **독해력** Upgrade ※각 문단의 중심 내용을 다음과 같이 정리할 때, 빈칸에 들어갈 알맞은 말을 쓰시오.

1 옳고 그름의 (　　)인 의무론과 목적론 → **2** (　　)적 관점의 입장 → **3** 의무론적 관점의 한계 → **4** (　　)적 관점의 입장 → **5** 목적론적 관점의 한계

1 이 글에 쓰인 전개 방식으로 적절한 것은?

① 다른 대상과 비교하여 가설˅을 입증하고 있다.
② 통념˅의 문제점을 제시하며 주장을 강조하고 있다.
③ 중심 대상의 개념을 밝히고 사례를 들어 설명하고 있다.
④ 서로 다른 관점을 절충하면서 결론을 이끌어 내고 있다.
⑤ 관점의 문제점을 지적한 후 합리적인 대안을 제시하고 있다.

˅ 가설(假說): 어떤 사실
을 설명하려고 임시로
세운 이론.

˅ 통념(通念): 일반적으
로 널리 통하는 개념.

2 ㉠, ㉡에서 '민준'에게 할 수 있는 말로 적절하지 <u>않은</u> 것은?

① ㉠: '왜?'라는 질문에 답할 수 있게 행동하세요.
② ㉠: 누가 보더라도 옳다고 생각하는 기준에 따라 행동하세요.
③ ㉠: 나중에 일어날 일보다는 도덕을 지키려는 마음이 더 중요하지 않겠어요?
④ ㉡: 당신의 선택의 목적과 결과를 고려해 행동하세요.
⑤ ㉡: 당신뿐 아니라 다른 사람도 같이 기쁠 수 있게 행동하세요.

3 목적론적 관점을 다음과 같이 정리할 때 적절하지 <u>않은</u> 것은?

┤ 보기 ├

질문 1. 목적론에서 옳다고 보는 행위는 무엇일까?
• 행복이나 쾌락을 가져오는 행위. ··· ①
• 최선의 결과를 가져오는 행위. ··· ②

질문 2. 목적론적 관점의 특징은 무엇일까?
• 도덕은 가능한 많은 행복을 추구하려는 의도를 지님. ··············· ③
• 어떤 행위를 위한 결정은 행위 자체를 바탕으로 내림. ·············· ④

질문 3. 목적론적 관점의 한계는 무엇일까?
• 도덕 법칙에 예외를 많이 허용할 수 있음. ··························· ⑤

어휘력 Upgrade ※다음의 빈칸에 들어갈 알맞은 말을 〈보기〉에서 찾아 쓰시오.

┤ 보기 ├
가설
딜레마
초래
허용

1 병원에서는 그 환자가 잠시 외출하도록 (   )하였다.

2 조그마한 실수에서 (   )된 사고는 많은 후회를 남긴다.

3 그는 자신의 (   )을 증명하기 위해 몇 가지 실험을 진행 중이다.

4 지금 그는 고백을 해야 하느냐 말아야 하느냐 하는 (   )에 빠져 버렸다.

객관적인 역사 서술을 위한 사료 비판

아주 오래 전의 역사를 어떻게 객관적으로 기록할 수 있을까? 역사가들은 객관적인 역사 서술을 위해 '사료 비판'이라는 것을 한다고 해. 사료 비판이 무슨 의미인지 생각하며 글을 읽어 보자.

1 역사는 과거의 사실 가운데 의미 있는 것만을 골라서 서술한 것이다. 역사를 서술할 때 의미 있는 과거의 사실들을 골라내기 위해서는 사료(史料)가 있어야 한다. 사료는 문헌˘이나 유물˘ 등 역사를 고찰˘하는 데 단서가 되는 모든 자료를 의미한다. 역사에서는 사료 없이 가능성만을 가지고 어떤 것이 존재한다고 기록할 수 없다. 즉, 사료에 포함되어 있지 않은 것은 역사적 사실로 볼 수 없다. 물론 역사가에게도 상상력은 필요하지만, 역사가는 소설가처럼 상상한 내용을 사실처럼 기록할 수 없다.

2 사료는 과거에 있었던 사실을 객관적으로 전달할 수 있는 것이어야 한다. 따라서 사료는 밝히고자 하는 역사적 사건과 동시대의 자료여야 하며, 그것을 가장 잘 전달할 수 있는 조건을 갖춘 사람의 기록이어야 한다. 하지만 모든 사료가 이러한 조건을 충족하고 있는 것은 아니다. 원하는 사료가 처음부터 존재하지 않는 경우도 있고, 원형 그대로 전해지지 않는 경우도 있다. 그런가 하면 원본 자체가 아예 사라지고 베껴 쓴 사료만 있는 경우도 있다. 이럴 때는 베껴 쓴 사료에 오류가 없는지, 베껴 쓴 사람이 임의˘대로 고쳐 쓴 부분이 없는지 검토하는 작업이 필요하다. 이처럼 사료에 잘못된 것은 없는지, 사료의 내용과 성격은 어떠한지 등을 밝히는 작업을 ㉠'사료 비판'이라고 한다.

3 역사가가 사료 비판을 할 때는 객관적이고 냉정해야 하며, 언제나 사료의 내용을 의심하는 태도를 취해야 한다. 왜냐하면 사료를 남긴 사람도 감정을 가진 인간이어서 사료에 주관˘이 개입될 수 있기 때문이다. 이 때문에 역사가들은 주관이 개입되기 어려운 사료나 물건으로 되어 있는 유물 사료를 선호하곤 한다. 특히 유물 사료는 실제로 역사 서술에 많이 이용되며 그 성과도 적지 않은 편이다.

4 그러나 유물 사료는 글자로 기록된 사료가 아니기 때문에 이를 통해 당대의 사회상이나 사람들의 생각을 직접 알아내기에는 한계가 있다. 그렇기 때문에 유물이 만들어진 시기와 동일한 시기의 문헌 사료가 존재한다면 이를 같이 활용해야 한다. 다시 말해 유물 사료는 글자로 기록된 사료를 통해 다시 한 번 사료 비판을 해야 하는 번거로움이 있다. 이와 같이 사료 비판은 매우 번거롭고 쉽지 않은 작업이다. 하지만 사료 비판은 정확하고 객관적인 역사 서술을 위해 반드시 선행˘되어야 하는 작업이기도 하다.

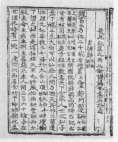
삼국사기(왼쪽)와 삼국유사(오른쪽)

˘문헌(文獻): 옛날의 제도나 문물을 아는 데 증거가 되는 자료나 기록.
˘유물(遺物): 선대의 인류가 후대에 남긴 물건.
˘고찰(考察): 어떤 것을 깊이 생각하고 연구함.
˘임의(任意): 일정한 기준이나 원칙 없이 하고 싶은 대로 함.
˘주관(主觀): 자기만의 견해나 관점.
˘선행(先行): 어떠한 것보다 앞서가거나 앞에 있음.

독해력 Upgrade ※각 문단의 중심 내용을 다음과 같이 정리할 때, 빈칸에 들어갈 알맞은 말을 쓰시오.

| **1** 사료의 개념과 역사 서술에서 사료의 필요성 | → | **2** 사료가 갖추어야 할 조건과 (　　　)의 개념 | → | **3** 사료 비판에 필요한 태도와 (　　) 사료의 선호 | → | **4** 유물 사료의 한계와 사료 비판 작업의 (　　　) |

1 이 글에서 알 수 있는 내용으로 적절하지 <u>않은</u> 것은?

① 사료에 없는 내용은 역사적 사실로 기록할 수 없다.

② 사료라고 해서 역사 서술에 필요한 조건을 모두 갖추고 있는 것은 아니다.

③ 유물 사료는 당시 사람들의 생각이나 문화를 직접 알아내기에 적합한 자료이다.

④ 객관적으로 역사를 서술하기 위해서는 사료 비판 작업이 반드시 먼저 진행되어야 한다.

⑤ 유물 사료를 선택해 역사를 서술할 때는 글자로 기록된 동시대의 사료를 참고해 보완해야 한다.

2 ㉠의 과정에서 역사가가 제기[▾]할 만한 질문으로 적절하지 <u>않은</u> 것은?

▾제기(提起): 의견이나 문제를 내놓음.

① 사료에 사료 제작자의 주관이 반영되었는가?

② 사료에 담긴 사실이 현재적 가치를 지니는가?

③ 원본이 아니라면 베껴 쓴 사료에 오류가 없는가?

④ 사료가 과거의 사실을 객관적으로 전달하고 있는가?

⑤ 사료가 규명하고자 하는 역사적 사건과 동시대의 자료인가?

3 이 글과 〈보기〉의 공통된 견해로 가장 적절한 것은?

보기
역사가는 과거를 설명하는 사람일 뿐이지, 자신의 의견을 덧붙이는 사람이 아니다. 역사란 사료를 바탕으로 '일어난 그대로'를 서술하는 행위이다.
– 랑케

① 역사가는 역사를 서술할 때 객관적인 입장을 취해야 한다.

② 역사가는 과거의 모든 사실을 일어난 그대로 서술해야 한다.

③ 역사가는 많은 사료를 수집하여 역사를 빈틈없이 설명해야 한다.

④ 역사가는 상상력을 발휘하여 과거를 체계적으로 재구성해야 한다.

⑤ 역사가는 자신의 주관적 의견을 덧붙여 사건의 의미를 해석해야 한다.

어휘력 Upgrade

※다음의 빈칸에 들어갈 알맞은 말을 〈보기〉에서 찾아 쓰시오.

보기
고찰
임의
제기
주관

1 이건 네 (   )대로 할 수 있는 문제가 아니다.

2 수아의 의견에 영수는 반대 의견을 (   )했다.

3 그는 목표 의식이 강하고 (   )이 뚜렷한 편이다.

4 고대 소설을 (   )해 보면 현대 소설과는 다른 특징을 발견할 수 있다.

동정심 때문에 한 행동은 도덕적일까

우리는 흔히 동정심을 가지고 남을 돕는 사람을 도덕적이라고 생각해. 그런데 어떤 행동을 도덕적으로 볼 것인지에 대해 철학자들마다 생각이 달랐어. 칸트는 어떤 관점을 지니고 있었는지 알아보자.

1 우리가 어떤 상황에서 행동을 선택할 때는 그에 대한 자기 나름의 근거를 가지고 있기 마련이다. 그 근거 중의 하나가 다른 사람에 대한 공감과 동정심이다. 보통 사람들은 동정심을 인간이 가지고 있는 일반적인 감정이라고 생각하고, 동정심이 많은 사람을 도덕적으로 선한 사람이라고 여긴다. 맹자는 남의 어려운 처지를 동정하여 불쌍하게 여기는 마음을 측은지심이라고 하였다. 그리고 이를 인간의 본성으로 간주˚하여 도덕적 가치를 판단하는 근거로 삼았다. 영국의 철학자인 데이비드 흄도 인간은 본성적으로 동정심을 가지고 있으며 이것이 도덕성의 근거가 된다고 하였다.

2 하지만 만약 나와 사이가 좋지 않은 사람이 고통에 빠지게 된다면, 그의 처지에 공감하여 동정하는 마음을 가질 수 있을까? 아마도 어떤 사람은 그를 매우 미워하여 그가 고통을 당하는 것이 당연하다고 생각할 것이다. 때로는 나와 관계가 없는 사람의 큰 불행보다 나와 가까운 사람의 작은 불행이 더 동정심을 유발할 수도 있다. 이처럼 누군가를 동정하는 마음은 모든 사람에게 보편적으로 나타나지 않고 사람마다 다르게 나타난다. 그렇기 때문에 칸트는 동정심이나 공감이라는 감정 차원에서 어떤 행동을 선택하면, 그 행위는 도덕적 가치가 부족하다고 본다.

3 칸트의 윤리학에서 도덕적이라는 말은 오로지 행위자의 순수한 의지에서 비롯되는 행위만을 뜻한다. 이때 순수한 의지는 다른 어떠한 목적이나 결과에 대한 고려 없이 그것이 옳은 행위이기 때문에 행하는 마음씨이다. 칸트는 어떤 상황에서 자신의 순수한 의지로 선택한 결정과 행동은, 자신뿐만 아니라 다른 모든 사람들도 인정할 수 있는 보편타당성˚을 지니고 있어야 한다고 보았다. 칸트는 감정이 이성의 제어를 벗어나면 도덕적으로 옳지 못한 행위를 할 수 있기 때문에, 사람은 감정을 이성으로 조절할 수 있어야 보편적 도덕 법칙을 준수˚할 수 있다고 주장했다. 사람이 누군가에게 동정심을 느끼는 것도 마찬가지이다. 동정심은 도덕적으로 정당화될 수 있는 보편적 원리를 따르는 것이 아니므로, 동정심은 도덕적인 행위의 근본 원리가 될 수 없다는 것이다.

4 칸트의 이러한 생각은 간결한 논리로 구성되어 있다. 내가 어떤 행위를 선택해야 하는 상황에 빠져 있다고 가정해 보자. 나는 나의 이성에 따라 보편적인 도덕 법칙을 세운다. 그리고 나는 그 도덕 법칙을 충실히 수행한다. 내가 만든 도덕 법칙을 내가 따르는 것이기 때문에 이것은 타율˚이 아니라 '자율'이라고 할 수 있다. 이 때문에 칸트의 윤리학은 자율의 윤리학이라고 불리기도 한다.

▼ 간주(看做): 상태, 모양, 성질 따위가 그와 같다고 봄. 또는 그렇다고 여김.

▼ 보편타당성(普遍妥當性): 개인적이며 주관적인 사고나 지각과 관계없이 모든 사고나 인식에 타당한 성질.

▼ 준수(遵守): 전례나 규칙, 명령 따위를 그대로 좇아서 지킴.

▼ 타율(他律): 자신의 의지와 관계없이 정해진 원칙이나 규율에 따라 움직이는 일.

독해력 Upgrade ※각 문단의 중심 내용을 다음과 같이 정리할 때, 빈칸에 들어갈 알맞은 말을 쓰시오.

1 ( )을 도덕적으로 가치 있다고 보는 관점 → **2** 동점심을 도덕적으로 가치 없다고 보는 칸트의 관점 → **3** 칸트의 윤리학에서 ( )적 행위의 의미 → **4** 칸트의 윤리학이 ( )의 윤리학이라고 불리는 이유

1 이 글의 내용과 일치하지 <u>않는</u> 것은?

① 사람은 동정심 때문에 어떤 행동을 선택하기도 한다.
② 칸트와 데이비드 흄은 동정심을 바라보는 관점이 다르다.
③ 맹자는 다른 사람을 불쌍하게 여기는 것은 옳지 않다고 생각한다.
④ 불행한 일을 당한 사람을 보고 느끼는 동정심의 정도는 사람마다 다르다.
⑤ 칸트는 도덕적 행위를 하려면 이성으로 감정을 조절할 수 있어야 한다고 본다.

2 이 글을 바탕으로 〈보기〉를 이해한 내용으로 적절하지 <u>않은</u> 것은?

보 기
A는 B에게 갚아야 할 돈이 있었다. 어느 추운 겨울날 A는 돈을 갚기 위해 B의 집으로 가던 중, 거리에서 거지 C가 추위에 떨며 애처롭게 구걸하고 있는 모습을 보았다. C의 모습은 A의 동정심을 자극하였고, A는 순간적인 감정에 이끌려 B에게 갚아야 할 돈을 C에게 주고 말았다.

① 맹자는 A를 측은지심을 발휘했다고 긍정적으로 평가하겠군.
② 흄은 본성적으로 가지고 있던 A의 동정심이 표출됐다고 보겠군
③ 칸트는 A가 순수한 의지로 C를 도와주었다고 생각하지는 않겠군.
④ 칸트는 이성에 의해 제어되지 않은 A의 행위를 도덕적이라고 생각하지 않겠군.
⑤ 칸트는 A의 행위가 누구나 인정할 수 있는 보편타당성을 지니고 있다고 판단하겠군.

3 이 글의 칸트가 가장 긍정적으로 평가할 만한 행위는?

① 자신의 회사를 홍보하기 위해 자사 제품을 구호물자로 기증˘한 경우
② 국가의 명예를 높이기 위해 부상에도 불구하고 올림픽 경기에 참가한 경우
③ 이웃을 돕는 것이 사람의 당연한 의무라고 생각하여 구호 활동에 참여한 경우
④ 텔레비전에 소개된 독거˘ 노인이 불쌍하게 느껴져 익명으로 후원금을 전달한 경우
⑤ 판매 이익을 높이기 위해 공장을 세웠는데 그 공장이 많은 실업자들에게 일자리를 제공한 경우

˘기증(寄贈): 선물이나 기념으로 남에게 물품을 거저 줌.

˘독거(獨居): 혼자 삶. 또는 홀로 지냄.

어휘력 Upgrade ※다음의 빈칸에 들어갈 알맞은 말을 〈보기〉에서 찾아 쓰시오.

보 기
간주
기증
준수
타율

1 국민은 헌법을 (   )해야 할 의무를 지닌다.
2 고대인들은 자연적인 현상을 모두 신의 행위로 (   )하였다.
3 김 교수는 지니고 있던 수천 권의 책을 모교 도서관에 (   )하였다.
4 정부의 긴급 조정권이 발동되어 노사 문제가 (   )에 의해 결정되었다.

욕망에 대한 제자백가의 견해

사람의 욕망은 선천적인 것일까, 후천적인 것일까? 그리고 욕망은 바람직한 것일까, 바람직하지 않은 것일까? 이 글에 제시된 견해를 확인하며 인간의 욕망에 대해 생각해 보자.

1 욕망은 무엇에 부족함을 느껴 이를 탐하는♥ 마음이다. 춘추 전국 시대를 살았던 제자백가들에게 인간의 욕망은 언제나 중요한 주제였다. 그들은 권력과 부귀영화를 얻기 위해 전쟁을 일삼던 현실 속에서 인간의 욕망을 어떻게 바라볼 것인지, 그것에 어떻게 대처해야 할지를 탐구하였다.

2 먼저 ㉠맹자는 인간의 욕망이 혼란한 현실 문제의 근본 원인이라고 보았다. 욕망이 지나치면 사람들 사이에서 대립과 투쟁이 생기기 때문이다. 맹자는 인간이 본래 선한 본성을 갖고 태어나지만, 살면서 욕망이 생기고 그 욕망에서 벗어날 수 없다고 생각했다. 그는 스스로 조심할 수는 있겠지만 욕망 그 자체를 없앨 수는 없기에, 욕망을 제어♥하면서 마음속의 선한 본성을 최대한 넓혀야 한다고 주장했다. 욕망을 제어하기 위한 방법으로는 마음을 수양♥함으로써 욕망을 줄일 것과, 지극히 크고 굳센 도덕적 기상인 호연지기를 길러 의로운 일을 꾸준히 실천할 것을 제안했다.

3 반면 맹자보다 후대의 인물인 ㉡순자는 인간은 태어날 때부터 욕망에 사로잡혀 있는 존재라고 보았다. 인간은 본래 이기적이고 질투가 심하며 만족할 줄도 모른다는 것이다. 또한 개인의 도덕적 판단 능력만으로는 욕망을 완전히 제어하기 힘들다고 보았다. 그런데 이기적인 욕망을 그대로 두면 사람들끼리 서로 다투어 세상을 어지럽히게 되므로, 왕이 '예(禮)'를 정하여 백성들의 욕망을 조절해야 한다고 생각했다. 예는 악한 인간성을 교화♥하는 방법이며, 사회를 바로잡기 위한 규범이라 할 수 있다. 그래서 순자는 사람들이 개인적으로 노력하는 동시에, 나라에서 교육과 학문을 통해 예를 세워 선(善)이 드러나도록 노력해야 한다고 주장했다.

4 이들과 달리 ㉢한비자는 부귀영화를 바라는 인간의 욕망을 부정적으로 바라보지 않았다. 인간의 본성이 이기적이라고 본 점에서는 순자와 견해가 같았지만, 한비자는 인간의 본성을 교화할 수 없다고 보았다. 오히려 욕망을 추구하는 이기적인 본성이 이익을 추구하고자 하는 동기를 부여하고 나라를 강하게 만드는 수단이 될 수 있다고 보았다. 그는 세상을 사람들이 이익을 얻기 위해 경쟁하는 곳으로 여겼기에, 모든 인간관계가 충효와 같은 도덕적 관념이 아니라 단순히 이익에 의해 맺어져 있다고 생각했다. 따라서 그는 사람들이 자발적으로 선을 행할 것을 기대하기보다는 법을 엄격히 적용하는 것이 필요하다고 강조했다. 한비자는 백성들에게 공을 세우면 상을 받고, 잘못을 저지르면 벌을 받는다는 믿음을 심어 주는 것이 올바른 정치라고 주장했다.

- **탐하다(貪하다):** 어떤 것을 가지거나 차지하고 싶어 지나치게 욕심을 내다.
- **제자백가(諸子百家):** 춘추 전국 시대의 여러 학자 및 학파를 통틀어 이르는 말.
- **제어(制御):** 감정, 충동, 생각 따위를 막거나 누름.
- **수양(修養):** 몸과 마음을 갈고닦아 품성이나 지식, 도덕 따위를 높은 경지로 끌어올림.
- **교화(教化):** 가르치고 이끌어서 좋은 방향으로 나아가게 함.

 독해력 Upgrade ※각 문단의 중심 내용을 다음과 같이 정리할 때, 빈칸에 들어갈 알맞은 말을 쓰시오.

| **1** 인간의 욕망에 대해 탐구한 춘추 전국 시대의 제자백가 | ➡ | **2** 인간의 욕망에 대한 ( )의 견해 | ➡ | **3** 인간의 욕망에 대한 ( )의 견해 | ➡ | **4** 인간의 욕망에 대한 ( )의 견해 |

1 이 글에 대한 설명으로 가장 적절한 것은?

① 욕망에 대한 다양한 견해를 소개하고 있다.
② 욕망에 대한 상반된 관점을 절충하고 있다.
③ 욕망에 대한 이론의 장단점을 비교하고 있다.
④ 욕망에 대한 논쟁의 현대적 의의를 밝히고 있다.
⑤ 욕망의 유형을 일정한 기준에 따라 분류하고 있다.

2 ㉠의 입장에서 〈보기〉를 이해한 내용으로 가장 적절한 것은?

┤ 보기 ├

　A음식점에서 판매하는 음식에 이물질˘이 들어 있었다는 소문으로 A음식점은 손님이
크게 줄었다. 이에 A음식점 주인은 소문의 진상을 파악하기 위해 경찰에 수사를 의뢰
했다. 조사 결과, 경쟁 관계에 있던 B음식점 주인이 A음식점에 빼앗긴 손님을 되찾고
싶은 마음에 허위˘ 사실을 유포˘한 사실이 드러났다.

▾이물질(異物質) : 정상
적이 아닌 다른 물질.
▾허위(虛僞): 진실이 아
닌 것을 진실인 것처
럼 꾸민 것.
▾유포(流布): 세상에 널
리 퍼짐. 또는 세상에
널리 퍼뜨림.

① B음식점 주인의 악한 인간성을 예를 통해 바로잡아야겠군.
② B음식점 주인은 마음을 수양하여 욕심을 절제해야 할 필요가 있겠군.
③ B음식점 주인에게 법을 엄격히 적용해 다시는 잘못을 저지르지 않도록 해야겠군.
④ B음식점 주인이 허위 사실을 유포한 일은 인간의 이기적 본성에서 비롯된 것이군.
⑤ B음식점 주인이 유포한 허위 사실을 제대로 확인하지 않은 손님들의 도덕성이 의심
되는군.

3 ㉡와 ㉢의 공통된 견해로 적절한 내용을 〈보기〉에서 모두 고른 것은?

┤ 보기 ├

ㄱ. 인간은 이기적 본성을 지니고 있다.
ㄴ. 백성의 욕망을 다스리는 방법을 제시하였다.
ㄷ. 사회적 규범으로 인간 본성을 교화할 수 있다.
ㄹ. 인간의 욕망은 부국강병과 부귀영화를 이루는 수단이 된다.

① ㄱ, ㄴ　　　　　② ㄱ, ㄹ　　　　　③ ㄴ, ㄷ
④ ㄴ, ㄹ　　　　　⑤ ㄷ, ㄹ

어휘력 Upgrade　　※다음의 빈칸에 들어갈 알맞은 말을 〈보기〉에서 찾아 쓰시오.

┤ 보기 ├
교화
수양
유포
제어

1 나는 분한 마음에 울음을 (　　　)할 수가 없었다.
2 교도소에서는 죄수들을 (　　　)하기 위해 노력한다.
3 물질의 풍요를 추구하는 것보다는 정신의 (　　　)이 더욱 중요하다.
4 상대방 후보에 대한 허위 사실을 (　　　)하는 것은 선거법에 위반된다.

동물과 구별되는 '인간다움'의 진화 이야기

사람이 다른 동물과 구별되는 특징은 무엇일까? 그리고 그러한 특징은 어떻게 생기게 되었을까? 글을 읽으며 사람만이 가지고 있는 '인간다움'이 어떻게 진화해 왔는지 알아보자.

1 인류학자들은 다른 동물과 구별되는 '인간다움'이 어떻게 진화˚하게 되었나를 밝혀내고자 하였다. 가장 먼저 인류의 진화에 대해 설명한 이론인 ㉠'남성-사냥꾼 모델'에서는 생존을 위해 사냥하는 과정에서 인간다움이 진화했다고 본다. 사냥하기 위해 두 발로 걷고, 도구와 무기를 생산했으며, 언어가 발달했다는 것이다. 그러나 이 모델은 초기 인류 역사에서 대규모 집단 사냥이 있었다는 증거가 없고, 사냥보다 채집˚이 생계에 더 큰 비중을 차지했다는 점을 설명하지 못한다. 결국 이 모델은 사냥이라는 남성 활동의 결과물에만 집중하고 여성의 위치를 보조적으로 묘사하는 남성 중심적 이론이라는 비판을 받았다.

2 '남성-사냥꾼 모델'에 비판적인 학자들은 ㉡'여성-채집자 모델'을 제안하였다. 이들은 초기 인류는 주로 식물성 식량에 의존하였으므로, 채집자였던 여성이 인류의 진화에 더 크게 기여했다고 주장했다. 채집을 하는 과정에서 도구가 발명되었으며, 아이를 옆에 끼고 식량을 운반하기 위해 두 발로 걷게 되었다는 것이다. 인간적 특징 중 하나인 음식 나눠 먹기도 어미-자식 관계에서 최초로 일어났다고 보았다. 그러나 이 가설˚ 역시 '남성-사냥꾼 모델'과 마찬가지로 성 분업이 인류의 탄생과 함께 자연적으로 발생했다는 가정을 따르고 있다는 점에서 고정 관념˚을 벗어나지 못했다는 한계가 있다.

3 다만 인류 진화사의 어떤 시기에 성 분업이 일어났다는 것을 부정하기는 어렵다. 남녀가 모두 사냥과 채집에 참여하더라도 남성은 얻기 어렵고 위험이 따르는 동물성 식량의 획득˚에 집중하는 반면, 여성은 상대적으로 얻기 쉽고 위험이 적은 식물성 먹이의 획득에 집중하는 경향을 보이고 있다. 이와 같은 분업의 이유를 설명하기 위한 가설 중 하나는 ㉢'협동적 부모 식량 공급 모델'이다. 이는 성 분업이 부모 노릇을 효과적으로 수행하기 위해 나타났다는 것이다. 효율적으로 먹거리를 공급하면 자식의 생존율이 높아지고, 궁극적으로 남성과 여성 모두에게 진화적으로 이익이 된다는 것이다.

4 그러나 현재까지도 사냥이나 채집을 하는 몇몇 부족에 대해 연구한 결과, 성에 따른 역할이 명확하지 않으며 육아도 전적으로 여성의 몫이 아니라는 것이 확인되었다. 고정적인 성 분업이 모든 문화에 보편적으로 나타나는 현상은 아니라는 것이다. 이에 따라 초기 인류는 다른 영장류와 특별히 구분되지 않는 동물로, 엄격한 성별 노동 분화가 이루어지지 않고 양성 모두 일반화된 채집자로 존재했다는 ㉣최근의 가설이 설득력˚을 얻고 있다. 이른바 '인간다움'의 시작은 인류 진화사 후기에 가서야 일어났으며, 결국 '인간다움'의 진화는 (ⓐ)고 보게 된 것이다.

▼ 진화(進化): 생물이 생명의 기원 이후부터 점진적으로 변해 가는 현상.

▼ 채집(採集): 널리 찾아서 얻거나 캐거나 잡아 모으는 일.

▼ 가설(假說): 어떤 사실을 설명하려고 임시로 세운 이론.

▼ 고정 관념(固定觀念): 잘 변하지 아니하는, 행동을 주로 결정하는 확고한 의식이나 관념.

▼ 획득(獲得): 얻어 내거나 얻어 가짐.

▼ 설득력(說得力): 상대편이 이쪽 편의 이야기를 따르도록 깨우치는 힘.

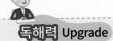
독해력 Upgrade

※각 문단의 중심 내용을 다음과 같이 정리할 때, 빈칸에 들어갈 알맞은 말을 쓰시오.

| **1** '남성-( ) 모델'의 견해와 그 한계 | → | **2** '여성-( ) 모델'의 견해와 그 한계 | → | **3** '협동적 ( ) 식량 공급 모델'의 견해 | → | **4** '협동적 부모 식량 공급 모델'의 한계와 진화에 대한 최근의 견해 |

1 이 글을 통해 알 수 있는 내용으로 적절하지 <u>않은</u> 것은?

① '남성-사냥꾼 모델'은 진화 과정에서 여성의 역할이 보조적이었다고 생각한다.

② '여성-채집자 모델'은 채집한 식량을 운반하기 위해 직립 보행˘이 일어났다고 본다.

③ '여성-채집자 모델'은 남성과 여성의 역할에 대한 고정 관념에서 탈피˘했다고 평가된다.

④ '협동적 부모 식량 공급 모델'은 진화 과정에서 성 분업이 일어난 이유를 해명하고 있다.

⑤ 최근 연구에서는 인류 초기에 성별 노동 분화가 엄격하게 이루어지지 않았다고 주장한다.

> ▾ 직립 보행(直立步行): 사지(四肢)를 가지는 동물이 뒷다리만을 사용하여 등을 꼿꼿하게 세우고 걷는 일. 주로 인간이 이동하는 형태를 이르는 말.
> ▾ 탈피(脫皮): 일정한 상태나 처지에서 완전히 벗어남.

2 ㉠~㉣에 대한 이해로 적절하지 <u>않은</u> 것은?

① ㉠은 가장 먼저 인류의 진화에 대해 설명하고자 했다.

② ㉡은 ㉠에 대해 비판적 입장을 취하고 있다.

③ ㉠은 남성 중심의 시각에서, ㉡은 여성 중심의 시각에서 진화를 설명하고 있다.

④ ㉢은 ㉠과 ㉡이 성 분업의 이유를 제대로 설명하지 못한다고 판단하고 있다.

⑤ ㉣은 ㉠~㉢과 달리 남성과 여성의 성 역할이 고정되어 있다고 주장한다.

3 ⓐ에 들어갈 말로 가장 적절한 것은?

① 남성의 사냥을 토대로 이루어졌다

② 여성의 채집이 확대되면서 이루어졌다

③ 사냥과 채집의 균형을 통해 이루어졌다

④ 양성 간의 전략이 상호 결합하여 이루어졌다

⑤ 인간이 동물과 경쟁하는 과정에서 이루어졌다

어휘력 Upgrade ※다음의 빈칸에 들어갈 알맞은 말을 <보기>에서 찾아 쓰시오.

> ┌ 보기 ┐
> 설득력
> 진화
> 채집
> 획득

1 그 사건에 대한 이번 검찰의 발표는 (   )이 없다.

2 생물들은 대개 생존하는 데에 유리한 방향으로 (   )를 거쳤다.

3 그는 전국을 돌아다니면서 나비 (   )을 하여 표본을 만들었다.

4 그녀는 지난 국회 의원 선거에서 유권자 절반의 지지율을 (   )했다.

닭의 추론에는 무슨 문제가 있었을까

오늘날과 같이 과학이 발전할 수 있었던 것은 귀납의 방법을 사용했기 때문이야. 하지만 귀납법이라고 문제가 없는 것은 아니야. 귀납법이 무엇이고, 이러한 방법에 어떤 문제점이 있는지 알아보자.

1 과학이 신뢰를 주는 이유는 귀납법이라는 특별한 방법을 사용하기 때문이다. 귀납법은 관찰과 실험을 통해 얻은 개별적인 사실들로부터 가정을 세우고, 그것이 검증되면 일반적인 법칙으로 정립하는 방법이다. 그러면 그 법칙을 토대로 앞으로 일어날 현상을 설명하고 예측할 수 있다. 즉, 귀납법은 같은 조건에서 어떤 상황이 되풀이되었다면, 언제나 그런 상황이 일어날 것이라고 생각해 이를 법칙으로 받아들이는 추론˘ 방법이다.

2 그런데 귀납법은 정말로 믿을 만한 추론 방법일까? 영국의 철학자 러셀은 귀납적 방법의 문제점을 간단한 일화˘를 통해 지적했다. 어느 농부의 집에 살고 있는 닭은 매일 아침 눈을 뜨면서 어제 먹이가 주어졌듯이 오늘도 그럴 것이라고 예측한다. 그러나 어느 날 아침 그 닭은 깨어나자마자 농부에게 속절없이 머리가 잘리는 것으로 생을 마감한다. 예외가 존재할 수 있는 상황을 생각하지 못한 것이다. 이렇게 보면 귀납법은 100%의 참을 보장하지는 못한다.

3 이에 대해 ㉠귀납을 신봉하는 사람들은 닭이 관찰을 충분히 하지 않아서 그런 것이라고 반박˘하면서, 태양이 내일 다시 떠오를 것이라는 추론을 예로 든다. 태양은 수십억 년 동안 매일 아침 떠올랐다. 이 지식은 닭의 추론과는 비교할 수 없을 만큼 오랜 경험과 관찰에 토대를 두고 있다. 다시 말해 닭이 추론한 지식과 달리 태양이 떠오른다는 지식은 수많은 경험과 관찰에 토대를 두고 있으므로 믿을 만하다는 것이다.

4 이에 대해 철학자 ㉡흄은 귀납이 증명하기로 되어 있는 것을 전제˘로 사용하는 순환 논증의 오류를 범하고 있다고 지적한다. 순환 논증의 오류란 무엇인가를 정당화하려고 할 때, 정당화해야 하는 바로 그 대상을 이용해서 정당화하는 것이다. 예를 들면, '가치 있는 일을 해야 한다. 왜냐하면 그것이 가치 있는 일이기 때문이다.'와 같은 형태의 논증이다. 흄은 지금까지 인간이 관찰해 온 것들은 미래에 일어날 일들에 대해 아무런 단서도 제공하지 않는다고 말한다. '아침이면 태양이 뜬다.'와 같은 사실조차도 과거의 경험이 축적된 결과일 뿐, 미래에 대한 예측을 정당화할 수 있는 근거가 되지 못한다는 것이다.

5 물론 귀납법에 대해 회의적인 입장을 취했던 흄도 귀납법이 어떤 상황의 결과에 관한 매우 믿을 만한 예측을 제공하며, 우리는 이를 통해 삶을 발전시켜 나갈 수 있을 것이라고 생각했다. 다만 흄은 귀납법의 논리가 제 자신을 가정하지 않고는 정당화될 수 없다는 점을 들어, 귀납법을 통해 도출˘된 사실을 불변의 진리라고 섣부르게 믿는 것을 경계하고 있을 뿐이다.

˘추론(推論): 어떠한 판단을 근거로 삼아 다른 판단을 이끌어 냄.

˘일화(逸話): 세상에 널리 알려지지 아니한 흥미 있는 이야기.

˘반박(反駁): 어떤 의견, 주장, 논설 따위에 반대하여 말함.

˘전제(前提): 어떠한 사물이나 현상을 이루기 위하여 먼저 내세우는 것.

˘도출(導出): 판단이나 결론 따위를 이끌어 냄.

독해력 Upgrade ※각 문단의 중심 내용을 다음과 같이 정리할 때, 빈칸에 들어갈 알맞은 말을 쓰시오.

1 (   )의 개념과 장점 → **2** 귀납법의 문제점 ① - 항상 (   )을 보장하지는 못함 → **3** 귀납법에 문제가 있다는 주장에 대한 반박 → **4** 귀납법의 문제점 ② - 순환 논증의 ( )를 범함 → **5** 귀납법의 효용성과 한계를 동시에 지적한 철학자 흄

1 이 글에 대한 이해로 적절하지 <u>않은</u> 것은?

① 러셀은 귀납이 순환 논증의 오류를 범한다고 지적했다.

② 귀납은 예외의 상황이 발생하면 논증의 효력이 깨진다.

③ 흄은 귀납이 미래에 대한 예측을 정당화하지 못한다고 비판했다.

④ 귀납은 개별적인 사실들을 취합˚하여 이를 토대로 가정을 세운다.

⑤ 수많은 경험과 관찰에 토대를 두더라도 귀납이 완벽한 추론 방법이라고 볼 수는 없다.

˚ 취합(聚合): 모아서 합침.

2 ㉠과 ㉡이 대화를 나눈다고 가정할 때, 적절하지 <u>않은</u> 것은?

① ㉠: 과거의 상황에 비추어 미래를 예측할 수 있습니다.

② ㉡: 닭의 일화에서 알 수 있듯이, 과거의 상황이 반드시 되풀이되리라는 보장은 없습니다.

③ ㉠: 닭의 관찰은 충분하지 않았습니다. 오랜 관찰에 바탕을 둔, 태양이 떠오른다는 지식은 믿을 수 있지 않습니까?

④ ㉡: 귀납법은 순환 논증의 오류를 지니므로, 그것에 의해 도출된 과학적 지식은 모두 부정되어야 합니다.

⑤ ㉠: 귀납법이 순환 논증의 오류를 가진다 해도, 충분한 관찰과 경험에 토대를 둔 결과는 믿을 수 있습니다.

3 이 글을 읽은 후 귀납의 방법을 일상생활에 활용했다고 할 때, 바르게 활용하지 <u>못한</u> 사람은?

┤ 보기 ├

형준: 먹구름이 잔뜩 낀 하늘을 보고 비가 올 것이라고 예측해 우산을 챙겼다.

화영: 자기가 응원하는 팀이 우승할 것이라고 예상해 새벽에 일어나 경기를 시청했다.

재우: 지금까지 만났던 어린이들이 모두 장난감을 좋아했기 때문에 어린 조카의 선물로 장난감을 준비했다.

예은: 지금까지 보았던 까만 새들이 모두 까마귀였기 때문에 날아가는 까만 새를 보고 까마귀라고 생각했다.

수지: 매번 약속 시간에 늦는 친구와 약속을 잡았는데, 이번에도 친구가 늦을 것이라고 예측해 일부러 10분 늦게 나갔다.

① 형준　　　② 화영　　　③ 재우　　　④ 예은　　　⑤ 수지

어휘력 Upgrade ※다음의 빈칸에 들어갈 알맞은 말을 <보기>에서 찾아 쓰시오.

┤ 보기 ├
도출
반박
일화
취합

1 나는 그의 주장에 한마디 (　　　)도 할 수 없었다.

2 반장인 민주는 우리 반 아이들의 요구 사항을 (　　　)하였다.

3 우리는 힘을 합쳐 문제를 해결하기 위한 방안을 (　　　)하였다.

4 아인슈타인이 우주론에 대한 자신의 논문을 일생 최대의 실수로 인정하며 후회했다는 (　　　)가 있다.

율곡 이이의 수양론과 경세론

율곡 이이는 조선 시대의 정치가이자 학자야. 오천 원짜리 지폐에 등장하는 분이지. 글을 읽으며 율곡 이이가 자기 자신과 나라를 바로 세우기 위해 어떤 주장을 했는지 알아보자.

1 유학은 수기치인(修己治人)을 통해 하늘의 도와 하나가 되는 경지에 도달한 사람인 '성인(聖人)'이 되는 것을 목표로 하는 학문이다. 수기치인에서 '수기'는 사물을 탐구하고 앎을 투철히♥ 하며 마음을 바르게 하여 자신을 닦는 일을 말한다. 그리고 '치인'은 집안을 바르게 하고 나라를 통치하며 세상을 평화롭게 하는 것을 의미한다. 이러한 유학의 이념을 받아들인 율곡 이이는 '수기'를 위해 몸과 마음을 닦아 품성이나 지식을 높은 경지로 끌어올려야 한다는 수양론과, '치인'을 위해 세상을 다스리는 이치를 깨달아야 함을 강조한 경세론을 주장했다.

2 율곡의 이러한 주장은 만물을 '이(理)'와 '기(氣)'로 설명하는 이기론을 바탕으로 하고 있다. 율곡은 '이'를 형체가 없으며 시간과 공간의 제약을 받지 않고 존재하는 만물의 법칙이자 원리로 보았다. 이에 반해 '기'는 시간적인 선후♥와 공간적인 시작과 끝이 있고 끊임없이 변화하며 움직이는 물질적 요소로 보았다. 율곡은 이러한 '이'와 '기'로 세상의 모든 것이 구성되어 있으며, '이'와 '기'는 서로 다른 성질을 가지면서도 함께 현실 세계에 존재하고 있다고 생각했다.

3 이를 바탕으로 율곡은 수양론을 주장했다. 율곡은 만물이 하나의 같은 '이'를 공유♥하지만, 만물에 들어 있는 '기'의 성질이 달라 그 모습이 서로 다르게 나타난다고 생각했다. 그러면서 자기 수양을 통해 깨달음에 다다른 성인이나 자기 수양이 부족하여 깨달음에 다다르지 못한 일반인이나 가지고 있는 '이'는 동일하지만 '기'가 다르다고 생각했다. 따라서 율곡은 일반인이 성인이 되기 위해서는 '기'를 성인처럼 바꾸어야 한다고 주장했다.

4 율곡은 또한 사회의 폐단♥을 제거하여 하늘의 도를 실현하려는 경세론을 주장했다. 율곡은 선조 임금과의 대화에서 "왕으로서 가져야 할 도리나 삼강오륜♥은 시대를 막론하고 변할 수 없는 것입니다. 하지만 법과 제도는 때에 따라 변할 수 있는 것이므로, 잘못된 것이 있다면 이를 개혁해야 합니다."라고 말했다. 이는 왕의 도리나 삼강오륜은 세상 만물을 다스리는 근본 원리이자 만물이 공유하고 있는 '이'에 해당하므로 바꿀 수 없지만, 그것을 세상에 펼치기 위한 법이나 제도는 '기'에 해당하므로 시대나 상황에 맞게 바꿀 수 있음을 의미한다. 백성의 삶을 힘들게 하는 여러 법과 제도를 계속 유지할 것이 아니라 바꾸어야 한다고 생각한 것이다. 이렇게 볼 때, 자신이 생각한 이기론을 바탕으로 더 나은 세상을 이루려 했던 율곡의 노력은 수기치인의 실천이라 할 만하다.

율곡 이이가 태어난 〈오죽헌〉

♥ **투철히(透徹히):** 사리에 밝고 정확하게.
♥ **선후(先後):** 먼저와 나중을 아울러 이르는 말.
♥ **공유(共有):** 두 사람 이상이 한 물건을 공동으로 소유함.
♥ **폐단(弊端):** 어떤 일이나 행동에서 나타나는 옳지 못한 경향이나 해로운 현상.
♥ **삼강오륜(三綱五倫):** 유교의 도덕에서 기본이 되는 세 가지의 강령과 지켜야 할 다섯 가지의 도리.

독해력 Upgrade

※각 문단의 중심 내용을 다음과 같이 정리할 때, 빈칸에 들어갈 알맞은 말을 쓰시오.

| **1** 수기치인의 개념과 이를 구현하기 위한 율곡의 수양론과 경세론 | → | **2** 수양론과 경세론의 바탕이 되는 (　　　)의 핵심 내용 | → | **3** 성인이 되기 위해 '기'를 바꾸어야 한다고 주장한 율곡의 (　　　) | → | **4** 사회의 폐단을 제거하기 위해 법과 제도의 개혁을 주장한 율곡의 (　　　) |

1 **이 글에 대한 설명으로 가장 적절한 것은?**

① 한 학자의 일생을 일대기˙적 구조에 따라 서술하였다.

② 한 학자의 이론이 지닌 문제점을 체계적으로 분석하였다.

③ 한 학자가 주장하는 바를 특정 이론을 바탕으로 설명하였다.

④ 한 학자의 핵심 이론을 다른 이론과의 대조를 통해 고찰하였다.

⑤ 한 학자의 사상이 변화하는 과정을 시간의 흐름에 따라 제시하였다.

❤ 일대기(一代記): 어느
한 사람의 일생에 관
한 내용을 적은 기록.

2 **이 글을 바탕으로 할 때, <보기>의 선생님의 질문에 대한 대답으로 적절하지 않은 것은?**

┤ 보기 ├

선생님: 이 글을 읽고 율곡 이이의 사상과 이론에 대해 조금이나마 알게 되었나요? 용
어가 낯설고 어려운 유학 이론이 담겨 있어 글을 읽기가 쉽지 않았을 거예요. 그래도
율곡 이이가 말하고자 했던 핵심 주장을 놓치지 말아야 합니다. 율곡의 이론에 대해
이해한 내용을 말해 볼까요?

① 수양론과 경세론은 모두 이기론을 바탕으로 하고 있어요.

② '이'는 세상에 존재하는 만물의 법칙을 의미하는 개념이에요.

③ '기'는 변하지 않는 근원적인 물질적 요소를 뜻하는 개념이에요.

④ 수양론은 지식을 쌓거나 마음을 바르게 닦는 일과 관련이 있어요.

⑤ 경세론은 집안과 나라, 세상을 바르게 다스리는 일과 관련이 있어요.

3 **율곡 이이가 했을 법한 말을 추론한 것으로 적절하지 않은 것은?**

① 만물의 모습이 다른 것은 '기'의 성질이 다르기 때문입니다.

② 백성의 삶을 힘들게 하는 법과 제도는 계속 유지하지 말고 개혁해야 합니다.

③ 일반인이 성인이 되기 위해서는 꾸준히 노력하여 '기'를 성인처럼 바꾸어야 합니다.

④ 삼강오륜과 같은 유교적 가르침은 시대나 상황의 변화에 맞게 적절히 바뀌어야 합니다.

⑤ 유학을 하는 사람은 하늘의 도와 하나가 되는 경지에 도달하는 것을 목표로 삼아야
합니다.

어휘력 Upgrade ※다음의 빈칸에 들어갈 알맞은 말을 <보기>에서 찾아 쓰시오.

┤ 보기 ├

공유
선후
투철
폐단

1 그는 국가관을 (   )히 갖춘 사람이다.

2 일을 진행할 때는 (   )를 잘 따져서 해야 한다.

3 우리는 지나친 경쟁으로 인한 (   )을 없애야 한다.

4 정보의 (   )는 정보화 시대를 살아가는 데에서 매우 중요하다.

언어와 세계의 관계에 주목한 비트겐슈타인

철학 서적을 보면 온통 뜬구름 잡는 얘기만 있는 것 같아. 그런데 철학자 중에서도 그렇게 생각한 사람이 있었어. 비트겐슈타인이라는 철학자가 어떤 식으로 철학에 접근했는지 알아보자.

1 철학이란 인간과 세계의 근본적인 원리나 삶의 본질을 연구하는 학문이다. 따라서 철학을 탐구하기 위한 언어는 추상적˚이고 애매한˚ 뜻을 가질 수밖에 없다. 20세기 초에 일부 철학자들은 오스트리아의 빈 대학교에 모여 '빈 학파'를 결성하고, 철학을 과학과 같은 객관적인 언어로 이루어진 학문으로 만들고자 하였다. 비트겐슈타인은 이 활동에 큰 영향을 끼친 철학자이다. 그는 언어의 의미에 큰 관심을 갖고, 1922년에 그가 쓴 《논리 철학 논고》에서 이를 다루었다.

비트겐슈타인

2 비트겐슈타인은 이 책에서 세상이 하나의 그림과 같고, 이를 정확한 언어로 나타낼 수 있다는 ㉠'그림 이론'을 제시했다. 예를 들어, 누군가 언덕 위에 있는 나무를 보면 그 장면을 한 장의 그림처럼 받아들이고, 이를 "언덕 위에 나무가 있다."라는 언어로 바꾸어서 이해할 것이다. 반대의 경우도 마찬가지로, "언덕 위에 나무가 있다."라는 말을 들으면 그 상황을 그림으로 떠올려서 이해하게 된다. 이와 같이 비트겐슈타인은 세계가 그림으로 인식되며 언어로 이를 받아들이기 때문에, 세계를 표현하기 위해서는 언어를 다듬어서 논리적이고 정확하게 사용해야 한다고 보았다. 이러한 관점에서 비트겐슈타인은 경험할 수 없는 대상인 신이나 영혼 등에 대해서 논의하는 것은 의미가 없다고 생각했다.

3 하지만 1930년대 중반에 이르러 그는 자신의 생각에 오류˚가 있음을 깨닫고, 언어의 의미를 ㉡새로운 관점에서 파악하기 시작했다. 그는 언어가 쓰이는 상황을 일종의 놀이와 같다고 보고, 놀이에 참여하는 사람들은 서로 약속된 규칙을 ⓐ지켜야 한다고 생각했다. 예를 들어, 한 남성이 뜨거운 목욕탕에서 "시원하다"라고 말했을 때, 이를 들은 어린 아이와 한국말에 서툰 외국인은 그 의미를 이해하지 못할 수도 있다. 왜냐하면 속이 후련할 때 '시원하다'라는 말을 쓰는 한국인의 삶의 양식˚을 모르기 때문이다. 언어의 의미는 고정되어 있지 않고 쓰이는 상황에 따라 다양하게 변한다. 이에 비트겐슈타인은 고정된 형식의 언어는 없기 때문에, 상황을 고려하여 언어를 분석해야만 올바른 의미를 파악할 수 있다고 생각했다. 그는 언어가 단순하게 대상을 가리키는 것이 아니라, 그것이 사용되는 세계의 수많은 삶의 양식을 반영하기 때문에 의미 있다고 주장했다.

4 비트겐슈타인은 이러한 개념들을 바탕으로 철학에서 생기는 문제가 언어를 잘못 이해하고 그릇되게 사용하기 때문에 발생한다고 보았다. 이에 따라 그는 철학이 추구˚하는 진리를 찾기보다는, 언어를 올바르게 사용함으로써 사람들의 생각을 명확히 이해하고 표현하려는 노력이 필요하다고 주장했다.

˚**추상적**(抽象的): 직접 경험하거나 지각할 수 있는 일정한 형태와 성질을 갖추고 있지 않은 것.
˚**애매하다**(曖昧하다): 희미하여 분명하지 아니하다.
˚**오류**(誤謬): 그릇되어 이치에 맞지 않는 일.
˚**양식**(樣式): 오랜 시간이 지나면서 자연히 정하여진 방식.
˚**추구**(追求): 목적을 이룰 때까지 뒤좇아 구함.

독해력 Upgrade ※각 문단의 중심 내용을 다음과 같이 정리할 때, 빈칸에 들어갈 알맞은 말을 쓰시오.

| **1** ( )의 의미를 탐구한 철학자 비트겐슈타인 | → | **2** 세계와 언어가 대응한다고 본 비트겐슈타인의 ( ) 이론 | → | **3** 구체적 ( )에서의 언어 사용에 주목한 비트겐슈타인의 놀이 이론 | → | **4** 철학에서 올바른 언어 사용을 강조한 비트겐슈타인 |

1 ㉠에 대한 이해로 적절하지 <u>않은</u> 것은?

① 객관적인 언어로 철학의 추상성을 극복하고자 한다.
② 신이나 영혼 등은 철학에서 중요하게 다루어야 할 문제이다.
③ 그림으로 떠올릴 수 있는 상황은 언어로 바꾸어 나타낼 수 있다.
④ 우리가 경험할 수 있는 세상은 언어로 정확하게 표현할 수 있다.
⑤ 우리는 누군가 공부하고 있는 모습을 보았을 때 이를 한 장의 그림으로 인식하게 된다.

2 ㉡의 관점에서 〈보기〉에 대해 설명한 내용으로 가장 적절한 것은?

┤ 보기 ├

(가) (건축가가 조수의 도움을 받아 건물을 짓고 있다.)
건축가: 벽돌!
조　수: (벽돌을 건축가에게 가져다준다.)
건축가: 석판!
조　수: (석판을 건축가에게 가져다준다.)

(나) (태권도 사범의 지시에 따라 훈련생이 격파 시범을 보이고 있다.)
사　범: 벽돌!
훈련생: (벽돌을 격파한다.)
사　범: 석판!
훈련생: (석판을 격파한다.)

① (가)와 (나)에 사용된 '벽돌'과 '석판'의 의미는 고정되어 있군.
② (가)와 (나)에 쓰인 언어의 의미가 상황과 맥락에 따라 달라졌군.
③ (가)의 '조수'와 (나)의 '훈련생'은 상대방의 의도를 오해하고 있군.
④ (가)의 '건축가'와 (나)의 '사범'은 상황을 그림처럼 인식하고 있군.
⑤ (가)와 (나)에 등장하는 사람들 사이에 의사소통이 원활하게 이루어지지 않고 있군.

3 문맥상 ⓐ와 바꾸어 쓸 수 있는 말로 가장 적절한 것은?

① 감수(甘受)해야　　　② 고수(固守)해야　　　③ 사수(死守)해야
④ 완수(頑遂)해야　　　⑤ 준수(遵守)해야

어휘력 Upgrade　　※다음의 빈칸에 들어갈 알맞은 말을 〈보기〉에서 찾아 쓰시오.

┤ 보기 ├
애매
오류
추구
추상적

1 사랑을 개념화하기에는 너무 (　　　)이다.
2 개인은 저마다 개인의 행복을 (　　　)하기 마련이다.
3 나는 수학 문제를 계산하는 과정에서 (　　　)를 범했다.
4 그가 하는 말은 사과인지 책임 회피인지 (　　　)하게 보였다.

[01~04] 다음 단어와 그 뜻풀이를 바르게 연결하시오.

01 가설 •　　　• ㉠ 혼자 삶. 또는 홀로 지냄.

02 독거 •　　　• ㉡ 근심과 재앙을 통틀어 이르는 말.

03 일대기 •　　　• ㉢ 어떤 사실을 설명하려고 임시로 세운 이론.

04 환란 •　　　• ㉣ 어느 한 사람의 일생에 관한 내용을 적은 기록.

[05~08] 〈보기〉의 글자들을 조합하여 다음의 뜻풀이에 알맞은 단어를 쓰시오.

┤ 보기 ├
론 백 승 일 집 채 추 화

05 백 대의 수레. 많은 재물과 권력의 비유. (　　　)

06 널리 찾아서 얻거나 캐거나 잡아 모으는 일. (　　　)

07 세상에 널리 알려지지 아니한 흥미 있는 이야기. (　　　)

08 어떠한 판단을 근거로 삼아 다른 판단을 이끌어 냄. (　　　)

[09~12] 다음의 빈칸에 들어갈 알맞은 단어를 〈보기〉에서 찾아 쓰시오.

┤ 보기 ├
공유 미천 제기 취합

09 길동이의 어머니는 (　　　)한 천민 출신이었다.

10 이번 결정에 이의를 (　　　)한 사람은 아무도 없었다.

11 그 선수는 승리의 기쁨을 모든 국민과 (　　　)하고 싶다고 말했다.

12 그는 경제 정책에 대한 기업들의 의견을 (　　　)하여 상부에 보고했다.

[13~16] 제시된 초성과 뜻풀이를 참고하여 다음의 빈칸에 알맞은 단어를 쓰시오.

13 ㅅ ㅎ : 어떠한 것보다 앞서가거나 앞에 있음.
　예 나는 사람으로서의 도리가 돈보다 (　　　)한다고 생각한다.

14 ㅎ ㅇ : 진실이 아닌 것을 진실인 것처럼 꾸민 것.
　예 그는 실험을 하지 않고서도 마치 실험을 한 것처럼 (　　　)로 보고서를 작성하였다.

15 ㅍ ㄷ : 어떤 일이나 행동에서 나타나는 옳지 못한 경향이나 해로운 현상.
　예 그 회사는 인사 비리의 (　　　)을 고치기로 했다.

16 ㄱ ㅇ : 일정한 분야에서 사회적으로 인정을 받고 영향력을 끼칠 수 있는 위신.
　예 박 교수는 물리학 분야에서 (　　　)가 있는 학자이다.

[17~20] 다음의 밑줄 친 부분과 바꿔 쓸 수 있는 말을 〈보기〉의 단어를 활용하여 쓰시오.

┤ 보기 ├
간주하다 고찰하다 추구하다 축적되다

17 이 책은 과학과 예술의 관계를 깊이 있게 <u>살피고</u> 있다. (　　　)

18 국제 관계에서 각 나라들은 자국의 이익을 <u>좇기</u> 마련이다. (　　　)

19 조직 위원회에서는 이번 올림픽을 성공적이었다고 <u>여겼다</u>. (　　　)

20 김 과장은 경험을 통해 <u>쌓인</u> 업무 능력으로 사내에서 인정받고 있다. (　　　)

어휘력은 독해력의 기초!
• 나의 어휘력은 몇 점? _____개 / 20개
• 18개 이상을 맞혔다면? 어휘의 기초가 튼튼합니다.
• 17개 이하로 맞혔다면? 본문에 제시된 지문과 어휘를 다시 공부한 다음 문제를 풀어보세요.

[01~04] 다음 단어와 그 뜻풀이를 바르게 연결하시오.

01 미혹 •
02 선후 •
03 유물 •
04 추상적 •

• ㉠ 선대의 인류가 후대에 남긴 물건.

• ㉡ 무엇에 홀려 정신을 차리지 못함.

• ㉢ 먼저와 나중을 아울러 이르는 말.

• ㉣ 직접 경험할 수 있는 일정한 형태와 성질을 갖추고 있지 않은 것.

[05~08] 〈보기〉의 글자들을 조합하여 다음의 뜻풀이에 알맞은 단어를 쓰시오.

┤ 보기 ├
류 오 율 의 임 진 타 화

05 그릇되어 이치에 맞지 않는 일. ( )

06 일정한 기준이나 원칙 없이 하고 싶은 대로 함. ( )

07 생물이 생명의 기원 이후부터 점진적으로 변해 가는 현상. ( )

08 자신의 의지와 관계없이 정해진 원칙이나 규율에 따라 움직이는 일. ( )

[09~12] 다음의 빈칸에 들어갈 알맞은 단어를 〈보기〉에서 찾아 쓰시오.

┤ 보기 ├
유포 제어 총애 허용

09 그녀는 허위 사실을 ( )한 죄로 경찰에 붙잡혔다.

10 사장은 특히 능력이 우수한 젊은 직원들을 ( )하였다.

11 우리 모임은 회장의 독단을 ( )하기 위해 운영 위원회를 두었다.

12 교장 선생님께서는 학생들에게 학교에서의 자율적인 활동을 ( )하셨다.

[13~16] 제시된 초성과 뜻풀이를 참고하여 다음의 빈칸에 알맞은 단어를 쓰시오.

13 ㅎ ㄷ : 얻어 내거나 얻어 가짐.
㉅ 그는 이번 올림픽에서의 최종 목표가 금메달 ( )이라고 밝혔다.

14 ㄱ ㅈ : 선물이나 기념으로 남에게 물품을 거저 줌.
㉅ 복지 시설이 들어서게 된 부지는 어느 독지가로부터 ( )을 받은 것이라고 한다.

15 ㄱ ㅎ : 가르치고 이끌어서 좋은 방향으로 나아가게 함.
㉅ 학교 폭력을 저지른 학생들을 위한 ( ) 프로그램이 최근에 마련되었다.

16 ㅅ ㅇ : 몸과 마음을 갈고닦아 품성이나 지식, 도덕 따위를 높은 경지로 끌어올림.
㉅ 매일 일기를 쓰는 것은 개인의 ( )에 큰 도움이 된다.

[17~20] 다음의 밑줄 친 부분과 바꿔 쓸 수 있는 말을 〈보기〉의 단어를 활용하여 쓰시오.

┤ 보기 ├
개입하다 도출하다 준수하다 초래하다

17 우리 모임에 가입한 회원들은 회칙을 <u>지킬</u> 의무가 있다. ( )

18 교사들은 학생들의 회의에 되도록 <u>끼어들지</u> 않는 게 좋다. ( )

19 한순간의 부주의가 돌이킬 수 없는 재앙을 <u>가져올</u> 수도 있다. ( )

20 유엔 총회에서도 지구 온난화 규제 방안을 <u>이끌어 내기</u>는 매우 어려울 것이다. ( )

어휘력은 독해력의 기초!
• 나의 어휘력은 몇 점? _____개 / 20개
• 18개 이상을 맞혔다면? 어휘의 기초가 튼튼합니다.
• 17개 이하로 맞혔다면? 본문에 제시된 지문과 어휘를 다시 공부한 다음 문제를 풀어보세요.

독해 실전

IV

과학

장소와 거리를 기억하는 뇌 속의 내비게이션

길을 유난히 잘 찾는 사람이 있는가 하면, 여러 번 가 본 길도 잘 찾지 못하는 사람이 있어. 최근에 신경 과학자들이 그 이유를 밝혀냈지. 글을 읽으며 뇌의 공간 지각 능력에 대해 알아보자.

1 우리는 집 근처의 공원에서 산책할 때 자신이 서 있는 위치가 어디인지, 집과의 거리는 어느 정도인지 자연스럽게 알 수 있다. 이는 우리의 뇌가 시각, 촉각과 같은 감각 기관의 정보를 받아들이고 각 내용들을 결합하여 주위의 공간을 파악하는 능력을 가지고 있기 때문이다. 이 과정에 관한 연구는 오랫동안 지속되었으나, 뇌의 어느 부분이 공간을 지각˚하는 능력에 관여하는지에 대한 의문은 쉽게 풀리지 않았다.

2 이와 관련하여 미국의 신경 과학자 존 오키프는 실험용 쥐를 이용해 한 가지 ㉠실험을 했다. 그는 쥐의 뇌에 전극을 꽂고 유리로 된 공간 안에서 자유롭게 움직이게 한 후에, 뇌에서 발생하는 전기 신호를 측정˚하였다. 쥐가 한 장소를 지나가면 신경 세포 하나가 반응하였고, 다른 장소를 지나가면 다른 신경 세포의 반응이 관찰되었다. 그는 이를 통해 각 장소마다 반응하는 세포가 있음을 발견하고, 이를 장소 세포라고 이름 붙였다. 뇌의 해마˚에서 발견된 이 세포는 한 장소에 대해서만 반응하고 위치가 바뀌면 다른 세포가 반응하기 때문에, 장소 세포들은 각 장소들을 구분해 주는 역할을 수행한다.

3 하지만 장소 세포는 공간들을 구분만 할 수 있을 뿐, 지도와 같이 정보들을 통합하여 제공하는 기능을 수행할 수는 없다. 예를 들어, A라는 장소에서 세종 대왕 동상을 보고 B라는 장소에서 분수를 본다면 두 장소가 다른 공간임을 바로 인지˚할 수 있다. 하지만 A가 B와 얼마나 떨어져 있는지, 그리고 지도상에서 어떤 위치에 있는지는 장소 세포의 기능으로 설명할 수 없다. 각 정보는 개별적으로 인식되었을 뿐 서로 연결되지 않았기 때문이다. 그런데 노르웨이의 신경 과학자 모세르 부부가 쥐를 이용한 ㉡실험에서 일정한 거리를 지날 때마다 뇌 속에 그 위치를 기록하는 격자 세포를 해마 주변부에서 발견했다. 이 세포는 우리가 출발점에서 얼마나 멀리 지나왔고, 어느 시점에 어디로 방향을 바꿨는지 등에 관한 정보를 저장한다.

4 장소 세포와 격자 세포의 상호 작용으로 우리는 특정 장소를 인식할 수 있고, 장소들 간의 관계를 파악할 수도 있다. 일종의 가상 지도가 머릿속에 생성˚되어서 주위의 공간을 지각할 수 있게 되는 것이다. 그렇기 때문에 우리는 가 보지 못한 장소에서도 자신의 대략적인 위치를 알 수 있으며, 과거에 방문했던 곳을 다시 찾아갔을 때 그 공간을 기억해 낼 수 있다.

˚지각(知覺): 감각 기관을 통하여 외부의 사물을 인식하는 작용.

˚측정(測定): 일정한 양을 기준으로 하여 같은 종류의 다른 양의 크기를 잼.

˚해마(海馬): 뇌에서 장기 기억과 공간 개념, 감정적인 행동을 조절하는 데 관련되는 기관.

˚인지(認知): 어떤 사실을 인정하여 앎.

˚생성(生成): 사물이 생겨남. 또는 사물이 생겨 이루어지게 함.

독해력 Upgrade

※각 문단의 중심 내용을 다음과 같이 정리할 때, 빈칸에 들어갈 알맞은 말을 쓰시오.

| 1 인간의 공간 지각 능력에 대한 의문 | → | 2 장소를 구분해 주는 (　) 세포의 발견 | → | 3 거리와 방향을 알려 주는 (　) 세포의 발견 | → | 4 장소 세포와 격자 세포로 이루어지는 뇌의 공간 지각 |

1 이 글을 읽고 알 수 있는 내용으로 적절하지 <u>않은</u> 것은?

① 장소 세포는 한 장소를 다른 장소와 구분해 준다.
② 장소 세포는 뇌가 받아들인 공간 정보를 통합해 준다.
③ 장소 세포만으로는 원하는 목적지를 찾아가기 어렵다.
④ 격자 세포는 어느 정도의 거리를 지나왔는지 알려 준다.
⑤ 격자 세포는 어느 시점에 어디로 방향을 바꿨는지 알려 준다.

2 ㉠과 ㉡에 대해 추론한 내용으로 적절하지 <u>않은</u> 것은?

① ㉠을 위해 쥐의 해마에 전극을 꽂았을 것이다.
② ㉠은 쥐가 돌아다닐 만큼의 공간 속에서 행해졌을 것이다.
③ ㉡에서 장소가 바뀔 때마다 각기 다른 격자 세포가 반응했을 것이다.
④ ㉡에서 격자 세포가 반응한 위치는 일정한 간격으로 나타났을 것이다.
⑤ ㉠과 ㉡은 모두 쥐가 공간을 지각할 수 있다는 것을 전제로 이루어졌을 것이다.

3 이 글을 바탕으로 〈보기〉를 이해한 내용으로 가장 적절한 것은?

┤ 보기 ├

　A 씨는 퇴근하는 길에 교통사고를 당했다. A 씨는 인근 병원으로 옮겨져 치료를 받고 퇴원했지만, 사고 시에 뇌의 일부분이 손상˚되었다. A 씨는 현재 통원 치료를 받고 있으며, 뇌의 손상 때문에 일상생활에서 어떤 장소를 봤을 때 다른 장소와 구분하기 힘든 어려움을 겪고 있는 상태라고 한다.

－ ○○신문

˚ 손상(損傷): 병이 들거나 다침.

① A 씨는 사고 당시에 뇌의 해마 부분을 다쳤을 것이다.
② A 씨는 사고를 당하면서 뇌의 격자 세포에 이상이 생겼을 것이다.
③ A 씨는 사고 이후에 다른 곳으로 이동할 때 거리를 지각하지 못할 것이다.
④ A 씨가 만약 해마의 주변부만 다쳤다면 공간 지각에 어려움이 없었을 것이다.
⑤ A 씨는 시간이 지나도 사고로 다친 뇌가 원래의 기능을 수행할 수 없을 것이다.

어휘력 Upgrade　　※다음의 빈칸에 들어갈 알맞은 말을 〈보기〉에서 찾아 쓰시오.

┤ 보기 ├
생성
손상
인지
측정

1 전쟁이 격렬해지면서 인명 (　　　)이 크게 증가하였다.
2 백두산 천지는 화산이 폭발하면서 (　　　)된 화구호이다.
3 엄마는 동생에게 열이 있는 것 같다며 체온을 (　　　)하셨다.
4 경찰은 그 사람을 처음부터 범인으로 (　　　)하고 수사를 진행해 왔다.

기상 이변을 일으키는 엘니뇨와 라니냐

가끔 어느 나라에 기상 이변이 벌어져 큰 피해를 입었다는 뉴스를 접할 때가 있다. 그 원인 중의 하나로 엘니뇨와 라니냐가 꼽히고 있어. 엘니뇨와 라니냐 현상이 무엇인지 자세히 알아보자.

1 꽃이 만개˘했던 우리나라의 3~4월이 달라지고 있다. 꽃놀이가 한창이어야 할 봄날에 흰 눈이 내리는 모습을 보고 있자니 덜컥 걱정이 앞선다. 지구에 무슨 문제라도 생긴 것은 아닐까? 과학자들은 ㉠'엘니뇨'와 ㉡'라니냐'를 기상 이변˘의 주요 원인으로 꼽는다. 엘니뇨와 라니냐는 원래부터 지구에서 일어났던 현상이지만, 그 강도가 점차 심해지면서 20세기 이후에 많은 환경 문제를 일으키고 있다.

2 엘니뇨란 스페인어로 남자아이 또는 아기 예수를 의미한다. 매년 12월경이면 페루와 에콰도르 국경에 있는 콰야킬 만(灣)에서는 북쪽으로부터 난류˘가 유입˘된다. 그에 따라 평소 볼 수 없었던 고기들이 나타나자, 페루 어민들이 하늘의 은혜에 감사하는 뜻으로 크리스마스와 연관시켜 엘니뇨라 불렀다. 이처럼 엘니뇨는 태평양의 해수 온도가 높아져 일정 기간 계속되는 현상을 의미한다. 그런데 엘니뇨가 나타나 바닷물의 온도가 올라가면 대기 순환이 변화하여 기상 이변이 속출˘한다.

3 엘니뇨 현상이 나타나면 인도네시아, 오스트레일리아 등에서는 평상시에 비해 강수량이 감소하여 가뭄이 발생하고 대규모 산불이 일어나기도 한다. 반면에 페루, 칠레 등에서는 평상시보다 많은 강수량을 보이면서 홍수가 자주 발생한다. 또한 알래스카와 캐나다 서부에서는 고온 경향이, 미국의 남동부에서는 저온 경향이 나타난다. 지금까지의 관측˘ 자료에 따르면, 엘니뇨 현상은 약 2~5년 주기로 발생하는 것으로 알려져 있다.

4 엘니뇨와 반대로 바닷물이 차가워지는 현상은 '라니냐'라 불리는데, 이는 스페인어로 여자아이라는 뜻이다. 라니냐가 발생하면 동남아시아와 오스트레일리아에서는 홍수가 잦아지거나 이상 고온 현상이 나타난다. 반대로 페루, 칠레 등에서는 평상시보다 더 건조해져 가뭄이 나타날 수 있으며 미국에는 극지방 같은 추위가 발생하는 경우도 있다. 기상청에 따르면 우리나라의 경우도 라니냐의 영향을 크게 받으면, 겨울의 평균 기온이 평년보다 2℃ 정도 낮아지고 강수량도 적어져 춥고 건조하다고 한다.

5 엘니뇨와 라니냐는 바닷물의 온도 변화나 강수량의 변화에만 영향을 미치는 것이 아니다. 바닷물의 온도가 변하는 과정에서 기압에 영향을 주고 대기의 흐름도 변화시킨다. 이로 인해 어장이 파괴되고 예기치 않은 산불이나 질병 등 다양한 문제를 일으킬 가능성이 높다. 더욱 걱정스러운 것은 엘니뇨와 라니냐가 지구 온난화 현상과 함께 작용하면 어떤 기상 이변이 벌어질지 모른다는 점이다.

- 만개(滿開): 꽃이 활짝 다 핌.
- 이변(異變): 예상하지 못한 사태나 괴이한 변고.
- 난류(暖流): 적도 부근의 저위도 지역에서 고위도 지역으로 흐르는 따뜻한 해류.
- 유입(流入): 액체나 기체, 열 따위가 어떤 곳으로 흘러듦.
- 속출(續出): 잇따라 나옴.
- 관측(觀測): 기상, 천문 등의 자연 현상을 관찰하여 그 움직임을 측정하는 일.

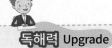

독해력 Upgrade ※각 문단의 중심 내용을 다음과 같이 정리할 때, 빈칸에 들어갈 알맞은 말을 쓰시오.

| **1** 기상 ( )을 일으키는 엘니뇨와 라니냐 | ➡ | **2** ( )의 어원과 개념 | ➡ | **3** 엘니뇨의 영향으로 발생하는 기상 이변 | ➡ | **4** ( )의 개념과 그 영향으로 발생하는 기상 이변 | ➡ | **5** 엘니뇨와 라니냐가 지구에 미치는 영향 |

1 이 글에 대한 설명으로 가장 적절한 것은?

① 현상들을 제시한 후 그 영향을 설명하고 있다.
② 현상의 원인을 분석하여 올바른 해결책을 제시하고 있다.
③ 현상의 공통점과 차이점을 일정한 기준에 따라 분석하고 있다.
④ 현상과 관련한 다양한 이론을 소개하고 그 한계를 지적하고 있다.
⑤ 현상과 관련한 가설을 설정하고 구체적인 사례를 들어 검증˘하고 있다.

˘ 검증(檢證): 검사하여 증명함.

2 이 글을 통해 알 수 있는 내용으로 적절하지 <u>않은</u> 것은?

① 엘니뇨와 라니냐 현상은 20세기에 일어나기 시작했다.
② 엘니뇨와 라니냐의 어원은 반대의 의미를 지니고 있다.
③ 엘니뇨와 라니냐 현상은 강수량이나 온도에 영향을 미친다.
④ 엘니뇨와 라니냐 현상이 지속되면 우리의 식탁에서 더는 접할 수 없는 물고기가 생길 수 있다.
⑤ 엘니뇨 또는 라니냐 현상의 영향을 받으면 어떤 나라에 홍수가 질 때 다른 나라에는 가뭄이 발생할 수 있다.

3 ㉠과 ㉡이 미치는 영향을 <u>잘못</u> 파악한 것은?

① ㉠일 때 인도네시아에서는 가뭄이 발생할 수 있어.
② ㉠일 때 페루에서는 홍수가 자주 발생해.
③ ㉡일 때 오스트레일리아에서는 이상 고온 현상이 나타나.
④ ㉡일 때 우리나라에서는 겨울에 평년보다 비가 많이 내려.
⑤ ㉠과 ㉡이 나타나면 바닷물이 이전보다 따뜻해지거나 차가워져.

어휘력 Upgrade　　※다음의 빈칸에 들어갈 알맞은 말을 〈보기〉에서 찾아 쓰시오.

> ┌ 보기 ┐
> 검증
> 속출
> 유입
> 이변

1 이번 경기에서는 신기록이 (　　　)하고 있다.
2 이 약은 관련 기관의 (　　　)을 받은 안전한 제품입니다.
3 주민들은 오염된 물의 지하수 (　　　)을 막기 위한 대책을 강구하였다.
4 이번 대회는 신생팀이 강력한 우승 후보를 누르고 결승전에 오르는 등 (　　　)을 낳았다.

팽창하는 우주의 운명

우리는 느끼지 못하고 있지만 우주는 끊임없이 팽창하고 있다고 해. 계속 팽창한다면 과연 앞으로 우주는 어떻게 될까? 이 글을 읽으며 우주의 미래에 대한 과학적 전망을 알아보자.

1 셀 수 없이 많은 별들의 집단을 '은하'라고 하고, 태양계가 속해 있는 은하를 '우리 은하'라고 한다. 천문학자 허블이 우주에는 수많은 은하들이 흩어져 있다는 사실을 밝혀내기 전까지, ㉠인류는 오랜 시간 지구가 우주의 중심이라고 믿어 왔다. 허블은 별 사이에 떠 있는 구름 덩어리로만 알려져 있던 흐릿한 천체들이 우리 은하처럼 수천억 개의 별들로 이루어진 외부 은하이고, 우주에 이런 은하들이 수없이 많다는 사실을 밝혀냈다. 이러한 발견으로 말미암아 인간은 지구가 우주의 중심이라는 자기중심적▼ 우주관을 버려야 했다.

2 인간이 갖고 있던 또 하나의 믿음은 우주가 변하지 않는다는 것이었다. ㉡뜨고 지는 천체의 운동은 그것을 근거로 해서 달력을 만들 정도로 규칙적이고 반복적이다. 그러므로 어찌 보면 우주가 변하지 않는다고 여기는 것이 당연할지도 모른다. 그러나 허블은 빛을 내는 물체가 멀어질 때 붉어져 보이는 현상을 이용해, 외부 은하들이 우리 은하로부터 멀어지고 있다는 사실과 ㉢멀리 있는 은하일수록 더 빠른 속도로 멀어지고 있다는 사실을 알아냈다. 이는 우주 공간이 똑같은 비율로 팽창▼하고 있음을 뜻한다.

3 더욱 놀라운 것은 우주 공간이 현재 팽창하고 있으므로 과거에는 우주가 더 작았을 것이며, 과거로 갈수록 더 작은 공간에 엄청난 양의 물질이 몰려 있었을 것이라는 사실이다. 공기를 급격하게 압축하면 뜨거워진다. 마찬가지로 과거에 우주를 채우고 있던 물질과 빛은 매우 뜨거웠을 것이다. 따라서 우주의 폭발이 시작되었다는 '빅뱅'에 가까운 과거일수록 우주는 뜨겁고 밀도가 높은 상태였으며, 우주가 팽창하면서 점차 식어 차갑고 밀도가 낮은 상태가 되었다고 추론할 수 있다.

4 ㉣현재 과학자들이 예측▼하는 우주의 미래에는 세 가지 가능성이 있다. 첫째, 우주가 현재의 팽창을 멈추고 다시 수축▼할 가능성이다. 우주 공간이 팽창함에 따라 은하들은 멀어지지만, 한편으로는 중력이 은하들을 서로 끌어당기고 있다. 만약 멀어지는 속도가 아주 느리거나 은하들이 매우 무거워 중력이 강하면, ㉤은하들은 언젠가 팽창을 멈추고 다시 가까워지기 시작할 것이다. 둘째, 우주가 현재처럼 영원히 팽창할 가능성이다. 앞의 경우와 반대로 팽창 속도가 아주 빠르거나 우주 내에 있는 물질의 양이 적을 때, 은하들은 영원히 서로 멀어져 외로운 섬으로 남게 될 것이다. 셋째, 앞의 두 경우의 중간에 해당하는데, 우주가 계속 팽창하지만 그 팽창 속도가 점점 느려져 결국 팽창이 멈추게 될 가능성이다. 그러나 이 세 가지 가능성 중에서 우주의 운명▼이 어디로 흐를지는 아직 알 수 없다.

▼ **자기중심적(自己中心 的)**: 남의 일보다 자기의 일을 먼저 생각하고 더 중요하게 여기는 것.
▼ **팽창(膨脹)**: 부풀어서 부피가 커짐.
▼ **예측(豫測)**: 미리 헤아려 짐작함.
▼ **수축(收縮)**: 부피나 규모가 줄어듦.
▼ **운명(運命)**: 앞으로의 생사나 존망에 관한 처지.

독해력 Upgrade   ※각 문단의 중심 내용을 다음과 같이 정리할 때, 빈칸에 들어갈 알맞은 말을 쓰시오.

| **1** ( )의 발견으로 인한 우주관의 변화 | → | **2** 우주가 똑같은 비율로 ( )하고 있음을 밝혀낸 허블 | → | **3** 우주의 탄생을 설명하는 ( ) 이론 | → | **4** 우주의 미래에 대한 세 가지 전망 |

1 이 글을 통해 알 수 있는 내용으로 가장 적절한 것은?

① 은하들의 중력이 크면 두 은하의 거리는 멀어질 것이다.

② 우주는 태양계가 속해 있는 우리 은하로만 이루어져 있다.

③ 인간은 멀리 있는 은하일수록 빠른 속도로 멀어진다고 믿어 왔다.

④ 허블의 발견 전까지 인류는 우리 은하가 우주의 중심이라고 생각했다.

⑤ 허블의 발견으로 우주의 온도는 현재보다 과거가 높았음을 알 수 있다.

2 ㉠~㉤을 읽고 학생이 보일 수 있는 반응으로 적절하지 <u>않은</u> 것은?

① ㉠: 허블의 발견 이후에 지구가 우주의 중심이라는 생각이 변했겠구나.

② ㉡: 우주의 규칙적인 움직임에 대한 믿음이 허블의 발견으로 이어졌겠구나.

③ ㉢: 멀리 있는 은하일수록 은하들 사이의 중력의 크기가 작겠구나.

④ ㉣: 지금은 우주가 팽창하고 있어도 미래에 그 상황이 계속된다고 장담할 수는 없겠구나.

⑤ ㉤: 은하의 팽창에는 중력이 큰 영향을 미치고 있구나.

3 〈보기〉에 제시된 아인슈타인의 우주관을 비판하기 위한 질문으로 가장 적절한 것은?

> ├ 보기 ┤
>
> 　아인슈타인은 우주가 정적˙인 상태로 존재해야 한다는 믿음을 가지고 있었다. 그러나 수학적 지식을 바탕으로 연구한 후, 그는 우주는 정적인 것이 아니라 팽창하거나 수축하는 동적˙인 것이라는 결과를 얻었다. 이런 결과를 아인슈타인은 받아들일 수 없었다. 그래서 우주가 정적인 상태로 존재하는 것처럼 보이게 하는 요소를 의도적으로 그의 이론에 삽입했다. 우주가 팽창하지도 수축하지도 않는 균형을 이룬 세계라는 아인슈타인의 생각은 허블이 우주가 팽창한다는 사실을 밝혀낼 때까지 계속되었다.

▾ 정적(靜的): 정지 상태에 있는 것.

▾ 동적(動的): 움직이는 성격의 것.

① 공기를 압축하면 뜨거워진다는 사실은 어떻게 설명할 것인가?

② 지구가 우주의 중심이라고 믿어 온 것은 어떻게 설명할 것인가?

③ 우주에 수많은 은하가 흩어져 있는 것은 어떻게 설명할 것인가?

④ 외부 은하가 붉은빛을 내며 멀어지는 것은 어떻게 설명할 것인가?

⑤ 달력을 만들 정도로 우주의 움직임이 규칙적인 것은 어떻게 설명할 것인가?

어휘력 Upgrade　　※다음의 빈칸에 들어갈 알맞은 말을 〈보기〉에서 찾아 쓰시오.

> ├ 보기 ┤
> 예측
> 운명
> 자기중심적
> 팽창

1 이번 선거는 결과를 (　　　)하기 힘들다.

2 고무풍선이 너무 (　　　)해서 터질 것만 같다.

3 환경 보호는 세계 전체의 (　　　)과 관련된 일이다.

4 그는 항상 (　　　)으로 행동하여 사람들에게 비난을 받았다.

때를 말끔히 제거하는 계면 활성제의 비밀

세수할 때 비누를 사용하지 않으면 깨끗하게 씻기지 않지? 비누에는 계면 활성제가 들어 있어서 때를 없애는 데 도움을 줘. 계면 활성제가 어떤 특성을 지니고 있는지 살펴보자.

1 물과 잘 섞이는 물질을 친수성 물질이라 하고, 기름과 잘 섞이는 물질을 친유성 물질이라고 한다. 일반적으로 친수성 물질은 친수성 물질에 잘 녹고, 친유성 물질은 친유성 물질에 잘 녹는다. 물과 기름은 그 성질이 다르기 때문에 서로 잘 섞이지 않고 쉽게 분리된다. 그러면 이 둘을 섞는 것은 불가능한 일일까? 한쪽은 친수성 부분을 지니고 있고 또 한쪽은 친유성 부분을 지니고 있는 물질인 계면 활성제를 활용하면 물과 기름을 섞을 수 있다. 계면 활성제의 친수성 부분을 친수기라고 하고, 친유성 부분은 물을 꺼리는 부분이라 하여 소수기라고 한다. 계면 활성제 분자는 성냥개비 모양인데 성냥개비의 머리처럼 짧은 부분은 친수기, 몸통처럼 긴 부분은 소수기에 해당한다.

2 계면은 두 가지 이상의 물질이 만나는 경계면을 뜻한다. 예를 들면 물과 공기가 만날 때 물의 가장 위에 있는 표면 부분이 계면에 해당한다. 물속에 계면 활성제를 소량 넣으면 물과 친하지 않은 소수기는 물과의 반발˘로 물 밖의 공기 쪽을 향하게 되고, 친수기는 물 쪽을 향하게 되어 계면 활성제 분자들이 물과 공기의 계면에 배열˘하게 된다. 그런데 계면을 덮을 정도보다 더 많은 양의 계면 활성제를 물속에 넣으면 계면에 배열되어 있던 계면 활성제 분자들이 서로 뭉쳐 아주 작은 구(球)의 형태를 형성하는데, 이를 '미셀'이라 한다. 이때 구의 표면 부분에는 친수기가 위치하고 구의 내부에는 소수기가 위치한다. 이 미셀이 세탁에서 중요한 기능을 수행˘한다.

3 일반적으로 옷에 묻은 때의 대부분은 기름 성분으로 이루어져 있다. 그래서 물만으로는 소수성을 띠고 있는 때를 옷감에서 분리해 내기 쉽지 않다. 하지만 계면 활성제인 세탁 세제가 녹아 있는 물에 빨래를 담그면, 계면 활성제 분자들의 소수기가 섬유의 때를 둘러싸고 부풀게 하여 때들이 계면 활성제의 미셀 속에 갇히게 된다. 이때 옷감을 비비거나 움직여 주면 때가 더 쉽게 분리되고 옷감에 붙어 있던 때들이 더 작은 조각으로 나뉘면서 작은 미셀 속에 더 잘 갇힌다. 미셀에 갇힌 때들은 옷감에 다시 달라붙지 못한다. 이때 깨끗한 물로 때를 둘러싼 미셀들을 씻어 내면 세탁이 되는 것이다.

4 그러나 ⊙세제를 푼 물속에 빨래를 너무 오래 담가 두면 미셀들이 풀어지면서 때가 다시 옷감에 달라붙을 수 있어서 세탁 효과가 떨어질 수 있다. 또한 세제의 주성분인 계면 활성제가 화학 물질이다 보니 세탁물을 여러 번 헹궈도 옷감에 세제 성분의 일부가 남아 피부 질환˘을 유발˘하기도 한다. 아울러 너무 많은 양의 세제를 사용하면 환경 오염을 일으키기도 하므로, 적절한 사용량을 지켜 세탁하는 것이 좋다.

˘반발(反撥): ① 탄력이 있는 물체가 튕겨져 일어남. ② 어떤 상태나 행동 따위에 대하여 거스르고 반항함.

˘배열(配列): 일정한 차례나 간격에 따라 벌여 놓음.

˘수행(遂行): 생각하거나 계획한 대로 일을 해냄.

˘질환(疾患): 몸의 온갖 병.

˘유발(誘發): 어떤 것이 다른 일을 일어나게 함.

독해력 Upgrade

※각 문단의 중심 내용을 다음과 같이 정리할 때, 빈칸에 들어갈 알맞은 말을 쓰시오.

| **1** 계면 활성제의 개념과 ( ) | → | **2** 물속에 계면 활성제를 넣었을 때의 변화 | → | **3** 계면 활성제가 세탁물의 ( )를 제거하는 원리 | → | **4** 계면 활성제가 지닌 ( ) |

1 이 글에서 알 수 있는 내용으로 적절하지 <u>않은</u> 것은?

① 일반적으로 물질은 서로 비슷한 성질을 지닌 물질에 잘 녹는다.
② 대체로 때는 친유성을 띠기 때문에 물만으로는 제거하기가 어렵다.
③ 계면 활성제의 양이 충분할 때는 양이 적을 때와 배열 양상이 다르다.
④ 물속의 미셀은 바깥으로 친수기가 위치하고 안쪽으로 소수기가 위치한다.
⑤ 계면 활성제는 기름을 꺼리는 소수기와 물과 친한 친수기로 이루어져 있다.

2 이 글을 바탕으로 〈보기〉의 ⓐ~ⓕ에 대해 탐구한 내용으로 적절하지 <u>않은</u> 것은?

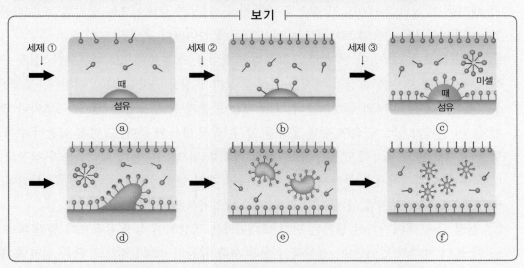

① ⓐ와 ⓑ의 계면에서 소수기는 공기 쪽을, 친수기는 물 쪽을 향하겠군.
② ⓐ~ⓒ를 보니 세제가 부족하면 표면을 덮더라도 미셀을 형성하지 못하겠군.
③ ⓑ와 ⓒ에서 세제의 소수기가 때를 향해 있으므로, 때는 기름 성분에 가깝겠군.
④ ⓒ~ⓔ에서 세제는 때를 둘러싸면서 때를 부풀게 하여 섬유에서 떼어 내겠군.
⑤ ⓔ~ⓕ를 보니 미셀이 형성되면 오래 담가 둬도 때가 섬유에 붙지는 않겠군.

3 ㉠에 대한 이해로 가장 적절한 것은?

① 세제는 옷에서 더러운 때를 제거하므로 인체에 무해▾하다.
② 세제는 환경 친화적이므로 생태계에 영향을 주지 않는다.
③ 빨래할 때 세제를 필요한 양보다 더 많이 사용하는 것은 좋지 않다.
④ 세제를 완전히 제거할 수는 없으므로 빨래는 조금만 헹구는 것이 좋다.
⑤ 때가 많은 옷은 세제를 푼 물에 오래 담가 넉넉히 불려서 세탁하는 것이 좋다.

▾무해(無害): 해로움이 없음.

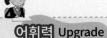 **어휘력 Upgrade** ※다음의 빈칸에 들어갈 알맞은 말을 〈보기〉에서 찾아 쓰시오.

〈보기〉 무해 / 반발 / 수행 / 유발

1 내가 먹는 약은 인체에 (　　) 한 것이다.
2 그는 자신이 맡은 업무를 충실히 (　　) 하였다.
3 시민들은 정부의 새로운 정책에 대해 강력하게 (　　) 하였다.
4 글을 쓸 때 의문문을 활용하면 독자의 호기심을 (　　) 할 수 있다.

심장 마비를 일으키는 토네이도의 비밀

심장 마비는 돌연사의 원인 가운데 1위를 차지하는 무서운 병이야. 주변에 심장 마비의 증상을 보이는 사람이 있다면 어떻게 해야 할까? 글을 읽으며 심장 마비가 왜 일어나는지 알아보자.

1 심장 마비는 재빠르게 대처하지 못하면 돌연사˘를 일으킬 수 있는 무서운 병이다. 그동안 이러한 병에 대처하지 못한 가장 큰 원인은 갑작스럽게 심장 마비가 오는 이유를 알 수 없었기 때문이다. 그런데 최근 들어 이와 관련한 비밀이 풀리고 있다. 미국 중남부 지역에서 일어나 삶의 터전을 황폐화˘하는 강렬한 회오리바람을 ㉠토네이도라고 한다. 그런데 심장 마비의 주범˘ 역시 심장에서 생기는 ㉡전기 토네이도인 것으로 밝혀졌다. 지상의 토네이도는 공기의 흐름 때문에 일어나지만, 심장 근육의 토네이도는 전기 때문에 일어난다.

2 심장 근육은 1초에 한 번 꼴로 오그라들며 혈액을 짜내 동맥으로 내보낸다. 심장 근육이 수축˘할 때 호수에 물결이 퍼지는 것처럼 전기가 심장 근육을 타고 퍼진다. 정상인의 심장에는 호수에 하나의 돌멩이를 던져 생기는 물결과 같은 모습의 전기가 1초마다 발생한다. 이 전기가 심장 근육이 수축 운동을 할 수 있게 만들어 준다. 그런데 심장이 수축 운동을 제대로 하고 있는데도 불구하고, 심장 마비를 일으키는 전기 토네이도가 심장의 또 다른 부위 여기저기서 만들어진다. 호수에 여러 개의 돌멩이를 던지면 호수의 물결이 엉망으로 뒤엉키는 것처럼, 심장 마비도 전기가 뒤엉켜서 발생하는 것이다.

3 심장 근육 여기저기서 생기는 전기 토네이도는 정상적인 심장 운동보다 훨씬 빠르게, 1초에 10여 차례씩 일어난다. 정상적인 심장 수축 활동이 비정상적으로 빠른 전기 토네이도의 속도를 쫓아가다 결국 지쳐 심장이 멎게 되는데, 이것이 바로 심장 마비이다. 하나의 전기 토네이도가 생기면 그것은 여러 개로 갈라지면서 또 다른 토네이도를 연달아 만들어 낸다. 또한 토네이도의 핵은 불규칙적˘으로 움직이며 심장 근육을 헤집고 다닌다. 이는 지상에서 발생하는 토네이도와 아주 흡사한 모습이다.

4 이러한 연구를 토대로 흔히 '제세동기'라 불리는 심장 전기 충격기가 개발되었다. 심장 전기 충격기는 심장에 갑자기 발생한 불규칙적인 전기 토네이도를 없애는 역할을 한다. 강한 전기를 심장에 순간적으로 흘려주어 심장 근육 여기저기에 생긴 전기 토네이도를 제거하고 정상적으로 심장 박동이 일어나게 하는 전기만 남게 하는 것이 그 원리이다. 물론 이러한 심장 전기 충격기가 심장에 발생하는 불규칙적인 전기 토네이도를 미리 알려 주지는 못한다. 그렇기 때문에 심장에 발생하는 전기 토네이도를 사전에 감지하여 이를 근본적으로 없앨 수 있는 기술이 필요하다.

˘돌연사(突然死): 외관상 건강하였던 사람이 갑자기 죽는 일.

˘황폐화(荒廢化): 집, 토지, 삼림 따위를 거두지 않고 그냥 두어 거칠고 못 쓰게 됨.

˘주범(主犯): 어떤 일에 대하여 좋지 아니한 결과를 만드는 주된 원인.

˘수축(收縮): 근육 따위가 오그라듦.

˘불규칙적(不規則的): 규칙에서 벗어나 있거나 규칙이 없는 것.

독해력 Upgrade

※각 문단의 중심 내용을 다음과 같이 정리할 때, 빈칸에 들어갈 알맞은 말을 쓰시오.

| **1** 심장 마비의 원인으로 밝혀진 ( ) 토네이도 | → | **2** 정상적인 심장의 운동과 ( )가 생기는 이유 | → | **3** 심장 마비의 개념 및 전기 토네이도와 ( )의 유사성 | → | **4** 심장 전기 충격기의 원리와 앞으로의 연구 과제 |

정답과 해설 68쪽 ▶▶

1 이 글에서 다룬 내용이 <u>아닌</u> 것은?

① 심장 마비의 개념
② 심장 전기 충격기의 원리
③ 심장 마비가 발생하는 이유
④ 심장 전기 충격기의 사용 방법
⑤ 심장 마비에 대처하기 어려웠던 이유

2 이 글에 대한 이해로 적절하지 <u>않은</u> 것은?

① 심장 마비는 돌연사의 위험이 매우 크다.
② 심장은 혈액을 짜내 동맥으로 내보내는 역할을 한다.
③ 심장에서 만들어진 전기는 심장 근육의 팽창 운동을 돕는다.
④ 전기 토네이도의 속도는 정상적인 심장 운동보다 훨씬 빠르다.
⑤ 심장 마비가 발생했을 때 신속하게 제세동기를 사용하면 목숨을 구할 수도 있다.

3 ㉠과 ㉡을 비교한 내용으로 적절하지 <u>않은</u> 것은?

	구분	㉠	㉡
①	발생 장소	미국 중남부 지역	심장
②	성격	자연재해	인체 질환
③	원인	공기의 흐름	전기
④	피해	삶의 터전 황폐화	심장 마비(돌연사)
⑤	예방 방법	기상 예보	제세동기

어휘력 Upgrade   ※다음의 빈칸에 들어갈 알맞은 말을 <보기>에서 찾아 쓰시오.

┌─ 보기 ─┐
불규칙적
수축
주범
황폐화
└────────┘

1 내 친구 수정이는 (   )인 생활을 하는 편이다.
2 심장이 (   )하면 심실의 혈액이 압력을 받는다.
3 무분별한 개발은 지구촌 전체의 (   )를 초래한다.
4 기상청은 엘니뇨 현상을 최근에 나타난 이상 기후의 (   )으로 꼽았다.

우리 몸의 에너지원이 만들어지는 과정

 에너지가 있어야 자동차가 달릴 수 있듯이 사람도 마찬가지야. 공부를 하거나 운동을 하려면 많은 에너지가 필요해. 글을 읽으며 우리 몸에서 에너지가 만들어지는 과정에 대해 살펴보자.

1 우리는 매일 밥을 먹고 산다. 밥의 주성분은 탄수화물인데, 이 탄수화물은 인체에서 일정한 과정을 거쳐 에너지로 전환[♥]된다. 이때 필수적[♥]인 역할을 하는 것이 호흡이다. 호흡은 크게 외호흡과 내호흡으로 나뉜다. 외호흡은 우리가 흔히 말하는 호흡으로, 폐에 있는 폐포[♥]와 모세 혈관 사이에서 일어나는 산소와 이산화 탄소의 기체 교환을 말한다. 내호흡은 모세 혈관과 조직 세포 사이에서 산소와 이산화 탄소의 기체 교환이 이루어지는 것을 말한다. 인체는 이러한 호흡을 통해 조직 세포에 들어온 산소와 영양소를 결합하여 활동에 필요한 에너지를 만들어 낸다. 그렇다면 영양소가 산소와 결합하여 에너지가 발생하기까지의 과정은 어떻게 이루어질까?

 밥이 보약이야~

2 먼저 ㉠탄수화물을 통해 인체에 흡수된 포도당은 모세 혈관을 통해 조직 세포로 운반된다. 이때 포도당 한 분자는 세포의 세포질에서 2개의 피루브산으로 분해되면서, 2개의 ATP[♥]와 2개의 $NADH_2$라는 물질도 함께 만들어 낸다.

3 ㉡포도당이 분해되어서 만들어진 피루브산은 미토콘드리아의 TCA 회로[♥]에 투입된다. 피루브산 한 분자가 TCA 회로에 투입되면 이산화 탄소 세 분자가 생성되고, 4개의 $NADH_2$와 1개의 $FADH_2$, 1개의 ATP가 함께 만들어진다. 포도당 한 분자에서 피루브산이 두 분자 만들어지므로, TCA 회로에서는 포도당 한 분자로부터 6개의 이산화 탄소와 8개의 $NADH_2$, 2개의 $FADH_2$, 2개의 ATP가 만들어진다고 할 수 있다. 이 과정을 통해 만들어진 물질 중 에너지원으로 사용되는 것이 바로 ATP이다. 그렇지만 이때까지 만들어진 ATP만으로는 에너지의 양이 너무 적다.

4 그렇기 때문에 호흡의 마지막 단계인 전자 전달계[♥]에서 이를 보완해 준다. ㉢이전 단계들에서 만들어진 $NADH_2$와 $FADH_2$는 직접 에너지원으로 사용할 수는 없지만, 이들을 이용해 미토콘드리아의 안에 있는 전자 전달계에서 ATP를 추가적으로 만들 수 있다. $NADH_2$와 $FADH_2$는 전자 전달계로 건너와 각각 3개, 2개씩의 ATP를 만든다. 이때 전자 수용체 역할을 하는 산소가 필요하다. 요약하자면 포도당 한 분자에 대해 ATP는 포도당이 피루브산으로 분해되는 과정에서 2개, TCA 회로를 통해 2개, 전자 전달계를 통해 34개가 만들어져 총 38개를 얻을 수 있다.

5 근육에 내재[♥]하는 포도당을 분해해 에너지를 얻는 경우에는 산소가 필요 없으나, 이 경우에는 포도당 한 분자를 이용해 2개의 ATP만을 만든다. 이에 비해 산소를 이용하여 영양분과 결합해 에너지를 만드는 방법은 매우 효율적이라 할 수 있다.

♥ 전환(轉換): 다른 방향이나 상태로 바뀌거나 바꿈.

♥ 필수적(必須的): 꼭 있어야 하거나 하여야 하는 것.

♥ 폐포(肺胞): 허파로 들어간 기관지의 끝에 포도송이처럼 달려 있는 자루.

♥ ATP: 에너지 대사에 중요한 역할을 하는 유기 화합물의 하나.

♥ TCA 회로: 피루브산을 이산화 탄소와 물로 분해하는 화학 회로.

♥ 전자 전달계: 전자를 운반하여 ATP를 생성할 수 있는 에너지를 방출하는 일련의 전자 운반체.

♥ 내재(內在): 어떤 사물이나 범위의 안에 들어 있음.

 독해력 Upgrade ※각 문단의 중심 내용을 다음과 같이 정리할 때, 빈칸에 들어갈 알맞은 말을 쓰시오.

| **1** 우리 몸에서 ( )가 만들어지는 과정에 대한 의문 | → | **2** 에너지가 만들어지는 첫 번째 단계 | → | **3** 에너지가 만들어지는 두 번째 단계 | → | **4** 에너지가 만들어지는 세 번째 단계 | → | **5** ( )를 이용한 에너지 생산의 효율성 |

1 **이 글의 내용과 일치하는 것은?**

① $NADH_2$와 $FADH_2$는 직접적ⓥ인 에너지원이 될 수 있다.

② 피루브산 한 분자는 TCA 회로에서 1개의 ATP를 생성한다.

③ 포도당 한 분자는 모세 혈관에서 2개의 피루브산으로 분해된다.

④ TCA 회로에서 만들어진 ATP로도 충분한 에너지의 양이 생성된다.

⑤ 외호흡은 모세 혈관과 조직 세포 사이에서 일어나는 기체 교환이다.

> ❤직접적(直接的): 중간
> 에 아무것도 끼거나
> 거치지 않고 바로 연
> 결하는 것.

2 **㉠~㉢에 대한 이해로 적절하지 않은 것은?**

① ㉠에서는 포도당 한 분자가 피루브산으로 분해되고, 이 과정에서 2개의 ATP를 생성한다.

② ㉡에서 피루브산 한 분자는 이산화 탄소 세 분자와 4개의 $NADH_2$, 1개의 $FADH_2$, 1개의 ATP를 생성한다.

③ ㉡에서 만들어진 ATP를 에너지원으로 사용할 수 있다.

④ ㉢에서는 총 38개의 ATP를 얻을 수 있다.

⑤ ㉠, ㉡의 과정에서 얻는 ATP의 수가 ㉢의 과정에서 얻는 ATP의 개수보다 적다.

3 **<보기>의 빈칸에 들어갈 개수는?**

┤ **보기** ├

　사람의 몸에서 포도당 두 분자가 산소를 이용한 호흡을 통해 에너지원을 생성할 때, 총 (　　　　)의 ATP를 얻을 수 있다.

① 4개　　　　　　　　② 34개　　　　　　　　③ 38개

④ 68개　　　　　　　　⑤ 76개

어휘력 Upgrade　　※다음의 빈칸에 들어갈 알맞은 말을 <보기>에서 찾아 쓰시오.

┤ 보기 ├
내재
전환
직접적
필수적

1 지금은 발상의 (　　　　)이 필요한 때이다.

2 그 사건에는 위험한 요소들이 (　　　　)하고 있다.

3 햇빛은 식물의 성장에 (　　　　)인 영향을 미친다.

4 시계 제조 산업은 정밀함을 갖추는 것이 (　　　　)이다.

치매를 부르는 '소포체 스트레스'

최근 치매에 걸린 할아버지나 할머니를 소재로 한 드라마가 많이 방영되고 있어. 그만큼 치매에 걸린 사람이 많아졌다는 뜻이지. 글을 읽으며 치매의 한 원인인 알츠하이머병이 왜 생기는지 알아보자.

1 알츠하이머병은 치매의 한 원인으로, 전체 치매 환자의 50~60% 정도가 알츠하이머병에 의한 치매 증상을 보이는 것으로 알려져 있다. 이 병은 오랜 시간 동안 뇌 속에 단백질이 쌓이면서 서서히 뇌의 신경 세포가 죽어가는 퇴행성 신경 질환 중 하나이다. 퇴행성 신경 질환이란 오랜 시간이 흘러 신경 세포가 제 기능을 하지 못하게 되면서 생기는 노화˘와 관계되는 질병을 일컫는다. 그런데 노화를 겪는 사람들이 모두 이 병에 걸려 고통을 받는 것은 아니다.

2 알츠하이머병의 원인이 분명하게 밝혀진 것은 아니지만, 연구자들은 세포 내에 유입된 단백질을 가공하는 기관인 '소포체'와 관련이 있으리라고 예상하고 있다. 소포체 내에 들어온 단백질은 소포체에서 정교하게 꼬이고 접혀 복잡한 입체 구조로 바뀌게 된다. 그런데 소포체 내에 단백질이 급격하게 유입되거나 소포체 내에서 칼슘 농도에 변화가 생기면, 단백질의 접힘이 제대로 일어나지 않아 단백질의 구조가 입체적으로 변화하지 않게 된다. 이런 상태가 지속되면 소포체는 스트레스를 받게 되어 단백질을 가공하는 기능이 저하˘되는데, 이를 '소포체 스트레스'라고 한다.

3 소포체에는 스트레스를 감지하기 위한 세 개의 센서가 있어 스트레스를 막는 역할을 한다. 먼저 ㉠센서 PERK는 단백질이 새로 만들어지는 합성을 원천적˘으로 차단한다. 단백질의 합성을 억제함으로써 소포체 내로 단백질이 과다˘하게 유입되는 것을 막는다. 다음으로 ㉡센서 IRE1과 ATF6은 단백질의 접힘을 도와주는 단백질인 샤페론의 양을 늘린다. 증가한 샤페론은 비정상적으로 접혀 있는 단백질이 정상적으로 접히도록 유도한다. 이렇게 세 개의 센서를 활성화하여 소포체를 정상화하려는 움직임을 '소포체 스트레스 반응'이라고 한다. 이러한 반응으로 인해 소포체로 유입되는 단백질이 줄고 소포체가 단백질 접힘 능력을 회복하여 소포체가 겪을 스트레스가 감소한다. 그러나 이러한 방법으로도 소포체의 항상성˘을 회복하기 어렵다면 전체 개체의 유익˘을 위하여 소포체는 세포를 죽음에 이르게 한다.

4 인간은 누구나 노화를 겪게 되며, 이 과정에서 소포체의 기능이 저하될 수 있다. 만약 소포체의 기능이 저하되었을 때 이를 회복하기 위한 (ⓐ   ) 알츠하이머병과 같은 질환으로 고통을 받을 수 있다. 다시 말해 소포체 내의 센서가 얼마나 제 기능을 발휘하는가에 따라 퇴행성 신경 질환의 발생 가능성은 줄어들게 된다.

˘ 노화(老化): 시간이 흐름에 따라 생체 구조와 기능이 쇠퇴하는 현상.
˘ 저하(低下): 정도, 수준, 능률 따위가 떨어져 낮아짐.
˘ 원천적(源泉的): 사물의 근원에 관계된 것.
˘ 과다(過多): 너무 많음.
˘ 항상성(恒常性): 늘 일정한 상태를 유지하는 성질.
˘ 유익(有益): 이롭거나 도움이 될 만한 것이 있음.

독해력 Upgrade ※각 문단의 중심 내용을 다음과 같이 정리할 때, 빈칸에 들어갈 알맞은 말을 쓰시오.

| **1** 알츠하이머병의 개념과 발병 (   )에 대한 의문 | → | **2** (   )의 기능과 소포체 스트레스의 개념 | → | **3** 소포체에 있는 센서의 역할과 소포체 스트레스 (   )의 개념 | → | **4** 알츠하이머병의 발병 원인에 대한 대답 |

1 이 글의 내용과 일치하지 <u>않는</u> 것은?

① 뇌 속에 쌓인 단백질은 알츠하이머병을 일으키는 원인이 된다.

② 소포체 내에 유입된 단백질은 복잡한 입체 구조로 바뀌게 된다.

③ 소포체는 전체 개체의 유익을 위해 세포를 죽음에 이르게 할 수도 있다.

④ 소포체 내에서 칼슘 농도에 변화가 생기면 단백질이 좀 더 정교하게 접힌다.

⑤ 소포체에서 단백질의 구조가 입체적으로 변화하지 않으면 소포체의 기능이 저하된다.

2 ㉠과 ㉡의 역할을 바르게 이해하지 <u>못한</u> 것은?

① ㉠은 소포체 내에서 단백질이 새로 만들어지는 것을 막는다.

② ㉠은 소포체 내로 단백질이 너무 많이 유입되는 것을 억제한다.

③ ㉡은 샤페론의 양을 늘려 비정상적으로 접혀 있는 단백질이 정상적으로 접히도록 유도한다.

④ ㉠과 ㉡의 기능은 소포체가 항상성을 유지하게 하는 것이다.

⑤ ㉠과 ㉡은 소포체 스트레스를 증가시키는 '소포체 스트레스 반응'을 이끌어 낸다.

3 ⓐ에 들어갈 내용으로 가장 적절한 것은?

① 소포체 스트레스가 감소한다면

② 소포체 스트레스가 증가한다면

③ 소포체 스트레스 반응이 정상적으로 작동한다면

④ 소포체 스트레스 반응이 정상적으로 작동하지 않는다면

⑤ 소포체에 있는 세 개의 센서가 역할을 제대로 수행한다면

어휘력 Upgrade ※다음의 빈칸에 들어갈 알맞은 말을 <보기>에서 찾아 쓰시오.

보기
과다
노화
유익
저하

1 수도권에 인구가 (　　　　)하게 집중되고 있다.

2 서로의 (　　　　)을 위해서는 조금씩 양보해야 한다.

3 주름살이 생기는 것은 (　　　　)의 증세 중 하나이다.

4 주장은 선수들의 (　　　　)된 사기를 북돋우기 위해 애를 썼다.

태양이 없어도 물체의 색을 구분할 수 있을까

꼭 태양이 있어야 물체의 색을 볼 수 있을까? 과학은 우리가 상식적으로 알고 있는 것과 다른 사실을 알려 주곤 해. 태양이 없어도 물체가 뜨거우면 그 색을 구분할 수 있는 이유가 무엇인지 알아보자.

1 우리는 어떤 물체가 자체의 색을 가지고 있고, 그것을 눈을 통해 바라본다고 생각한다. 그러나 우리가 물체 표면의 색을 인지˚하는 것은 태양과 같은 광원˚의 빛이 물체 표면에서 반사되어 우리 눈이 그것을 감지˚한 결과이다. 예를 들어, 낮에 거리에서 꽃을 보았다면 그것은 꽃의 표면에서 반사된 빛을 본 것이다. 꽃이 원래 가지고 있던 색을 그저 바라보는 단순한 과정이 아니라는 것이다. 그렇다면 만약 태양과 같은 광원에서 빛을 보내지 않는다면, 우리는 반사되어 눈에 들어오는 빛이 없어져 물체들의 색을 전혀 인지할 수 없게 되는 것일까?

2 그렇지 않다. 매우 뜨거운 물체는 태양이 없어도 그 색을 인지할 수 있다. 용암이 흘러가는 모습을 보면, 매우 뜨거운 물체는 햇빛이 없는 어두운 밤에도 빛을 낸다는 사실을 확인할 수 있다. 태양이 빛을 제공˚해 주지 않아도 색깔을 인지하

는 데 필요한 빛을 용암이 스스로 제공한다는 것이다. 이 빛은 용암에서 방출˚하는 전자기파 파장의 길이와 관련이 있다. 뜨거운 용암은 매우 큰 열에너지를 가지고 있는데, 열에너지란 본질적으로 원자들의 움직임이다. 이 원자들 속에 있는 전자들이 전자기파를 발생시켜 우리가 밤에도 용암을 볼 수 있게 하는 것이다.

3 이렇듯 물체가 전자기파를 방출하는 현상을 열복사라고 하며, 모든 물체는 열복사를 통해 전자기파를 방출한다. 물체는 온도가 높을수록 파장이 짧은 전자기파를 더 많이 방출하는데, 우리가 빛으로 볼 수 있는 파장의 길이는 380~750nm˚ 사이인 가시광선 영역에 해당한다. 가시광선은 말 그대로 눈으로 볼 수 있는 빛으로 파장의 길이가 짧은 전자기파이다. 온도가 높은 물체만이 이렇듯 짧은 전자기파인 가시광선 영역을 많이 방출한다. 반면 사람의 피부는 온도가 낮아 파장이 긴 적외선 영역이 많이 나오기 때문에 밤에 피부가 빛나는 것을 볼 수 없다.

4 열복사는 온도에 따라 독특한 파장 범위의 전자기파를 내뿜는다고 해서 온도 복사라고도 한다. 모든 물체는 온도에 따라 다른 범위의 전자기파를 방출한다. 열복사에서 나오는 전자기파는 물질의 종류와 관련이 없고 오직 온도하고만 관련이 있다. 물체의 온도가 대략 400℃보다 낮으면 물체는 전자기파로 가시광선을 거의 내놓지 않고 이보다 파장이 긴 적외선만 내놓는다. 그러나 온도가 400℃보다 높으면 파장이 짧은 가시광선도 내뿜는다. 이 빛은 500℃ 정도에서는 엷은 붉은색이다. 온도가 높을수록 빛의 세기가 강해지고 파장은 짧아져 950℃에서는 진한 주황색, 1100℃에서는 연한 노란색, 1400℃ 이상에서는 가시광선의 모든 파장의 빛이 골고루 섞여 흰색이 된다.

˚ 인지(認知): 어떤 사실을 인정하여 앎.
˚ 광원(光源): 제 스스로 빛을 내는 물체. 태양, 별 따위가 있다.
˚ 감지(感知): 느끼어 앎.
˚ 제공(提供): 무엇을 내주거나 갖다 바침.
˚ 방출(放出): 입자나 전자기파의 형태로 에너지를 내보냄.
˚ nm(나노미터): 빛의 파장같이 짧은 길이를 나타내는 단위. 1나노미터는 1미터의 10억분의 1이다.

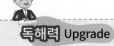

독해력 Upgrade ※각 문단의 중심 내용을 다음과 같이 정리할 때, 빈칸에 들어갈 알맞은 말을 쓰시오.

| **1** ( )이 없을 때 색을 인지할 수 있는지에 대한 의문 | → | **2** 광원이 없는 물체의 색을 인지할 수 있는 원리 | → | **3** ( )의 개념과 광원이 없어도 물체의 색을 인지할 수 있는 이유 | → | **4** ( )에 따른 색 인식의 차이 |

1 **이 글에 대한 이해로 적절하지 않은 것은?**

① 우리는 태양이 없더라도 용암의 색을 인지할 수 있다.
② 우리는 물체 자체가 가지고 있는 색을 눈으로 인지한다.
③ '낮에 거리에서 본 꽃'은 열복사를 통해 전자기파를 방출한다.
④ '사람의 피부'는 다른 광원이 없는 밤이라면 그 색을 인지할 수 없다.
⑤ 어떤 물체가 발생시키는 전자기파의 범위는 그 물체의 온도에 따라 달라진다.

2 **4 를 뒷받침할 수 있는 사례로 가장 적절한 것은?**

① 여름철에 검은색 옷을 입으면 더위를 더 심하게 느낀다.
② 기상 관측용 설비인 백엽상[▼]은 그 설비의 외부를 흰색으로 만든다.
③ 녹음된 목소리의 파장이 긴 것을 보고 목소리의 주인을 남성으로 추측했다.
④ 비가 오는 날에는 자동차 라이트의 불빛이 제 기능을 발휘하지 못하는 경우가 있다.
⑤ 도자기를 굽는 사람들은 가마에서 나오는 빛의 색깔을 보고 가마의 온도를 짐작한다.

▼ 백엽상(百葉箱): 기상 관측용 기구가 설비되어 있는, 조그만 집 모양의 흰색 나무 상자. 온도계·습도계·기압계 따위가 장치되어 있다.

3 **이 글을 바탕으로 〈보기〉를 이해한 내용으로 적절하지 않은 것은?**

┤ 보기 ├

가시광선의 파장의 길이는 380nm에서 750nm 사이이다. 파장의 길이에 따라 인지되는 색의 종류는 다음과 같다.

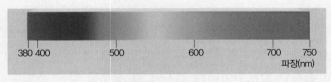

빨간색	750~620nm	노란색	590~570nm	파란색	495~450nm
주황색	620~590nm	초록색	570~495nm	보라색	450~380nm

① 초록색의 빛이 주황색의 빛보다 파장의 길이가 짧군.
② 노란색의 촛불은 파란색의 가스레인지 불보다 온도가 낮겠군.
③ 물체의 온도가 500℃ 정도라면 전자기파의 파장이 700nm 안팎이겠군.
④ 파장의 길이가 750nm보다 길면 사람의 눈으로 색을 인지할 수 없겠군.
⑤ 파장의 길이가 380nm보다 짧으면 선명하게 물체의 색을 구분할 수 있겠군.

어휘력 Upgrade ※다음의 빈칸에 들어갈 알맞은 말을 〈보기〉에서 찾아 쓰시오.

┤ 보기 ├
감지
방출
인지
제공

1 우리 모두가 이번 사태의 심각성을 (   )해야 한다.
2 성적 우수자에게는 장학금은 물론 숙식까지 (   )한다.
3 동물의 눈은 인간의 눈보다 빛을 (   )하는 능력이 더 뛰어나다.
4 최근 인체에 유익한 원적외선을 (   )하는 바이오 모니터가 개발되었다.

열과 일의 관계에 대한 과학자들의 탐구

증기 기관이 만들어지고 산업화가 진행되던 18, 19세기에는 열과 일의 관계에 대한 연구가 특히 중요했어. 열과 일의 관계에 대한 과학자들의 탐구 과정을 살펴보자.

1 열과 일은 어떤 관계일까? 18세기에 과학자들의 큰 관심사 중 하나는 증기 기관과 같은 열기관˚의 열효율 문제였다. 열효율이란 열기관이 흡수한 열의 양 대비 한 일의 양을 말한다. 이 시기에 사람들은 칼로릭(caloric)이 열의 실체˚라고 생각했다. 칼로릭은 온도가 높은 쪽에서 낮은 쪽으로 흐르는 성질을 갖고 있는, 질량이 없는 입자들의 집합을 의미한다. 이를 칼로릭 이론이라고 부르는데, 이에 따르면 찬 물체와 뜨거운 물체의 온도가 같아지는 것은 칼로릭이 뜨거운 물체에서 차가운 물체로 이동하기 때문이라는 것이다.

2 19세기 초에 프랑스의 물리학자 카르노는 칼로릭 이론을 바탕으로 열기관의 열효율 문제에 대해 다루었다. 카르노는 칼로릭이 고온에서 저온으로 이동하면서 일을 하게 되는데, 열기관의 열효율 역시 이러한 두 온도 차이에 따른 칼로릭의 이동에 의존한다고 생각했다. 다시 말해 열기관은 열의 흐름인 칼로릭이 실제로 소비됨으로써 일을 하는 것이 아니라, 따뜻한 물체에 저장된 칼로릭이 차가운 물체로 이동함으로써 일을 하는 것이라고 주장하였다.

3 그러나 1840년대에 영국의 물리학자 줄(Joule)은 물통 속의 물을 휘저으면 물의 온도가 올라가는 실험을 통해 일이 열로 전환되는 것이라고 주장했다. 줄은 일정량의 열을 얻기 위해 필요한 에너지의 양을 측정하는 ㉠열의 일당량˚ 실험을 진행하였다. 다시 말해 1kcal의 열을 얻기 위해 필요한 일의 양을 측정한 것이다. 이를 통해 줄은 일과 열은 형태만 다를 뿐 서로 전환이 가능한 것임을 입증˚하였다. 또한 열과 일의 에너지를 합한 양은 일정하게 보존˚된다는 사실도 알아냈다. 이후 열과 일뿐만 아니라 화학 에너지, 전기 에너지 등이 상호 전환될 때에 에너지의 총량은 변하지 않는다는 에너지 보존 법칙이 입증되었다.

4 이후 영국의 물리학자 톰슨은 ㉡칼로릭 이론에 입각한 카르노의 열기관에 대한 설명이 줄의 에너지 보존 법칙에 어긋난다고 지적˚하였다. 카르노의 이론에 따르면, 열기관은 높은 온도에서 흡수한 칼로릭이라는 입자가 열 전부를 낮은 온도로 방출하면서 일을 한다. 하지만 이는 열기관이 일을 하는 것은 열에너지가 일 에너지로 바뀐 것이라는 줄의 실험 결과와는 어긋나는 것이었다. 따라서 열의 실체는 칼로릭이며 이 칼로릭이 이동하면서 열기관이 일을 하게 된다는 생각은 더 이상 유지될 수 없게 되었다. 하지만 카르노의 이론과 같은 과거의 과학 이론은 그 자체의 옳고 그름보다는 새로운 과학 이론을 탄생시키며 과학의 발전을 이끌었다는 데에서 의의를 찾을 수 있다.

- 열기관(熱機關): 열에너지를 기계적 에너지로 바꾸는 기관을 통틀어 이르는 말.
- 실체(實體): 어떤 대상의 진정한 정체나 본질.
- 일당량(일當量): 역학적 에너지와 열에너지가 서로 값이 같음을 표시하는 양.
- 입증(立證): 어떤 증거 따위를 내세워 증명함.
- 보존(保存): 잘 보호하고 간수하여 남김.
- 지적(指摘): 허물 따위를 드러내어 폭로함.

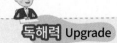 독해력 Upgrade ※각 문단의 중심 내용을 다음과 같이 정리할 때, 빈칸에 들어갈 알맞은 말을 쓰시오.

| **1** 열과 일의 관계에 대한 의문과 ( )의 개념 | → | **2** 칼로릭 이론을 바탕으로 열기관의 열효율 문제를 다룬 카르노 | → | **3** 일과 열의 상호 전환과 에너지 ( ) 법칙을 입증한 줄 | → | **4** 카르노 이론의 문제점을 지적한 ( ) |

1 이 글에서 알 수 있는 내용으로 가장 적절한 것은?

① 카르노의 이론은 과학의 발전을 이끄는 계기가 되었다.

② 열효율은 한 일의 양 대비 열기관이 흡수한 열의 양이다.

③ 칼로릭은 고온에서 저온으로 흐르는 질량을 가진 입자들의 집합이다.

④ 줄의 에너지 보존 법칙은 톰슨에 의해 더 이상 유지될 수 없게 되었다.

⑤ 카르노는 칼로릭이 실제로 소비됨으로써 열기관이 일을 하게 된다고 보았다.

2 〈보기〉를 참고할 때, ㉠을 이해한 내용으로 적절하지 <u>않은</u> 것은?

┤ 보기 ├

줄은 그림과 같이 실험 장치를 만들고 추를 낙하시켜 물탱크 안의 물갈퀴를 회전시켰다. 추는 낙하할 때 위치 에너지˙가 발생한다. 이 위치 에너지가 결국 물갈퀴를 회전시키는 일 에너지를 발생시킨다. 줄은 물탱크 속의 물 온도가 추의 낙하 전과 후에 어떻게 바뀌는지를 측정하였다. 그 결과 물탱크 속의 물 온도가 점차 상승함을 확인할 수 있었다.

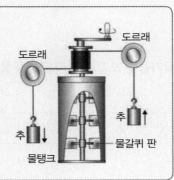

˙위치 에너지: 어떤 위치에 있는 물체가 가지는 에너지. 높은 곳에 있는 물체일수록 위치 에너지가 크다.

① 일과 열이 관계가 있음을 보여 주는군.

② 추의 위치 에너지가 열에너지로 전환되었군.

③ 실험을 반복하면 물의 온도는 점점 더 올라가겠군.

④ 추를 더 높은 곳에서 낙하시키면 물의 온도는 더 올라가겠군.

⑤ 이 실험의 에너지 전환 과정에서 에너지의 총량은 작아지겠군.

3 ㉡의 이유로 가장 적절한 것은?

① 칼로릭의 총량이 변한다는 사실을 발견했기 때문이다.

② 카르노의 주장은 실험을 통해 입증되지 않았기 때문이다.

③ 카르노의 주장과 달리 칼로릭은 실제로 소비되는 것이기 때문이다.

④ 줄의 주장처럼 열기관은 열에너지를 일 에너지로 바꾸어 일을 하기 때문이다.

⑤ 칼로릭은 사실 고온에서 저온이 아니라 저온에서 고온으로 이동하기 때문이다.

어휘력 Upgrade ※다음의 빈칸에 들어갈 알맞은 말을 〈보기〉에서 찾아 쓰시오.

┤ 보기 ├
보존
실체
입증
지적

1 그 고문서는 (　　　) 상태가 별로 좋지 않았다.

2 그 사고는 목격자가 없어 (　　　)이 불가능했다.

3 교수님은 내 논문에 창의성이 없다고 (　　　)하셨다.

4 검찰의 수사로 마침내 그 사건의 (　　　)가 밝혀졌다.

[01~04] 다음 단어와 그 뜻풀이를 바르게 연결하시오.

01 실체 •　　•㉠ 부풀어서 부피가 커짐.

02 인지 •　　•㉡ 어떤 사실을 인정하여 앎.

03 팽창 •　　•㉢ 어떤 대상의 진정한 정체나 본질.

04 황폐화 •　　•㉣ 집, 토지, 삼림 따위를 그냥 두어 거칠고 못 쓰게 됨.

[05~08] 〈보기〉의 글자들을 조합하여 다음의 뜻풀이에 알맞은 단어를 쓰시오.

┤ 보기 ├
각 개 만 범 변 이 주 지

05 꽃이 활짝 다 핌. (　　　)

06 예상하지 못한 사태나 괴이한 변고. (　　　)

07 감각 기관을 통하여 외부의 사물을 인식하는 작용. (　　　)

08 어떤 일에 대하여 좋지 아니한 결과를 만드는 주된 원인. (　　　)

[09~12] 다음의 빈칸에 들어갈 알맞은 단어를 〈보기〉에서 찾아 쓰시오.

┤ 보기 ├
보존 예측 유입 제공

09 그 공장에서 나온 폐수가 강으로 (　　　)되고 있다.

10 주최 측에서는 행사에 참가할 인원을 삼만 명으로 (　　　)하고 있다.

11 그 사건의 목격자가 범인을 찾을 수 있는 중요한 단서를 (　　　)하였다.

12 현재 남아 있는 전통 한옥을 잘 (　　　)할 수 있는 방안을 마련해야 한다.

[13~16] 제시된 초성과 뜻풀이를 참고하여 다음의 빈칸에 알맞은 단어를 쓰시오.

13 ㅁㅎ : 해로움이 없음.
　예 알루미늄은 오랫동안 인체에 (　　　)하다고 알려져 왔다.

14 ㄱㅈ : 검사하여 증명함.
　예 그 이론은 (　　　)을 거치지 않은 것이므로 신뢰할 수 없다.

15 ㄴㅈ : 어떤 사물이나 범위의 안에 들어 있음.
　예 우리의 마음에는 늘 통일에 대한 염원이 (　　　)하고 있다.

16 ㅈㅈ : 허물 따위를 드러내어 폭로함.
　예 다른 사람의 결점을 (　　　)하는 것은 쉽지만 자신의 결점을 깨닫는 것은 쉽지 않다.

[17~20] 다음의 밑줄 친 부분과 바꿔 쓸 수 있는 말을 〈보기〉의 단어를 활용하여 쓰시오.

┤ 보기 ├
발생하다 방출하다 전환하다 측정하다

17 오늘 몸무게를 재 보니 3킬로그램이나 늘었다. (　　　)

18 그 사건은 역사의 방향을 바꾸는 계기가 되었다. (　　　)

19 건조한 날씨에는 특히 화재가 생기지 않도록 주의해야 한다. (　　　)

20 그 회사는 산업 폐기물을 무단으로 내보낸 혐의로 조사를 받고 있다. (　　　)

어휘력은 독해력의 기초!
• 나의 어휘력은 몇 점? ＿＿＿＿＿개 / 20개
• 18개 이상을 맞혔다면? 어휘의 기초가 튼튼합니다.
• 17개 이하로 맞혔다면? 본문에 제시된 지문과 어휘를 다시 공부한 다음 문제를 풀어보세요.

08회 단원 어휘 테스트

[01~04] 다음 단어와 그 뜻풀이를 바르게 연결하시오.

01 과다 •

02 동적 •

03 유익 •

04 항상성 •

• ㉠ 너무 많음.

• ㉡ 움직이는 성격의 것.

• ㉢ 늘 일정한 상태를 유지하는 성질.

• ㉣ 이롭거나 도움이 될 만한 것이 있음.

[05~08] 〈보기〉의 글자들을 조합하여 다음의 뜻풀이에 알맞은 단어를 쓰시오.

┤ 보기 ├

관 노 배 열 질 측 화 환

05 몸의 온갖 병. ( )

06 일정한 차례나 간격에 따라 벌여 놓음. ( )

07 시간이 흐름에 따라 생체 구조와 기능이 쇠퇴하는 현상. ( )

08 기상, 천문 등의 자연 현상을 관찰하여 그 움직임을 측정하는 일. ( )

[09~12] 다음의 빈칸에 들어갈 알맞은 단어를 〈보기〉에서 찾아 쓰시오.

┤ 보기 ├

불규칙적 원천적 자기중심적 직접적

09 ( )인 생활을 계속하면 병나기가 쉽다.

10 유아들은 말이나 행동이 ( )일 수밖에 없다.

11 그는 이 사건과 ( )으로 관련이 있는 사람이 아니다.

12 과거에는 평화적 집회라고 하더라도 ( )으로 봉쇄를 당하기도 했다.

[13~16] 제시된 초성과 뜻풀이를 참고하여 다음의 빈칸에 알맞은 단어를 쓰시오.

13 ㅅ ㅊ : 잇따라 나옴.
ㅇ 갑자기 돌풍이 불어 시내 곳곳에서 그 피해가 ( )하였다.

14 ㅅ ㅎ : 실지로 행함.
ㅇ 정부는 도로 교통법 개정안을 내달부터 ( ) 할 예정이다.

15 ㅅ ㅅ : 사물이 생겨남. 또는 사물이 생겨 이루어지게 함.
ㅇ 최근에는 바람의 힘으로도 전기 에너지를 ( ) 하고 있다.

16 ㅂ ㅂ : 어떤 상태나 행동 따위에 대하여 거스르고 반항함.
ㅇ 일부 회원들은 회장의 독단적인 결정에 ( ) 하여 모임에서 탈퇴했다.

[17~20] 다음의 밑줄 친 부분과 바꿔 쓸 수 있는 말을 〈보기〉의 단어를 활용하여 쓰시오.

┤ 보기 ├

감지하다 저하되다 제거하다 차단하다

17 기침 소리에 누군가 방에 있다는 것을 알게 되었다.
( )

18 사람들은 우리가 집 안으로 들어가려는 것을 막았다.
( )

19 그 선수는 한 달 사이에 상당한 정도로 체력이 떨어졌다.
( )

20 이 화장품은 얼굴에 낀 기름때를 없애는 데 매우 효과적이다.
( )

어휘력은 독해력의 기초!

• 나의 어휘력은 몇 점? _____개 / 20개

• 18개 이상을 맞혔다면? 어휘의 기초가 튼튼합니다.

• 17개 이하로 맞혔다면? 본문에 제시된 지문과 어휘를 다시 공부한 다음 문제를 풀어보세요.

독해 실전

아자! 힘내~

V
기술

컴퓨터, 좀비가 되다

누군가 내 컴퓨터를 마음대로 조종한다면 어떤 기분일까? 최근에는 이런 좀비 컴퓨터를 이용한 디도스 공격이 사회 문제가 되고 있어. 디도스 공격이 어떤 원리로 이루어지는지 자세히 살펴보자.

1 우리가 사용하는 인터넷 서버˅가 해커에게 공격 당해 인터넷이 끊기면 어떻게 될까? 인터넷으로 주고받는 이메일이나 뉴스를 확인할 수 없어 불편한 것은 물론, 전화나 텔레비전도 이용할 수 없어 무척 답답할 것이다. 특히 많은 기업들이 인터넷을 기반으로 고객과 소통하면서 상품을 팔거나 서비스를 제공하기 때문에, 기업은 개별 가정보다 금전적 손실이 비교할 수 없이 클 것이다. 최근에는 인터넷 서비스를 마비시키려는 해커들의 공격 방식도 다양해지고 있는데, 그 대표적인 방식이 디도스(DDoS) 공격이다.

2 디도스 공격은 특정 서버를 해킹하거나 관리자 권한을 탈취˅하지 않고, 특정한 서버에 많은 트래픽을 보내 서비스를 마비시키는 방법이다. 트래픽이란 통신 시스템이나 네트워크를 통해 전달되는 데이터의 양을 의미하는데, 비정상적으로 많은 양의 트래픽이 유입되면 서버는 이를 다 처리할 수 없어서 결국 서비스 거부 상태가 된다. 정상적인 서비스 이용자들이 해당 서버를 이용할 수 없게 되는 것이다.

3 공격자는 먼저 불특정 다수의 컴퓨터를 악성 코드에 감염˅시킴으로써 좀비 컴퓨터로 만든다. 개별 컴퓨터 사용자가 이를 알지 못하는 상태에서 악성 코드에 감염된 좀비 컴퓨터는 공격자의 명령에 따라 특정 서버의 공격에 가담한다. 공격자가 다수의 좀비 컴퓨터를 제어하여 특정 홈페이지에 대한 공격 명령을 내리면 좀비 컴퓨터는 그 홈페이지에 다량의 트래픽을 보낸다. 분산되어 있는 좀비 컴퓨터의 공격이 한 시기에 집중되면 공격을 받은 서버는 다량의 트래픽이 유입되어 서비스 거부 상태가 된다. 개별 컴퓨터 사용자는 자신도 모르는 사이에 디도스 공격에 참여하게 되는 것이다. 자신의 컴퓨터가 좀비 컴퓨터가 되지 않게 하려면, 인증˅되지 않은 웹 사이트의 방문을 피하고 의심스러운 이메일을 열어 보지 않는 것이 좋다.

4 물론 웹 사이트들은 디도스 공격에 대응하여 비정상적인 트래픽을 선별˅하여 차단한다. 디도스 공격에 동원되는 좀비 컴퓨터들은 정상적인 이용자들에 비해 과도한 트래픽을 보내기 때문에 정상적인 트래픽과 이를 넘어서는 트래픽을 구분하여 차단함으로써 디도스 공격을 ㉠방어한다. 그러나 최근에는 디도스 ㉡공격도 진화˅하고 있다. 그중 하나가 더 많은 좀비 컴퓨터를 이용하여 정상적인 양의 트래픽을 웹 사이트에 전송하게 하는 것이다. 각각의 컴퓨터는 과도한 트래픽을 보내지 않기 때문에 웹 사이트에서는 이들을 정상으로 인식하여 차단하지 않는다. 이렇게 되면 결국 많은 양의 트래픽이 특정 웹 사이트를 공격하는 꼴이 된다.

˅ 서버(server): 주된 정보의 제공이나 작업을 수행하는 컴퓨터 시스템.

˅ 탈취(奪取): 빼앗아 가짐.

˅ 감염(感染): 컴퓨터 바이러스가 컴퓨터의 하드 디스크나 파일 따위에 들어오는 일.

˅ 인증(認證): 어떠한 문서나 행위가 정당한 절차로 이루어졌다는 것을 공적 기관이 증명함.

˅ 선별(選別): 가려서 따로 나눔.

˅ 진화(進化): 일이나 사물 따위가 점점 발달하여 감.

독해력 Upgrade ※각 문단의 중심 내용을 다음과 같이 정리할 때, 빈칸에 들어갈 알맞은 말을 쓰시오.

| **1** 인터넷 서비스를 마비시키는 대표적 방식인 (　　　) 공격 | → | **2** 비정상적으로 많은 양의 (　　　)을 보내 서비스를 마비시키는 디도스 공격 | → | **3** 디도스 공격이 이루어지는 과정과 이에 이용당하지 않기 위한 방안 | → | **4** 디도스 공격에 대한 방어 방법과 디도스 공격의 (　　　) |

1 이 글의 내용과 일치하는 것은?

① 디도스 공격은 기업에 금전적으로 큰 손실을 입힌다.
② 디도스 공격은 특정 서버를 해킹함으로써 서비스를 마비시킨다.
③ 디도스 공격자는 미리 지정되어 있는 컴퓨터를 좀비 컴퓨터로 만든다.
④ 좀비 컴퓨터들은 시기를 분산하여 공격 대상에 다량의 트래픽을 보낸다.
⑤ 디도스 공격보다 디도스 공격을 효과적으로 막는 방법이 더 빨리 발전한다.

2 이 글을 바탕으로 〈보기〉를 이해한 내용으로 적절하지 <u>않은</u> 것은?

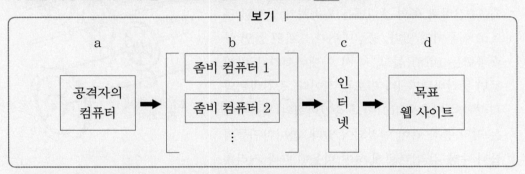

① a는 d를 서비스 거부 상태로 만들기 위해 미리 악성 코드를 유포한다.
② b는 a가 유포한 악성 코드에 감염되면 d에 다량의 트래픽을 보낸다.
③ c를 통해 다량의 트래픽이 d로 집중되면 그제야 b의 사용자가 이를 알게 된다.
④ d에서는 a의 공격을 막기 위해 b의 트래픽을 정상적인 트래픽과 구분하려 한다.
⑤ a의 공격이 성공하면 정상적인 이용자들이 d에 접근하지 못하게 된다.

3 ㉠과 ㉡이 공통적으로 전제˘하고 있는 것은?

① 좀비 컴퓨터의 수가 정상적인 이용자의 컴퓨터보다 더 많다.
② 과도한 트래픽을 보내는 경우도 웹 사이트에서는 정상으로 인식할 수 있다.
③ 좀비 컴퓨터들은 정상적인 양의 트래픽으로도 웹 사이트를 공격할 수 있다.
④ 악성 코드에 감염된 컴퓨터는 일반 컴퓨터보다 많은 양의 트래픽을 전송한다.
⑤ 인증된 웹 사이트만 방문하면 컴퓨터가 악성 코드에 감염되는 상황을 막을 수 있다.

˘ 전제(前提): 어떠한 사물이나 현상을 이루기 위하여 먼저 내세우는 것.

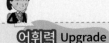

어휘력 Upgrade

※ 다음의 빈칸에 들어갈 알맞은 말을 〈보기〉에서 찾아 쓰시오.

보기
감염
인증
진화
탈취

1 이 자료는 국립 과학 수사 연구소에서 (　　　)된 것이다.
2 그들은 강제로 국권을 (　　　)하여 식민 지배를 시작하였다.
3 문명은 인간의 생활을 더 편리하게 하는 쪽으로 (　　　)하게 마련이다.
4 인터넷에서 자료를 받을 때에는 컴퓨터 바이러스의 (　　　)을 조심하여야 한다.

조선 시대의 거리 특정 수레인 '기리고차'

조선 시대에는 거리를 어떻게 쟀을까? 기리고차라는 수레를 이용했는데, 측정 방식이 꽤 정확했다고 해. 기리고차가 어떤 원리를 이용해 거리를 측정했는지 자세히 살펴보자.

1 조선 시대에는 거리를 어떻게 정확하게 잴 수 있었을까? 농경 사회인 조선 시대에 각 도와 읍을 조사한 지도를 만들고, 토지에 적절한 세금을 부과ˇ하거나, 국가적인 토목 공사를 하기 위해서는 거리를 정확하게 측량ˇ하는 것이 매우 중요했다. 그 이전까지는 원시적인 방법으로 거리를 일일이 재다가, 세종 때에 중국의 거리 측정 장치를 개량ˇ하여 만든 '기리고차'를 사용하게 되면서 비로소 정밀ˇ한 측량이 가능하게 되었다. 기리고차란 톱니바퀴를 사용한 일종의 반자동 거리 측정 기기였다.

2 〈그림〉을 보면 기리고차는 마차의 중심바퀴 축에 있는 톱니바퀴가 그 위의 아랫바퀴와 맞물려 있고, 다시 아랫바퀴 축의 톱니에는 중간바퀴가, 중간바퀴 축의 톱니에는 윗바퀴가 연결된 구조로 이루어져 있다. 중심바퀴가 12바퀴 돌면 아랫바퀴는 1바퀴 돌고, 다시 아랫바퀴가 15바퀴 돌면 중간바퀴가 1바퀴 도는 식이다. 중간바퀴와 윗바퀴의 비율은 10:1이고 중간바퀴와 윗바퀴에는 각각 종과 북이 연결되어 있다. 톱니바퀴들의 톱니 수를 각각 다르게 하여 비율에 따라 거리를 계산하기 쉽게 했던 것이다.

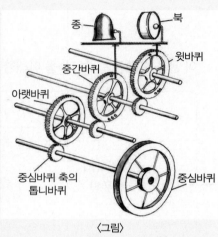

〈그림〉

3 세종 때 1자는 약 20cm, 1리는 1800자로 약 360m라고 정했는데, 중심바퀴의 둘레는 10자이다. 중심바퀴가 12번 회전하면서 이동하면 그 거리는 120자이고, 아랫바퀴는 1번 회전하게 된다. 또한 아랫바퀴가 15번 회전하면 중간바퀴는 1번, 중심바퀴는 180번 회전하며 이동 거리가 1800자, 즉 1리가 된다. 그리고 중간바퀴가 10번 회전해서 윗바퀴가 한 번 회전하면 18,000자가 측정된다. 중간바퀴와 윗바퀴에는 종과 북이 연결되어 있는데, 기리고차가 1/2리를 가면 종이 1번 울리고, 1리를 갔을 때는 종이 여러 번 울린다. 또 5리를 가면 북이 1번, 10리를 가면 북이 여러 번 울리는 구조로 되어 있어 종소리와 북소리의 횟수를 기록하여 거리를 측정할 수 있다.

4 세종 때 기리고차 및 여러 천문 관측 기구를 사용해 위도ˇ 1도의 거리를 측정한 결과, 그 거리가 약 108km라는 기록이 있다. 이는 현대에 서울을 기준으로 위도를 측정한 거리 110km와 거의 유사하여 조선 시대에 기리고차를 이용한 측정 방식이 매우 정밀했음을 보여 준다.

ˇ **부과**(賦課): 세금이나 부담금 따위를 매기어 부담하게 함.
ˇ **측량**(測量): 기기를 써서 물건의 높이, 깊이, 넓이, 방향 따위를 잼.
ˇ **개량**(改良): 나쁜 점을 보완하여 더 좋게 고침.
ˇ **정밀**(精密): 아주 정교하고 치밀하여 빈틈이 없고 자세함.
ˇ **위도**(緯度): 지구 위의 위치를 나타내는 좌표축 중에서 가로로 된 것.

독해력 Upgrade · ※각 문단의 중심 내용을 다음과 같이 정리할 때, 빈칸에 들어갈 알맞은 말을 쓰시오.

| **1** 조선 시대의 반자동 ( ) 측정 기기인 기리고차 | → | **2** 기리고차의 구조와 거리 측정 원리 ① | → | **3** 기리고차의 구조와 거리 측정 원리 ② | → | **4** 현대의 거리 측정과 큰 차이가 없는 기리고차의 ( ) |

1 이 글을 통해 알 수 있는 내용으로 적절하지 <u>않은</u> 것은?

① 기리고차가 1리를 가면 종소리가 여러 번 난다.
② 기리고차의 중심바퀴와 윗바퀴의 비율은 10:1이다.
③ 조선 시대에 기리고차로 위도의 거리를 측정한 적이 있다.
④ 토지에 세금을 매기기 위해서는 거리를 정확하게 재야 한다.
⑤ 조선 시대 이전에는 우리나라에 정확한 거리 측정 장치가 없었다.

2 <보기>의 경우에, 기리고차 바퀴의 회전수를 바르게 계산한 것은?

┤ 보기 ├

기리고차가 5리를 이동했고 북이 한 번 울렸다.

	중심바퀴의 회전수	아랫바퀴의 회전수	중간바퀴의 회전수	윗바퀴의 회전수
①	1800번	150번	10번	1번
②	180번	15번	1번	1/10번
③	90번	75번	1번	1/2번
④	900번	75번	5번	1/2번
⑤	90번	15/2번	1/2번	1/20번

3 이 글을 읽은 학생의 반응으로 가장 적절한 것은?

① 중국의 거리 측정 장치를 그대로 도입한 것으로 보아, 기리고차는 독창성이 부족한 것 같아.
② 거리를 계산할 때 종과 북은 마차 위에서 직접 울려야 하니까, 기리고차를 반자동이라고 보기 힘들 것 같아.
③ 현대에 측정한 위도 1도의 거리와 차이가 큰 것을 보면, 기리고차는 주먹구구식˘으로 거리를 측정했던 것 같아.
④ 기리고차와 함께 여러 천문 관측 기구를 사용한 것으로 보아, 기리고차만으로 위도 1도의 거리를 재기는 어려웠던 것 같아.
⑤ 원시적인 방법으로 거리를 재다가 세종 때에 기리고차를 개발한 것을 보면, 백성들이 다른 농경지로 이주˘할 때 거리를 정확하게 계산할 필요가 있었던 것 같아.

˘주먹구구식(주먹九九式): 어림짐작으로 대충 하는 방식.

˘이주(移住): 본래 살던 집에서 다른 집으로 거처를 옮김.

 **어휘력 Upgrade**

※다음의 빈칸에 들어갈 알맞은 말을 <보기>에서 찾아 쓰시오.

┤ 보기 ├
개량
부과
이주
측량

1 김 박사는 벼의 품종을 (   )하여 수확량을 늘렸다.
2 아버지의 직장을 따라 우리 가족은 북경으로 (   )하게 되었다.
3 그는 군대에 입대했을 때 전국의 토지를 (   )하는 일을 맡았다.
4 앞으로 정부는 수입된 상품에 대해 높은 관세를 (   )할 것으로 보인다.

정밀한 제품의 결함을 찾아내는 비파괴 검사

비행기나 배의 내부 결함은 어떻게 찾아 낼 수 있을까? 이때 는 비파괴 검사라는 방법을 사용한다고 해. 어떻게 제품을 손상시키지 않고 내 부 결함을 찾아낼 수 있는지 알아보자.

1 비파괴 검사는 검사 대상인 시험체를 손상시키지 않고 제품이나 재료의 결함ᵛ이나 이상 여부를 ㉠찾아내는 기술을 말한다. 비파괴 검사에서는 검사하고자 하는 대상의 특성을 고려하여 검사 방법을 결정한다. 대표적인 방법으로는 대상의 내부 결함을 파악하는 데 가장 많이 이용하는 '방사선 투과ᵛ 검사'와 표면이나 표면 바로 아래에 발생한 결함을 검사할 때 많이 이용하는 '자분ᵛ 탐상ᵛ 검사'가 있다.

2 방사선 투과 검사는 먼저 검사하고자 하는 시험체 뒤에 필름을 붙이고 엑스선이나 감마선과 같은 방사선을 투과시킨다. 다음으로 방사선에 노출된 필름을 현상ᵛ하여 검사 대상의 내부 결함이나 이상 여부를 파악한다. 이때 대상 내부에 비어 있거나 결함이 있는 부분의 투과율이 그렇지 않은 부분보다 많이 나오게 된다. 이는 결함이 있는 부분의 밀도가 결함이 없는 부분의 밀도보다 낮기 때문이다. 따라서 필름을 현상하면 이상이나 결함이 있어서 비어 있는 부분은 정상적으로 채워진 부분보다 더 검게 나타난다. 방사선은 거의 모든 재료를 투과하는 성질을 가지고 있으므로, 이 방법은 대부분의 제품들을 시험체로 검사할 수 있다. 검사 결과 또한 필름에 영구ᵛ히 기록할 수 있어 훗날에도 동일한 시험체에 대한 참고 자료로 활용할 수 있다. 그러나 다른 검사에 비해 비용이 많이 들고 방사선을 사용하는 데 따른 위험성도 단점으로 지적되고 있다.

3 자분 탐상 검사는 검사 대상이 자석과 같은 성질을 갖도록 만들어 그것에 자기장을 형성시킨 뒤, 철가루를 뿌려 결함이나 이상 여부를 확인하는 방법이다. 만약 시험체에 이상이나 결함이 존재하면 검사 대상 내부에 형성된 자기장 일부가 결함이나 이상이 있는 부분의 표면으로 흘러나온다. 이때 시험체의 표면에 철가루를 뿌리면 표면으로 흘러나온 자기장 주위에 철가루가 달라붙게 된다. 어떤 제품의 표면이나 표면 바로 아래에 미세한 틈이 생겼을 때 이 방법을 활용하면 결함을 쉽게 확인할 수 있다. 이 검사는 비용이 적게 들고 방사능의 위험도 없지만, 시험체가 반드시 자기장을 형성할 수 있는 물질로 이루어진 경우에만 활용할 수 있다는 단점이 있다.

4 비파괴 검사는 말 그대로 검사할 대상을 손상시키지 않고 대상의 이상 여부를 검사하는 방법이므로 복잡하고 정밀ᵛ한 항공, 선박 부품 등을 검사할 때 많이 사용된다. 특히 이전에 이상이 있었던 검사 결과들을 데이터로 저장해 두면 제품의 이상 여부를 예측할 수 있으며, 이를 토대로 불량품을 조기에 발견하고 제품을 제조하는 기술도 발전시킬 수 있을 것이다.

ᵛ **결함(缺陷):** 부족하거나 완전하지 못하여 흠이 되는 부분.

ᵛ **투과(透過):** 장애물에 빛이 비치거나 액체가 스미면서 통과함.

ᵛ **자분(磁粉):** 철가루와 같이 자성의 성질을 가진 가루.

ᵛ **탐상(探傷):** 금이 간 곳이나 무너진 데를 찾아냄.

ᵛ **현상(現像):** 노출된 필름이나 인화지를 약품으로 처리하여 상이 나타나도록 함.

ᵛ **영구(永久):** 어떤 상태가 시간상으로 무한히 이어짐.

ᵛ **정밀(精密):** 아주 정교하고 치밀하여 빈틈이 없고 자세함.

독해력 Upgrade ※각 문단의 중심 내용을 다음과 같이 정리할 때, 빈칸에 들어갈 알맞은 말을 쓰시오.

| **1** ( ) 검사의 개념과 대표적인 검사 방법 | → | **2** ( ) 투과 검사의 절차 및 장점과 단점 | → | **3** ( ) 탐상 검사의 절차 및 장점과 단점 | → | **4** 비파괴 검사의 활용 분야와 장점 |

1 이 글을 바탕으로 〈보기〉를 이해한 내용으로 적절하지 <u>않은</u> 것은?

├ 보기 ├
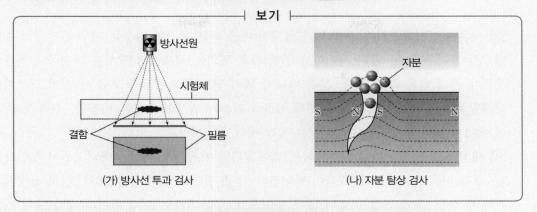

(가) 방사선 투과 검사   (나) 자분 탐상 검사

① (가)에서는 방사선에 노출˘된 필름을 현상하여 시험체의 결함을 파악한다.
② (나)에서 시험체는 반드시 자기장을 형성할 수 있는 재료여야 한다.
③ (가)는 (나)보다 비용이 많이 들고 방사선에 의한 위험성도 있다.
④ (나)는 (가)보다 표면부터 내부까지 결함 여부를 더 잘 파악할 수 있다.
⑤ (가)와 (나)는 모두 불량품을 조기에 발견하고 제품 제조 기술을 발전시키는 데 유용하다.

˘ 노출(露出): 겉으로 드러나거나 드러냄.

2 이 글을 참고할 때, 〈보기〉에 대한 반응으로 적절하지 <u>않은</u> 것은?

├ 보기 ├

X선 사진은 해부를 하지 않고 인체의 내부를 정확하게 진단하는 기술이다. X선 사진은 X선을 인체에 조사˘하고, 투과된 X선을 필름에 현상해 얻어낸 것이다. 인체에 조사된 X선의 일부는 조직에서 흡수되고 나머지는 조직을 투과해 반대편으로 나오는데, 투과율이 낮을수록 필름에는 하얗게 나타난다. 인체에서 밀도는 뼈가 제일 높고 그 다음이 물, 그 다음이 지방이다.

˘ 조사(照射): 광선이나 방사선 따위를 쬠.

① X선 사진의 투과율은 지방보다는 물이, 물보다는 뼈가 낮겠군.
② X선 사진을 여러 차례 찍으면 방사선에 의한 위험에 노출될 수 있겠군.
③ X선 사진 기술도 비파괴 검사처럼 검사 대상에 물리적 손상을 가하지 않는군.
④ X선 사진에는 지방이 위치한 부분이 뼈가 위치한 부분보다 더 하얗게 나타나겠군.
⑤ X선 사진 기술은 비파괴 검사의 자분 탐상 검사보다 방사선 투과 검사와 유사하군.

3 ㉠과 바꿔 쓸 수 있는 말로 가장 적절한 것은?

① 발견하는   ② 발달하는   ③ 발명하는
④ 발생하는   ⑤ 발휘하는

어휘력 Upgrade   ※다음의 빈칸에 들어갈 알맞은 말을 〈보기〉에서 찾아 쓰시오.

├ 보기 ├
결함
영구
정밀
투과

1 이번에 문제가 된 차는 엔진에 (   )이 있었음이 밝혀졌다.
2 김 교수는 유전자를 (   )하게 분석하여 유전자의 구조를 밝혀내었다.
3 정부는 당시의 사건 전개를 기록한 그 자료의 중요성을 감안하여 (   )히 보존하기로 했다.
4 미세 먼지를 걸러 준다는 마스크가 실제로는 미세 먼지를 그대로 (   )시키는 것으로 나타났다.

친환경 미래 에너지 수소

우리가 살아가기 위해서는 많은 에너지가 필요해. 지금은 주로 석유와 같은 화석 연료로 에너지를 생산하지만, 앞으로는 어떻게 될까? 미래의 무한 에너지로 평가되는 수소에 대해 자세히 알아보자.

1 석유나 천연가스와 같은 화석 연료에서 배출[♥]되는 이산화 탄소는 지구 온난화의 주원인으로 꼽히고 있다. 지구 온난화로 인한 기후 변화는 생태계의 질서를 파괴하여 인류의 생존에 큰 위협을 주고 있다. 뿐만 아니라 화석 연료는 머지않아 고갈[♥]될 것이므로 이를 대체할 에너지원도 필요하다. 그래서 이산화 탄소가 발생하지 않는 태양광, 수력 등의 자연 에너지를 이용하거나 수소와 같은 청정 에너지가 개발되고 있다.

2 태양광 발전은 어디에나 존재하는 빛에너지를 이용하기 때문에 에너지원이 무한하지만, 투자 비용에 비해 발전 효율이 떨어진다. 수력 발전은 오염이 발생하지 않고 유지비가 적게 들지만, 초기 건설 비용이 많이 들어가고 건설 기간도 오래 걸린다. 반면에 수소는 1kg당 28,620kcal의 전기 에너지를 방출하여, 에너지 효율이 비교적 높다고 알려진 석유보다 효율성이 훨씬 높다. 또 연소 과정에서 산소와 결합하기 때문에 물과 극소량의 질소 산화물만 발생할 뿐 다른 공해 물질이 생기지 않는다. 게다가 수소는 물과 생물체뿐만 아니라 다양한 화합물의 형태로 지구상에 거의 무한한 양이 존재한다.

3 그런데 문제는 무한 에너지에 가까운 수소를 얻어 내는 방법이다. 가장 오래된 방식은 100년 전에 개발되어 지금까지 쓰이는 전기 분해법이다. 하지만 이 방식은 투입된 에너지에 비해 산출[♥]되는 수소량이 너무 적어 비효율적이다. 그렇기 때문에 풍력이나 지열[♥]을 이용한다든지, 태양광과 미생물을 활용한다든지, 천연가스와 물을 고온에서 반응시키는 등 수소를 생산하는 방식이 다양하게 연구 중이다.

4 현재 수소를 활용한 가장 유망[♥]한 분야로 꼽히고 있는 것은 ㉠수소 연료 전지 발전과 ㉡수소 핵융합 발전이다. 수소 연료 전지 발전은 수소와 산소를 반응시켜 전기를 생산하는 방법이다. 이 방법은 연소 과정에 특별한 장치가 필요하지 않으며, 에너지 생산이 많아 매우 경제적이다. 현재 만들어지고 있는 대부분의 수소 연료 자동차들이 이러한 방식을 기본으로 한 전기 자동차에 해당한다. 수소 핵융합 발전은 가벼운 수소 원소들이 충돌하면서 무거운 원소로 융합할 때 발생하는 에너지를 활용한다. 이것은 우라늄이나 플루토늄을 활용한 원자력 발전과 달리 방사능 유출 위험이 거의 없다. 물론 이 방법은 아직 실험 단계이지만 머지않아 실용화[♥]될 것으로 기대하고 있다. 수소를 활용한 연료 전지 발전과 핵융합 발전 기술은 화석 연료의 고갈에 따른 에너지 부족 문제와 날로 심각해지고 있는 지구 온난화 문제를 해결하기 위한 매우 중요한 기술이다.

♥ 배출(排出): 안에서 밖으로 밀어 내보냄.
♥ 고갈(枯渴): 어떤 일의 바탕이 되는 돈이나 물자, 소재, 인력 따위가 다하여 없어짐.
♥ 산출(産出): 어떤 것이 생산되어 나옴.
♥ 지열(地熱): 지구의 내부에서 발생하여 축적된 열.
♥ 유망(有望): 앞으로 잘 될 듯한 희망이나 전망이 있음.
♥ 실용화(實用化): 실제로 쓰거나 쓰게 함.

독해력 Upgrade

※각 문단의 중심 내용을 다음과 같이 정리할 때, 빈칸에 들어갈 알맞은 말을 쓰시오.

| **1** 화석 연료의 문제점과 대체 에너지의 개발 | → | **2** 태양광, 수력 에너지의 장단점과 (　　) 에너지의 장점 | → | **3** 수소 (　　) 방식에 대한 다양한 연구 | → | **4** 수소를 활용한 (　　) 발전과 핵융합 발전 기술의 장점 |

1 이 글의 내용과 일치하지 <u>않는</u> 것은?

① 화석 연료의 문제점을 해결하기 위한 대안이 필요하다.
② 수소를 생산하는 전통적인 방식은 효율성이 높지 않다.
③ 태양광 에너지는 들이는 비용에 비해 효율이 떨어진다.
④ 수소는 환경 오염 물질이 거의 생기지 않는 친환경 에너지이다.
⑤ 수력 에너지는 유지 비용이 많이 들어 활용하는 데 어려움이 있다.

2 ㉠과 ㉡에 대한 설명으로 적절하지 <u>않은</u> 것은?

① ㉠은 수소 연료 자동차에 이용되고 있다.
② ㉡은 방사능 유출 위험이 없어 안전하다.
③ ㉠과 ㉡은 환경 오염을 줄이는 데 유리하다.
④ ㉠과 ㉡은 이미 실용화되어 널리 쓰이고 있다.
⑤ ㉠과 ㉡은 에너지 부족 문제를 해결하는 데 도움을 준다.

3 이 글과 <보기>를 읽은 학생의 반응으로 가장 적절한 것은?

┤ 보기 ├

　수소는 우주에서 가장 가벼운 기체로, 저장과 보관이 까다로운 에너지원으로 꼽힌다. 강하게 확산하는 성질이 있어 보관하는 시설에 미세한 틈이나 약한 압력이 발생하면 폭발 위험에 노출되기 쉽다. 그래서 수소 전기차나 수소 충전소를 만들 때는 사고가 발생하지 않도록 세심하게 주의해야 한다.

① 수소를 얻어 내는 방법을 보다 다양하게 연구해야 하겠군
② 수소보다는 태양광이나 수력을 이용한 에너지를 개발하는 데 주력˘해야겠군.
③ 청정한 수소 에너지를 이용하려면 안전하게 관리하기 위한 노력이 중요하겠군.
④ 깨끗하고 풍부한 수소 에너지를 사용하려면 어느 정도의 위험은 감수˘해야겠군.
⑤ 수소를 다루기가 쉽지 않으니 아무리 장점이 많더라도 수소 에너지는 포기하는 게 낫겠군.

˘ **주력(注力):** 어떤 일에 온 힘을 기울임.

˘ **감수(甘受):** 책망이나 괴로움 따위를 달갑게 받아들임.

어휘력 Upgrade 　※다음의 빈칸에 들어갈 알맞은 말을 <보기>에서 찾아 쓰시오.

┤ 보기 ├
감수
고갈
산출
실용화

1 이 금광에서는 금이 더 이상 (　　　)되지 않는다.
2 많은 고통을 (　　　)한 결과 오늘의 성공을 이루었다.
3 벌목과 화재로 산림 자원이 점차 (　　　)되어 가고 있다.
4 과학 기술이 발달함으로써 컴퓨터나 무선 전화기 등이 (　　　)되었다.

습도를 조절하는 제습기의 원리

여름에 날씨가 덥고 습도가 높으면 덩달아 불쾌지수도 치솟게 되지. 그래서 습도를 낮추는 제습기는 여름 필수품이라고 할 수 있어. 제습기가 어떤 원리로 습도를 낮추는지 알아보자.

1 우리가 흔히 말하는 습도에는 절대 습도와 상대 습도가 있다. 절대 습도는 일정한 부피의 공기 중에 포함되어 있는 수증기의 양이고, 상대 습도는 현재 온도의 포화 수증기량에 대한 대기 중의 수증기량을 백분위로 나타낸 것이다. 포화 수증기량은 공기가 최대한 품을 수 있는 수증기의 양을 말한다. 불쾌지수를 따질 때의 습도는 상대 습도를 뜻하는데, 쾌적한[▾] 실내를 위해서는 상대 습도를 40~60%로 유지하는 것이 좋다. 포화 수증기량이 많아지거나 대기 중의 수증기량이 적어질수록 상대 습도는 낮아진다. 포화 수증기량은 온도에 따라 높아지게 마련이므로 공기를 가열하면 포화 수증기량을 늘릴 수 있고, 이에 따라 상대 습도를 줄일 수 있다. 또한 공기 중의 습기를 직접 제거해도 상대 습도를 낮출 수 있다. 제습기는 이러한 방식으로 상대 습도를 조절하여 공기를 쾌적하게 한다.

2 공기 중의 습기를 제거하는 제습기의 방식에는 건조식과 냉각식이 있다. 건조식 제습기는 공기 중의 수증기를 흡수하는 화학 물질을 이용한다. 만약 화학 물질이 습기를 더 이상 흡수하지 못하게 되면, 제습기는 이 화학 물질을 가열해서 화학 물질에 쌓여 있는 습기를 제습기 바깥으로 내보내 화학 물질을 다시 사용할 수 있게 한다. 이러한 방식은 밀폐[▾]된 공간에서 적은 양의 습기를 제거하는 데 유용하다.

3 ㉠냉각식 제습기는 공기 중의 수증기를 냉각[▾]시켜 물로 바꾸어 습기를 조절한다. 수증기를 물로 바꾸기 위해서는 이슬점[▾] 이하로 공기의 온도를 내려야 한다. 때문에 냉각식 제습기는 냉각을 위해 냉매[▾]를 이용한다. 냉각식 제습기는 습한 공기를 팬으로 빨아들인 뒤 냉매를 이용한 냉각 장치로 통과시킨다. 냉각 장치를 통과한 공기는 온도가 낮아지고, 공기가 이슬점에 도달하면 수증기는 물로 변한다. 이 물은 물통에 떨어져 모이게 된다. 찬 물을 담은 컵의 표면에 물방울이 맺히는 것과 같은 원리인 셈이다. 습기가 제거된 건조한 공기는 다시 데워진 후에 실내로 방출된다. 특히 이 방식은 상대 습도가 높을 때 효과적인데, 에어컨의 제습 기능은 이를 활용하여 이루어진다.

4 한편 전자식 제습기도 있는데, 이는 펠티에 효과(Peltier effect)를 이용한 냉각 방식으로 작동한다. 펠티에 효과는, 다른 두 금속의 양 단면을 서로 연결하고 전기를 통하게 하면 그 양 단면에서 발열[▾]과 냉각이 동시에 일어나는 현상이다. 전자식 제습기는 이 효과를 적용한 반도체를 사용하며, 냉각되는 금속판 쪽에서 공기 중의 수증기가 물로 변하여 밖으로 배출된다. 전자식 제습기는 소음이 없고 소형화가 가능해 카메라나 보청기와 같이 정밀한 기기를 보관하는 제습함에 이용된다.

▾ 쾌적하다(快適하다): 기분이 상쾌하고 즐겁다.

▾ 밀폐(密閉): 샐 틈이 없이 꼭 막거나 닫음.

▾ 냉각(冷却): 식어서 차게 됨. 또는 식혀서 차게 함.

▾ 이슬점: 대기의 온도가 낮아져서 수증기가 응결하기 시작할 때의 온도.

▾ 냉매(冷媒): 냉동기 따위에서, 저온 물체로부터 고온 물체로 열을 끌어가는 매체.

▾ 발열(發熱): 열이 남. 또는 열을 냄.

독해력 Upgrade ※각 문단의 중심 내용을 다음과 같이 정리할 때, 빈칸에 들어갈 알맞은 말을 쓰시오.

| **1** 상대 습도를 낮출 수 있는 방법과 제습기의 원리 | ➡ | **2** ( ) 제습기의 작동 원리와 장점 | ➡ | **3** ( ) 제습기의 작동 원리와 장점 | ➡ | **4** ( ) 제습기의 작동 원리와 장점 |

1 이 글의 내용과 일치하지 <u>않는</u> 것은?

① 상대 습도가 높을 경우에는 냉각식 제습기가 효과적이다.

② 건조식 제습기의 화학 물질은 가열해서 다시 사용할 수 있다.

③ 상대 습도는 포화 수증기량 및 대기 중의 수증기량에 비례한다.

④ 공기를 가열하면 포화 수증기량이 늘어나 상대 습도가 줄어든다.

⑤ 전자식 제습기의 두 금속판 중에서 온도가 낮은 쪽에 물이 맺힌다.

2 <보기>는 ㉠의 제습 과정을 나타낸 것이다. ⓐ~ⓓ에 대한 설명으로 적절한 것은?

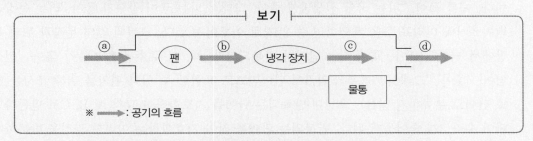

① ⓐ에서 ⓑ로 이동한 공기의 온도는 이슬점 이하로 내려간다.

② ⓐ에서 ⓓ로 이동할수록 공기의 온도가 점차 낮아진다.

③ ⓑ보다 ⓒ에서 포화 수증기량이 더 많아진다.

④ ⓑ에 포함된 수증기는 ⓒ를 지나며 물로 변한다.

⑤ ⓓ에서는 ⓐ보다 수증기량이 많다.

3 이 글의 내용을 참고할 때, <보기>에 대한 반응으로 적절하지 <u>않은</u> 것은?

┤ 보기 ├

　비가 내려 기온이 떨어지는 날 텐트 천장에 물방울이 맺히는 현상을 결로 현상이라고 한다. 대체로 텐트 외부와 내부의 온도 차이 때문에 나타나는데, 이를 막기 위해서는 수시로 환기♥하여 외부와의 온도 차이를 줄이거나, 바닥에서 올라오는 습기를 차단해야 한다.

♥환기(換氣): 탁한 공기를 맑은 공기로 바꿈.

① 텐트 내부의 온도를 높게 하면 결로 현상은 덜하겠군.

② 텐트 외부 온도가 이슬점 이하로 내려갈 때 결로 현상이 나타나겠군.

③ 텐트 바닥에서 올라오는 습기를 차단해 주면 절대 습도가 낮아지겠군.

④ 텐트 내부에 맺힌 물방울을 밖으로 배출하면 상대 습도는 높아지겠군.

⑤ 텐트 외부의 비는 냉각식 제습기의 냉각 장치와 유사한 역할을 하는군.

어휘력 Upgrade

※다음의 빈칸에 들어갈 알맞은 말을 <보기>에서 찾아 쓰시오.

┤ 보기 ├
냉각
밀폐
쾌적
환기

1 모든 국민은 (　　　)한 환경에서 생활할 권리가 있다.

2 아파트는 (　　　)되어 있어 먼지나 냄새가 고여 있기 쉽다.

3 실내를 (　　　)하지 않아 생선 구운 냄새가 방 안에 가득 차 있다.

4 드라이아이스는 순도 높은 이산화 탄소를 압축한 후 (　　　)시켜서 만든 것이다.

컴퓨터의 파일 압축은 어떤 원리로 이루어질까

만약 백 곡이 넘는 노래를 압축하지 않고 친구에게 전송하면 어떻게 될까? 아마 속도가 느려서 엄청 답답할 거야. 컴퓨터에서 파일을 압축하는 원리에 대해 알아보자.

1 내가 가지고 있는 파일을 누군가에게 보내려 한다. 이때 파일의 크기가 너무 크거나 파일의 개수가 많다면 짧은 시간 안에 처리하기 어려울 뿐더러 한 번에 보내기도 어렵다. 이럴 때 우리가 사용하는 방법이 파일 압축이다. 컴퓨터의 파일 압축은 어떤 원리로 이루어지는 것일까?

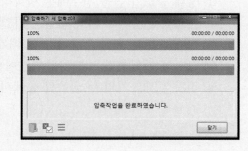

2 먼저 ㉠문자 파일을 압축하는 가장 기본적인 원리는 반복되는 단어를 기호화˚하는 것이다. 예를 들어, "나는 국어 선생님이 좋아. 그래서 나는 국어 공부가 좋아."라는 문장은 띄어쓰기와 마침표 등을 제외하면 총 22자로 이루어져 있다. 그런데 앞의 문장과 뒤의 문장에서 '나는', '국어', '좋아'라는 단어가 반복되었다. 즉, 이 두 문장은 '나는', '국어', '선생님이', '좋아', '그래서', '공부가'의 6개 단어만으로 표현할 수 있다(편의를 위해 조사는 따로 단어로 분류하지 않음). 요컨대 반복되는 단어를 기호화하여 각각 A, B, C로 만든다면 단어 수가 3개 줄어들게 된다. 반복되는 단어를 찾아 기호화하는 이러한 과정을 반복하다 보면 파일 안에 들어 있는 문자들을 압축하여 크기를 줄일 수 있다.

3 다음으로 컴퓨터에서 ㉡그림 파일을 압축하는 원리는 색상의 수를 최대한 줄이는 것이다. 우리가 컴퓨터에서 보는 그림은 사실 아주 작은 점들, 즉 화소˚들의 집합이다. 화소가 높을수록 그림이 선명한데, 이는 그 그림이 많은 점들로 세밀하게˚ 나누어져 있기 때문이다. 따라서 그림이 선명하다는 것은 곧 저장해야 할 그림의 용량˚이 크다는 것을 의미하기도 한다. 화소를 줄이기 위해서는 세밀하게 나누어진 점들 중 색상이 비슷한 점들을 하나의 색상으로 처리하여 압축해야 한다. 눈으로 쉽게 구별하지 못하는 범위에서 비슷한 색상을 한 가지 색으로 통일해 저장하는 것이다. 그러면 화소의 숫자가 줄어들어 압축된 그림 파일을 만들 수 있다.

4 마지막으로 음향 파일을 압축할 때는 소리가 없는 구간이나 동일한 멜로디를 부호화˚하는 방식을 사용한다. 이는 파일을 원래 형태 그대로 보존하는 방식에 해당한다. 하지만 디지털 사운드에는 반복되는 데이터가 적기 때문에 이 방식으로 파일의 크기를 줄이는 데는 한계가 있다. 그래서 음향을 압축할 때는 MP3 방식이 많이 쓰인다. MP3는 디지털 사운드를 분석해서 사람이 ⓐ알아차리기 어려운 사운드를 미리 잘라 내는 방식으로 압축을 수행한다. 사람은 너무 낮거나 높은 소리를 인식할 수 없으므로, 사람이 들을 수 없는 부분을 잘라 내고 다시 연결하는 것이다. 이렇게 하면 압축률이 상당히 높아진다.

▼ 기호화(記號化): 어떤 뜻이나 대상이 부호나 그림, 문자 따위로 표현됨.

▼ 화소(畵素): 텔레비전이나 사진 전송에서, 화면을 전기적으로 분해한 최소의 단위 면적.

▼ 세밀하다(細密하다): 자세하고 꼼꼼하다.

▼ 용량(容量): 저장할 수 있는 정보의 양.

▼ 부호화(符號化): 주어진 정보를 어떤 표준적인 형태로 변환하거나 거꾸로 변환함.

독해력 Upgrade ※각 문단의 중심 내용을 다음과 같이 정리할 때, 빈칸에 들어갈 알맞은 말을 쓰시오.

| **1** 컴퓨터의 파일을 압축하는 원리에 대한 궁금증 | → | **2** ( ) 파일을 압축하는 원리 | → | **3** ( ) 파일을 압축하는 원리 | → | **4** ( ) 파일을 압축하는 원리 |

1 ㉠과 ㉡에 대한 이해로 가장 적절한 것은?

① ㉠: 반복되는 단어가 있으면 이를 삭제한다.
② ㉠: 반복되는 단어가 많을수록 압축률이 낮다.
③ ㉡: 그림이 선명할수록 압축해야 할 양이 많다.
④ ㉡: 그림의 여러 색상 중 가장 진한 색으로 통일하여 압축한다.
⑤ ㉠, ㉡: 파일의 크기를 유지하면서 파일의 개수를 줄일 수 있다.

2 ◢를 읽은 학생의 반응으로 적절하지 <u>않은</u> 것은?

① 동일한 멜로디를 부호화하는 것은 문자 파일을 압축하는 방식과 비슷하구나.
② 압축된 음향 파일에서 부호를 원래의 멜로디로 바꾸면 원래 파일로 복원ᵛ할 수 있을 거야.
③ MP3 압축 파일에서는 내가 듣지 못하는 영역의 고음이나 저음이 사라질 거야.
④ MP3 압축 파일에서 삭제된 소리들은 음향에 약간의 손상을 입은 채 복원될 거야.
⑤ MP3 방식은 멜로디를 부호화하는 방식에 비해 압축률이 높을 거야.

ᵛ복원(復元): 원래대로 회복함.

3 ⓐ와 바꿔 쓸 수 있는 말로 가장 적절한 것은?

① 인가(認可)하기
② 인정(認定)하기
③ 인준(認准)하기
④ 인증(認證)하기
⑤ 인지(認知)하기

어휘력 Upgrade   ※다음의 빈칸에 들어갈 알맞은 말을 〈보기〉에서 찾아 쓰시오.

┌─ 보기 ┐
복원
부호화
세밀
용량
└────┘

1 훼손된 문화재의 (   )이 시급하다.
2 그의 소설은 인물에 대한 (   )한 묘사가 두드러진다.
3 이 프로그램을 설치하기에는 컴퓨터의 (   )이 너무 작다.
4 획득한 정보의 (   )는 장기 기억에 많은 도움을 줄 수 있다.

지진에 견디는 건축물의 비밀

1 최근 우리나라도 지진에서 안전하지 않다는 인식에 따라, 지진을 견뎌 내는 건축물에 대한 연구가 활발해지고 있다. 보통 건물을 지을 때는 운반과 변형˅이 쉽고, 비용도 저렴한 콘크리트를 많이 사용한다. 하지만 콘크리트만으로 세운 기둥에는 약점이 있다. 일반적으로 콘크리트는 누르는 힘에는 강하지만 끌어당기는 힘에는 취약˅하여 지진이 발생하면 파괴되기 쉽다.

2 끌어당기는 힘에 약한 콘크리트 건축물의 단점을 보완˅하기 위해 건물을 지을 때 철근을 사용한다. 그래서 많은 건물이 철근을 넣고 콘크리트를 덧댄 철근 콘크리트 구조로 세워진다. 철근과 콘크리트를 적절한 비율로 섞어 사용하면 건물을 튼튼하게 지을 수 있다. 그러나 철근 콘크리트를 활용한 튼튼한 건물이라 할지라도, 지진이 났을 때 사람들이 대피할 정도의 시간을 벌어줄 수 있을 뿐 일정한 강도 이상의 강한 지진에는 무너질 수밖에 없다. 그래서 최근에는 지진을 견뎌 낼 수 있는 내진˅ 강도를 높이는 데에서 나아가 면진이나 제진 구조를 가진 건축물을 짓고 있다.

3 면진(免震) 구조는 '지진을 모면하는 구조'이다. 이는 건물과 땅 사이에 스프링이나 고무 패드를 설치하여 땅의 흔들림을 건물이 덜 느끼게 하는 구조이다. 그리고 제진(制震) 구조는 '지진이 일으키는 진동을 제어하는 구조'로, 공진 현상을 막기 위한 장치에 해당한다. 지구상에 있는 모든 물체는 그 자체의 흔들림을 갖고 있다. 어떤 물체가 그 물체와 같거나 유사한 고유 진동 주기를 만나면 진폭˅이 갑자기 커지는 현상이 발생하는데, 이를 공진 현상이라고 한다. 대부분의 건물은 고유 진동 주기가 지진파의 진동 주기와 유사한 경우가 많아, 지진이 일어나면 공진에 의해 큰 피해를 입는다. 제진 장치는 지진이 일어났을 때 땅 표면의 진동수와 건물의 진동수를 계산하여, 땅 표면에서 일어나는 진동에 반대되는 방향으로 건물에 힘을 가하는 역할을 하도록 설계되어 있다.

4 요컨대 내진은 견디고, 면진은 피하고, 제진은 나누어 분담˅하는 방식이라고 할 수 있다. 현재 우리나라는 3층 이상의 건축물에만 내진 설계가 의무화되어 있다. 이제 대형 건축물뿐만 아니라 소형 건축물들의 지진 대비에도 관심을 가져야 한다. 우리나라도 지진의 안전지대가 아니기 때문에 최소한으로 규정된 법에 얽매일 필요가 없으며, 경제적 부담이 크다는 이유로 내진 설계를 회피해서도 안 된다. 자연재해를 막을 수는 없지만, 평소에 철저히 대비한다면 그 피해를 줄일 수는 있다.

- ˅변형(變形): 모양이나 형태가 달라지거나 달라지게 함.
- ˅취약(脆弱): 무르고 약함.
- ˅보완(補完): 모자라거나 부족한 것을 보충하여 완전하게 함.
- ˅내진(耐震): 지진을 견디어 냄.
- ˅진폭(振幅): 주기적인 진동이 있을 때 진동의 중심으로부터 최대로 움직인 거리.
- ˅분담(分擔): 나누어서 맡음.

독해력 Upgrade   ※각 문단의 중심 내용을 다음과 같이 정리할 때, 빈칸에 들어갈 알맞은 말을 쓰시오.

| **1** (　　　)이 발생하면 파괴되기 쉬운 콘크리트 | → | **2** (　　　) 콘크리트의 한계와 지진에 견디기 위한 건축 구조 | → | **3** 지진에 대비하기 위한 (　　　) 구조와 제진 구조의 원리 | → | **4** 철저한 지진 대비를 위해 고려할 점 |

1 이 글을 읽고 알 수 <u>없는</u> 내용은?

① 우리나라도 지진에 대한 대비가 필요하다.
② 콘크리트만으로 건물을 세우면 지진에 약하다.
③ 철근과 콘크리트를 섞어 건물을 지으면 지진에 안전하다.
④ 3층 미만의 건축물에는 내진 설계가 의무화되어 있지 않다.
⑤ 제진 장치를 설치하지 않으면 지진이 났을 때 공진 현상으로 큰 피해를 입을 수 있다.

2 **1** ~ **4** 에 대한 설명으로 적절하지 <u>않은</u> 것은?

① **1** : 지진이 발생했을 경우 콘크리트의 단점을 설명하고 있다.
② **2** : 콘크리트의 단점을 보완한 철근 콘크리트의 한계를 제시하고 있다.
③ **3** : 면진 구조를 실제 건축물에 적용할 때 주의할 점을 언급하고 있다.
④ **3** : 공진 현상의 개념을 바탕으로 제진 구조의 원리를 설명하고 있다.
⑤ **4** : 건축법의 문제점을 지적하면서 지진에 대한 철저한 대비를 당부하고 있다.

3 이 글을 바탕으로 〈보기〉를 이해한 내용으로 적절하지 <u>않은</u> 것은?

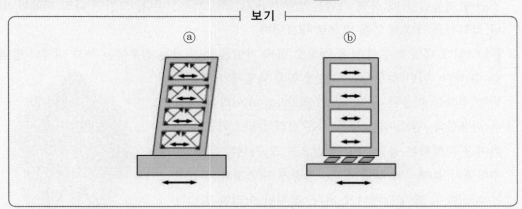

① ⓐ는 공진 현상을 막기 위한 구조이군.
② ⓐ는 땅 표면의 진동수와 건물의 진동수가 같아지지 않도록 하는군.
③ ⓑ는 지진 때문에 발생하는 진동을 제어하는 구조이군.
④ ⓑ는 건물 밑에 스프링을 설치하여 건물의 흔들림을 줄여 주는군.
⑤ ⓐ와 ⓑ는 강한 지진에도 건물이 무너지지 않도록 돕는 역할을 하는군.

어휘력 Upgrade ※다음의 빈칸에 들어갈 알맞은 말을 〈보기〉에서 찾아 쓰시오.

┌ 보기 ┐
변형
보완
분담
취약
└────┘

1 그는 아내와 집안일을 ( )하기로 했다.
2 이 제도는 부작용이 많아서 ( )이 시급하다.
3 그 회사는 재정 기반이 ( )하여 어려움을 겪고 있다.
4 그 물건은 심하게 ( )이 일어나서 원래 형태를 찾아볼 수 없었다.

우주 왕복선의 대기권 재돌입 시스템

우주 왕복선이 우주로 나갔다가 지구로 무사히 돌아오는 것은 쉬운 일이 아니야. 우주 왕복선이 대기권에 재돌입할 때 어떤 위험한 일들이 벌어지는지 이 글을 읽으며 자세히 알아보자.

1 밤하늘의 별똥별은 대부분 아름다운 불빛과 함께 대기 중에서 사라진다. 별똥별이 대기권으로 들어오면 빠른 속도 때문에 별똥별 앞면의 공기가 급격히 압축되고, 그 결과 별똥별의 온도가 1만~2만℃ 정도로 상승한다. 이를 '공력 가열 현상'이라고 하는데, 이로 인해 별똥별은 결국 타서 사라지는 것이다. 마찬가지로 지구로 귀환˚하는 우주 왕복선이 대기권에 재돌입˚하는 과정에서도 공력 가열 현상이 발생한다. 그렇다면 우주선은 어떻게 고온을 견디고 무사히 지구로 귀환할 수 있는 것일까?

2 우주 왕복선은 사람이 타고 있기 때문에 반드시 공력 가열 문제를 해결해야 한다. 우주 왕복선이 대기권에 재돌입할 때 속도가 빠르면 빠를수록 공기의 압축 정도가 커지고 압축 정도가 커지면 온도는 더 높아진다. 따라서 우주 왕복선은 S자 턴을 여러 번 반복하면서 속도를 줄여 공력 가열 현상을 약하게 만든다. 그러나 우주 왕복선이 S자 턴을 반복함으로써 속도를 줄이더라도 선체에 1500℃~2000℃ 정도의 고열이 발생한다. 따라서 우주 왕복선에 발생한 열을 더 낮춰야 한다.

3 가장 일반적인 방법은 복사 냉각을 이용해 우주 왕복선의 열을 낮추는 것이다. 철을 높은 온도까지 가열하면 붉게 빛나는 것처럼, 물체는 고온이 되면 빛이나 적외선을 강하게 내보낸다. 이를 열복사라고 한다. 이때 물체의 열이 밖으로 달아나게 되는데, 이것이 바로 ⓐ복사 냉각이다. 다시 말해 열복사가 ⓐ일어나면 복사 냉각도 같이 일어난다. 우주 왕복선은 외부에 내열˚ 타일을 부착˚해서 복사 냉각을 한다. 이 타일은 우주 왕복선이 대기권에 재돌입할 때 공력 가열을 받아 1,500℃의 고온이 된다. 그러면 타일 자체가 빛이나 적외선을 내면서 열을 밖으로 내보낸다.

4 그런데 내열 타일이 녹을 정도로 공력 가열을 높게 받는 경우에는 복사 냉각의 방법을 쓸 수 없다. 이런 경우에는 고온에 의해 내열재가 열분해되는 현상을 이용한 ⓑ어블레이션(ablation)이라는 방법을 사용한다. 탄소 섬유 등을 섞은 강화 플라스틱으로 만들어진 내열재는 공력 가열을 받으면 그 자체가 열을 흡수하면서 분해되어 증발˚한다. 이렇게 내열재가 증발하는 과정에서 열이 달아나게 된다. 하지만 이러한 방법들에도 불구하고 우주 왕복선의 대기권 재돌입은 항상 위험한 일이다. 우주 왕복선에 타고 있는 승무원들의 안전을 위해서는 아직도 해결해야 할 과제가 많다.

˚ **귀환(歸還):** 다른 곳으로 떠나 있던 사람이 본래 있던 곳으로 돌아오거나 돌아감.
˚ **재돌입(再突入):** 우주선 따위가 대기권 밖으로 나갔다가 다시 대기권 안으로 들어오는 일.
˚ **내열(耐熱):** 높은 열에 견딤.
˚ **부착(附着):** 떨어지지 아니하게 붙음. 또는 그렇게 붙이거나 닮.
˚ **증발(蒸發):** 어떤 물질이 액체 상태에서 기체 상태로 변함. 또는 그런 현상.

독해력 Upgrade ※각 문단의 중심 내용을 다음과 같이 정리할 때, 빈칸에 들어갈 알맞은 말을 쓰시오.

| **1** '(   ) 현상'의 개념과 우주선의 무사 귀환에 대한 의문 | → | **2** 우주 왕복선의 열을 낮추는 방법 ① – S자 턴의 반복 | → | **3** 우주 왕복선의 열을 낮추는 방법 ② – 복사 (   ) | → | **4** 우주 왕복선의 열을 낮추는 방법 ③ – (   ) |

1 대기권에 재돌입하는 과정에서 우주 왕복선에 일어나는 현상을 〈보기〉에서 골라 바르게 묶은 것은?

┤ 보기 ├

ㄱ. 우주 왕복선은 공력 가열 현상에 따라 고온 상태가 된다.
ㄴ. 우주 왕복선은 S자 턴을 반복하면서 온도가 점차 높아진다.
ㄷ. 우주 왕복선은 속도가 빠르면 빠를수록 온도가 더 높아진다.
ㄹ. 우주 왕복선은 빛이나 적외선을 내보내면서 온도가 더 높아진다.

① ㄱ, ㄴ   ② ㄱ, ㄷ   ③ ㄴ, ㄷ
④ ㄴ, ㄹ   ⑤ ㄷ, ㄹ

2 ㉠과 ㉡에 대한 설명으로 적절하지 <u>않은</u> 것은?

① ㉠과 ㉡은 모두 우주 왕복선의 열을 내리는 방법이다.
② ㉠과 ㉡은 모두 물체가 고온이 되었을 때 적외선을 방출ᵛ하는 원리를 이용한다.
③ ㉠과 ㉡은 모두 우주 왕복선이 대기권에 재돌입하는 과정에서 발생하는 문제를 해결하기 위한 것이다.
④ ㉡은 ㉠과 달리 내열재가 증발하면서 열이 달아나게 하는 방법을 사용한다.
⑤ ㉡은 ㉠에 비해 더 높은 공력 가열 현상이 발생할 때에 효과적으로 열을 낮춘다.

> ᵛ 방출(放出): ① 비축하여 놓은 것을 내놓음. ② 입자나 전자기파의 형태로 에너지를 내보냄.

3 ⓐ의 문맥적 의미와 가장 가까운 것은?

① 그만 자고 어서 <u>일어나</u> 학교에 가거라.
② 얼마 후에 꺼져 가던 불꽃이 다시 <u>일어났다</u>.
③ 연주회가 끝나자 관객들은 자리에서 <u>일어나</u> 박수를 쳤다.
④ 그는 친구의 말에 화가 <u>일어났지만</u> 곧 마음을 가라앉혔다.
⑤ 기상청에서는 오늘 황사 현상이 <u>일어날</u> 것이라고 예보했다.

어휘력 Upgrade   ※다음의 빈칸에 들어갈 알맞은 말을 〈보기〉에서 찾아 쓰시오.

┤ 보기 ├
귀환
방출
부착
증발

1 취재를 끝낸 외국 기자들은 각자 본국으로 ( )하였다.
2 물은 열이 가해지면 수증기가 되어 공기 중으로 ( )한다.
3 이 과일 모양의 자석은 냉장고에 ( )해서 장식하는 데 쓴다.
4 은하가 태양계에 ( )하는 빛의 양은 은하의 기울기에 따라 달라진다.

인체의 내부를 진단하는 CT의 원리

겉으로 드러나지 않는 우리 몸속의 질병은 어떻게 확인할 수 있을까? CT나 MRI와 같은 영상 진단 기술을 이용하고 있어, 그 원리와 장단점이 무엇인지 살펴보자.

1 병원에 가면 몸을 정밀하게 검사하기 위해 CT(컴퓨터 단층 촬영)를 찍자는 말을 흔히 듣게 된다. CT는 Computed Tomography의 약자로, tomography는 단면이나 조각을 뜻하는 그리스어 tomos와 기록을 뜻하는 graphein이 결합된 말이다. 즉, CT는 일반 촬영으로 나타낼 수 없는 신체의 단층 영상을 기록하여 나타내는 장치이다.

2 CT로 영상을 얻는 방법은 다음과 같다. 우선 X선으로 관찰하고자 하는 인체의 특정 부분을 돌아가면서 촬영하면, 이 정보가 검출기로 전해진다. 특정 부위를 관찰하기 위해 여러 방향에서 조사˚한 X선은 관찰하고자 하는 인체의 부위에 존재하는 뼈나 혈액, 근육 등을 통과하면서 미세한 흡수 차를 보이게 된다. 검출기는 이 흡수 차에 대한 정보를 컴퓨터로 전달한다. 그러면 컴퓨터는 이 정보를 영상으로 재구성하는 것이다.

3 CT로 촬영된 영상은 아픈 부위의 절단면을 마치 칼로 무를 자른 듯이 깨끗하게 보여 준다. 그렇기 때문에 관찰하고자 하는 대상의 단면을 입체적으로 파악할 수 있다. CT를 이용하면 일반 X선 영상에서는 겹쳐서 보이지 않는 신체 내부 장기나 해부학적으로 복잡한 구조를 지닌 부위도 정확하게 진단할 수 있다. 그래서 CT는 ⊙종래의 X선 사진에 비해 머릿속이나 소화 기관의 종양˚, 폐암이나 간암 등을 진단˚하는 데 특히 유용˚하다.

4 그런데 ⓒCT는 X선을 사용한다는 단점이 있다. X선은 우리 몸에 좋지 않은 방사능을 내보내기 때문에 X선에 장시간 노출될 경우 건강에 좋지 않은 영향을 미칠 수 있다. 이 때문에 고안˚된 영상 장치가 MRI(자기 공명 영상)이다. ⓒMRI는 인체의 주변에 자기장을 만든 뒤 인체에 고주파를 쏜다. 이 고주파를 받은 인체의 수소 원자는 자기장이 사라지며 에너지를 방출한다. 이때 정상 부위와 질병 부위가 내놓는 에너지의 양에 차이가 나는데, 이 차이를 컴퓨터 영상으로 나타낸다. 일반적으로 MRI는 CT에 비해 좀 더 정밀한 입체 영상을 얻을 수 있는 것으로 알려져 있다.

5 그러나 MRI는 자기장을 이용하므로 심장 박동기나 치아 보철물˚ 등 자기장을 형성할 수 있는 인공 장치가 몸에 있는 사람은 검사할 수 없다. 또한 검사 비용도 CT에 비해 부담이 큰 편이다. 이에 비해 CT는 촬영 시간이 짧고, 별다른 준비가 필요 없으며, 몸에 심장 박동기와 같은 금속 장비가 있을 경우에도 촬영이 가능하다. 따라서 교통사고 등으로 시급하게 신체의 손상 여부를 파악해야 할 때는 CT가 MRI보다 중요한 역할을 하고 있다.

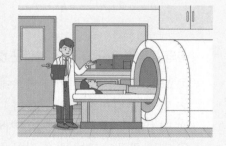

- **조사(照射):** 광선이나 방사선 따위를 쬠.
- **종양(腫瘍):** 몸 안의 세포가 자율성을 가지고 과잉으로 발육한 종기나 혹.
- **진단(診斷):** 의사가 환자의 병 상태를 판단하는 일.
- **유용(有用):** 쓸모가 있음.
- **고안(考案):** 연구하여 새로운 안을 생각해 냄.
- **보철물(補綴物):** 이가 상한 데를 고치어 바로잡거나 이를 해 박을 때 사용되는 물건.

독해력 Upgrade ※각 문단의 중심 내용을 다음과 같이 정리할 때, 빈칸에 들어갈 알맞은 말을 쓰시오.

| **1** CT의 어원과 개념 | → | **2** CT로 ( )을 얻는 원리 | → | **3** CT의 장점과 유용하게 활용되는 분야 | → | **4** CT의 단점을 보완한 ( )의 원리와 장점 | → | **5** MRI의 단점과 이와 대비되는 ( )의 유용성 |

1 이 글의 중심 화제를 다루기 위해 사용된 글쓰기 전략으로 바르게 묶인 것은?

┤ 보기 ├

ㄱ. 중심 화제의 개념을 정의하고 원리를 소개할 것.

ㄴ. 중심 화제의 발전 과정을 통시적˘으로 고찰할 것.

ㄷ. 중심 화제를 친숙한 다른 대상에 빗대어 설명할 것.

ㄹ. 중심 화제의 특성을 다른 대상과의 비교를 통해 드러낼 것.

❤ 통시적(通時的): 시간의 경과에 따라 나타나는 사물의 변화와 관련되는 것.

① ㄱ, ㄴ   ② ㄱ, ㄹ   ③ ㄴ, ㄷ

④ ㄴ, ㄹ   ⑤ ㄷ, ㄹ

2 ㉠~㉢에 대한 이해로 가장 적절한 것은?

① ㉠은 ㉡에 비해 복잡한 구조를 지닌 부위를 진단하기에 적합하다.

② ㉡은 ㉢에 비해 검사 비용이 많이 든다.

③ ㉡은 자기장을 이용하고, ㉢은 X선을 이용한다.

④ ㉢을 사용하면 ㉡에 비해 정밀한 영상을 얻을 수 있다.

⑤ ㉢은 ㉡에 비해 건강에 좋지 않은 영향을 미칠 수 있다.

3 이 글의 내용을 참고할 때, CT로 검사를 받을 수 있는 대상이 <u>아닌</u> 사람은?

① 사랑니를 발치˘하기 전에 정확한 진단을 받아야 하는 사람

② X선 촬영 검사 후에도 위장 장애의 원인을 찾지 못한 사람

③ 임신 중에 걷지 못할 정도의 허리 통증을 느껴 병원에 온 사람

④ 큰 교통사고를 당한 후에 응급실에 실려 와 통증을 호소하고 있는 사람

⑤ 인공 심장 박동기를 삽입한 후 가슴 통증과 호흡 곤란을 겪고 있는 사람

❤ 발치(拔齒): 이를 뽑음.

어휘력 Upgrade

※ 다음의 빈칸에 들어갈 알맞은 말을 〈보기〉에서 찾아 쓰시오.

┤ 보기 ├

고안
보철물
유용
진단

1 전자계산기는 복잡한 계산을 재빨리 해치우기에 (   )하다.

2 의사들은 환자를 (   )한 후 오랜 회의 끝에 수술을 하기로 결정했다.

3 우리 회사는 한 달에 한 번씩 사원들이 (   )해 낸 안건들을 검토한다.

4 기존 치아와 유사한 색상의 (   )로 충치 치료를 했더니 치료한 부분이 잘 드러나지 않았다.

[01~04] 다음 단어와 그 뜻풀이를 바르게 연결하시오.

01 개량 •

• ㉠ 식혀서 차게 함.

02 결함 •

• ㉡ 광선이나 방사선 따위를 쬠.

03 냉각 •

• ㉢ 나쁜 점을 보완하여 더 좋게 고침.

04 조사 •

• ㉣ 부족하거나 완전하지 못하여 흠이 되는 부분.

[05~08] <보기>의 글자들을 조합하여 다음의 뜻풀이에 알맞은 단어를 쓰시오.

┤ 보기 ├

과 기 이 인 주 증 투 환

05 탁한 공기를 맑은 공기로 바꿈. ( )

06 본래 살던 집에서 다른 집으로 거처를 옮김. ( )

07 장애물에 빛이 비치거나 액체가 스미면서 통과함. ( )

08 어떠한 문서나 행위가 정당한 절차로 이루어졌다는 것을 공적 기관이 증명함. ( )

[09~12] 다음의 빈칸에 들어갈 알맞은 단어를 <보기>에서 찾아 쓰시오.

┤ 보기 ├

배출 복원 정밀 쾌적

09 환경은 한 번 파괴되면 ( )하기 힘들다.

10 이 시계는 아주 ( )하여 오차가 거의 없다.

11 우리는 근무 환경을 ( )하게 유지하기 위해 대청소를 했다.

12 엄청난 양의 공장 폐수가 정화되지 않고 강으로 ( )되고 있다.

[13~16] 제시된 초성과 뜻풀이를 참고하여 다음의 빈칸에 알맞은 단어를 쓰시오.

13 ㅅ ㅇ ㅎ : 실제로 쓰거나 쓰게 함.
예 새로 개발한 신소재가 ( )의 단계에 있다.

14 ㅁ ㅍ : 샐 틈이 없이 꼭 막거나 닫음.
예 그녀는 하루 종일 ( )된 녹음실에서 작업을 했다.

15 ㄴ ㅊ : 겉으로 드러나거나 드러냄.
예 건설 현장에서 일하는 근로자들은 항상 위험에 ( )되어 있다.

16 ㅂ ㅎ : 모양이나 형태가 달라지거나 달라지게 함.
예 평소 자세가 바르지 못하면 척추의 ( )이 생길 수 있다.

[17~20] 다음의 밑줄 친 부분과 바꿔 쓸 수 있는 말을 <보기>의 단어를 활용하여 쓰시오.

┤ 보기 ├

귀환하다 유사하다 인지하다 전송하다

17 벌들의 춤은 인간의 언어와 <u>비슷한</u> 점이 많다. ( )

18 그는 아직 사태의 심각성을 <u>알아차리지</u> 못했다. ( )

19 박 기자는 다 쓴 기사를 이메일로 회사에 <u>보냈다</u>. ( )

20 해방 후에 임시 정부의 요인들은 대개 개인 자격으로 <u>돌아왔다</u>. ( )

어휘력은 독해력의 기초!

• 나의 어휘력은 몇 점? _____개 / 20개

• 18개 이상을 맞혔다면? 어휘의 기초가 튼튼합니다.

• 17개 이하로 맞혔다면? 본문에 제시된 지문과 어휘를 다시 공부한 다음 문제를 풀어보세요.

[01~04] 다음 단어와 그 뜻풀이를 바르게 연결하시오.

01 고안 •
02 기호화•
03 발치 •
04 전제 •

• ㉠ 이를 뽑음.
• ㉡ 연구하여 새로운 안을 생각해 냄.
• ㉢ 어떤 뜻이나 대상이 부호나 그림, 문자 따위로 표현됨.
• ㉣ 어떠한 사물이나 현상을 이루기 위하여 먼저 내세우는 것.

[05~08] 〈보기〉의 글자들을 조합하여 다음의 뜻풀이에 알맞은 단어를 쓰시오.

┤ 보기 ├
감 단 량 발 염 증 진 측

05 의사가 환자의 병 상태를 판단하는 일. ( )

06 어떤 물질이 액체 상태에서 기체 상태로 변하는 현상. ( )

07 기기를 써서 물건의 높이, 깊이, 넓이, 방향 따위를 잼. ( )

08 컴퓨터 바이러스가 컴퓨터의 하드 디스크나 파일 따위에 들어오는 일. ( )

[09~12] 다음의 빈칸에 들어갈 알맞은 단어를 〈보기〉에서 찾아 쓰시오.

┤ 보기 ├
보완 부과 유용 주력

09 도서 목록은 책을 찾는 데 아주 ( )하다.

10 경찰은 용의자의 물증을 찾는 데 ( )하고 있다.

11 납부 기일을 연체한 사람에게는 5퍼센트의 연체료를 ( )합니다.

12 그는 지난번 보고서에서 부족했던 내용을 ( )하여 다시 제출했다.

[13~16] 제시된 초성과 뜻풀이를 참고하여 다음의 빈칸에 알맞은 단어를 쓰시오.

13 ㅇ ㅁ : 앞으로 잘될 듯한 희망이나 전망이 있음.
예 그는 장래가 ( )한 청년이다.

14 ㅅ ㅊ : 어떤 것이 생산되어 나옴.
예 프랑스 남부에는 포도주를 ( )하는 유명한 지역이 많다.

15 ㅂ ㄷ : 나누어서 맡음.
예 병희는 가족 간의 역할 ( )이 공평하게 돌아가도록 신경을 썼다.

16 ㄱ ㅅ : 책망이나 괴로움 따위를 달갑게 받아들임.
예 가족과의 이별은 어린 나이에 ( )하기 어려운 고통이었다.

[17~20] 다음의 밑줄 친 부분과 바꿔 쓸 수 있는 말을 〈보기〉의 단어를 활용하여 쓰시오.

┤ 보기 ├
고갈되다 부착하다 선별하다 탈취하다

17 잦은 전쟁으로 국고마저 점점 <u>없어지고</u> 있다. ( )

18 이 과일 모양의 자석은 냉장고에 <u>붙여</u> 장식하는 데 쓴다. ( )

19 십여 명의 경찰이 추적하자 범인들은 차량을 <u>빼앗아</u> 도주했다. ( )

20 당선작을 <u>가리기</u> 위한 모임을 두 차례나 가졌지만, 여전히 의견의 일치를 볼 수 없었다. ( )

어휘력은 독해력의 기초!

• 나의 어휘력은 몇 점? _____개 / 20개
• 18개 이상을 맞혔다면? 어휘의 기초가 튼튼합니다.
• 17개 이하로 맞혔다면? 본문에 제시된 지문과 어휘를 다시 공부한 다음 문제를 풀어보세요.

독해 실전

아자! 힘내~

VI

융합

게임 이론의 수학적 분석

게임은 보통 규칙을 정해 놓고 승부를 겨루게 되지. 이러한 규칙 때문에 게임은 수학적으로도 분석할 수 있어. 게임을 수학적으로 분석했을 때 어떤 결과가 나타나는지 살펴보자.

1 ㉠치킨 게임은 대결을 벌이는 두 사람이 각각 자동차에 올라타고, 서로 마주 본 다음 상대방을 향해 돌진˚하는 게임이다. 두 사람 중에서 겁을 먹고 먼저 핸들을 돌려 충돌을 피하는 쪽이 게임에서 지고 '겁쟁이(chicken)'가 된다. 게임 참여자의 선택에 따라 얻게 되는 이익이나 보상이 어떻게 달라지는지를 행렬˚로 나타낸 보수 행렬을 통해, 치킨 게임과 같은 게임의 이론을 수학적으로 해석하기도 한다.

2 오른쪽 표에서 보듯이, 두 사람 다 양보하면 각각 2의 효용˚, 한 사람이 양보하고 다른 사람은 양보하지 않아 누군가 승리하면 4의 효용, 두 사람 다 양보하지 않아 충돌하면 −2의 효용을 얻는다. 두 사람이 서로 양보하면 모두 목숨을 건질

치킨 게임		게임 참여자 2	
		양보	돌진
게임 참여자 1	양보	2, 2	0, 4
	돌진	4, 0	−2, −2

수 있지만 겁쟁이가 된다. 이와 반대로 만약 상대방이 양보해 준다면 가장 큰 효용(0, 4 또는 4, 0)을 얻을 수 있다. 따라서 최선의 방법(2, 2)이 있음에도 불구하고, 참여자는 4의 효용을 얻고 싶어 양보보다는 돌진을 선호하게 된다. 이와 같은 해석에 따라, 치킨 게임은 서로의 이해˚를 조정하거나 공동의 이익을 추구하기가 곤란한 예로 사용된다.

3 또 다른 게임 이론인 죄수의 딜레마 이론은 치킨 게임과 같이 (㉡)는 점에서 공통점이 있지만, 상대를 배신할 수 있는 전략이 있다는 점에서 차이가 있다. 죄수의 딜레마는 범죄를 같이 저지른 두 사람이 경찰에 붙잡혔을 때, 경찰이 아직 죄를 입증할 만한 증거를 찾지 못한 상태라고 가정하는 데에서 시작한다. 이때 경찰은 두 사람에게 다음과 같이 말한다. 두 사람 다 범행을 부인˚하면 모두 석방, 한 사람이 자백했는데 다른 사람이 부인하면 자백한 사람은 석방하고 부인한 사람은 3년 형, 두 사람 다 자백하면 모두 2년 형을 받을 것이다. 이 경우 어떤 선택을 하는 것이 가장 합리적일까? 최선의 방법은 두 사람 다 죄를 부인하고 석방되는 것이지만, 이를 위해서는 상대가 자백하지 않을 것이라는 믿음이 있어야 한다. 결국 자신은 부인하더라도 상대방이 자백하면 불리하다는 생각에 두 사람 다 자백하게 되고 모두 2년 형을 받게 된다. ㉢이 역시 보수 행렬로 나타낼 수 있다.

4 이전부터 협력, 갈등, 대립 등 게임과 관련된 내용을 학문적으로 연구하려는 시도는 있었다. 하지만 기존의 연구들은 대부분 특정한 상황에서의 전략을 연구하는 데 그쳤다. 치킨 게임과 죄수의 딜레마는 게임 이론을 수학의 영역으로 끌어들였다. 이후 게임 이론은 여러 수학적 개념과 결부˚해 발전해 나갔다. 아울러 경제학뿐만 아니라 존 롤스의 〈정의론〉이나 리처드 도킨스의 〈이기적 유전자〉와 같은 책의 논리 전개에도 영향을 주었다.

˚돌진(突進): 세찬 기세로 거침없이 곧장 나아감.

˚행렬(行列): 여러 숫자나 문자를 정사각형 또는 직사각형으로 배열한 것.

˚효용(效用): 인간의 욕망을 만족시킬 수 있는 재화의 효능.

˚이해(利害): 이익과 손해를 아울러 이르는 말.

˚부인(否認): 어떤 내용이나 사실을 옳거나 그러하다고 인정하지 아니함.

˚결부(結付): 일정한 사물이나 현상을 서로 연관시킴.

독해력 Upgrade

※각 문단의 중심 내용을 다음과 같이 정리할 때, 빈칸에 들어갈 알맞은 말을 쓰시오.

1 치킨 게임의 개념과 그 이론의 ( )적 해석 → **2** 양보보다는 돌진을 선호하는 ( ) 게임 분석 → **3** ( )의 방법을 선택하지 못하는 죄수의 딜레마 분석 → **4** 수학과 결부한 게임 이론이 다른 학문에 끼친 영향

1 ㉠의 특성을 나타내는 단어로 가장 적절한 것은?

① 기습(奇襲)　　　② 배수진(背水陣)　　　③ 최선책(最善策)
④ 일거양득(一擧兩得)　　　⑤ 일확천금(一攫千金)

2 ㉡에 들어갈 말로 가장 적절한 것은?

① 모두에게 이익이 돌아가는 합리적인 선택이 가능하다
② 겁쟁이가 되지 않기 위해 효용이 떨어지는 선택을 한다
③ 이익을 극대화하기 위해서 적극적으로 상대방과 협상한다
④ 가장 합리적인 선택이 있지만 참여자들이 다른 선택을 한다
⑤ 가장 비효율적일 때 참여자 모두에게 좋은 결과가 나타난다

▾ 극대화(極大化): 아주
커짐. 또는 아주 크게
함.

3 <보기>를 참고하여 ㉢을 보수 행렬로 바르게 나타낸 것은?

┤ 보기 ├

　보수 행렬은 특정 상황에서 각자가 얻게 되는 이익이나 보상 등의 보수를 수치화하여 열거한 행렬이다. 보수 행렬은 행렬을 구성하는 성분 (a, b)의 값으로 나타낼 수 있다. 죄수의 딜레마에서 보수 행렬 안의 숫자는 감옥에서 지내게 되는 기간을 의미하며, 죄수는 A와 B 두 명이라고 가정한다.

①

죄수의 딜레마		죄수 B	
		부인	자백
죄수 A	부인	2, 2	3, 0
	자백	3, 3	1, 1

②

죄수의 딜레마		죄수 B	
		부인	자백
죄수 A	부인	0, 0	3, 0
	자백	0, 3	2, 2

③

죄수의 딜레마		죄수 B	
		부인	자백
죄수 A	부인	2, 2	3, 0
	자백	0, 3	3, 3

④

죄수의 딜레마		죄수 B	
		부인	자백
죄수 A	부인	1, 1	2, 2
	자백	2, 2	0, 3

⑤

죄수의 딜레마		죄수 B	
		부인	자백
죄수 A	부인	0, 0	3, 3
	자백	3, 3	2, 2

어휘력 Upgrade　※다음의 빈칸에 들어갈 알맞은 말을 <보기>에서 찾아 쓰시오.

┤ 보기 ├
결부
극대화
돌진
이해

1 버스가 인도로 (　　　)하여 많은 사상자를 내었다.
2 이 기술은 에너지 효율을 (　　　)할 것으로 기대된다.
3 그는 책을 읽고 자신의 경험과 (　　　)해 감상문을 썼다.
4 그들은 힘을 합쳐 일을 끝낼 생각은 하지 않고 각자의 (　　　)만 따지고 들었다.

아름다움에 숨어 있는 수학적 원리

우리가 어떤 대상을 아름답다고 느끼는 이유는 무엇일까? 수학자들은 아름다움을 느끼게 되는 원리 중의 하나로 '황금 분할'을 꼽고 있어. 얼마나 대단한 원리기에 황금이라는 말까지 붙었는지 알아보자.

1️⃣ 인간이 찾아낸 아름다운 수학적 양식 중 하나가 황금 분할˙이다. 흔히 "수학은 어떤 학문인가?"라는 질문에 대한 대답으로 "수학은 아름다운 학문이다."라고 하는데, 왜 수학을 아름답다고 하는지에 대해서는 이해하기 쉽지 않다. 하지만 황금 분할에 대해 알게 되면 이런 의문은 해결될 수 있다.

2️⃣ 이 황금 분할을 수학적으로 표현하면 다음과 같다.

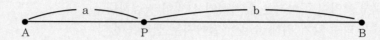

선분 AB의 길이를 1이라고 가정˙하고, 어떤 비율로 선분 AB를 나누고자 한다. 선분 AB의 길이에 대한 선분 PB의 길이의 비가, 선분 PB의 길이에 대한 선분 AP의 길이의 비와 같도록 점 P가 결정될 때, 황금 분할이 이루어진다. 즉, 어떤 주어진 선분에서 $(a+b) : b = b : a$의 등식이 이루어지게 나눌 수 있는 점을 황금 분할의 점이라고 한다. 황금 분할의 점은 전체 길이의 61.8%에 해당하는 점이어서, 일반적으로 황금 분할을 이루는 비율은 0.618 또는 1.618을 의미한다. a를 b로 나누면 0.618이 되고, b를 a로 나누면 1.618이 된다. 그러므로 황금 분할은 전체 속에서 두 개의 크기가 다른 부분 사이의 독특한 상호 관계를 나타내며, 아울러 이 비율 관계의 절묘함˙을 뜻하기도 한다.

3️⃣ 인간의 시각에서 볼 때 이 황금 분할의 비율을 응용하여 만든 물건들은 다른 비율을 응용해 만든 것에 비해 아름답고 안정적으로 느껴진다. 그렇기 때문에 많은 예술품과 건축물에 이 황금 분할의 비율이 사용되어 왔다. 지금까지 남아 있는 유물˙ 중 황금 분할을 적용한 가장 오래된 예는 기원전 4700년경에 건설된 피라미드이다. 이집트인들이 발견한 황금 분할의 개념은 그리스로 전해져, 파르테논 신전의 전면에 나타나는 직사각형의 변들처럼 그리스의 조각, 회화, 건축 등에 적용되었다. 황금 분할이라는 명칭은 그리스의 수학자 에우독소스가 붙였고, 이를 나타내는 파이(∅, 1.61803)도 이 비율을 조각에 이용하였던 피디아스라는 사람의 그리스어 머리글자에서 따왔다.

4️⃣ '모든 것의 근원은 수'라고 생각했던 고대 그리스의 피타고라스 학파 사람들은 이 파이 안에서 우주 질서의 비밀을 찾으려 했다. 그들은 파이를 단순한 숫자로 생각하기보다는 신성한 하나의 상징으로 인식했다. 그러기에 그들은 황금 분할의 비율이 내재˙된 오각형 별을 그들의 상징으로 삼았고, 황금 분할이 드러내는 특징처럼 자신의 특성을 보존하면서도 전체의 더 큰 형태에 융화˙되는 삶을 이상으로 생각했다.

◦ 분할(分割): 나누어 쪼갬.

◦ 가정(假定): 사실이 아니거나 또는 사실인지 아닌지 분명하지 않은 것을 임시로 인정함.

◦ 절묘하다(絕妙하다): 비할 데가 없을 만큼 아주 묘하다.

◦ 유물(遺物): 선대의 인류가 후대에 남긴 물건.

◦ 내재(內在): 어떤 사물이나 범위의 안에 들어 있음.

◦ 융화(融和): 서로 어울려 갈등이 없이 화목하게 됨.

독해력 Upgrade ※각 문단의 중심 내용을 다음과 같이 정리할 때, 빈칸에 들어갈 알맞은 말을 쓰시오.

| 1️⃣ 수학이 아름다운 학문임을 뒷받침하는 (   ) 이론 | → | 2️⃣ 황금 분할의 개념과 의미 | → | 3️⃣ 황금 분할이 적용된 분야와 (   )의 유래 | → | 4️⃣ 황금 분할의 의미를 삶에서 실천하려 한 (   ) 학파 |

1 **이 글의 전개 방식으로 가장 적절한 것은?**

① 사회적 통념의 문제점을 지적한 후 그 원인을 밝히고 있다.
② 서로 다른 관점들을 종합하여 새로운 결론을 제시하고 있다.
③ 의문을 제기한 다음 특정 개념을 설명함으로써 이를 해소˙하고 있다.
④ 전문가의 말을 인용하여 전달하려는 내용에 신뢰성을 부여하고 있다.
⑤ 구체적인 예를 제시한 뒤 이를 바탕으로 일반화된 개념을 이끌어 내고 있다.

> ˙해소(解消): 어려운 일이나 문제가 되는 상태를 해결하여 없애 버림.

2 **이 글에 대한 이해로 가장 적절한 것은?**

① 황금 분할의 가치를 처음 발견한 것은 그리스인들이다.
② 선분을 둘로 나눌 때 황금 분할을 이루는 점은 무수히 많다.
③ 황금 분할은 조각, 회화, 건축 등 다양한 분야에서 이용되었다.
④ 피타고라스 학파는 개성보다는 전체 속에 융화되는 삶을 중시했다.
⑤ 황금 분할이 적용되지 않은 대상이 적용된 대상보다 안정적인 느낌을 준다.

3 **이 글을 바탕으로 〈보기〉를 해석한 내용으로 적절하지 않은 것은?**

┤ 보기 ├

'1, 1, 2, 3, 5, 8, 13, 21, …'과 같이 앞의 두 수를 합한 값이 다음에 나오는 수가 되는 수열을 피보나치 수열이라고 한다. 이 수열을 반복하면, 인접한 두 수의 비율은 황금 분할에 가까워진다. 이를 그림으로 나타내면 오른쪽과 같다. 그림에서 도형 ABCD는 황금 분할에 해당한다고 가정한다.

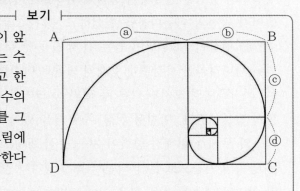

① $\overline{AB}$를 $\overline{BC}$로 나누면 1.618이다.
② $\overline{AB}$에서 ⓐ의 비율은 0.618이다.
③ $\overline{BC}$에서 ⓓ의 비율은 0.382이다.
④ ⓑ와 ⓒ의 비율을 합한 값은 0.5이다.
⑤ ⓐ와 ⓑ의 비율은 ⓒ와 ⓓ의 비율과 같다.

어휘력 Upgrade ※다음의 빈칸에 들어갈 알맞은 말을 〈보기〉에서 찾아 쓰시오.

┤ 보기 ├
분할
융화
절묘
해소

1 그녀는 바느질 솜씨가 매우 (　　　)하다.
2 우리는 모처럼 바다로 가서 그동안 쌓인 스트레스를 (　　　)했다.
3 이 회사는 신입 사원을 상반기와 하반기에 절반씩 (　　　)해서 모집한다.
4 주민들이 출신 지역은 다르지만 서로 잘 (　　　)해서 부유한 마을을 만들었다.

백제의 뛰어난 문화를 보여 주는 무령왕릉

무령왕릉은 백제 무령왕의 무덤인데, 내부가 거의 훼손되지 않은 채 발견되어 역사 연구에 큰 도움을 주었다고 해. 무령왕릉이 어떤 구조로 이루어져 있는지 알아보자.

1 충남 공주에 있는 무령왕릉은 백제 25대 임금인 무령왕과 왕비의 무덤으로, 백제 고분♥ 가운데 주인을 정확하게 알 수 있는 유일한 무덤이다. 무령왕은 왕권을 튼튼히 하고 국가 제도를 정비♥하여 백성들에게 존경을 받았던 임금으로 알려져 있다. 무령왕릉은 백제 시대의 뛰어난 문화를 보여 주는 건축물로, 그 안에서 발견된 중국산 도자기와 동남아시아산 구슬 등은 백제가 국제 사회와 활발하게 교류♥했음을 알려 준다.

2 무령왕릉은 여러 문양이 새겨진 벽돌로 만든 아치형♥ 무덤으로, 내부는 널길과 널방으로 이루어져 있다. 무덤의 입구인 널길에는 죽은 사람의 정보가 적혀 있는 지석이 놓여 있고, 지석 뒤에는 무덤을 지키는 상징적 동물인 진묘수가 서 있다. 널길을 지나면 널방이 나오는데, 널방의 중앙에는 왕과 왕비의 시신을 안치♥한 목관이 있다.

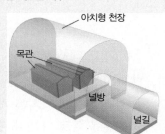

아치형 천장
목관
널방
널길

3 무령왕릉은 백제의 다른 무덤들과 달리 중국 남조에서 유행하던 벽돌무덤 형식을 취하고 있다. 무령왕릉에 사용된 벽돌의 종류는 모두 28가지이다. 주로 사용된 벽돌은 연꽃무늬가 있는 벽돌이지만, 글자가 있는 벽돌과 무늬가 없는 벽돌도 사용되었다. 연꽃무늬 벽돌은 벽돌 2장을 한 쌍으로 맞춰야 온전한 꽃무늬가 나타나도록 배치되어 있다. 벽돌에 연꽃을 새긴 것은 무령왕이 다시 태어나기를 바라는 마음을 담은 것으로 보인다.

4 벽체는 벽돌을 이중으로 쌓아 만들되, 벽돌을 네 개는 눕히고 한 개는 세워서 쌓는 사평일수의 방식을 활용하여 중국의 삼평일수 방식과 차이를 보인다. 천장은 아치형으로 만들어져 곡선의 아름다움을 형성하고 있다. 그런데 위에서 누르는 압력 때문에 무너지기 쉬웠을 천장이 1,500년이 넘는 긴 세월 동안 무너지지 않고 ㉠버텼다. 그 비결은 바로 단면이 사다리꼴인 사각뿔대 형태의 벽돌로 아치를 만든 것이었다.

5 사각뿔대의 크기가 다른 두 밑면 중 크기가 작은 면이 널방에서 보이도록 쌓으면 아치형이 만들어진다. 아치형 천장 위에 흙을 덮어 봉분♥을 만들면, 흙의 무게와 아치를 쌓은 벽돌의 무게가 더해진 중력이 지구 중심 방향으로 작용한다. 하지만 아치에 작용하는 힘은 양쪽의 기둥으로 분산♥되면서 틈이 생기지 않도록 벽돌을 밀어 주는 힘으로 변한다. 뿐만 아니라 벽돌을 미는 힘은 이에 반발하는 반력을 생기게 하는데, 양쪽에서 오는 반력으로 형성된 합력이 중력과 평형을 이루어 아치가 균형을 잡는 데 도움을 준다.

6 이처럼 사각뿔대 벽돌의 사용과 독특한 쌓기 방식으로 무령왕릉은 안정성과 예술성을 동시에 지니게 되었다. 무령왕릉은 백제 미술의 아름다움과 함께, 백제인들이 갖추었던 수학적 지식과 공학적 이해의 높은 수준을 엿볼 수 있게 한다.

♥ 고분(古墳): 고대에 만들어진 무덤.
♥ 정비(整備): 흐트러진 체계를 정리하여 제대로 갖춤.
♥ 교류(交流): 문화나 사상 따위가 서로 통함.
♥ 아치형(arch形): 활과 같은 곡선으로 된 형태나 형식.
♥ 안치(安置): 위패, 시신 따위를 잘 모셔 둠.
♥ 봉분(封墳): 흙을 둥글게 쌓아 올려서 무덤을 만듦. 또는 그 무덤.
♥ 분산(分散): 갈라져 흩어짐. 또는 그렇게 되게 함.

독해력 Upgrade ※각 문단의 중심 내용을 다음과 같이 정리할 때, 빈칸에 들어갈 알맞은 말을 쓰시오.

| **1** 무령왕과 무령왕릉 소개 | → | **2** 무령왕릉의 ( ) | → | **3** 무령왕릉의 특징 ① | → | **4** 무령왕릉의 특징 ② | → | **5** ( ) 천장에 담긴 과학적 원리 | → | **6** 무령왕릉의 가치와 ( ) |

1 이 글의 내용과 일치하는 것은?

① 무령왕릉에 사용된 벽돌에는 모두 연꽃무늬가 새겨져 있다.
② 무령왕릉에서 벽돌을 쌓는 방식은 중국의 방식을 차용[▼]하였다.
③ 무령왕릉은 당시 백제에서 유행하던 건축 양식을 택하여 만들었다.
④ 무령왕릉이 만들어질 당시에 백제는 다른 나라와 교류하지 않았다.
⑤ 무령왕릉의 아치형 천장에 사용된 벽돌의 단면은 사다리꼴 모양이다.

> ♥ 차용(借用): 돈이나 물
> 건 따위를 빌려서 씀.

2 **5**를 바탕으로 〈보기〉를 이해한 내용으로 적절하지 않은 것은?

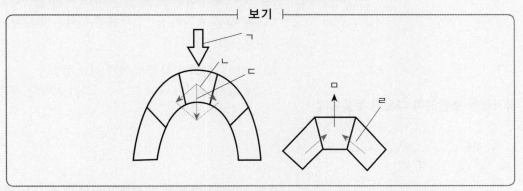

┤ 보기 ├

① ㄱ은 봉분의 흙과 벽돌의 무게가 더해져 힘이 지구 중심 방향으로 작용한다.
② ㄱ은 ㄴ으로 나뉘면서 아치에 가해지는 압력을 높인다.
③ ㄱ이 ㄴ과 같이 분산됨으로써 ㄷ의 방향으로 작용하려는 힘이 약해진다.
④ ㄹ은 ㄴ에 반발하는 힘으로 ㅁ의 힘을 발생시킨다.
⑤ ㅁ은 ㄱ과 힘의 균형을 이룸으로서 아치를 유지하는 데 도움을 준다.

3 ㉠과 문맥적 의미가 가장 유사한 것은?

① 나는 밥을 먹지 않고 3일을 버텼다.
② 어떤 건장한 청년이 문 앞에 떡 버티고 서 있었다.
③ 고객은 자신의 잘못을 인정하지 않고 끝까지 버텼다.
④ 이 다리는 폭증하는 차량의 무게를 버티지 못할 것이다.
⑤ 말단 사원이 상급자의 부당한 압력에도 잘 버티고 있다.

어휘력 Upgrade   ※다음의 빈칸에 들어갈 알맞은 말을 〈보기〉에서 찾아 쓰시오.

┌─ 보기 ─┐
교류
분산
정비
차용

1 그는 새로운 사업을 시작하기 위해 은행에서 자금을 (   )하였다.
2 그 사고로 부상을 입은 환자들은 시내의 병원에 (   )되어 수용되었다.
3 조직이 (   )되고 나면 우리 회사도 안정적으로 성장할 수 있을 것이다.
4 어떤 분야든지 간에 다른 분야와 학문적 성과물을 (   )해야만 더욱더 발전할 수 있다.

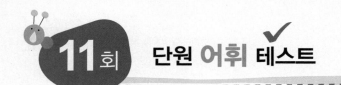

[01~04] 다음 단어와 그 뜻풀이를 바르게 연결하시오.

01 가정 •

• ㉠ 나누어 쪼갬.

02 분할 •

• ㉡ 이익과 손해를 아울러 이르는 말.

03 이해 •

• ㉢ 인간의 욕망을 만족시킬 수 있는 재화의 효능.

04 효용 •

• ㉣ 사실인지 아닌지 분명하지 않은 것을 임시로 인정함.

[05~08] <보기>의 글자들을 조합하여 다음의 뜻풀이에 알맞은 단어를 쓰시오.

┤ 보기 ├
고 돌 부 분 비 인 정 진

05 고대에 만들어진 무덤. ( )

06 세찬 기세로 거침없이 곧장 나아감. ( )

07 흐트러진 체계를 정리하여 제대로 갖춤. ( )

08 어떤 내용이나 사실을 옳거나 그러하다고 인정하지 아니함. ( )

[09~12] 다음의 빈칸에 들어갈 알맞은 단어를 <보기>에서 찾아 쓰시오.

┤ 보기 ├
결부 신성 절묘 해소

09 그의 예상은 ( )하게 맞아떨어졌다.

10 그는 언제나 이론을 현실과 ( )하여 검토한다.

11 정부와 시민 단체는 함께 빈부 격차를 ( )할 방안을 강구하였다.

12 마을 사람들은 수령이 천 년 가까이 되는 동네 어귀의 나무를 ( )하게 여겼다.

[13~16] 제시된 초성과 뜻풀이를 참고하여 다음의 빈칸에 알맞은 단어를 쓰시오.

13 ㅊㅇ : 돈이나 물건 따위를 빌려서 씀.
예 그는 100만 원을 ( )해서 영농 자금으로 썼다.

14 ㅇㅎ : 서로 어울려 갈등이 없이 화목하게 됨.
예 사람들은 자연과 ( )해서 살아가는 방법을 터득했다.

15 ㄱㄷㅎ : 아주 커짐. 또는 아주 크게 함.
예 운동 효과의 ( )를 위해서는 정확한 자세가 필수적이다.

16 ㄱㄹ : 문화나 사상 따위가 서로 통함.
예 동서 문화가 서로 ( )하기 시작한 것은 그리 오래되지 않았다.

[17~20] 다음의 밑줄 친 부분과 바꿔 쓸 수 있는 말을 <보기>의 단어를 활용하여 쓰시오.

┤ 보기 ├
내재되다 분산되다 선호하다 안치하다

17 독립 유공자의 유해를 국립묘지에 모셨다. ( )

18 그 시대는 각 지방의 영주들에게 권력이 나뉘어 있었다. ( )

19 젊은 부부들은 생활이 편리한 아파트를 좋아하는 경향이 있다. ( )

20 문학 작품을 읽을 때는 그 작품에 담긴 작가의 세계관을 살펴보아야 한다. ( )

어휘력은 독해력의 기초!

• 나의 어휘력은 몇 점? _____개 / 20개
• 18개 이상을 맞혔다면? 어휘의 기초가 튼튼합니다.
• 17개 이하로 맞혔다면? 본문에 제시된 지문과 어휘를 다시 공부한 다음 문제를 풀어보세요.

국어에 날개를 달자!

꿈틀 완성 시리즈

수능에서 문법이
중요하다는데,
문법은
너무 어려워요.

머릿속에 있는
생각을
글로 표현하지
못하겠어요.

개념을 몰라서
그런지
선생님 말씀이
이해되지 않아요.

국어 고민 완전 해결!

국어 개념 완성

국어 공부에 꼭 필요한 개념을 알기 쉽게 풀이하여 국어를 잘할 수 있는 방법을 터득하게 합니다.

국어 문법 완성

내신은 물론 강화된 수능 문법에 대비할 수 있게 중학 문법을 체계적으로 총정리했습니다.

중등 논술 완성

재미있고 진지한 주제와 다양한 활동을 통해 사고력과 글쓰기 능력을 길러줍니다.

끝 발음이 같은 단어끼리 모아서
더 빨리 외우자! 더 오래 기억하자!

라임으로 읽는 영단어

Rhyme

대상: 초등 고학년 ~ 중등

(ash) cash crash dash flash
(ever) clever forever however never
(ill) bill chill drill fill hill kill pill skill still will
(press) depress express impress

all, ball, call, tall ... 라임에 맞춰 노래 부르듯이 따라 읽다 보면
영단어가 더 쉽게 외워집니다. 더 오래 기억됩니다.

1. 하루에 23~29개씩 1300개의 단어를 50일 동안 공부합니다.

2. QR코드를 활용해 간편하게 듣기 학습을 할 수 있습니다.

3. 내가 오늘 외운 단어, 오늘까지 외운 단어는 몇 개지? 매일 마지막 페이지에서 확인할 수 있습니다.

4. 그날그날 확인 테스트로 외운 단어를 확실히 체크하고 넘어갑니다.

5. 5일에 한 번, 100개씩 복습하는 누적 테스트로 5일 동안 외운 단어들을 다시 한 번 확인할 수 있습니다.

6. 특별 부록 : 발음이 비슷해서 헷갈리는 어휘

중학 국어

일등급
독해력

정답과 해설

2

독해 원리

아자! 힘내~

독해의
방법 심화

1 ④　　**2** ⑤　　**3** ①　　**4** ④

1 ②　　**2** ③　　**3** ④　　**4** ③

1　답 ④

정답 풀이

이 글의 주제는 뒷부분에 제시되어 있다. 민첩함과 날카로움에 숨어 있을 수 있는 참을성 부족, 미련함과 둔함에 숨어 있을 수 있는 인내와 끈기를 말함으로써 모든 성격에는 장점과 단점이 함께 있을 수 있다고 주장하고 있다. 앞부분에서 언급한 단군 신화 이야기는 이러한 주장을 이끌어 내기 위한 사례라고 할 수 있다.

2　답 ⑤

정답 풀이

이 글의 글쓴이는 우리나라 사람들의 식생활이 채식 위주에서 육식 위주로 바뀌었는데, 육식 위주의 식생활은 바람직하지 않다고 말하고 있다. 이를 통해 글쓴이가 궁극적으로 말하고자 하는 것은 육식 위주의 식습관보다 채식 위주의 식습관을 길러야 한다는 것이다.

3　답 ①

정답 풀이

이 글은 바다가 우리에게 주는 혜택에 대해 설명하고 있다. 1문단에서 바다가 주는 혜택에 대해 의문을 제기하고, 2문단과 3문단에서 바다가 주는 혜택에 대해 구체적으로 설명한 다음, 4문단에서 이를 요약하며 글을 마무리하고 있다. 따라서 이 글의 주제로 적절한 것은 ①이다.

오답 풀이

②, ③, ④, ⑤ 글에 나타나는 내용이기는 하지만, 글 전체를 포괄하는 주제로는 적절하지 않다.

4　답 ④

정답 풀이

이 글의 중심 내용은 첫 문장에 제시되어 있다. 즉, 잠은 각동물들이 처한 환경에 맞게 진화했다는 것이다. 이를 뒷받침하기 위해 돌고래, 얼룩말과 기린, 박쥐의 예를 들고 있다.

1　답 ②

정답 풀이

이 글은 음성 언어와 문자 언어의 특성을 설명하기 위해 먼저 음성과 문자의 차이점에 대해 설명하고 있다. 이와 같이 둘 이상의 대상이 지닌 차이점을 중심으로 설명하는 방법은 '대조'이다.

오답 풀이

① '과정'은 일이 되어 가는 방법이나 순서를 중심으로 설명하는 방법이다.

③ '비유'는 표현하려는 대상을 직접 설명하지 않고 그것과 유사한 특성을 지닌 다른 대상에 빗대어 표현하는 방법이다.

④ '예시'는 구체적인 예를 들어 설명하는 방법이다.

⑤ '정의'는 어떤 대상의 뜻을 밝혀 설명하는 방법이다.

2　답 ③

정답 풀이

이 글은 나노 기술에 대해 설명하고 있다. 둘째 문단에서는 먼저 정보 통신, 의학, 산업 등 나노 기술을 응용할 수 있는 분야를 나열하고 있다. 그리고 정보 통신 분야의 휴대 전화와 실시간 동시 통역기, 의학 분야의 투명 마스크와 의료용 로봇, 산업 분야의 자동차와 청소용품 등 각 분야에서 나노 기술을 응용하는 구체적인 예를 들고 있다.

3　답 ④

정답 풀이

이 글은 매사냥에 대해 설명하고 있다. 둘째 문단의 첫 문장에서는 "매를 이용해 꿩, 토끼 같은 야생 동물을 잡는 사냥법"이라고 매사냥의 뜻을 풀이하고 있다. 이어 매사냥에서 매는 주인을 대신해 짐승을 잡는 사냥꾼 역할을 한다는 점에서 다른 사냥과 차이가 있음을 드러내고 있다.

4　답 ③

정답 풀이

이 글은 새말이 만들어지는 이유와 방법에 대해 설명하고 있다. 먼저 (가)는 도입의 역할을 하는 문단으로, 새말의 의미에 대해 설명하고 있다. 다음으로 (나)~(라)에서는 새말이 만들어지는 이유와 방법 세 가지를 병렬적으로 설명하고 있다. (나)에서는 완전히 새롭게 새말이 만들어지는 경우, (다)에서는 이미 있던 말들의 합성과 파생을 통해 새말이 만들어지는 경우, (라)에서는 외국어로부터 들어와 새말이 되는 경우를 소개하고 있다. 이러한 글의 구조를 가장 잘 나타낸 것은 ③이다.

원리 3 추론적 독해 ① 이유나 근거 추론하기

본문 16 ~ 17쪽 ▶▶

| 1 ④ | 2 ① | 3 ③ | 4 ① |

1
답 ④

정답 풀이

이 글은 백화점이라는 건물에 숨겨진 상업적 전략에 대해 설명하고 있다. ⓐ의 이유는 마지막 문장에 제시되어 있다. 즉, 백화점에 유리와 거울이 많은 이유는 고객의 시선을 한 번이라도 더 제품에 쏠리게 만들기 위해서이다.

2
답 ①

정답 풀이

이 글은 귀납 추리의 개념과 특징에 대해 설명하고 있다. ㉠의 이유는 그다음 문장에 제시되어 있다. 즉, 귀납 추리가 논리적으로 오류인 이유는 모든 사례를 완전히 관찰한 것은 아니라서 예외의 사실이 발견될 수 있기 때문이다.

3
답 ③

정답 풀이

이 글은 훈민정음의 창제 및 반포를 반대하는 최만리의 상소에 대해 논리적인 근거를 들어 반박하는 글이다. 4문단에서 한자는 배우기가 어려워 일부 사람들만 사용해 왔고, 대부분의 사람들이 글자를 몰랐지만 사회의 기강에 큰 문제가 없었음을 말하고 있다. 즉, 한자를 아는 사람이 적어지면 사회 기강이 무너진다는 최만리의 주장을 지나친 생각이라고 반박하고 있다.

오답 풀이

① 3문단에서 훈민정음만으로 관리를 뽑는다고 한 적이 없다고 말하고 있다.
② 2문단에서 한자에 대한 표준음이 정해져 있지 않아 백성들이 여러모로 불편해한다고 말하고 있다.
④ 마지막 문단에서 훈민정음 창제는 유교 정신의 실천과 사회 질서 확립에 어긋나는 것이 아니라고 말하고 있다.
⑤ 4문단에서 한자는 배우기가 너무 어려워 극히 일부 사람들만 사용해 왔다고 말하고 있다.

4
답 ①

정답 풀이

사진작가 김수남이 굿 사진을 찍기 위해 굿판에 뛰어든 계기는 ⓐ의 뒤에 나타난 내용을 통해 추리할 수 있다. 김수남은 굿이 점점 문명의 외곽으로 밀려나자 '이거 이제 곧 사라지겠구나. 찍어 둬야겠다.'는 단순한 생각으로 굿 사진 찍는 일을 시작했다고 하였다. 이러한 계기를 가장 잘 나타낸 신문 기사 제목은 ①이다.

원리 4 추론적 독해 ② 의도 및 관점 추론하기

본문 18 ~ 19쪽 ▶▶

| 1 ② | 2 ④ | 3 ④ | 4 ③ |

1
답 ②

정답 풀이

이 글은 텔레비전의 긍정적 측면에 대해 설명하고 있다. 이와 같은 관점을 보이는 것은 '텔레비전은 필요한 정보를 얻는 창구'라고 한 ②이다. 나머지는 모두 텔레비전의 부정적 측면에 대해 언급하고 있다.

2
답 ④

정답 풀이

이 글은 '이'나 '개'의 죽음을 어떻게 볼 것인지에 대한 글쓴이의 생각을 담고 있다. 글쓴이는 크기에 관계없이 만물의 근본적 속성은 동일하므로, 편견을 버리고 사물의 본질을 보아야 한다고 말하고 있다.

오답 풀이

① 글쓴이는 개와 이의 죽음은 같은 것이라고 보고 있다.
② 글쓴이는 개와 이는 모두 생명을 받아 태어난 소중한 존재라고 보고 있다.
③ 글쓴이는 살아 있는 것은 사람으로부터 소, 말, 돼지, 양, 곤충, 개미에 이르기까지 모두 죽는 것을 싫어하며, 그런 점에서 모든 동물의 죽음은 같은 것이라고 보고 있다.
⑤ 글쓴이가 개와 이의 이야기를 통해 말하고자 하는 것은 편견을 버리고 사물의 본질을 보라는 것이다.

3
답 ④

정답 풀이

이 글은 '어치'와 '얼룩말'의 예를 들어 동물들이 시각과 청각을 이용하여 서로 의사를 전달한다는 것을 설명하고 있다. 글의 내용으로 보아 글쓴이가 이 글을 쓴 목적은 동물의 다양한 의사소통 방법을 독자들이 알기 쉽게 설명하기 위해서이다.

4
답 ③

정답 풀이

(가)는 경제 성장을 중시하여 조력 발전소 건설을 찬성하는 입장이고, (나)는 생태적 가치를 중시하여 조력 발전소 건설을 반대하는 입장이다. 생태적 가치를 중시하는 관점에서 제기할 수 있는 주장은, 골프장을 건설하는 대신 생태 공원을 조성하자는 ③이다.

본문 20 ~ 21쪽 ▶▶

1 ④   **2** ⑤   **3** ②   **4** ⑤

1 답 ④

정답 풀이

글쓴이는 한국 농촌 여성들의 삶에 대한 관찰을 바탕으로, 농촌 여성들은 삶의 즐거움이 별로 없다고 말하고 있다. 하지만 이는 외국인의 관점에서 피상적으로 관찰하여 얻은 결론으로, 문화적 차이를 간과한 편견이라고 할 수 있다. 따라서 서로의 문화적 차이를 인정하는 관점이라고 한 ④는 적절하지 않다.

2 답 ⑤

정답 풀이

글쓴이는 곱고 아름다운 것은 실용성이 없다고 말하고 있다. 그런데 ⑤는 겉모양새를 잘 꾸미는 것도 필요함을 나타내는 말이므로, 글쓴이의 관점을 비판할 때 인용하기에 적절하다.

오답 풀이

① 풍부하다고 하여 함부로 헤프게 쓰지 말라는 말.
② 헤프게 쓰지 않고 아끼는 사람이 재산을 모으게 됨을 이르는 말.
③ 재물 따위를 조금씩 조금씩 알뜰히 모아 감을 이르는 말.
④ 아무리 사소한 것이라도 그것이 거듭되면 무시하지 못할 정도로 크게 됨을 이르는 말.

3 답 ②

정답 풀이

(가)는 '얼짱'을 국어사전에 올려야 한다는 입장이고, (나)는 '얼짱'을 아직 사전에 올려서는 안 된다는 입장이다. 따라서 (나)의 입장을 지지하기에 적절한 의견은 '얼짱' 같은 말을 사전에 올리기는 아직 성급하다고 한 ②이다.

4 답 ⑤

정답 풀이

(가)의 ⓐ는 탄소세를 즉각 도입하자는 입장이다. 그리고 (나)는 탄소세 도입에 신중하자는 입장으로, 그 근거는 대부분의 나라들이 아직 탄소세를 도입하고 있지 않다는 것이다. 따라서 (나)를 근거로 하여 (가)의 ⓐ를 비판할 때, 우리나라뿐만 아니라 다른 나라들도 탄소세를 도입하는 등 국제적인 공조가 필요하다고 주장할 수 있다.

본문 22 ~ 23쪽 ▶▶

1 ⑤   **2** ①   **3** ④   **4** ③

1 답 ⑤

정답 풀이

이 글은 황소개구리와 같은 도입종들이 토종을 몰아내고 활개를 치는 상황에 대해 말하고 있다. ⑤는 우리의 전통문화가 서구의 문화에 잠식당한 상황이므로, 도입종이 활개를 치는 이 글의 상황과 유사하다고 볼 수 있다.

2 답 ①

정답 풀이

이 글은 언론이 진실한 보도와 논평을 하려면 사물의 가치를 올바르게 평가할 수 있어야 하는데, 이때 사물의 가치는 절대적으로 고정된 것이 아님을 말하고 있다. ㉠은 사물의 가치가 정해져 있는 것이 아니라 역사의 발전에 따라 상대적으로 달라진다는 뜻이다. 그런데 ①의 효 사상은 어느 시대에나 중요하게 여겨진 가치 덕목이므로, 이러한 상대성의 예가 될 수 없다.

3 답 ④

정답 풀이

이 글에서는 돌이키기 힘들 정도로 환경을 훼손해 놓고 현명하다고 자화자찬하는 오만한 인간을 '제 꾀에 제가 넘어가는 헛똑똑이'라고 표현하고 있다. 따라서 ⓐ의 모습에 가장 가까운 것은 인간의 이익을 위해 행동했지만 결국 환경을 훼손한 경우이며, 이에 해당하는 것은 살충제 개발을 통해 식량 증산을 이루었지만 심각한 환경의 훼손을 가져온 ④이다.

오답 풀이

① 환경 훼손이 아니라 오히려 환경 보호와 관련된 사례이다.
② 기술 개발에 관한 내용이 언급되었지만, 환경 훼손에 대한 내용이 포함되어 있지 않다.
③ 인간의 이익을 일부 포기하면서까지 환경 훼손을 막은 사례이다.
⑤ 환경 훼손에 대한 내용이 포함되어 있지 않다.

4 답 ③

정답 풀이

이 글은 복잡한 도로에서 운전자가 원활한 교통을 위해 할 수 있는 방법을 소개하고 있다. ㉠의 다음 문장에서 속도가 달라지는 자동차를 따라가는 뒤차들이 속도를 늦추거나 높이면 일종의 물결파를 만든다고 하였다. 이처럼 '파동의 형태'에서 '파동(波動)'은 물결의 움직임과 같은 진동이 주변으로 퍼져 가는 현상을 의미한다. 이에 가장 가까운 사례는 ③이다.

독해 실전

아자! 힘내~

동양화에서는 왜 원앙과 연꽃을 함께 그렸을까

● 지문 갈무리
동양화는 이치에 맞지 않는 내용을 담고 있다고 생각될 때가 많아. 이는 동양화가 눈으로 본 대로 그린 것이 아니라 마음으로 느낀 대로 그린 그림이기 때문이야. 이 글은 서양화와는 다른 동양화의 특징에 대해 설명하고 있어.

● 주제
동양화에 이치에 맞지 않는 그림들이 많은 이유와 동양화를 감상할 때 유의할 점

1 동양의 옛 그림들을 감상하다 보면 이치♥에 맞지 않는 이상한 그림들이 있다는 것을
알게 된다. 예를 들어, 책상 앞쪽 모서리보다 뒤쪽 모서리를 더 크게 그린다든지, ㉠뒤로
갈수록 건물의 각도가 넓어지는 등 원근법♥에 어긋나게 그린 그림이 있다. 때로는 ㉡하나
의 대상을 여러 방향에서 바라본 것처럼 그리거나, ㉢하늘에서 땅 위를 내려다본 것처럼
그리기도 한다. 또 ㉣보이지 않을 만큼 먼 곳에 있는 사람이나 물체를 마치 망원경으로
당겨서 본 것처럼 주변의 물체에 비해 자세하게 확대해서 그리는 일도 있다.
▶동양화의 특징 ① – 이치에 맞지 않는 기법을 사용함

2 이러한 특징은 그림을 그리는 기법♥뿐만 아니라 그림의 소재 선택에서도 잘 나타난
다. 예를 들어, 원앙은 추운 지방에서 사는 새로 연꽃이 한창 필 여름 무렵에는 북쪽으로
날아가 버린다. 그러나 동양의 옛 그림 속에는 원앙이 연꽃과 함께 등장하는 경우가 많다.
그리고 4월에 피는 목련과 5월에 피는 모란, 6월에 피는 해당화를 동시에 그리기도 한다.
이는 현실적으로 ㉤이치에 맞지 않는 소재들을 묶어 그린 것으로 때로는 보는 사람을 당
황하게 만들기도 한다.
▶동양화의 특징 ② – 이치에 맞지 않는 소재들을 묶음

3 그렇다면 서양화와 달리 동양화에 이렇게 이상한 그림들이 많이 보이는 이유는 무엇
일까? 그것은 동양과 서양의 화가가 그림에 대해 생각하는 바가 서로 달랐기 때문이다.
서양의 화가들은 그리고자 하는 대상의 형체, 명암♥, 빛깔 등 보이는 바를 화면에 그대로
그려야 한다고 생각했다. 반면에 동양의 화가들은 그리고자 하는 대상에 대해 자신이 생
각하고 있는 것이나 알고 있는 것을 화면에 담아야 한다고 생각했다. 그렇기 때문에 동양
의 화가들은 자연의 풍경을 그릴 때 현장에 가서 직접 보고 그 모습을 담는 것이 아니라,
어떤 풍경에 대한 자신의 느낌을 그렸다. 간혹 직접 현장에 가서 경치를 보고 그린다 하더
라도, 경치를 그대로 그리기보다 경치에서 받은 느낌을 그렸다.
▶동양화에 이치에 맞지 않는 그림이 많은 이유

4 어떻게 보면 동양의 옛 그림이 이치에 맞지 않는다는 생각 그 자체가 잘못된 것이다.
그렇게 생각하는 것은 동양의 그림을 서양화를 보는 눈으로 감상했기 때문이다. 서양의
현대 회화에서도 대상을 그대로 그린 그림보다는 화가의 뜻이 담긴 그림이 높게 평가되기
도 한다. 중요한 것은 동양의 그림은 ⓐ본
대로 그린 것이 아니라 아는 대로 그린 그
림이라는 것이다. 따라서 옛 동양화를 감
상할 때는 그 그림을 통해 화가가 무엇을
말하고자 했는지를 읽어 내는 자세가 필요
하다.
▶동양화를 감상할 때 유의할 점

정선의 〈인왕제색도〉(1751년)

♥이치(理致): 사물의 정당하고 당연한 조리.
♥원근법(遠近法): 그림을 그릴 때, 멀고 가까운 거리감이 드러나게 표현하는 방법.
♥기법(技法): 기교와 방법을 아울러 이르는 말.
♥명암(明暗): 밝음과 어두움을 통틀어 이르는 말.

독해력 Upgrade

※각 문단의 중심 내용을 다음과 같이 정리할 때, 빈칸에 들어갈 알맞은 말을 쓰시오.

| **1** 동양화의 특징 ①
– (이치)에 맞지 않는
기법을 사용함 | ⇨ | **2** 동양화의 특징 ②
– 이치에 맞지 않는
(소재)들을 묶음 | ⇨ | **3** 동양화에 이치에
맞지 않는 그림이 많은
이유 | ⇨ | **4** 동양화를 (감상)할
때 유의할 점 |

1 내용 전개 방식 파악하기 답 ④

이 글에 사용된 서술 방식으로 가장 적절한 것은?

① 두 대상을 대조하여 각각의 특징을 밝히고 있다.

② 기존 이론의 문제점을 밝히고 해결 방안을 제시하고 있다.

③ 특정 대상의 변천 과정을 통시적 방법으로 서술하고 있다.

☑ 대상에 대한 통념을 제시하고 잘못된 인식을 바로잡고
 ○-동양화는 이치에 맞지 않음   ○-동양화는 아는 대로 그린 그림임
 있다.

⑤ 상반된 관점을 소개한 후 절충적인 결론을 이끌어 내고
 있다.

정답 풀이

이 글은 1문단과 2문단에서 동양화는 이치에 맞지 않는 내용을 담고 있다고 소개한 다음, 3문단과 4문단에서 그 이유에 대해 설명하고 있다. 이 과정에서 동양화가 이치에 맞지 않는 내용을 담고 있다고 생각하는 것 자체가 잘못된 것이라며 통념에 대해 문제를 제기하고 있다. 이러한 통념은 동양의 그림을 서양화를 보는 눈으로 감상했기 때문에 갖게 되는 잘못된 생각이라면서, 동양화는 본 대로 그린 것이 아니라 아는 대로 그린 그림이므로 이를 이해하며 감상해야 한다고 잘못된 인식을 바로잡고 있다.

오답 풀이

① 동양화가 서양화와 다른 면이 있다고 언급했을 뿐, 동양화와 서양화의 특징을 구체적으로 대조하여 설명하지는 않았다.

② 기존 이론의 문제점을 밝히거나 해결 방안을 제시하는 내용은 나타나지 않는다.

③ 동양화의 특징에 대해 설명하고 있을 뿐 변천 과정을 서술하지 않았다.

⑤ 상반된 관점을 소개하거나 절충적인 결론을 이끌어 내는 내용은 제시되지 않았다.

2 구체적 사례에 적용하기 답 ①

㉠~㉤ 중, 〈보기〉의 설명에 해당하는 것끼리 묶인 것은?

┤ 보기 ├

이 그림은 추사 김정희가 제주도에서 귀양살이할 때 그린 〈세한도〉이다. 삼각형의 지붕은 정면에서 본 모습을,
하나의 대상을 여러 방향에서 바라본 것처럼 그림
그 아래의 둥근 창문은 왼쪽에서 본 모습을, 긴 직사각형의 지붕은 오른쪽에서 본 모습을 그린 것이다. 한편 지붕의 폭은 뒤로 갈수록 좁아지지만 소나무에 가려진 벽은 오
원근법에 어긋나게 그림
히려 뒤로 갈수록 넓어지고 있다.

☑ ㉠, ㉡   ② ㉠, ㉢   ③ ㉡, ㉤

④ ㉢, ㉣   ⑤ ㉣, ㉤

정답 풀이

〈세한도〉는 삼각형의 지붕은 정면에서, 둥근 창문은 왼쪽에서, 긴 직사각형의 지붕은 오른쪽에서 본 모습을 그렸다고 했는데, 이는 하나의 대상을 여러 방향에서 바라본 것처럼 그린 것(㉡)이다. 또 지붕의 폭은 뒤로 갈수록 좁아지지만 소나무에 가려진 벽은 뒤로 갈수록 넓어지고 있다고 했는데, 이는 원근법에 어긋나게 그린 것(㉠)이다.

3 어휘의 의미 파악하기 답 ①

〈보기〉는 '보다'의 의미를 탐구하기 위한 자료이다. ⓐ의 의미를 나타낸 것은?

┤ 보기 ├

보다¹ 「동사」

⑴ 【…을】
1. 눈으로 대상의 존재나 형태적 특징을 알다. ¶눈을 들어 하늘을 보다. ··☑
2. 눈으로 대상을 즐기거나 감상하다. ¶영화를 보다.
 ··②
3. 책이나 신문 따위를 읽다. ¶신문을 보다. ···········③
4. 맡아서 보살피거나 지키다. ¶그녀는 아이를 봐 줄 사람을 구하였다. ······································④

⑵ 【(…과)】【…을】
1. 사람을 만나다. ¶학교를 졸업한 후에 처음으로 그녀와 서로 보게 되었다. ······························⑤

정답 풀이

ⓐ는 '눈으로 그림의 소재가 되는 대상을 보다'라는 의미로 사용된 것이므로, ①에 제시된 바와 같이 '눈으로 대상의 존재나 형태적 특징을 알다.'의 의미로 쓰였다.

어휘력 Upgrade

※다음의 빈칸에 들어갈 알맞은 말을 〈보기〉에서 찾아 쓰시오.

┤ 보기 ├

기법
명암
이치
통념

1 그 사람은 도대체 (이치)에 맞지 않는 소리만 한다.
 →사물의 정당하고 당연한 조리
2 지금의 위기를 헤쳐 나가려면 경영의 새로운 (기법)이 요구된다.
 →기교와 방법을 아울러 이르는 말
3 강렬한 햇빛으로 인해 빛과 그림자의 (명암)이 더욱 도드라져 보인다.
 →밝음과 어두움을 통틀어 이르는 말
4 그는 자신의 감정에 솔직하고자 했으나 결국 사회의 (통념)에 굴복하고 말았다.
 →일반적으로 널리 통하는 개념

영화의 의미를 창출하는 '몽타주' 기법

● 지문 갈무리
몽타주는 하나의 장면을 다른 장면과 결합하여 새로운 의미를 만들어 내는 기법이야. 그래서 몽타주 기법은 영화 감독의 능력을 평가하는 기준이 되기도 하지. 이 글은 몽타주 기법을 옹호하고 있는 영화 이론가들의 견해를 소개하고 있어.

● 주제
몽타주의 개념과 몽타주 기법을 옹호한 영화 이론가들의 견해

1 몽타주(Montage)는 '조립하다'라는 뜻의 프랑스어 몽테(monter)에서 나온 말이다.
영화에서 몽타주는 숏과 숏을 결합해 감독이 전달하고자 하는 특정한 의미나 효과를 얻
으려는 작업을 가리킨다. 소련의 영화감독이자 이론가였던 푸돕킨은 "각각의 숏 자체는
아무 의미가 없을 수 있지만, 감독은 특정 숏들을 연결하여 새로운 의미를 창조할 수 있
다."라고 주장했다. 이는 몽타주가 활용된 장면의 의미는 배우들의 연기가 아니라 감독의
편집에 의해서 만들어진다는 뜻이다.　　　　　　▶몽타주의 개념과 몽타주의 중요성을 강조한 푸돕킨

2 푸돕킨의 스승 쿨레쇼프는 영화에서 전통적인 연기 기술은 필요하지 않다고 믿었다.
그는 이를 증명하기 위해 다음과 같은 실험을 진행했다. 그는 먼저 무표정한 남자 배우의
얼굴을 찍었다. 그리고 이 숏을 수프가 들어 있는 접시를 촬영한 숏과 병치했다. 이를 본
관객들은 무표정한 남자 배우가 현재 배고파한다고 생각했다. 이어 그는 무표정한 남자
배우의 얼굴을 찍은 숏과 여자의 시체가 들어 있는 관을 찍은 숏을 연결했다. 이를 본 관
객들은 남자가 깊은 슬픔에 빠져 있다고 생각했다. 이 실험을 통해 쿨레쇼프는 배우들의
연기가 없어도 숏들을 조합함으로써 남자가 처한 상황이나 심리 상태를 효과적으로 전달
할 수 있음을 입증했다.　　　　　　　　▶연기 기술보다 몽타주가 중요함을 입증한 쿨레쇼프

3 한편 예이젠시테인과 같은 영화 이론가는 영화가
단순한 오락이 아니라 대중의 의식을 바꿀 수 있는 지
적 예술로서 기능해야 한다고 생각했다. 그는 매끄럽
게 숏과 숏을 연결하는 대신, 연결된 숏과 숏이 서로
충돌하면서 발생하는 특정한 의미를 관객들에게 전달
하기 위해 노력했다. 예를 들어, 예이젠시테인은 노동

예이젠시테인의 영화 〈전함 포템킨〉(1925년)

자들이 기관총에 의해 죽임을 당하는 장면을 담은 숏에 황소가 도살되는 숏을 연결했다.
이 몽타주는 인간으로서 대우받지 못하고 고통스러운 노동에 시달리다 죽임을 당하는 노
동자들의 비참한 처지를 비유적으로 보여 줌으로써 관객의 공감을 유도했다. 연결되는
두 숏을 통해 이미 내포된 의미 이상의 새로운 의미를 만들어 낸 것이다.
　　　　　　　　　　　　　▶숏과 숏의 충돌을 통해 새로운 의미를 전달하려 한 예이젠시테인

4 앞에서 언급한 영화 이론가들은 영화가 현실 속에 숨어 있는 본질을 끌어낼 수 있어야
한다고 생각했다. 그들은 숏에 담긴 현실의 사물이나 상황들은 몽타주 기법을 통해 편집
되지 않고서는 그 본질을 관객들에게 보여 줄 수 없다고 주장했다. 현실은 하나의 사물이
나 상황으로 이루어지는 것이 아니라, 이를 둘러싼 또 다른 사물이나 상황들의 연속으로
이루어지는 것이기 때문이다.　　　　　　　▶현실의 본질을 끌어내기 위한 몽타주 기법의 필요성

▾ 숏(shot): 한 번의 연속 촬영으로 찍은 장면을 이르는 말.

▾ 병치(竝置): 두 가지 이상의 것을 한곳에 나란히 두거나 설치함.

▾ 입증(立證): 어떤 증거 따위를 내세워 증명함.

▾ 도살(屠殺): 짐승을 잡아 죽임.

▾ 유도(誘導): 사람이나 물건을 목적한 장소나 방향으로 이끎.

독해력 Upgrade　　※각 문단의 중심 내용을 다음과 같이 정리할 때, 빈칸에 들어갈 알맞은 말을 쓰시오.

| 1 몽타주의 개념과 몽타주의 중요성을 강조한 (푸돕킨) | → | 2 연기 기술보다 몽타주가 중요함을 입증한 (쿨레쇼프) | → | 3 숏과 숏의 (충돌)을 통해 새로운 의미를 전달하려 한 예이젠시테인 | → | 4 현실의 본질을 끌어내기 위한 몽타주 기법의 필요성 |

1 자료 해석의 적절성 평가하기 　답 ④

이 글을 바탕으로 〈보기〉를 이해한 내용으로 적절하지 <u>않은</u> 것은?

┤ 보기 ├

(가)

수프 접시 + 무표정한 남자 배우 얼굴 → 남자가 배고파함

(나)

여자 시체의 관 + 무표정한 남자 배우 얼굴 → 남자가 슬퍼함

① (가)와 (나)의 감독은 두 숏을 연결하여 새로운 의미를 만들어 내려 했군.

② (가)의 감독은 두 숏을 결합하여 배고파하는 남자의 모습을 나타내려고 했군.

③ (나)의 감독은 두 숏을 조합하여 슬픔에 빠진 남자의 모습을 드러내려고 했군.

☞ (가)와 (나)를 보니 숏과 숏의 충돌을 통해 비유적인 의미를 창조해 낼 수 있군.
× - (가)와 (나)는 숏과 숏의 충돌을 보여 주는 사례가 아님

⑤ (가)와 (나)를 보니 숏과 숏을 조합함으로써 사람의 심리 상태를 드러낼 수 있군.

정답 풀이

2문단에서 쿨레쇼프는 배우들의 연기 기술보다 편집이 중요함을 증명하기 위해 실험을 진행했다고 하였다. 〈보기〉는 이러한 쿨레쇼프의 실험을 보여 준다. (가)와 (나)에서는 서로 다른 의미를 지닌 숏을 연결하여 새로운 의미를 만들어 내고 있다. ④와 같이 숏과 숏의 충돌을 통해 비유적인 의미를 드러내고자 한 것은 예이젠시테인이다. 하지만 〈보기〉의 (가)와 (나)는 숏과 숏의 충돌을 통해 비유적인 의미를 드러낸 것이 아니라, 서로 다른 의미를 지닌 숏을 연결하여 인물의 심리 상태를 전달하고 있다.

오답 풀이

① 숏과 숏을 연결하여 새로운 의미를 만들어 내고자 하는 것이 몽타주 기법이다.

② 수프가 들어 있는 접시와 무표정한 남자 배우의 얼굴을 병치하면, 관객들은 남자 배우가 배고파한다고 생각하게 된다.

③ 여자의 시체가 들어 있는 관과 무표정한 남자 배우의 얼굴을 연결하면, 관객들은 남자가 깊은 슬픔에 빠져 있다고 생각하게 된다.

⑤ 쿨레쇼프는 배우들의 연기가 없어도 숏들의 조합을 통해 인물의 심리 상태를 효과적으로 전달할 수 있음을 입증하였다.

2 관점 추론하기 　답 ⑤

몽타주를 중시한 영화 이론가들의 입장에서 할 수 있는 말로 적절하지 <u>않은</u> 것은?

① 영화를 만들 때에는 배우들의 연기 기술보다 감독의 편집이 중요합니다.

② 같은 숏이라도 어떤 숏과 병치시키느냐에 따라 그 의미가 달라질 수 있습니다.

③ 영화는 편집 과정을 통해 현실 속에 숨어 있는 본질을 드러낼 수 있어야 합니다.

④ 개별 숏은 의미가 없을 수 있지만 이를 다른 숏들과 결합하면 새로운 의미를 만들 수 있습니다.

☞ 무엇보다도 영화는 흥미 있는 내용들을 효과적으로 연결
× - 영화가 대중의 의식을 바꿀 수 있어야 한다고 생각함
하여 대중에게 재미를 줄 수 있어야 합니다.

정답 풀이

3문단에 따르면, 몽타주 이론가인 예이젠시테인은 영화가 단순한 오락이 아니라 대중의 의식을 바꿀 수 있는 지적 예술로서 기능해야 한다고 생각했다. 따라서 몽타주를 중시한 이론가들의 입장에서 흥미 있는 내용으로 대중에게 재미를 줄 수 있는 영화를 만드는 것이 중요하다는 취지의 말을 하는 것은 적절하지 않다.

오답 풀이

① 푸돕킨은 몽타주가 활용된 장면의 의미는 배우들의 연기가 아니라 감독의 편집에 의해서 만들어진다고 생각했다.

② 쿨레쇼프는 실험을 통해 연결되는 숏에 따라 무표정한 남자 배우의 얼굴이 전달하는 인물의 심리가 달라진다는 것을 입증했다.

③ 몽타주를 중시한 영화 이론가들은 영화가 현실 속에 숨어 있는 본질을 끌어낼 수 있어야 한다고 생각했다.

④ 푸돕킨은 각각의 숏 자체는 의미가 없을 수 있지만, 감독은 특정 숏들을 연결하여 새로운 의미를 창조할 수 있다고 생각했다.

어휘력 Upgrade ※다음의 빈칸에 들어갈 알맞은 말을 〈보기〉에서 찾아 쓰시오.

┤ 보기 ├
도살
병치
유도
입증

1 행사를 공개적으로 진행하여 일반인의 참여를 (유도)하였다.
→ 사람이나 물건을 목적한 장소나 방향으로 이끎

2 전염병이 퍼질 우려가 있어 많은 가축들이 (도살)을 당하였다.
→ 짐승을 잡아 죽임

3 변호사는 피고인의 무죄를 (입증)하기 위해 백방으로 노력했다.
→ 어떤 증거 따위를 내세워 증명함

4 훌륭한 소설들은 여러 가지 구성 요소들을 조화롭게 (병치)하고 있다.
→ 두 가지 이상의 것을 한곳에 나란히 두거나 설치함

단순함의 미학, 미니멀리즘

1 ③　　**2** ②　　**3** ⑤

1 과거의 예술은 작가가 주제 의식이나 말하고자 하는 의도를 작품에 직접 담아 전달하려는 경향이 강했다. 의도를 강력하게 전달하기 위해서 화려하거나 복잡한 표현 기법이 많이 사용되었기 때문에, 감상자가 작품을 통해 느낄 수 있는 다양한 생각이나 상상력이 ⓐ제한˘되는 측면이 있었다. ▶작가의 의도가 강해 감상의 폭이 제한되었던 과거 예술

2 현대 사회는 과거와 비교할 수 없을 정도로 다양하고 복잡해졌다. 정보의 홍수 속에서 피로감을 느끼는 현대인들은 이제 보다 단순한 것들을 ⓑ선호˘하게 되었다. 미니멀리즘(minimalism)은 간결하고 절제된 표현 기법으로 대상의 본질을 표현하려는 예술적 경향을 말한다. 간결하고 단순하게 표현된 작품이 오히려 본질을 더 잘 드러낼 수 있을 뿐만 아니라 감상자로 하여금 다양하게 상상할 수 있게 한다는 것이다. 미니멀리즘은 예술적 표현이 단순할수록 현실 세계를 더 쉽게 표현할 수 있다는 '단순성의 원리'와 작품과 작품을 둘러싼 배경이 하나로 합쳐져 감상자에게 예술적 체험을 제공한다는 '확장성의 원리'를 바탕에 두고 있다. ▶미니멀리즘의 개념과 바탕이 되는 원리

3 단순성과 확장성의 원리는 미니멀리즘 작품 중 특히 조형물˘에서 잘 나타난다. 미니멀리즘 작가들은 작품을 만들 때 단순성의 원리에 따라 예술적인 기교를 최소화하며, 작품의 재료를 ⓒ변형˘하지 않고 원재료에 가깝게 사용한다. 오른쪽에 제시된 솔 르윗의 작품을 보면, 벽면에 같은 재료를 ⓓ활용하여 좌우 대칭이 되는 동일한 패턴의 조형물을 ⓔ배치한 것을 확인할 수 있다. 이렇게 단순하게 작품을 만들면, 감상자들은 각

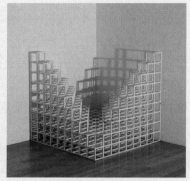

솔 르윗, 〈corner piece #4〉

자의 상황이나 경험에 따라 자유롭게 이미지를 떠올리게 된다. 또한 자신이 처음에 떠올렸던 이미지에서 벗어나 또 다른 이미지를 떠올리기도 수월해진다˘. ▶단순성의 원리에 따른 표현 기법과 그 효과

4 한편 미니멀리즘 조형물이 놓인 장소는 단순히 작품의 배경 역할만 하지는 않는다. 작품이 놓인 공간은 감상자로 하여금 작품을 그 작품이 놓인 공간의 관련성 속에서 감상하게 한다. 솔 르윗의 작품에서 좌우 대칭인 조형물과 달리, 조형물을 비추는 빛의 방향에 의해 벽면의 그림자가 다른 것을 확인할 수 있다. 벽면에 비친 그림자의 차이 때문에 감상자는 왼쪽보다 오른쪽 조형물에서 더 깊고 넓은 공간적 느낌을 받게 된다. 즉, '확장성의 원리'는 감상자가 조형물이 놓인 배경에까지 감상을 확대하여 새로운 예술 체험을 하는 것을 말한다. 이러한 체험 역시 감상자가 더 많은 것을 상상할 수 있게 하여 작품 감상의 폭을 넓힌다. ▶확장성의 원리에 따른 표현 기법과 그 효과

독해력 Upgrade　※각 문단의 중심 내용을 다음과 같이 정리할 때, 빈칸에 들어갈 알맞은 말을 쓰시오.

1 작가의 의도가 강해 감상의 폭이 제한되었던 과거 예술　→　**2** (미니멀리즘)의 개념과 바탕이 되는 원리　→　**3** (단순성)의 원리에 따른 표현 기법과 그 효과　→　**4** (확장성)의 원리에 따른 표현 기법과 그 효과

1 세부 정보 파악하기 답 ③

이 글의 내용과 일치하지 않는 것은?

① 복잡한 현대 사회에서 사람들은 단순한 것을 선호한다.

② 미니멀리즘은 절제된 표현을 통해 본질을 드러내려 한다. → 2문단

✓ 미니멀리즘 작품은 감상하는 사람의 자유로운 상상을 제한한다.
　　　　×－자유로운 상상을 가능하게 함

④ 미니멀리즘 작가들은 예술적인 기교를 되도록 사용하지 않으려 한다. → 3문단

⑤ 미니멀리즘 작품은 그 작품이 놓인 배경에까지 감상을 확대하게 한다. → 4문단

정답 풀이

2문단에서 미니멀리즘은 간결하고 단순하게 표현함으로써 감상자가 다양하게 상상할 수 있게 한다고 하였다. 감상자가 작품을 통해 느낄 수 있는 다양한 생각이나 상상력이 제한되는 측면이 있는 것은 과거의 예술이다.

오답 풀이

① 2문단에서 정보의 홍수 속에서 피로감을 느끼는 현대인들은 보다 단순한 것들을 선호하게 되었다고 하였다.

② 2문단에서 미니멀리즘은 간결하고 절제된 표현 기법으로 대상의 본질을 표현하려는 예술적 경향이라고 하였다.

④ 3문단에서 미니멀리즘 작가들은 작품을 만들 때 단순성의 원리에 따라 예술적인 기교를 최소화한다고 하였다.

⑤ 4문단에서 미니멀리즘 작품은 확장성의 원리에 따라 감상자가 조형물이 놓인 배경에까지 감상을 확대하게 한다고 하였다.

2 구체적 사례에 적용하기 답 ②

이 글과 관련하여 〈보기〉를 이해한 내용으로 적절하지 않은 것은?

┤ 보기 ├

〈무제—L빔들〉은 로버트 모리스의 미니멀리즘 경향을 보여 주는 작품으로, 회색 빛깔의 두꺼운 나무로 된 산업 재료 L빔들을 그대로 가져다가 배치하여 작품의 의미를 나타내고 있다.

① 작가는 L빔들을 가져다가 거의 변형하지 않고 작품의 재료로 사용했군. → 3문단

✓ 작가는 화려하고 복잡한 표현 기법을 사용하여 자신의 의도를 드러내려 했겠군.
　×－간결하고 절제된 표현 기법

③ 감상자는 이 작품을 작품이 놓인 공간과 관련지어 감상하게 되겠군. → 4문단

④ 감상자는 이 작품을 보고 각자의 경험에 따라 자유롭게 이미지를 떠올리겠군. → 3문단

⑤ 감상자는 작품과 작품의 배경을 합쳐서 감상하는 새로운 체험을 하게 되겠군. → 2, 4문단

정답 풀이

〈보기〉에 제시된 작품은 미니멀리즘 경향을 보여 준다고 하였다. 과거의 예술과 달리, 미니멀리즘 작가들은 작품을 창작할 때 간결하고 절제된 표현 기법을 사용하였다.

오답 풀이

① 3문단에서 미니멀리즘 작품은 작품의 재료를 변형하지 않고 원재료에 가깝게 사용한다고 하였다.

③ 4문단에서 미니멀리즘 작품은 감상자로 하여금 작품을 그 작품이 놓인 공간의 관련성 속에서 감상하게 한다고 하였다.

④ 3문단에서 단순하게 작품을 만들면 감상자들은 각자의 상황이나 경험에 따라 자유롭게 이미지를 떠올리게 된다고 하였다.

⑤ 2문단과 4문단에서 미니멀리즘 작품은 작품과 그 배경이 하나로 합쳐져 감상자에게 새로운 예술적 체험을 제공한다고 하였다.

3 어휘의 의미 파악하기 답 ⑤

㉠~㉤을 사용하여 만든 문장으로 적절하지 않은 것은?

① ㉠: 그 영화는 청소년의 관람이 제한되어 있다.
　　일정한 한도를 정하거나 그 한도를 넘지 못하게 막음

② ㉡: 젊은 부부들은 생활이 편리한 아파트를 선호한다.
　　여럿 가운데서 특별히 가려서 좋아함

③ ㉢: 민수는 폐품을 변형하여 장난감을 만들었다.
　　모양이나 형태가 달라지거나 달라지게 함

④ ㉣: 여가를 자기 계발에 효과적으로 활용해야 한다.
　　충분히 잘 이용함

✓ ㉤: 그의 주장은 내가 아는 상식과 배치하는 면이 많다.

정답 풀이

㉤의 '배치'는 '사람이나 물자 따위를 일정한 자리에 알맞게 나누어 둠.'의 뜻으로 사용되었다. 하지만 ⑤에 쓰인 '배치'는 '서로 반대로 되어 어그러지거나 어긋남.'의 뜻이다.

어휘력 Upgrade

※다음의 빈칸에 들어갈 알맞은 말을 〈보기〉에서 찾아 쓰시오.

┤ 보기 ├
변형
선호
수월
제한

1 이 도서실은 정리가 잘되어 있어서 자료를 찾기가 (수월)하다.
　→ 까다롭거나 힘들지 않아 하기가 쉬움

2 생활 수준이 높아짐에 따라 무공해 식품의 (선호)가 두드러진다.
　→ 여럿 가운데서 특별히 가려서 좋아함

3 친한 사람의 글씨체는 아무리 (변형)을 시켜도 금방 알아볼 수 있다.
　→ 모양이나 형태가 달라지거나 달라지게 함

4 조선 시대에는 신분에 따라 착용할 수 있는 의복에 (제한)이 있었다.
　→ 일정한 한도를 정하거나 그 한도를 넘지 못하게 막음

설명서가 필요 없는 행동 유도성 디자인

1②   2⑤   3④

● 지문 갈무리
행동 유도성 디자인이 잘 구현된 제품은 그 생긴 모습만으로도 사용 방법에 대한 실마리를 제공하지. 이 글은 행동 유도성 디자인의 개념과 사례를 제시하고, 이러한 디자인에서 사용되는 제약과 대응의 원리에 대해 설명하고 있어.

● 주제
행동 유도성 디자인의 개념과 원리

1 어떤 동상에 튀어나온 부분이 있으면 사람들이 자꾸만 그 곳을 만져 색이 변하곤 한다. 돌출˚된 부분이 있으면 만지거나 누르고 싶어지는 것이 사람의 심리이기 때문이다. 이처럼 특정한 재료나 모양으로 이루어진 대상은 사람들에게 특정한 행동을 유발˚한다. 이러한 특징을 이용하여 건축, 가구, 생활용품, 전자 제품 등을 디자인하는 경우가 있는데
〔행동 유도성 디자인의 개념〕
이를 '행동 유도성 디자인'이라고 한다. 행동 유도성 디자인이 뛰어난 제품은 설명서가 없
〔중심 화제〕 〔행동 유도성 디자인의 효과〕
더라도 제품의 사용 방법에 대한 강렬한 메시지를 제공할 수 있다. ▶행동 유도성 디자인의 개념과 효과

2 우리 주변에서 가장 흔하게 볼 수 있는 행동 유도성 디자인은 문이다. 문은 밀거나 당겨서 여닫는 문이 있는가 하면, 옆으로 밀어서 여닫는 문도 있다. 그런데 문을 여는 방식에 따라 손잡이도 다르게 디자인된다. 그
〔행동 유도성 디자인의 사례〕
렇기 때문에 우리는 문의 손잡이를 보면 그
〔행동 유도성 디자인의 효과〕
형태만으로도 문이 어떻게 열리고 닫히는지
를 파악할 수 있다. ▶행동 유도성 디자인의 대표적 사례인 문

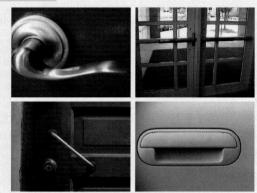

3 어떤 행동 유도성 디자인은 사용자가 느끼지 못할 정도로 자연스럽게 제약˚을 주어
〔행동 유도성 디자인에서 사용하는 제약의 원리〕
행동의 단서˚를 제공한다. 예를 들어, 디지털 카메라의 건전지나 메모리 카드는 잘못된 방
〔제약의 원리가 적용된 사례〕
향으로 넣으면 아예 들어가지 않도록 디자인한다. 사용자가 어떤 방향으로 넣어야 하는지
〔제약의 원리를 적용하는 이유〕
혼동˚하지 않도록 하기 위한 것이다. 이를 제약의 원리라고 한다. 사용자의 행동을 특정한 하나의 방향으로 제한함으로써 제품의 작동 원리를 자연스럽게 익히게 하는 것이다.
▶행동 유도성 디자인에서 사용하는 제약의 원리

4 또한 행동 유도성 디자인은 사람의 행동과 그 행동에 따른 결과가 밀접하게 대응되게
〔행동 유도성 디자인에서 사용하는 대응의 원리〕
유도한다. 예를 들어, 자동차는 핸들을 오른쪽으로 돌리면 차가 오른쪽으로 움직이도록
〔대응의 원리가 적용된 사례〕
디자인한다. 이를 대응의 원리라고 한다. 만약 파일럿이 비행기를 더 높이 뜨게 하려면 조종대를 자신의 앞으로 당겨야 하는데, 초기에는 이것을 반대로 디자인해 많은 사고가 발생했다. 행동과 그 행동에 따른 결과와의 관련성이 낮으면 사용자는 제품을 사용할 때 어
〔대응의 원리를 적용하는 이유〕
려움을 느끼게 된다. ▶행동 유도성 디자인에서 사용하는 대응의 원리

5 겉으로는 푹신하고 아름다워 보이는 소파가 막상 앉았을 때 불편하다면, 이는 뛰어난 디자인이라고 할 수 없다. 앉고 싶게 생긴 의자, 물을 따르고 싶도록 디자인된 주전자, 누
〔행동 유도성 디자인이 잘 구현된 제품〕
르고 싶도록 만들어진 리모컨과 같이 제품이 그 기능과 역할을 제대로 수행˚할 수 있도록
〔뛰어난 행동 유도성 디자인의 조건〕
만들어야 행동 유도성 디자인이 잘 구현된 것이다. ▶행동 유도성 디자인을 잘 구현하기 위한 조건

▼돌출(突出): 예기치 못하게 갑자기 쑥 나오거나 불거짐.

▼유발(誘發): 어떤 것이 다른 일을 일어나게 함.

▼제약(制約): 조건을 붙여 내용을 제한함. 또는 그 조건.

▼단서(端緒): 어떤 문제를 해결하는 방향으로 이끌어 가는 일의 첫 부분.

▼혼동(混同): 구별하지 못하고 뒤섞어서 생각함.

▼수행(遂行): 생각하거나 계획한 대로 일을 해냄.

독해력 Upgrade

※각 문단의 중심 내용을 다음과 같이 정리할 때, 빈칸에 들어갈 알맞은 말을 쓰시오.

| **1** 행동 유도성 디자인의 (개념)과 효과 | → | **2** 행동 유도성 디자인의 대표적 사례인 문 | → | **3** 행동 유도성 디자인에서 사용하는 (제약)의 원리 | → | **4** 행동 유도성 디자인에서 사용하는 (대응)의 원리 | → | **5** 행동 유도성 디자인을 잘 구현하기 위한 조건 |

1 핵심 정보 파악하기 답 ②

'행동 유도성 디자인'에 대한 설명으로 적절하지 않은 것은?

① 제품의 형태만으로도 조작 방법을 짐작할 수 있게 한다.

☑ 제품의 기능적인 면과 미적인 면이 조화를 이루게 한다.
　　　　　　　　　　　　　　　　　　　　　→ 2문단

③ 사용자가 느끼지 못할 정도로 자연스럽게 행동을 제한하기도 한다. → 3문단

④ 사용자의 행동과 그 행동에 따른 결과가 밀접하게 관련을 맺도록 한다. → 4문단

⑤ 튀어나온 부분이 있으면 만지고 싶어지는 사람의 심리를 이용한 것이다. → 1문단

정답 풀이

행동 유도성 디자인은 특정한 모양을 가진 대상을 보면 특정한 행동을 하게 되는 사람들의 심리를 이용한 디자인이다. 이 글에서 행동 유도성 디자인이 뛰어나다고 해서 제품의 기능적인 면과 미적인 면이 조화를 이룬다는 내용은 언급되어 있지 않다.

오답 풀이

① 2문단에서 문을 여는 방식에 따라 손잡이도 다르게 디자인되어, 손잡이의 형태만으로도 문이 어떻게 열리고 닫히는지를 파악할 수 있다고 하였으므로 적절하다.

③ 3문단에서 행동 유도성 디자인에서 사용하는 제약의 원리는 사용자가 느끼지 못할 정도로 자연스럽게 제약을 주어 행동의 단서를 제공하는 것이라고 하였으므로 적절하다.

④ 4문단에서 행동 유도성 디자인에서 사용하는 대응의 원리는 사람의 행동과 그 행동에 따른 결과가 밀접하게 대응되게 하는 것이라고 하였으므로 적절하다.

⑤ 1문단에서 돌출된 부분이 있으면 만지거나 누르고 싶어지는 사람의 심리를 이용한 것이 행동 유도성 디자인이라고 하였으므로 적절하다.

2 구체적 사례에 적용하기 답 ⑤

행동 유도성 디자인이 적용된 예로 보기 어려운 것은?

① 가위 손잡이에 구멍을 내어 손가락을 집어넣도록 유도한다.

② 컵라면의 용기 내부에 선을 그어 적정량의 물을 붓도록 이끈다.

③ 장난감 블록의 튀어나온 부분을 홈에 정확히 맞춰야만 블록이 끼워지게 한다.

④ 젓가락의 음식을 집는 부분을 더 얇게 만들어 거꾸로 사용하는 것을 방지한다.

☑ 새로 나온 선풍기의 사용법을 그림으로 설명하여 누구나
　× – 제품 자체의 모양만으로 사용자의 행동을 유도하는 것이 아님
쉽게 사용할 수 있게 한다.

정답 풀이

행동 유도성 디자인이 적용된 제품은 사람의 심리를 이용하여 그 형태만으로도 제품의 사용 방법을 알 수 있게 한다. 또한 사용자의 행동을 하나의 방향으로 제한하거나 행동과 그 행동에 다른 결과가 밀접하게 대응되게 하여 제품의 작동 원리를 자연스럽게 익히게 한다. 새로 나온 선풍기의 사용법을 그림으로 설명하면 보다 쉽고 편하게 사용 방법을 익히게 할 수는 있지만, 이는 제품 자체의 모양을 통해 사용자의 행동을 유도하는 것이 아니다. 따라서 ⑤는 행동 유도성 디자인이 적용된 예로 적절하지 않다.

3 구체적 사례에 적용하기 답 ④

〈보기〉의 밑줄 친 제품에서 파악할 수 있는 |메세지|로 알맞은 것은?

┤ 보기 ├

　자동차에는 시트를 조작할 수 있는 버튼이 있다. 자동차의 시트 조작 버튼을 특정 방향으로 누르면 시트가 그 방향으로 움직인다.

① 신체 구조에 맞게 시트를 조정할 수 있다.

② 잘못된 방향으로는 시트가 움직이지 않는다.

③ 간단하게 손가락만으로 버튼을 조작할 수 있다.

☑ 버튼을 밀고 당기는 방향에 따라 시트가 이동한다.
　○ – 행동 유도성 디자인의 대응의 원리가 적용됨

⑤ 교통사고가 발생했을 때 시트를 빠르게 움직일 수 있다.

정답 풀이

1문단의 '메시지'는 설명서 없이 제품 자체의 형태나 모양만으로 제품의 사용 방법을 알려 주는 것을 말한다. 〈보기〉에 제시된 자동차 시트 조작 버튼은 버튼을 밀고 당기는 방향에 따라 시트가 이동한다는 것을 알려 준다. 이는 사람의 행동과 그 행동에 따른 결과가 밀접하게 대응되게 하는, 행동 유도성 디자인의 대응의 원리가 적용된 것이다.

어휘력 Upgrade ※다음의 빈칸에 들어갈 알맞은 말을 〈보기〉에서 찾아 쓰시오.

┤ 보기 ├
수행
유발
제약
혼동

1 그 광고는 소비자들의 구매 욕구를 (유발)하였다.
　→ 어떤 것이 다른 일을 일어나게 함

2 단체 생활에는 여러 가지 (제약)이 있기 마련이다.
　→ 조건을 붙여 내용을 제한함. 또는 그 조건

3 언론은 비판과 견제의 기능을 (수행)해야 할 책임이 있다.
　→ 생각하거나 계획한 대로 일을 해냄.

4 그는 시력이 좋지 않아 친구와 다른 사람을 (혼동)하였다.
　→ 구별하지 못하고 뒤섞어서 생각함.

아름다운 음의 법칙, 피타고라스 음계와 삼분 손익법

1 아름다운 곡을 연주하기 위한 노력은 동서양을 막론하고▼ 다양하게 시도되었다. 이 과정에서 음계, 즉 음악에 쓰이는 음의 배열을 만드는 일은 필수적▼이었다. 서양의 음계는 '피타고라스 음계'에서, 동양의 음계는 '삼분 손익법'에서 시작되었다.

2 뛰어난 수학자였던 피타고라스는 집 근처 대장간에서 흘러나오는 망치 소리를 들으면서 음계의 수학적 이론을 밝혀낸다. 그는 하프를 직접 연주하면서 소리를 분석했고, 그 결과 하프에서 나오는 소리들이 조화로운 화음을 내는 경우는 하프 현 길이의 비가 간단한 정수 비례 관계에 있을 때라는 사실을 알아냈다. 또한 이때 현의 길이는 진동수와 비교적 정확하게 반비례로 대응된다는 사실도 알게 되었다. 이러한 과정을 통해 피타고라스가 확립한 음계를 ㉠'피타고라스 음계'라고 부른다. 그는 「현의 길이의 비가 2 : 1(낮은 도 : 높은 도), 3 : 2(도 : 솔), 4 : 3(도 : 파)과 같이 간단한 정수의 비로 표현되는 음일수록 두 음이 잘 어울린다는 사실을 밝혀냈다. 서로 어울리지 않는 도와 레는 진동수의 비가 8 : 9로 최소 공배수가 72나 된다. 반면 잘 어울리는 5도 화음인 도와 솔의 진동수의 비는 2 : 3, 4도 화음인 도와 파는 3 : 4에 해당한다. 특히 낮은 도와 솔이 이루는 음정을 완전 5도라고 부르는데, 피타고라스는 이 완전 5도 음정의 비율을 기준으로 하여 음계를 만들었다.

3 서양에 피타고라스 음계가 있다면 동양에는 ㉡삼분 손익법이 있다. 우리나라의 경우 《악학궤범》에서 12율이라고 부르는 음계를 사용한 기록을 확인할 수 있는데, 12율은 황종, 임종, 태주, 남려, 고선, 응종, 유빈, 대려, 이칙, 협종, 무역, 중려로 이루어져 있다. 삼분 손익법은 12율의 음높이를 정하는 방법으로, 악기의 소리를 내는 율관▼의 길이를 3등분하여 3분의 1을 빼거나 더한다. '삼분 손일'을 하게 되면 1/3을 뺀 나머지 2/3의 길이에 해당하는 음을 내는데, 이때 율관은 서양 음계의 솔처럼 완전 5도의 음정을 갖는다. '삼분 익일'을 하면 1/3을 더해 4/3의 길이에 해

당하는 음을 내는데, 율관의 길이가 늘어났으므로 음이 낮아진다. 이와 같은 방식으로 손일과 익일을 교대로 사용하면 12율을 얻을 수 있다. 즉, 황종의 율관의 길이를 1이라 할 때, 삼분 손일에 의해 2/3배 하면 율관의 길이는 2/3로 임종이 되고, 임종을 삼분 익일에 의해 4/3배 하면 율관의 길이는 8/9로 태주가 된다.

4 피타고라스 음계와 삼분 손익법을 통해 만든 음계가 현대에도 그대로 적용▼되는 것은 아니다. 하지만 이러한 음계가 동서양 음악과 연주의 발전에 큰 영향을 미쳤다는 점은 부인▼할 수 없다.

● 지문 갈무리
음계를 만드는 방법으로 서양의 피타고라스 음계와 동양의 삼분 손익법이 있었어. 이 두 가지 방법은 물론 차이가 있지만 유사한 점도 많아. 이 글은 피타고라스 음계와 삼분 손익법에 사용된 수학적 원리에 대해 설명하고 있어.

● 주제
피타고라스 음계와 삼분 손익법의 원리와 의의

▼ 막론하다(莫論하다): 이것저것 따지고 가려 말하지 아니하다.
▼ 필수적(必須的): 꼭 있어야 하거나 하여야 하는 것.
▼ 율관(律管): 음악에 쓰는 율, 즉 기본이 되는 음을 불어서 낼 수 있는 원통형의 대나무 관.
▼ 적용(適用): 알맞게 이용하거나 맞추어 씀.
▼ 부인(否認): 어떤 내용이나 사실을 옳거나 그러하다고 인정하지 아니함.

독해력 Upgrade

※각 문단의 중심 내용을 다음과 같이 정리할 때, 빈칸에 들어갈 알맞은 말을 쓰시오.

1 동서양 음계의 출발점인 피타고라스 음계와 삼분 손익법 → **2** (피타고라스 음계)의 수학적 원리 → **3** (삼분 손익법)의 수학적 원리 → **4** 피타고라스 음계와 삼분 손익법의 의의

1 세부 정보 파악하기　답 ①

이 글의 내용과 일치하지 않는 것은?

☑ 피타고라스는 하프 현의 길이가 진동수와 비례한다는 사실을 알아냈다.
　　　　　　　　　　　×－반비례

② 피타고라스 음계에서 간단한 정수의 비로 표현되는 2개의 음은 조화롭다. →2문단

③ 삼분 손익법에서는 손일과 익일을 교대로 사용하여 음계를 만든다. →3문단

④ 삼분 손익법에서 소리를 내는 율관의 길이가 길어지면 음이 낮아진다. →3문단

⑤ 피타고라스 음계와 삼분 손익법은 동서양 음악의 발전에 영향을 미쳤다. →4문단

정답 풀이

2문단에서 피타고라스는 하프를 연주하면서 소리를 분석한 결과, 하프 현의 길이가 진동수와 비교적 정확하게 반비례한다는 사실을 알아냈다고 하였다.

2 내용 추론하기　답 ①

〈보기〉는 현을 사용하는 악기인 피아노이다. 이 글을 참고하여 ㉠에 대해 추론한 내용으로 적절한 것은?

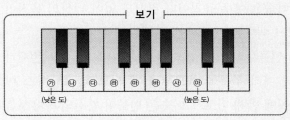

☑ ㉮와 ㉯는 간단한 정수의 비로 표현되지 않아 서로 어울리지 않는 음에 해당한다.

② ㉮와 ㉱의 진동수의 비는 4:3이다.
　　　　　　　　　　　×－3:4

③ 4도 화음인 ㉮와 ㉭는 현의 길이와 진동수의 크기가 반비례한다.
×－5도 화음

④ 5도 화음의 현의 길이의 비는 2:3이다.
　　　　　　　　　　×－3:2

⑤ ㉮와 ㉲의 현의 길이의 비는 8:9이다.
　　　　　　　　　　×－2:1

정답 풀이

2문단에서 현의 길이의 비가 간단한 정수의 비로 표현되는 음일수록 두 음이 잘 어울리며, 진동수의 비가 8:9로 최소공배수가 72나 되는 도와 레는 서로 어울리지 않는다고 하였다. 따라서 ㉮와 ㉯는 서로 어울리지 않는 음에 해당한다.

오답 풀이

② ㉮는 낮은 도, ㉱는 파이다. 2문단에서 도와 파는 현의 길이의 비가 4:3, 진동수의 비는 3:4라고 하였다.

③ ㉮는 낮은 도, ㉳는 솔이다. 2문단에서 도와 솔은 잘 어울리는 5도 화음이라고 하였다.

④ 2문단에 따르면 5도 화음을 이루는 것은 도와 솔인데, 현의 길이의 비는 3:2라고 하였다.

⑤ ㉮는 낮은 도, ㉲는 높은 도이다. 낮은 도와 높은 도의 현의 길이의 비는 2:1이다.

3 내용 추론하기　답 ⑤

황종의 음을 내는 율관의 길이가 90cm라고 할 때, ㉡에 대해 이해한 내용으로 적절하지 않은 것은?

① 율관의 길이를 삼분하면 30cm이다.

② 율관의 길이를 손일하면 60cm이다.

③ 태주의 음은 율관의 길이가 80cm일 때 날 것이다.

④ 남려의 음은 율관의 길이가 약 53.4cm일 때 날 것이다.

☑ 남려는 삼분 손익 중 익일의 방법을 사용하여 만들어지는 음이다.
×－손일의 방법

정답 풀이

3문단에서 손일과 익일을 교대로 사용하면 12율을 얻을 수 있다고 하였다. 황종을 삼분 손일하면 임종, 임종을 익일하면 태주, 태주를 손일하면 남려가 된다. 따라서 남려는 익일이 아니라 손일의 방법을 사용하여 만들어지는 음이다.

오답 풀이

① 90cm인 율관의 길이를 3등분하면 30cm가 된다.

② 삼분 손일을 하게 되면 1/3을 빼야 하므로 60cm가 된다.

③ 태주의 율관의 길이는 90cm의 8/9인 80cm이다.

④ 태주를 손일하면 남려가 되므로, 남려의 율관의 길이를 얻으려면 태주의 율관의 비율인 8/9에 삼분 손일할 때 사용하는 비율인 2/3를 곱한 16/27을 곱해야 한다. 따라서 남려의 율관의 길이는 90cm의 16/27인 약 53.4cm이다.

어휘력 Upgrade　※다음의 빈칸에 들어갈 알맞은 말을 〈보기〉에서 찾아 쓰시오.

보기
막론
부인
적용
필수적

1 새로 발견한 원리를 신제품 개발에 (적용)했다.
→알맞게 이용하거나 맞추어 씀

2 그들은 지위의 고하를 (막론)하고 모두 처벌하였다.
→이것저것 따지고 가려 말하지 아니함

3 한문학은 조선 시대의 양반들이 (필수적)으로 익혀야 하는 교양이었다.
→꼭 있어야 하거나 하여야 하는 것

4 범인이 범행 사실을 완강히 (부인)하자 경찰은 확실한 증거를 들이댔다.
→어떤 내용이나 사실을 옳거나 그러하다고 인정하지 아니함

르네상스 미술과 바로크 미술, 어떻게 다를까

1 ③   2 ④

● **지문 갈무리**
뵐플린이라는 학자는 다섯 가지 기준을 가지고 르네상스 미술과 바로크 미술을 비교했어. 이 글은 그 다섯 가지 내용을 소개하면서, 르네상스 미술과 바로크 미술의 특징 및 차이점을 구체적으로 설명하고 있어.

● **주제**
르네상스 미술과 바로크 미술의 특징과 차이점

1 『17세기 이후 등장한 바로크 미술은, 이상적이고 안정감 있는 아름다움을 추구했던 르네상스 미술과 달리 사실적이고 극적인 면을 추구하여 정적인 미술에 생동감을 불어넣었다.』 『 』: 바로크 미술과 르네상스 미술의 차이점 미술의 역사를 연구했던 뵐플린은 바로크 미술과 르네상스 미술을 다음과 같은 몇 가지 측면에서 비교, 분석함으로써 바로크 미술의 특징을 분명히 했다. 스위스의 미술사가(1864~1945)   중심 화제

2 첫째, 르네상스 미술은 선을 중시하는 선적인 그림이다. 이는 뒤러의 〈자화상〉과 같이 인물과 배경의 뚜렷한 윤곽선을 통해 확인할 수 있다. 반면 바로크 미술은 회화적인 그림이다. 렘브란트의 〈자화상〉에서 볼 수 있듯이, 인물과 배경을 뚜렷한 윤곽선으로 구분하지 않고 명암과 색채를 통해 드러낸다.
르네상스 미술의 특징 ①
르네상스 미술이 선적인 그림인 이유
바로크 미술의 특징 ①
바로크 미술이 회화적인 그림인 이유

▶바로크 미술과 르네상스 미술의 차이
뒤러의 〈자화상〉과 렘브란트의 〈자화상〉
▶선적인 르네상스 미술과 회화적인 바로크 미술

3 둘째, 르네상스 미술은 멀리 보이는 장면을 묘사할 때 경치를 작게 그렸을 뿐 공간이 지닌 깊이는 느껴지지 않는다. 그리고 화면 속에 대상을 가지런히 배열하기 때문에, 르네상스 미술은 평면적인 느낌을 준다. 이에 반해 바로크 미술은 대상을 불규칙하게 배열하고, 평면에 그림자가 지게 하여 대상의 부피감과 입체감˘이 드러나게 한다. 그렇기 때문에 바로크 미술은 깊이감을 지니고 있다.
르네상스 미술이 평면적인 느낌을 주는 이유 ①
르네상스 미술이 평면적인 느낌을 주는 이유 ②
르네상스 미술의 특징 ②
바로크 미술이 깊이감을 주는 이유
바로크 미술의 특징 ②
▶평면적인 르네상스 미술과 깊이감을 지닌 바로크 미술

4 셋째, 르네상스 미술은 사물의 배치가 너무나 안정적이어서 그중 하나라도 위치를 바꾸었다가는 전체 그림이 망가질 듯한 구도를 가지고 있다. 그렇기 때문에 르네상스 미술은 폐쇄적˘인 느낌을 준다. 반면 바로크 미술은 아무 규칙이나 질서도 없이 대상의 움직이는 한순간을 포착한 듯하다. 그래서 바로크 미술은 개방적인 느낌을 준다.
르네상스 미술이 폐쇄적인 느낌을 주는 이유
르네상스 미술의 특징 ③
바로크 미술이 개방적인 느낌을 주는 이유
바로크 미술의 특징 ③
▶폐쇄적인 르네상스 미술과 개방적인 바로크 미술

5 넷째, 르네상스 미술은 크게 그려진 인물부터 작게 그려진 인물까지 모두 그 존재가 부각˘되어 있다. 감상자의 시선이 화면의 여러 부분에 골고루 가게 되므로, 르네상스 미술은 다분히 다원적˘이라고 할 수 있다. 이에 반해 바로크 미술은 인물이 자신의 고유성을 주장하기보다는 그림 안에 종속˘되어 있다. 감상자의 시선이 그림 전체를 주목하게 되므로, 바로크 미술의 감상자들은 그림에서 통일성을 느낄 수 있다.
르네상스 미술이 다원적인 이유
르네상스 미술의 특징 ④
바로크 미술이 통일성을 느끼게 하는 이유
바로크 미술의 특징 ④
▶다원적인 르네상스 미술과 통일성을 주는 바로크 미술

6 마지막으로, 르네상스 미술은 명료한˘ 선을 통해 모든 개별 형상을 온전히 드러낸다. 이에 따라 감상자들은 차분하게 세심한 부분까지 감상할 수 있지만, 때로는 시선이 분산되기도 한다. 반면 바로크 미술에서 선들은 명료하지 않다. 심지어 화면에 가득 찬 색채가 그림 속의 개별 대상을 명료하지 않게 만들기도 한다. 그러나 이러한 불명료함이 감상자를 그림 전체에 집중하게 만들어 주는 역할을 한다.
르네상스 미술의 특징 ⑤
바로크 미술의 특징 ⑤
▶명료한 르네상스 미술과 불명료한 바로크 미술

● 입체감(立體感): 위치와 넓이, 길이, 두께를 가진 물건에서 받는 느낌.
● 폐쇄적(閉鎖的): 외부와 통하거나 교류하지 않는 것.
● 부각(浮刻): 어떤 사물을 특징지어 두드러지게 함.
● 다원적(多元的): 사물을 형성하는 근원이 많은 것.
● 종속(從屬): 자주성이 없이 주가 되는 것에 딸려 붙음.
● 명료하다(明瞭하다): 뚜렷하고 분명하다.

독해력 Upgrade

※각 문단의 중심 내용을 다음과 같이 정리할 때, 빈칸에 들어갈 알맞은 말을 쓰시오.

| 1 바로크 미술과 르네상스 미술의 차이 | → | 2 선적인 르네상스 미술과 (회화적)인 바로크 미술 | → | 3 (평면적)인 르네상스 미술과 깊이감의 바로크 미술 | → | 4 폐쇄적인 르네상스 미술과 (개방적)인 바로크 미술 | → | 5 (다원적)인 르네상스 미술과 통일성의 바로크 미술 | → | 6 명료한 르네상스 미술과 불명료한 바로크 미술 |

1 내용 전개 방식 파악하기 답 ③

이 글의 내용 전개 방식으로 가장 적절한 것은?

① 한 학자의 이론이 지닌 한계를 분석하고 있다. ×

② 한 학자의 이론이 정립되는 과정을 밝히고 있다. ×

☑ 두 미술 양식이 지닌 특징을 대조하여 제시하고 있다.
○ — 르네상스 미술과 바로크 미술의 특징과 그 차이점을 대조함

④ 두 미술 양식이 미술사에 끼친 영향을 소개하고 있다. ×

⑤ 두 미술 양식의 발전 과정을 시간의 흐름에 따라 설명하고 있다. ×

정답 풀이

이 글은 1문단에서 르네상스 미술과는 다른 경향의 바로크 미술이 등장했음을 밝히고, 두 미술 양식을 여러 측면에서 비교, 분석한 학자 뵐플린을 소개하고 있다. 이어 2~6문단에서 뵐플린의 5가지 기준에 따라 르네상스 미술과 바로크 미술의 특징 및 차이점을 대조하여 제시하고 있다. 따라서 이 글에 쓰인 내용 전개 방식으로 적절한 것은 ③이다.

오답 풀이

① 르네상스 미술과 바로크 미술의 차이에 대한 뵐플린의 견해가 제시되어 있지만, 이론의 한계를 분석하지는 않았다.

② 뵐플린의 견해가 요약적으로 제시되어 있을 뿐, 이론의 정립 과정을 밝히지는 않았다.

④ 르네상스 미술과 바로크 미술의 특징 및 차이점을 설명하고 있을 뿐, 미술의 역사에 끼친 영향에 대해서는 언급하지 않았다.

⑤ 두 미술 양식의 특징 및 차이점을 설명하고 있을 뿐, 시간의 흐름에 따른 발전 과정에 대해서는 언급하지 않았다.

2 구체적 사례에 적용하기 답 ④

이 글을 바탕으로 <보기>를 감상한 내용으로 적절하지 않은 것은?

┤ 보기 ├

(가) 지오토, 〈애도〉

(나) 루벤스, 〈솔로몬의 심판〉

(가)는 르네상스 미술 작품이고, (나)는 바로크 미술 작품이다.

① (가)는 인물과 배경의 윤곽선이 뚜렷하고, (나)는 인물과 배경의 윤곽선이 뚜렷하지 않군. → 2문단

② (가)는 가지런한 배열로 평면적인 느낌을 주지만, (나)는 불규칙한 배열로 입체적인 느낌을 주는군. → 3문단

③ (가)는 인물들의 개별 형상이 명료하게 드러나지만, (나)는 인물들의 형상이 명료하게 드러나지 않는군. → 6문단

☑ (가)는 배치가 안정적이어서 개방적인 느낌을 주지만, (나)는 아무 질서가 없이 폐쇄적인 느낌을 주는군.
× – 폐쇄적인 느낌 / × – 개방적인 느낌

⑤ (가)를 보는 감상자는 화면 속의 대상을 골고루 감상하겠지만, (나)를 보는 감상자는 그림 전체를 통일적으로 감상하겠군. → 5문단

정답 풀이

(가)는 르네상스 미술 작품, (나)는 바로크 미술 작품이라고 하였다. 4문단에서 르네상스 미술은 사물의 배치가 안정적이어서 폐쇄적인 느낌을 주지만, 바로크 미술은 아무 규칙이나 질서도 없이 대상의 움직이는 한순간을 포착한 듯하여 개방적인 느낌을 준다고 하였다. 따라서 (가)가 폐쇄적인 느낌, (나)가 개방적인 느낌을 주는 작품이다.

오답 풀이

① 2문단에서 르네상스 미술은 선적이어서 인물과 배경의 윤곽선이 뚜렷하지만, 바로크 미술은 회화적이어서 인물과 배경의 윤곽선이 뚜렷하지 않다고 하였다.

② 3문단에서 르네상스 미술은 대상을 가지런히 배열하기 때문에 평면적인 느낌을 주지만, 바로크 미술은 대상을 불규칙하게 배열하고 평면에 그림자가 지게 하기 때문에 부피감과 입체감을 준다고 하였다.

③ 6문단에서 르네상스 미술은 명료한 선을 통해 개별 형상을 온전히 드러내지만, 바로크 미술은 선들이 명료하지 않아 개별 대상을 명료하지 않게 만든다고 하였다.

⑤ 5문단에서 르네상스 미술은 감상자의 시선이 화면의 여러 부분에 골고루 가게 하지만, 바로크 미술은 감상자의 시선이 그림 전체를 주목하게 만들어 통일성을 느낄 수 있게 한다고 설명하였다.

어휘력 Upgrade

※다음의 빈칸에 들어갈 알맞은 말을 <보기>에서 찾아 쓰시오.

┤ 보기 ├
명료
부각
종속
폐쇄적

1 논설문을 쓸 때에는 글쓴이가 주장하는 바를 (명료)하게 드러내야 한다.
→ 뚜렷하고 분명함

2 자유로운 질문을 막는다면 회의 분위기는 (폐쇄적)으로 흐를 수밖에 없다.
→ 외부와 통하거나 교류하지 않는 것

3 오늘날 많은 나라들이 경제적, 문화적으로 주요 선진국에 (종속)되어 있다.
→ 자주성이 없이 주가 되는 것에 딸려 붙음

4 광고는 제품의 장점을 (부각)함으로써 소비자에게 더 많은 제품을 팔기 위한 수단이다.
→ 어떤 사물을 특징지어 두드러지게 함

예술이 종말을 고했다고?

1 1964년 팝 아트˘의 창시자로 유명한 앤디 워홀은 수세미나 비누를 만들던 브릴로 회사의 포장 상자와 겉모양이 비슷한 나무 상자를 작품으로 만들어 전시했다. 즉각 이 작품에 대한 찬사˘와 비난의 목소리가 나오기 시작했다. 더불어 슈퍼마켓에서 볼 수 있는 브릴로 상자나 앤디 워홀이 전시한 〈브릴로 상자〉나 큰 차이가 없음에도 불구하고, 왜 후자의 것만 예술 작품이 되는지에 대한 진지한 고찰˘이 시작되었다. 이후 미국의 철학자이자 미술 평론가인 단토는 이 작품을 토대로 '예술의 종말'을 선언하였다.

팝 아트의 선구자, 앤디 워홀

(워홀의 〈브릴로 상자〉 → 예술 작품으로 볼 수 있는지에 대한 논란을 불러일으킴)
(참신한 발상이라는 찬사와 실제 브릴로 상자와 다를 것이 없다는 비난)
(예술 작품이 될 수 있는 요건에 대한 고민)
(중심 화제)
▶〈브릴로 상자〉를 계기로 예술의 종말을 선언한 단토

2 단토는 예술 작품과 예술 작품이 아닌 대상은 시각적 차이만으로는 구별되지 않는다고 생각했다. 그는 예술이 되기 위해서는 두 가지 요소를 필수적으로 갖추고 있어야 한다고 보았다. 하나는 예술가가 의도한 주제를 가지고 있어야 한다는 것인데, 단토는 이를 '무엇에 관함'이라고 하였다. 다른 하나는 그 주제를 적절한 매체나 효과적인 방식을 활용해 나타내야 한다는 것으로, 단토는 이를 '구현˘'이라고 하였다. 즉, 단토는 예술 작품이란 해석해야 할 주제를 가지고 우리 앞에 나타난 그 무엇이라고 보았다.

(브릴로 회사의 실제 포장 상자와 워홀의 〈브릴로 상자〉가 잘 구별되지 않는 이유)
(예술이 갖추어야 할 요소 ①)
(예술이 갖추어야 할 요소 ②)
(단토가 생각하는 예술 작품)
▶단토가 생각하는 예술 작품의 두 가지 요건

3 그러나 어떤 주제의 작품을 만들어 이를 '예술'이라고 선언한다고 해서 그 작품이 바로 예술 작품이 되는 것은 아니다. 단토는 관람자와 평론가들이 그 예술 작품을 이해하고 작가의 의도를 인정할 수 있는지, 당대의 예술 상황을 주도하는 지식과 이론 및 태도는 어떠한지 등을 종합적으로 검토해야 예술이 된다고 보았다. 그는 이런 것들을 총괄하는 믿음 체계에 '예술계'라는 명칭을 붙였다. 이를 바탕으로 단토는 ㉠앤디 워홀의 〈브릴로 상자〉는 예술 작품으로 보아야 한다며, 만약 1964년이 아닌 1900년대 초반이나 그 이전에 전시되었다면 예술 작품으로 인정받지 못했을 것이라고 주장했다.

(예술 작품으로 인정하기 위한 추가적인 요소)
(예술계의 개념)
(워홀의 〈브릴로 상자〉는 '예술계'의 인정을 받았기 때문에 예술 작품으로 볼 수 있음)
▶워홀의 작품이 예술 작품으로 인정받을 수 있는 이유

4 당시만 해도 예술계는 '예술은 진정한 가치를 지닌 미적 가치를 모방한다.'는 미메시스 이론, 즉 모방 이론을 따르고 있었다. 모방 중심의 예술에서는 생생한 시각적 경험을 가져다 주는 미적 가치의 정확한 재현˘을 중요하게 여긴다. 단토는 앤디 워홀의 작품 이후 이러한 예술의 역사는 종말을 고하게 되었다고 보았다. 즉, 이전의 모방 중심의 예술 세계가 종결되고, 모방이 아닌 다양한 형태의 예술이 나오리라고 본 것이다. 따라서 단토의 예술 종말론은 비극적 선언이 아닌 낙관적˘ 전망이다. 그렇다면 예술의 종말 이후 예술은 어떠한 모습일까? 단토는 예술이 추구해야 할 특정한 방향이 없는 시기, 예술을 통해 성취해야 하는 목표에 대해 고민하지 않아도 되는 시기를 보내게 될 것이며, 이 때문에 예술은 전에 없는 자유로운 양식과 형태를 보일 것이라고 예언하였다.

(미메시스 이론의 핵심 내용)
(예술의 종말은 모방 중심 예술의 종말을 의미함)
(다양한 형태의 새로운 예술이 등장할 것이기 때문에)
(단토가 생각하는 예술의 종말의 의미)
▶단토가 주장하는 예술의 종말의 의미

● **지문 갈무리**
단토의 예술 종말론은 정말 예술이 끝났다는 뜻이 아니야. 기존의 모방 중심 예술이 끝나고 다양한 형태의 예술이 등장하게 되었다는 뜻이지. 이 글은 단토가 주장한 예술 종말론의 의미에 대해 설명하고 있어.

● **주제**
단토가 주장한 예술 종말론과 그 의미

▾ **팝 아트(pop art):** 전통적인 예술 개념을 타파하고자 했던 1960년대의 미술 운동으로, 일상생활 용품을 주로 활용함.

▾ **찬사(讚辭):** 칭찬하거나 찬양하는 말이나 글.

▾ **고찰(考察):** 어떤 것을 깊이 생각하고 연구함.

▾ **구현(具現):** 어떤 내용이 구체적인 사실로 나타나게 함.

▾ **재현(再現):** 다시 나타남. 또는 다시 나타냄.

▾ **낙관적(樂觀的):** 앞으로의 일 따위가 잘되어 갈 것으로 여기는.

독해력 Upgrade

※각 문단의 중심 내용을 다음과 같이 정리할 때, 빈칸에 들어갈 알맞은 말을 쓰시오.

| **1** 〈브릴로 상자〉를 계기로 예술의 종말을 선언한 (단토) | ⇒ | **2** 단토가 생각하는 예술 작품의 두 가지 (요건) | ⇒ | **3** 워홀의 작품이 예술 작품으로 인정받을 수 있는 이유 | ⇒ | **4** 단토가 주장하는 예술의 (종말)의 의미 |

1 세부 정보 파악하기   답 ③

이 글에서 다루고 있는 내용이 *아닌* 것은?

① 단토가 이름을 붙인 '예술계'의 의미 → 3문단
② 단토가 예술 종말론을 주장하게 된 계기 → 1문단
☞ 단토의 예술 종말론이 지닌 <u>부정적인</u> 의미
　　　　　　　　　　×－긍정적인 의미
④ 단토가 예상한 예술의 종말 이후의 예술의 모습 → 4문단
⑤ 단토가 제시한 예술 작품이 갖추어야 할 필수 조건 → 2문단

정답 풀이

4문단에서 단토의 예술 종말론은 비극적 선언이 아닌 낙관적 전망이라고 하였다. 따라서 이 글은 단토의 예술 종말론이 지닌 부정적인 의미가 아니라, 긍정적인 의미를 다루고 있음을 알 수 있다.

오답 풀이

① 3문단에서 예술계는 당대의 관람자와 평론가들의 관점, 예술 상황을 주도하는 지식, 이론, 태도 등을 의미함을 알 수 있다.
② 1문단에서 워홀의 〈브릴로 상자〉가 예술 종말론의 계기가 되었음을 알 수 있다.
④ 4문단에서 단토는 예술의 종말 이후에 예술이 특정한 방향이나 목표 없이 다양한 양식과 형태를 보일 것이라고 생각했음을 알 수 있다.
⑤ 2문단에서 단토는 '무엇에 관함(주제)'과 '구현(매체, 방식)'을 예술 작품의 필수 조건으로 제시했음을 알 수 있다.

2 자료 해석의 적절성 평가하기   답 ⑤

이 글을 바탕으로 〈보기〉를 이해한 내용으로 적절하지 *않은* 것은?

┤ 보기 ├

A　　　　　B　　　　　C

A는 실제 브릴로 회사의 종이 포장 상자이다. B는 A를 차용하여 나무로 만든 워홀의 〈브릴로 상자〉이다. C는 다시 B를 차용한 비들로의 〈워홀 아님〉이다.

① A는 예술 작품으로 볼 수 없지만 B에 영감을 제공했겠군.
② B는 A와 겉모습이 비슷하지만 예술 작품으로 볼 수 있겠군.

③ C를 감상할 때는 해석해야 할 주제가 담겨 있는지 살펴보아야겠군.
④ B와 C를 예술 작품으로 인정하려면 당대의 예술 상황을 고려해야 하겠군.
☞ B와 C를 감상할 때는 미적 가치를 정확하게 재현하고 있
　×－미적 가치의 정확한 재현을 중시하는 것은 모방 중심 예술임
는지 확인해야 하겠군.

정답 풀이

B와 C는 A와 겉모습이 비슷하지만, 당대의 예술계가 인정하면 예술 작품이 될 수 있다. 4문단에 따르면, 미적 가치의 정확한 재현을 중요하게 여긴 것은 모방 중심의 예술이다. 단토는 워홀의 작품 〈브릴로 상자〉를 계기로 이러한 예술이 종말을 고하고 다양한 형태의 예술이 펼쳐질 것이라고 보았다. 따라서 B와 C를 재현의 정확성을 중심으로 감상하는 것은 적절하지 않다.

3 이유 추론하기   답 ④

㉠의 이유로 가장 적절한 것은?

① 과거의 사람들은 워홀의 예술 작품을 감상할 만한 안목이 부족했기 때문이다.
② 과거에 사용한 예술 기법이 1960년대에 사용한 예술 기법보다 뛰어났기 때문이다.
③ 1900년대 초반까지는 예술 작품으로 인정하는 기준이 훨씬 더 엄격했기 때문이다.
☞ 워홀의 작품도 예술이 될 수 있다는 믿음 체계가 1960년
　○－워홀의 작품이 전시되었을 당시의 예술계가 이를 예술 작품으로 인정함
대에 수용되었기 때문이다.
⑤ 1964년 당시에는 예술계가 워홀의 예술 작품을 무비판적으로 받아들였기 때문이다.

정답 풀이

㉠에서 단토는 워홀의 〈브릴로 상자〉가 예술 작품이 맞지만, 1964년 이전에는 예술 작품으로 인정받지 못했을 것이라고 하였다. 그 이유는 앞부분에 설명되어 있는 '예술계'에서 찾을 수 있다. 즉, 1964년에는 당대의 믿음 체계가 워홀의 〈브릴로 상자〉를 예술 작품으로 받아들일 수 있을 만한 상황에 있었지만, 그 이전에는 당대의 예술계가 워홀의 작품을 예술 작품으로 인정하지 않았을 것이라는 의미이다.

어휘력 Upgrade

※다음의 빈칸에 들어갈 알맞은 말을 〈보기〉에서 찾아 쓰시오.

┤ 보기 ├
구현
낙관적
재현
차용

1 이 견해는 미래에 대한 (낙관적) 전망이라 볼 수 있다.
　　→ 앞으로의 일 따위가 잘되어 갈 것으로 여기는
2 그들은 세계 축구 4강 신화의 (재현)을 위해 뛰고 또 뛰었다.
　　→ 다시 나타남. 또는 다시 나타냄
3 그는 외국의 이론을 (차용)하여 자신이 세운 이론에 접목하였다.
　　→ 돈이나 물건 따위를 빌려서 씀
4 그 회사는 앞선 기술력으로 상상 속의 공간을 현실에 (구현)할 수 있게 되었다.
　　→ 어떤 내용이 구체적인 사실로 나타나게 함

조선 시대의 조상 숭배관이 담긴 종묘 정전

1④   2⑤   3③

● 지문 갈무리
종묘 정전은 제사를 위한 건축물이기 때문에 화려하게 지을 수는 없었어. 대신 단순하고 절제되어 있으면서도 장엄한 느낌을 주고 있지. 이 글은 종묘 정전의 구조와 건축적 특징, 그에 따른 의미와 효과를 구체적으로 설명하고 있어.

● 주제
종묘 정전의 건축적 특징

1 역사 드라마를 보면 "종묘사직을 보존하소서!"라고 말하는 장면이 자주 나온다. 종묘는 역대 임금의 위패˘를 모시던 사당이고 사직은 나라와 조정을 의미하므로, 종묘사직은 왕실과 나라를 통틀어 이르는 말이다. 그만큼 유교의 예법에 따라 조상에게 제사를 지내던 종묘는 조선 시대의 중요한 건축물이었다.
_{종묘가 조선 시대의 중요한 건축물이었던 이유}   ▶조선 시대의 중요한 건축물이었던 종묘

2 종묘는 국가의 정통성을 보여 주려는 권위 건축으로서의 성격과 제사 공간의 마련이라는 제사 건축으로서의 성격을 함께 지닌다. 특히 정전은 조선 왕조 역대 임금과 왕비의 위패를 모신 제사 건축물로서 최고의 격식을 갖추고 있다. 종묘의 중심 건물인 정전은 신실 19칸, 좌우 월랑, 20개의 배흘림기둥˘과 맞배지붕˘으로 이루어져 있다. 화려하지 않고 단순한 신실이 반복되는 정전의 절제˘된 건축 형태와 장엄한 공간 구성은 다른 어떤 건축물도 흉내 낼 수 없는 종묘만의 특징이다.   ▶종묘의 건축적 성격과 정전의 구성 요소

3 정전의 각 신실은 건축 구성의 기본 단위이다. 신실은 한 칸으로 되어 있으므로 결국 정전은 건물 한 칸 한 칸이 모여서 전체를 이룬다. 신실은 처음에 7칸이었으나 한 칸에 하나의 신위만을 모셨기 때문에 시간이 흐르면서 건물을 증축˘하였다. 19칸의 신실은 각 칸의 앞면이 개방되어 있고 그 간격이 모두 일정하다. 정전은 단순하게 구성된 여러 개의 신실이 모여 하나의 수평적인 건축 형태를 이루며 무궁한˘ 번영을 상징하고 있다.   ▶신실의 특징과 의미

4 신실의 간격이 일정하므로 정전에는 20개의 똑같은 기둥이 열을 지어 늘어서게 된다. 이렇게 반복되는 줄기둥 20개가 넓은 정전 마당을 바라보고 있는 모습은 장엄한 의식을 연상시킨다. 여기에 묵직이 내려앉은 맞배지붕은 정전이 지닌 상승감을 지그시 눌러 주며 절제와 경건의 감정을 더욱 자아낸다. 또 정전 건물의 양 끝에는 직각으로 돌출한 월랑을 두었다. 동쪽 월랑은 벽이 있는 내부 공간을 만들지 않고 기둥만을 두어 사람들이 대기하는 장소로 활용되었다. 서쪽 월랑은 벽이 있는 내부 공간을 만들어 물건을 보관하는 창고로 사용하였다. '一'자형 신실 좌우에 월랑을 두면서 건물은 'ㄷ'자 형태가 되는데, 이는 건물의 형태적 완결성을 높이고 있다.   ▶줄기둥, 맞배지붕, 월랑의 특징과 효과

5 한편 정전에서 보이는 단순한 아름다움과 엄숙함은 묘한 파격˘과 비대칭성이라는 조형 원리와 같이 어우러져 있다. 단순하게 반복되는 신실 및 줄기둥과 달리, 양쪽 월랑은 개방적인 느낌과 폐쇄적인 느낌을 모두 담고 있다. 이러한 비대칭은 ㉠정전의 숨막히는 대칭적 질서를 넘어서는 파격을 보여 준다. 대칭과 비대칭, 질서와 파격을 모두 포용하는 힘은 종묘가 지닌 소중한 미덕이다.

▶대칭과 비대칭이 조화를 이루고 있는 종묘 정전

● 위패(位牌): 죽은 사람의 이름을 적은 나무 패.

● 배흘림기둥: 기둥 중간 부분의 배가 약간 부르도록 한 건축 양식.

● 맞배지붕: 건물의 모서리에 추녀가 없이 용마루까지 측면 벽이 삼각형으로 된 지붕.

● 절제(節制): 정도에 넘지 아니하도록 알맞게 조절하여 제한함.

● 증축(增築): 이미 지어져 있는 건축물에 덧붙여 더 늘리어 지음.

● 무궁하다(無窮하다): 공간이나 시간 따위가 끝이 없다.

● 파격(破格): 일정한 격식을 깨뜨림.

독해력 Upgrade ※각 문단의 중심 내용을 다음과 같이 정리할 때, 빈칸에 들어갈 알맞은 말을 쓰시오.

| **1** 조선 시대의 중요한 건축물이었던 종묘 | → | **2** 종묘의 건축적 성격과 (정전)의 구성 요소 | → | **3** (신실)의 특징과 의미 | → | **4** 줄기둥, 맞배지붕, (월랑)의 특징과 효과 | → | **5** 대칭과 비대칭이 조화를 이루고 있는 종묘 정전 |

1 세부 정보 파악하기 답 ④

이 글의 내용과 일치하지 않는 것은?

① 정전의 신실은 처음 지어졌을 때보다 12칸이 늘어났다.
→ 3문단

② 월랑의 구조는 정전의 단순한 형태에 변화를 주고 있다.
→ 4문단

③ 종묘의 건축에서는 대칭성과 비대칭성이 동시에 확인된다.
→ 5문단

✔ 정전의 배흘림기둥과 맞배지붕은 무궁한 번영을 상징한다.

⑤ 종묘는 국가의 정통성을 보여 주려는 의도가 반영된 건축물이다. → 2문단

정답 풀이

3문단에 따르면, 무궁한 번영을 상징하는 것은 정전의 신실이 지닌 단순하고 반복적인 구성이다. 4문단에서 정전의 배흘림기둥은 장엄한 의식을 연상시키고, 맞배지붕은 절제와 경건의 감정을 자아낸다고 하였다.

오답 풀이

① 정전의 신실은 처음에 7칸이었으나 나중에 증축하여 19칸이 되었으므로, 처음 지어졌을 때보다 12칸이 늘어난 것이다.

② 정전은 'ㅡ'자형 신실 좌우에 직각으로 돌출한 월랑을 두면서 건물이 'ㄷ'자 형태가 되었으므로, 월랑의 구조가 정전의 단순한 형태에 변화를 준 것이다.

③ 종묘의 건축은 대칭과 비대칭, 질서와 파격을 모두 포용하고 있다.

⑤ 종묘는 국가의 정통성을 보여 주려는 권위 건축으로서의 성격과 제사 공간의 마련이라는 제사 건축으로서의 성격을 함께 지니고 있다.

2 내용 추론하기 답 ⑤

〈보기〉가 종묘 정전을 처음 설계하는 단계에서의 구상이라고 할 때, 적절하지 않은 것은?

┤ 보기 ├

전체적인 구상

• 위패를 모신 제사 공간이라는 점을 고려하여 화려하지 않게 만든다. ·······························⑦
→ 2문단

세부적인 구상

• 신실: 각 칸의 간격을 모두 일정하게 하고 앞면을 개방한다. ··································⑭
→ 3문단

• 기둥: 똑같은 형태로 마당을 향하게 하여 장엄한 느낌이 들게 한다. ····························⑮
→ 4문단

• 지붕: 맞배지붕을 사용해 정전의 상승감을 누르면서 절제된 느낌이 들게 한다. ····················⑯
→ 4문단

• 월랑: 동쪽과 서쪽 끝에 똑같은 모양의 건물을 돌출된
✕ ─ 동쪽 월랑과 서쪽 월랑은 모양이 다름
형태로 배치하여 형태적 완결성을 높인다. ············⑰

① ⑦ ② ⑭ ③ ⑮ ④ ⑯ ✔ ⑰

정답 풀이

4문단에서 동쪽 월랑은 벽이 있는 내부 공간을 만들지 않고 기둥만을 두었으며, 서쪽 월랑은 벽이 있는 내부 공간을 만들었다고 하였다. 따라서 동쪽과 서쪽의 월랑은 모양이 다르다.

오답 풀이

① 2문단에서 정전은 화려하지 않고 단순한 모습이 반복되는 절제된 형태라고 하였다.

② 3문단에서 정전의 신실은 각 칸의 앞면이 개방되어 있고 그 간격이 모두 일정하다고 하였다.

③ 4문단에서 반복되는 줄기둥 20개가 넓은 정전 마당을 바라보고 있는 모습은 장엄한 의식을 연상시킨다고 하였다.

④ 4문단에서 묵직이 내려앉은 맞배지붕은 정전이 지닌 상승감을 지그시 눌러 주며 절제와 경건의 감정을 자아낸다고 하였다.

3 구절의 의미 파악하기 답 ③

㉠이 의미하는 바를 바르게 파악한 것은?

① 정전은 화려하지 않으면서도 장엄한 느낌을 준다.

② 정전은 기본 건축 단위인 신실을 나중에 증축할 수 있게 만들었다.

✔ 정전은 신실과 기둥이 주는 느낌과 양쪽 월랑이 주는 느낌이 다르다.
○ ─ 신실과 기둥의 단순한 반복 ↔ 월랑의 개방성과 폐쇄성

④ 정전은 다른 어떤 건축물도 따라올 수 없는 아름답고 엄숙한 건축물이다.

⑤ 정전은 유교적 격식에 얽매이지 않는 자유로운 건축 형태를 지니고 있다.

정답 풀이

5문단에서 신실과 줄기둥은 단순하게 반복되는 데 비해, 양쪽 월랑은 개방적인 느낌과 폐쇄적인 느낌을 모두 담고 있다고 하였다. 이러한 비대칭성을 '정전의 숨막히는 대칭적 질서를 넘어서는 파격'이라고 표현한 것이다.

어휘력 Upgrade ※다음의 빈칸에 들어갈 알맞은 말을 〈보기〉에서 찾아 쓰시오.

┤ 보기 ├
무궁
절제
증축
파격

1 귀사의 (무궁)한 발전을 기원합니다.
→ 공간이나 시간 따위가 끝이 없음

2 학교는 요즘 강의실을 (증축)하고 있다.
→ 이미 지어져 있는 건축물에 덧붙여 더 늘리어 지음

3 어렸을 때부터 (절제)의 미덕을 가르쳐야 한다.
→ 정도에 넘지 아니하도록 알맞게 조절하여 제한함

4 임금 협상에서 회사 측은 노조의 요구보다 더 많이 양보하는 (파격)을 보였다.
→ 일정한 격식을 깨뜨림

음악에서의 긴장과 이완

1 우리는 살면서 많은 일을 겪게 된다. 인간의 삶은 항상 긴장과 이완˅이 반복되면서 이루어진다. 인간의 삶을 다양한 방식으로 형상화하는 음악에서는 여러 방식을 통해 이러한 긴장과 이완을 작품에 구현하고자 한다. 이때 긴장과 이완을 보다 조화롭게 음악에 녹
중심 화제
아들게 하면 연주하거나 감상하는 사람들은 그 음악에 친숙함을 느낄 뿐만 아니라 예술적
음악에서 긴장과 이완의 효과
감동에까지 이르게 된다.   ▶음악에서 긴장과 이완을 구현했을 때의 효과

2 그러면 악보를 보며 긴장과 이완을 구현하는 대표적인 방식에 대해 살펴보자.

궁 작 작 작   궁 작 작 작   궁 작 궁 작   궁 작 작 작

▶긴장과 이완의 구현 방식을 살펴보기 위한 예

3 먼저 선율의 상승과 하강˅을 통해 긴장과 이완이 구현될 수 있다. 인간은 자연의 원리
긴장과 이완의 구현 방식 ①
를 거스르는 것을 대할 때 긴장을 느끼게 되고, 그 원리에 순응˅하는 것을 대할 때 이완된다. 선율이 상승하는 것은 위에서 아래로 흐르는 자연의 원리를 거스르는 것이므로, 우리
선율이 상승하면 긴장을 느낌
는 이 악보의 첫 마디부터 마지막 마디의 첫 음까지 진행될 때 긴장을 느끼게 된다. 이때 상승한 음과 상승 전의 음 사이의 높이 차이가 크다면 긴장의 느낌이 더욱 강해진다. 반면에 자연의 원리에 순응하는 선율의 하강 부분에서는 이완을 느끼게 되는데, 이때는 완만
선율이 하강하면 이완을 느낌
할수록˅ 이완의 느낌이 강해진다.   ▶긴장과 이완의 구현 방식 ① – 선율의 상승과 하강

4 긴장과 이완을 구현하는 또 하나의 방식은 리듬의 변화를 활용˅하는 것이다. 악보의
긴장과 이완의 구현 방식 ②
높은음자리표(𝄞) 부분을 보면, 선율이 맨 꼭대기에 도달하기까지 모티프˅(♪♫)가 네 차례 나온다. 그런데 두 번째 마디까지는 모티프가 한 마디에 한 번씩 나오지만, 세 번째 마디
리듬의 변화를 활용해 긴장을 구현하는 예 ①
안에서는 두 개가 조급하게 이어진다. 즉, 모티프를 촘촘하게 배치함으로써 가속도를 붙여 긴장을 느끼게 한 것이다. 또 낮은음자리표(𝄢) 부분을 보자. 여기서 다른 요소를 고려하지 않고 리듬만 살펴보면, 〈궁작작작 궁작작작 궁작궁작 궁작작작〉이라는 진행을 발견할 수 있다. 이때 두 번째 마디까지는 한 마디에 큰박자 '궁'이 한 번씩 나오는 반면 세 번
리듬의 변화를 활용해 긴장을 구현하는 예 ②
째 마디에서는 한 마디에 두 번 나온다. 이 역시 음악을 몰아가는 느낌을 주어 긴장감을 더해 준다. 하지만 마지막 마디에서는 다시 처음 리듬으로 돌아가 이완의 느낌을 갖게 해 준다.   ▶긴장과 이완의 구현 방식 ② – 리듬의 변화

지문 갈무리
음악에서 긴장과 이완을 효과적으로 구현하면 보다 많은 감동을 줄 수 있다고 해. 이 글은 음악에서 긴장과 이완을 구현하는 방식으로 선율의 상승과 하강, 리듬의 변화 등 두 가지를 제시하고 있어.

주제
음악에서 긴장과 이완을 구현하는 방식

˅이완(弛緩): 바짝 조였던 정신이 풀려 늦추어짐.

˅하강(下降): 높은 곳에서 아래로 향하여 내려옴.

˅순응(順應): 환경이나 변화에 적응하여 익숙하여지거나 체계, 명령 따위에 적응하여 따름.

˅완만하다(緩慢하다): 급하지 않고 느릿느릿하다.

˅활용(活用): 충분히 잘 이용함.

˅모티프(motif): 음악 형식을 구성하는 가장 작은 단위로 보통 둘 이상의 음이 모여서 이루어짐.

독해력 Upgrade ※각 문단의 중심 내용을 다음과 같이 정리할 때, 빈칸에 들어갈 알맞은 말을 쓰시오.

| **1** 음악에서 긴장과 (이완)을 구현했을 때의 효과 | ➡ | **2** 긴장과 이완의 구현 방식을 살펴보기 위한 예 | ➡ | **3** 긴장과 이완의 구현 방식 ① – 선율의 (상승)과 하강 | ➡ | **4** 긴장과 이완의 구현 방식 ② – (리듬)의 변화 |

1 핵심 정보 파악하기 · 답 ⑤

이 글에 표제와 부제를 붙인다고 할 때, 가장 적절한 것은?

① 긴장과 이완의 의미
— 악보와 연주의 관계를 중심으로

② 음악적 원리의 형성 과정
— 리듬 속에 나타난 긴장과 이완을 중심으로

③ 악보를 구성하는 요소
— 긴장과 이완의 조화를 중심으로

④ 사람의 마음을 끄는 음악적 요소
— 선율과 리듬의 조화를 중심으로

☑ 음악에서 긴장과 이완의 구현 방식
○ →1, 2문단에서 화제를 제시하고 3, 4문단에서 구현 방식 2가지를 제시함
— 선율과 리듬의 활용을 중심으로
3문단 4문단

정답 풀이

이 글은 1문단에서 음악에 긴장과 이완을 구현했을 때의 효과를 설명한 다음, 2문단에서 긴장과 이완을 구현하는 대표적인 방식에 대해 살펴보기 위해 악보를 제시하였다. 이어서 긴장과 이완의 구현 방식으로 3문단에서는 선율의 상승과 하강, 4문단에서는 리듬의 변화를 제시하였다. 따라서 이 글의 표제로는 '음악에서 긴장과 이완의 구현 방식', 부제로는 '선율과 리듬의 활용을 중심으로'가 가장 적절하다.

오답 풀이

① 인간의 삶이 긴장과 이완의 반복으로 이루어진다고 했을 뿐 긴장과 이완의 의미에 대해 설명하지 않았으며, 악보와 연주의 관계를 중심으로 살펴보고 있는 것도 아니다.

② 긴장과 이완을 구현하는 음악적 원리가 나타나 있지만, 음악적 원리의 형성 과정을 설명하고 있는 것은 아니다.

③ 악보를 예로 제시하여 긴장과 이완에 대해 설명하고 있을 뿐, 악보를 구성하는 요소에 대해 설명하고 있는 것은 아니다.

④ 긴장과 이완을 음악에 녹아들게 하면 사람들에게 감동을 줄 수 있다고 했지만, 선율과 리듬의 조화를 중심으로 설명하고 있는 것은 아니다.

2 구체적 사례에 적용하기 · 답 ③

이 글을 읽고 〈보기〉를 접한 학생들이 보인 반응으로 적절하지 않은 것은?

① '어린 송아지'보다 높은 음으로 되어 있는 '부뚜막에 앉아'를 부를 때 긴장이 더 느껴지겠군.

② 첫째 줄을 부를 때 선율로 인한 긴장을 가장 크게 느끼는 곳은 제일 높은 음인 '어'이겠군.

☑ 둘째 줄 첫 마디의 '엄마–'를 부를 때 '마'에서 '–'로 진행하는 동안 선율에서 오는 긴장감이 커지겠군.

④ 둘째 줄 두 번째 마디의 '엄마–'를 부를 때 음이 갑자기 높아지는 '엄'에서 선율에 의한 긴장을 강하게 느낄 수 있겠군.

⑤ '엉덩이가 뜨거워'를 부를 때 선율에서 느껴지는 긴장의 이완을 경험할 수 있겠군.

정답 풀이

3문단에서 선율이 상승하면 긴장을 느끼게 되고 선율이 하강하면 이완을 느끼게 된다고 하였다. 둘째 줄 첫 마디의 '엄마–'의 경우, '마'에서 '–'로 진행되는 동안 선율이 도에서 솔로 하강하고 있다. 따라서 이를 듣는 사람은 긴장감이 아니라 이완의 느낌을 받게 될 것이다.

단원 어휘 테스트 ✔

01회 01 ⓒ 02 ⓔ 03 ⓛ 04 ⓐ 05 제약 06 안목 07 선호 08 변형 09 부인 10 재현 11 입증 12 혼동 13 하강 14 적용 15 증축 16 제한 17 수월하게 18 증명했다 19 확대하여 20 보존할

02회 01 ⓔ 02 ⓒ 03 ⓛ 04 ⓐ 05 기법 06 부각 07 종속 08 절제 09 낙관적 10 필수적 11 다원적 12 폐쇄적 13 정립 14 구현 15 유도 16 단서 17 주목하는 18 포용하는 19 유발하는 20 활용할

어휘력 Upgrade ※다음의 빈칸에 들어갈 알맞은 말을 〈보기〉에서 찾아 쓰시오.

보기
완만
이완
하강
활용

1 버스는 고갯길에서 (완만)한 속도로 움직이고 있었다.
→ 급하지 않고 느릿느릿함

2 진수는 시험을 앞두고 긴장의 (이완)을 위해 음악을 들었다.
→ 바짝 조였던 정신이 풀려 늦추어짐

3 여가를 자기 계발에 잘 (활용)하는 사람만이 성공할 수 있다.
→ 충분히 잘 이용함

4 경기가 (하강) 국면으로 접어들자 기업들은 투자를 피하고 있다.
→ 높은 곳에서 아래로 향하여 내려옴

손해 보는 게 너무 싫어요

지문 갈무리

손실 회피 성향은 얻은 것보다 잃은 것의 가치를 더 크게 느끼는 사람들의 심리에서 나타나는 성향을 의미해. 카너먼이라는 경제학자는 실험을 통해 이를 입증했지. 이 글은 사람들이 갖고 있는 손실 회피 성향에 대해 알기 쉽게 설명하고 있어.

주제

손실 회피 성향에 대한 행동주의 경제학자들의 견해

1 일반적인 경제학에서는 인간을 합리적이고 이기적인 존재로 보며, 인간이 효용▽을 극대화하는 방향으로 선택한다고 주장한다. 그러나 행동주의 경제학에서는 인간을 제한적으로 합리적이고 감성적인 존재로 보며, 인간이 효용을 극대화하는 방향이 아니라 어느 정도 만족하는 선에서 선택한다고 주장한다. 행동주의 경제학자들이 말하는 이러한 인간의 성향을 잘 보여 주는 것이 ㉠'손실 회피▽ 성향'이다. ▶인간의 성향에 대한 행동주의 경제학자들의 견해

2 행동주의 경제학자들은, 사람들은 자신이 얻은 것보다 잃은 것의 가치를 심리적으로 더 크게 느끼는 경향이 있다고 말한다. 예를 들어, 5만 원을 잃어버렸을 때 느끼는 상실감▽이 5만 원을 얻었을 때 느끼는 행복감보다 더 크다는 것이다. 그렇기 때문에 사람들은 손실을 회피하려는 성향을 갖게 된다. ▶손실 회피 성향의 의미와 그 예

3 행동주의 경제학자인 대니얼 카너먼은 이를 설명하기 위해 다음과 같은 실험을 진행했다.

첫 번째 실험	두 번째 실험
• 참가자에게 100만 원이 주어진다. • 내기에서 이기면 두 배인 200만 원을 갖는다. • 내기에서 지면 원래의 100만 원을 갖는다. • 내기에 응하지 않으면 50만 원을 더해 150만 원을 갖는다.	• 참가자에게 200만 원이 주어진다. • 내기에서 이기면 원래의 200만 원을 갖는다. • 내기에서 지면 절반인 100만 원을 갖는다. • 내기에 응하지 않으면 50만 원을 내놓아 150만 원을 갖는다.

두 실험에서 피실험자들은 동일하게 내기에 응하지 않으면 150만 원, 내기에서 이기면 200만 원, 내기에서 지면 100만 원을 갖는다. 그런데 대다수의 사람들이 첫 번째 실험에서는 내기에 응하지 않는 쪽을 선택했고, 두 번째 실험에서는 내기에 응하는 쪽을 선택했다. 첫 번째 실험의 경우 내기에서 지는 것보다 내기에 응하지 않고 50만 원을 더 받는 편이 낫다고 생각했고, 두 번째 실험의 경우 내기에 응하지 않고 50만 원을 내놓는 것보다 내기에 응하는 편이 낫다고 생각했기 때문이다. 이를 통해 사람들은 돈을 더 벌 수 있다는 기대감보다 돈을 잃을 수 있다는 불안감에 더 크게 지배된다는 사실을 알 수 있다. ▶실험을 통해 입증된 손실 회피 성향

4 손실 회피 성향의 또 다른 사례로 '보유▽ 효과'를 들 수 있다. 보유 효과란 사람들은 물건이건 사회적 지위이건 무엇인가를 소유하고 나면, 갖고 있지 않을 때보다 그 대상을 훨씬 높게 평가하는 성향을 보이는 것을 말한다. 예를 들어, 사람들은 한 병에 5달러를 지불하고 구매한 포도주가 50달러가 되었음에도 불구하고 이를 팔려고 하지 않는 심리 상태를 보이는 경우가 많다. 이는 물건에 대한 애착▽에서 비롯되는 것이 아니라, 자신의 소유물을 남에게 넘기는 것을 손실로 여기는 심리 상태 때문에 발생한다. ▶보유 효과의 개념과 그 예

▽ **효용(效用)**: 인간의 욕망을 만족시킬 수 있는 재화의 효능.

▽ **회피(回避)**: 어떤 일이나 상황에 대하여 직접 하거나 부딪치기를 꺼리고 피함.

▽ **상실감(喪失感)**: 무엇인가를 잃어버린 후의 느낌이나 감정 상태.

▽ **보유(保有)**: 가지고 있거나 간직하고 있음.

▽ **애착(愛着)**: 몹시 사랑하거나 끌리어서 떨어지지 아니함. 또는 그런 마음.

독해력 Upgrade

※각 문단의 중심 내용을 다음과 같이 정리할 때, 빈칸에 들어갈 알맞은 말을 쓰시오.

1 인간의 성향에 대한 (행동주의) 경제학자들의 견해	➡	**2** (손실) 회피 성향의 의미와 그 예	➡	**3** 실험을 통해 입증된 손실 회피 성향	➡	**4** (보유) 효과의 개념과 그 예

1 내용 전개 방식 파악하기 　답 ①

이 글의 설명 방법으로 가장 적절한 것은?

☑ 특정 실험 결과를 통해 이론을 뒷받침하고 있다.
　└─ 대니얼 카너먼의 실험을 통해 손실 회피 성향 이론을 뒷받침함
② 이론의 특징을 요약하고 그 의의를 밝히고 있다.
③ 상반되는 두 개의 개념이 지닌 차이점을 대조하고 있다.
④ 이론의 변천 과정을 시간의 순서에 따라 설명하고 있다.
⑤ 이론의 한계를 분석하고 앞으로의 전망을 제시하고 있다.

정답 풀이

이 글에서는 행동주의 경제학자인 대니얼 카너먼이 진행한 실험 결과를 통해 손실 회피 성향이라는 경제학 이론의 내용을 뒷받침하고 있다.

오답 풀이

② 손실 회피 성향이 무엇인지에 대해 설명하고 있을 뿐, 이론의 특징을 요약하거나 의의를 밝히지 않았다.
③ 손실 회피 성향과 보유 효과라는 두 개의 개념이 나오지만, 보유 효과는 손실 회피 성향의 한 사례이기 때문에 이 둘이 상반된 개념은 아니다.
④ 이론의 변천 과정이나 시간의 순서에 따라 내용을 설명하는 방법은 사용되지 않았다.
⑤ 이론의 한계나 전망은 언급되지 않았다.

2 관점 파악하기 　답 ④

'행동주의 경제학자들'의 견해로 적절하지 않은 것은?

① 사람들은 제한적으로 합리적이다. → 1문단
② 사람들은 손실을 회피하려는 성향을 가지고 있다. → 1, 2문단
③ 사람들은 얻은 것보다 잃은 것의 가치를 더 크게 느낀다. → 2문단
☑ 사람들은 자신이 처한 상황에서 효용을 극대화하는 결과가 나오도록 선택한다.
　×─ 어느 정도 만족하는 선에서 선택
⑤ 사람들은 무엇인가를 소유하면 갖고 있지 않을 때보다 그 가치를 훨씬 높게 평가한다. → 4문단

정답 풀이

1문단에서 행동주의 경제학자들은 인간이 효용을 극대화하는 방향이 아니라 어느 정도 만족하는 선에서 선택한다고 생각했음을 알 수 있다.

오답 풀이

① 행동주의 경제학자들은 인간을 제한적으로 합리적이고 감성적인 존재로 본다고 하였다.
② 행동주의 경제학자들은 인간이 손실 회피 성향을 지니고 있다고 주장하였다.
③ 얻은 것보다 잃은 것의 가치를 심리적으로 더 크게 느끼는 경향이 바로 손실 회피 성향이다.
⑤ 행동주의 경제학자들은 사람들이 무엇인가를 소유하고 나면 갖고 있지 않을 때보다 그 가치를 훨씬 높게 평가하는 보유 효과를 보인다고 주장하였다.

3 구체적 사례에 적용하기 　답 ④

㉠의 사례로 적절한 것을 <보기>에서 있는 대로 골라 묶은 것은?

──┤ 보기 ├──

ㄱ. 주식 투자자 '갑'은 주가가 올라 이익이 나면 쉽게 주식을 팔지만, 주가가 떨어져 손해를 보면 주식을 쉽게 팔지 못한다.
　　└─ 손실을 회복하고 싶은 마음에 주식을 팔지 못함
ㄴ. 가정주부 '을'은 어떤 회사의 전자 제품 무료 체험 이벤트에 참여한 후, 디자인과 기능이 마음에 들어 그 제품을 구매했다.
ㄷ. 회사원 '병'은 "매년 암 검사를 받지 않으면 몸속의 암을 발견하지 못할 수도 있습니다."라는 홍보 문구를 보고 병원을 찾아 검사를 받았다.
　　└─ 암 검사를 받지 않았을 때의 손실을 강조함
ㄹ. 소비자 '정'은 홈 쇼핑에서 "이번 기회를 놓치면 더 이상 싸게 살 수 없습니다."라는 말을 듣자, 이번에 제품을 사지 않으면 손해를 볼 것 같은 느낌이 들었다.
　　└─ 제품을 사지 않았을 때의 손실을 강조함

① ㄱ, ㄴ　　　② ㄴ, ㄹ　　　③ ㄱ, ㄴ, ㄷ
☑ ㄱ, ㄷ, ㄹ　　⑤ ㄴ, ㄷ, ㄹ

정답 풀이

주가가 떨어져 손해를 보았을 때 주식을 쉽게 팔지 못하는 것은 손실을 회복하고 싶은 손실 회피 성향 때문이다(ㄱ). 그리고 그냥 암 검사가 필요하다고 말하는 것보다 암 검사를 받지 않았을 때의 손해를 강조하면 사람들의 손실 회피 성향을 자극할 수 있다(ㄷ). 또 홈 쇼핑에서 이번 기회에 제품을 사지 않았을 때의 손실을 강조하는 것 역시 사람들의 손실 회피 성향을 자극하기 위한 전략이다(ㄹ).

어휘력 Upgrade　※다음의 빈칸에 들어갈 알맞은 말을 <보기>에서 찾아 쓰시오.

──┤ 보기 ├──
변천
애착
회피
효용

1 그는 자신의 책임을 (회피)하려고 변명을 늘어놓았다.
　└─ 어떤 일이나 상황에 대하여 직접 하거나 부딪치기를 꺼리고 피함
2 그녀는 학생들을 가르치는 일에 강한 (애착)을 가지고 있다.
　└─ 몹시 사랑하거나 끌리어서 떨어지지 아니함. 또는 그런 마음
3 물건을 구입할 때는 먼저 그 (효용) 가치를 따져 보아야 한다.
　└─ 인간의 욕망을 만족시킬 수 있는 재화의 효능
4 그 제도는 시도해 보지 않은 방법이 없을 만큼 (변천)을 거듭했다.
　└─ 세월의 흐름에 따라 바뀌고 변함

쌀값이 오르면 쌀을 안 먹게 될까

1 탄력성이란 어떤 대상에 자극˘을 주었을 때 반응이 얼마만큼 나타나는가를 의미하는
것으로, 자극에 대한 반응의 크기라 할 수 있다. 경제학에서는 가격 탄력성, 소득 탄력성,
이자율 탄력성 등 탄력성의 개념을 중요하게 다루고 있다. 이 중 가격 탄력성은 가격 변화
에 따라 생산자의 공급이나 소비자의 수요가 변하는 정도를 확인할 수 있기 때문에 많은
경제학자들의 연구 대상이 되어 왔다. ▶탄력성 및 가격 탄력성의 개념

2 가격은 수요와 공급에 따라 결정된다. 가격이 올라갈 경우 기업은 이익을 위해 제품
의 공급을 늘리지만, 소비자는 가격 부담 때문에 상품을 구매하지 않으므로 수요는 감소
한다. 어떤 제품의 수요를 줄이고 싶을 때 가격을 올리는 이유도 이와 관련이 있다. 가격
이 결정되는 구조가 수요 및 공급과 연관되어 있으므로, 가격 탄력성도 수요의 가격 탄력
성과 공급의 가격 탄력성으로 나눌 수 있다. ▶가격 결정 요인인 수요와 공급

3 가격 탄력성은 반응의 변화율을 자극의 변화율로 나눈 값으로 계산할 수 있다. 수요
의 가격 탄력성은 자극(가격)이 1% 변화할 때, 반응(수요량)이 몇 % 변화하는지를 숫자로
나타내면 된다. 만약 수요의 가격 탄력성이 2라는 값이 나왔다면, 가격을 1% 상승시키면
수요량이 2% 감소하고, 가격을 1% 하락시키면 수요량이 2% 증가한다는 의미이다. 공급
의 가격 탄력성도 마찬가지로 계산을 하는데 만약 공급의 가격 탄력성이 0.5라고 한다면,
(　　　　　　　　㉠　　　　　　　　)는 의미이다. ▶가격 탄력성을 구하는 방법과 의미
가격이 1% 상승하면 공급량이 0.5% 증가하고, 가격이 1% 하락하면 공급량이 0.5% 감소한다

4 가격 탄력성을 계산하면 상품이 얼마나 탄력적인지를 알 수 있고, 여러 상품 중 어떤
것이 더 탄력적인지를 비교할 수도 있다. 가격 탄력성은 1을 기준으로 '탄력성>1'이면 탄
력적, '0<탄력성<1'이면 비탄력적, '탄력성=1'이면 단위 탄력적이라고 해석한다. 즉, 가
격의 변화율보다 수요나 공급의 변화율이 더 크면 탄력적이고 가격 변화에 민감˘하다고
보며, 그 반대의 경우에는 비탄력적이고 가격 변화에 민감하지 않다고 해석한다.
▶가격 탄력성의 크기에 따른 해석

5 가격 탄력성은 다음과 같은 요인에 영향을 받는다. 첫째, 필수품의 수요는 비탄력적
이다. 우리 생활에서 중요하게 쓰이는 필수품은 가격이 상승해도 소비를 줄이기가 어렵기
때문이다. 둘째, 다른 상품으로 대체˘하기가 용이한 상품은 수요가 탄력적이다. 가격이
오르지 않은 다른 상품을 사기 때문이다. 셋째, 대체할 수 있는 상품이 없는 독점˘ 제품의
경우 수요가 비탄력적이다. 그 상품만 써야 하기 때문이다. 마지막으로 가정의 소비 지출
가운데 차지하는 비중이 큰 상품의 수요는 탄력적이다. 비중이 큰 만큼 가격이 조금만 올
라도 많은 금액을 지출해야 하기 때문이다. ▶가격 탄력성을 결정하는 요인과 특징

●지문 갈무리
'가격 탄력성'은 가격 변화에 따라 공급이나 수요가 변하는 정도를 나타내는 개념이야. 일반적으로 사치품은 가격 탄력성이 크고, 필수품은 가격 탄력성이 작지. 이 글은 가격 탄력성의 개념과 특징을 알기 쉽게 설명하고 있어.

●주제
가격 탄력성의 개념과 가격 탄력성을 결정하는 요인

▾자극(刺戟): 어떠한 작용을 주어 감각이나 마음에 반응이 일어나게 함. 또는 그런 작용을 하는 사물.

▾민감(敏感): 자극에 빠르게 반응을 보이거나 쉽게 영향을 받음. 또는 그런 상태.

▾대체(代替): 다른 것으로 대신함.

▾독점(獨占): 개인이나 하나의 단체가 다른 경쟁자를 배제하고 생산과 시장을 지배하여 이익을 독차지함. 또는 그런 경제 현상.

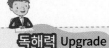
※각 문단의 중심 내용을 다음과 같이 정리할 때, 빈칸에 들어갈 알맞은 말을 쓰시오.

| **1** 탄력성 및 가격 탄력성의 개념 | → | **2** (가격) 결정 요인인 수요와 공급 | → | **3** 가격 (탄력성)을 구하는 방법과 의미 | → | **4** 가격 탄력성의 (크기)에 따른 해석 | → | **5** 가격 탄력성을 결정하는 요인과 특징 |

1 세부 정보 파악하기 답 ⑤

이 글을 이해한 내용으로 적절하지 않은 것은?

① 탄력성은 자극에 대한 반응의 크기를 말한다. → 1문단

② 어느 제품의 가격이 상승하면 그 제품의 수요는 줄어든다.
→ 2문단

③ 어느 제품의 가격 탄력성이 '3'이면 그 제품은 탄력적이다.
→ 4문단

④ 어느 제품이 단위 탄력적이라고 한다면 가격 탄력성의 값은 '1'이다. → 4문단

✅ 탄력성이 '1.4'인 제품은 탄력성이 '0.7'인 제품보다 가격 변화에 덜 민감하다.
× - 더 민감함

정답 풀이

4문단에서 탄력성의 값이 1보다 크면 탄력적이고 가격 변화에 민감하며, 1보다 작으면 비탄력적이고 가격 변화에 민감하지 않다고 하였다. 따라서 탄력성이 '1.4'인 제품이 탄력성이 '0.7'인 제품보다 가격 변화에 더 민감하다.

오답 풀이

① 1문단에서 탄력성의 개념을 정의하고 있는데, 탄력성은 자극에 대한 반응의 크기를 나타낸다고 하였다.

② 2문단에서 제품의 가격이 상승하면 소비자의 구매가 줄어 수요가 감소한다고 하였다.

③ 4문단에서 '탄력성>1'이면 탄력적이라고 해석한다고 하였다.

④ 4문단에서 '탄력성=1'이면 단위 탄력적이라고 해석한다고 하였다.

2 생략된 내용 추론하기 답 ③

㉠에 들어갈 말로 가장 적절한 것은?

① 가격이 0.5% 상승하면 공급량이 1% 증가하고, 가격이 0.5% 하락하면 공급량이 1% 감소한다

② 가격이 0.5% 상승하면 공급량이 0.5% 증가하고, 가격이 0.5% 하락하면 공급량이 0.5% 감소한다

✅ 가격이 1% 상승하면 공급량이 0.5% 증가하고, 가격이 1% 하락하면 공급량이 0.5% 감소한다
→ 공급의 가격 탄력성 = 공급량의 변화율 / 가격의 변화율

④ 가격이 1% 상승하면 공급량이 0.5% 감소하고, 가격이 1% 하락하면 공급량이 0.5% 증가한다

⑤ 가격이 1% 상승하면 공급량이 1.5% 감소하고, 가격이 1% 하락하면 공급량이 1.5% 증가한다

정답 풀이

3문단의 수요의 가격 탄력성에 대한 설명을 참고할 때, 공급의 가격 탄력성은 가격이 1% 변화할 때 공급량이 몇 % 변화하는지를 나타낸 것임을 알 수 있다. 그리고 2문단에서 가격이 상승하면 기업이 제품의 공급을 늘린다고 하였으므로, 가격이 상승하면 공급량이 늘고 가격이 하락하면 공급량이 감소함을 알 수 있다. 따라서 공급의 가격 탄력성이 0.5라면, 가격이 1% 상승하면 공급량이 0.5% 증가하고, 가격이 1% 하락하면 공급량이 0.5% 감소한다는 의미이다.

3 구체적 사례에 적용하기 답 ②

⑤를 뒷받침하는 사례로 적절하지 않은 것은?

① 쌀값이 두 배로 올랐지만 쌀 판매량은 그다지 줄어들지 않았다. → 첫째 항목을 뒷받침하는 사례

✅ 실속을 추구하는 소비 심리가 확산되면서 명품 가방의 판매량이 크게 줄어들었다.

③ 가격이 크게 올랐음에도 불구하고 한 종류밖에 없는 치료제의 판매량은 줄어들지 않았다.
→ 셋째 항목을 뒷받침하는 사례

④ 사이다 가격이 오르면서 가격이 변하지 않은 콜라 판매량이 급증하고 사이다 판매량은 급감하였다.
→ 둘째 항목을 뒷받침하는 사례

⑤ 볼펜과 텔레비전 가격이 각각 10% 상승했는데 볼펜 판매량보다 텔레비전 판매량이 크게 줄어들었다.
→ 넷째 항목을 뒷받침하는 사례

정답 풀이

5문단에서는 필수품이냐 아니냐, 다른 상품으로 대체할 수 있느냐 없느냐와 같은 가격 탄력성의 결정 요인에 대해 설명하고 있다. 실속을 추구하는 소비 심리에 따라 수요와 공급이 변화한다는 내용은 이 글에서 언급되지 않았다.

오답 풀이

① 쌀은 필수품이므로, 필수품의 수요는 비탄력적이라는 첫째 항목을 뒷받침하는 사례이다.

③ 한 종류밖에 없는 치료제는 독점 제품이므로, 독점 제품은 수요가 비탄력적이라는 셋째 항목을 뒷받침하는 사례이다.

④ 사이다와 콜라는 서로 대체할 수 있으므로, 대체하기가 용이한 상품은 수요가 탄력적이라는 둘째 항목을 뒷받침하는 사례이다.

⑤ 가격이 싼 볼펜보다 가격이 비싼 텔레비전이 지출에서 차지하는 비중이 크므로, 가정의 소비 지출 가운데 차지하는 비중이 큰 상품의 수요는 탄력적이라는 넷째 항목을 뒷받침하는 사례이다.

어휘력 Upgrade

※ 다음의 빈칸에 들어갈 알맞은 말을 〈보기〉에서 찾아 쓰시오.

보기
대체
독점
민감
자극

1 수영이는 누구보다도 유행에 (민감)하다.
→ 자극에 빠르게 반응을 보이거나 쉽게 영향을 받음

2 우리 회사는 그 제품을 국내에 (독점)으로 유통하고 있다.
→ 개인이나 하나의 단체가 다른 경쟁자를 배제하고 생산과 시장을 지배하여 이익을 독차지함

3 그는 (대체) 선수로 선발되었으나 경기에서 기대 이상의 활약을 보였다.
→ 다른 것으로 대신함

4 나는 성적이 크게 오른 친구에게 (자극)을 받아 열심히 공부하게 되었다.
→ 어떠한 작용을 주어 감각이나 마음에 반응이 일어나게 함

사회의 화합을 해치는 공공 갈등

1 학교나 회사와 같이 비교적 규모가 작은 집단에서 갈등이 발생했을 때는 구성원 간의 논의와 절충˚을 통해 이를 해결한다. 그러나 국가와 같이 규모가 큰 집단의 경우에는 구성원 전체의 논의나 합의를 이끌어 내기가 쉽지 않다. _{공공 갈등이 발생할 수밖에 없는 이유} 정부나 공공 기관은 공공˚의 이익을 위해 많은 정책을 수행한다. _{공공 정책을 수행하는 주체} 공공 정책은 다수의 사람들을 대상으로 하기 때문에 이에 불만을 가진 소수의 의견들이 충돌하는 경우가 많다. 공공 정책을 결정하거나 추진하는 과정에서 이해관계자˚ 간 또는 이해관계자와 정책 수행 기관 간에 발생하는 갈등을 '공공 갈등 _{공공 갈등의 개념} 등'이라고 한다. _{중심 화제}

▶공공 정책을 추진하는 과정에서 생기는 공공 갈등

2 공공 갈등이 생기는 원인으로는 크게 세 가지가 있다. 첫째, ㉠해당 정책으로 인해 영향을 받는 사람들 간에 경제적 이해관계가 충돌하는 경우이다. _{공공 갈등의 발생 원인 ①} 예를 들어,「어떤 도시의 A라는 지역에 쓰레기 소각장을 건설하는 정책이 추진된다고 생각해 보자. 다른 지역의 주 「」: 경제적 이해관계의 충돌로 인한 공공 갈등의 예 민들은 소각장 설치에 찬성하겠지만, A지역 주민들은 이에 반대할 것이다. 소각장이 생기면서 A지역의 땅값이 떨어져 경제적으로 손해를 볼 가능성이 높기 때문이다.」

▶공공 갈등의 발생 원인 ① - 경제적 이해관계 충돌

3 둘째, ㉡정부나 공공 기관이 정책에 관련된 정보를 독점˚하고 공개하지 않는 경우이 _{공공 갈등의 발생 원인 ②} 다. 공공 정책을 결정하는 과정은 투명하고 민주적이어야 한다. 그런데 민주적 절차를 따르다 보면 자칫 시행 시기를 놓치게 된다는 생각에, 정책 수행 기관이 정보를 제한적으로 공개하고 집행˚을 서두르는 경우가 발생하기도 한다. 이렇게 정책이 결정되고 진행되면 _{민주적 절차를 지키지 않았을 때의 문제점} 정책의 옳고 그름에 상관없이 해당 정책에 대한 강력한 거부감이 형성된다.

▶공공 갈등의 발생 원인 ② - 절차의 비민주성

4 셋째, ㉢해당 정책에 대해 사람들 간에 가치관이나 인식의 차이가 있는 경우이다. 예 _{공공 갈등의 발생 원인 ③} 를 들어,「국가가 국민의 건강을 위해 동물 실험을 확대하는 정책을 실시한다고 가정해 보 「」: 가치관의 차이로 인한 공공 갈등의 예 자. 경제적 이해관계가 충돌하지 않고 정책 결정이 민주적으로 이루어졌다 하더라도, 동물 실험을 찬성하는 사람들과 동물 실험의 비윤리성을 주장하는 사람들 간에 갈등이 발생할 수 있다.」

▶공공 갈등의 발생 원인 ③ - 가치관이나 인식의 차이

5 따라서 공공 정책을 결정할 때에는 그 정책으로 인해 벌어질 공공 갈등에 대해 충분히 _{공공 정책을 결정할 때 유의할 점 ①} 고려해야 한다. 그리고 공공 정책으로 인해 피해를 보는 사람이 있다면 적절한 보상이 이 _{공공 정책을 결정할 때 유의할 점 ②} 루어져야 한다. 우리 사회는 다양한 생각을 가진 사람과 집단으로 이루어져 있어 각각의 의견이 동일할 수는 없다. 하지만 발생할 수 있는 갈등에 대해 예측하고 민주적 절차를 지 _{이 글에서 말하고자 하는 주제 의식} 킴으로써 공공 갈등의 피해를 줄이도록 노력해야 한다.

▶공공 갈등을 줄이기 위한 노력의 필요성

● 지문 갈무리
공공 정책을 추진하다 보면 수많은 갈등이 발생하게 돼. 이러한 갈등을 어떻게 해결하느냐가 그 사회의 수준을 보여 주지. 이 글은 공공 갈등이 생기는 원인을 설명한 다음, 공공 갈등의 피해를 줄이도록 노력하자고 강조하고 있어.

● 주제
공공 갈등의 개념과 발생 원인

˚절충(折衷): 서로 다른 사물이나 의견, 관점 따위를 알맞게 조절하여 서로 잘 어울리게 함.

˚공공(公共): 국가나 사회의 구성원에게 두루 관계되는 것.

˚이해관계자(利害關係者): 어떤 일이나 사건의 이익과 손해에 직접적 또는 간접적으로 관계가 있는 사람.

˚독점(獨占): 혼자서 모두 차지함.

˚집행(執行): 실제로 시행함.

독해력 Upgrade

※각 문단의 중심 내용을 다음과 같이 정리할 때, 빈칸에 들어갈 알맞은 말을 쓰시오.

| **1** 공공 정책의 추진 과정에서 생기는 (공공 갈등) | → | **2** 공공 갈등의 발생 원인 ① - 경제적 (이해관계) 충돌 | → | **3** 공공 갈등의 발생 원인 ② - 절차의 비민주성 | → | **4** 공공 갈등의 발생 원인 ③ - (가치관)이나 인식의 차이 | → | **5** 공공 갈등을 줄이기 위한 노력의 필요성 |

1 내용 전개 방식 파악하기   답 ②

이 글에 사용된 설명 방식으로 가장 적절한 것은?

① 상반되는 이론을 절충하고 있다.

☑ 용어에 대한 개념을 정의하고 있다.
  ○ – 1문단에서 공공 갈등의 개념을 정의함

③ 묻고 답하는 방식으로 흥미를 유발하고 있다.

④ 가정을 통해 긍정적인 결과를 보여 주고 있다.

⑤ 권위 있는 학자의 말을 인용하여 신빙성을 더하고 있다.

정답 풀이

이 글은 1문단에서 "공공 정책을 결정하거나 추진하는 과정에서 이해관계자 간 또는 이해관계자와 정책 수행 기관 간에 발생하는 갈등"이라고 공공 갈등의 개념을 정의하고 있다.

오답 풀이

①, ③, ⑤ 이 글에는 상반되는 이론이나 묻고 답하는 방식이 나타나지 않으며, 권위 있는 학자의 말도 인용되지 않았다.

④ 정책이 추진되는 상황을 가정하여 사례를 제시하고 있기는 하지만, 이를 통해 긍정적인 결과를 보여 주지는 않았다.

2 내용 추론하기   답 ③

이 글에 대한 이해로 적절하지 <u>않은</u> 것은?

① 공공의 이익을 위한 정책이라도 모든 사람을 만족시키기는 어렵다. → 1문단

② 규모가 큰 집단에서는 구성원들 간의 갈등을 조정하기가 쉽지 않다. → 1문단

☑ 민주적 절차에 따라 공공 정책이 결정되고 추진되면 갈등을 예방할 수 있다.
  ✕ – 갈등이 발생할 수 있음

④ 정책을 결정할 때에는 발생할 수 있는 갈등에 대해 미리 예측해 보아야 한다. → 5문단

⑤ 사람들은 경제적 이해관계에 따라 같은 정책에 대해 다른 판단을 내릴 수 있다. → 2문단

정답 풀이

4문단에서 정책 결정이 민주적으로 이루어졌다 하더라도, 사람들 간에 가치관이나 인식의 차이가 있으면 갈등이 발생할 수 있다고 하였다. 따라서 민주적 절차에 따라 공공 정책이 결정되었더라도 갈등이 발생할 수 있다.

오답 풀이

① 1문단에서 공공 정책은 다수의 사람들을 대상으로 하기 때문에 이에 불만을 가진 소수의 의견들이 충돌하는 경우가 많다고 하였다.

② 1문단에서 국가와 같이 규모가 큰 집단의 경우에는 구성원 전체의 논의나 합의를 이끌어 내기가 쉽지 않다고 하였다.

④ 5문단에서 우리 사회는 다양한 생각을 가진 사람과 집단으로 이루어져 있기 때문에, 정책을 결정할 때에는 그 정책 때문에 발생할 수 있는 갈등에 대해 예측해서 피해를 줄여야 한다고 하였다.

⑤ 2문단에서 공공 정책의 영향을 받는 사람들 간에 경제적 이해관계가 충돌하면 갈등이 발생할 수 있다고 하였다.

3 구체적 사례에 적용하기   답 ③

㉠~㉢에 해당하는 사례를 〈보기〉의 (가)~(다)에서 찾아 바르게 짝지은 것은?

┤ 보기 ├

(가) ○○시는 성 소수자에 대한 지원 정책을 마련하려 했으나, 특정 종교 단체에서 이를 강하게 반대했다.
→ ㉢에 해당하는 사례

(나) △△시는 외곽의 한 지역에 하수도 정화 시설을 지으려 했으나, 그 지역의 주민들은 집값이 떨어질 것이라며 반대했다. → ㉠에 해당하는 사례

(다) □□시는 지역 내의 국립 공원에 케이블카를 건설하려 했는데, 시민 단체에서는 환경에 미치는 영향을 투명하게 공개하지 않았다며 반발했다. → ㉡에 해당하는 사례

	㉠	㉡	㉢
①	(가)	(나)	(다)
②	(나)	(가)	(다)
☑③	(나)	(다)	(가)
④	(다)	(가)	(나)
⑤	(다)	(나)	(가)

정답 풀이

〈보기〉의 (가)는 성 소수자에 대한 가치관이나 인식의 차이로 갈등이 발생하였으므로, ㉢의 사례로 적절하다. 〈보기〉의 (나)는 하수도 정화 시설이 설치됨으로써 나타날 수 있는 경제적 이해관계의 충돌로 갈등이 발생하였으므로, ㉠의 사례로 적절하다. 〈보기〉의 (다)는 정책 수행 기관이 환경과 관련된 정보를 독점하고 투명하게 공개하지 않아 갈등이 발생하였으므로, ㉡의 사례로 적절하다.

어휘력 Upgrade   ※다음의 빈칸에 들어갈 알맞은 말을 〈보기〉에서 찾아 쓰시오.

┤ 보기 ├
공공
상반
절충
집행

1 법은 공정하고 공평하게 (집행)되어야 한다.
  → 실제로 시행함

2 경찰은 (공공)의 안녕과 질서를 유지하기 위하여 존재한다.
  → 국가나 사회의 구성원에게 두루 관계되는 것

3 우리는 서로의 생각을 (절충)하여 합리적인 대안을 마련했다.
  → 서로 다른 의견, 관점 따위를 알맞게 조절하여 서로 잘 어울리게 함

4 서로의 견해가 (상반)되는 경우 대화를 통해 타협점을 찾아야 한다.
  → 서로 반대되거나 어긋남

법질서 유지를 위한 합헌적 법률 해석

1 ④   **2** ④   **3** ②

● 지문 갈무리
어떤 법이 다양하게 해석될 여지가 있으면 가급적 헌법에 합치하는 쪽으로 해석하는데, 이를 '합헌적 법률 해석'이라고 해. 이 글은 '합헌적 법률 해석'의 개념을 설명하고, 왜 합헌적 법률 해석이 필요한지에 대해 설명하고 있어.

● 주제
합헌적 법률 해석의 개념과 합헌적 법률 해석을 하는 이유

1 헌법은 국민의 기본적인 권리를 보장하며 국가의 통치 원리를 규정하고 있는 국가의 최고법이다. 그리고 헌법은 이를 만들고 고치는 데에 참여한 정치 세력들이 국가의 통치와 국민의 기본권에 관하여 합의한 내용을 법 규범의 형태로 정립˚한 국가의 기본법이다. 즉, 헌법은 국가의 법체계에서 가장 높은 위치에 있다는 점에서 최고법이자 근본 원리를 담았다는 점에서 기본법이라고 할 수 있다.
▶ 헌법의 개념과 지위

2 따라서 우리나라의 법체계는 헌법을 기본으로 하여 법률, 명령, 규칙, 조례 등의 규범들이 순차적으로 구성된다. 헌법은 최고법이기 때문에 하위에 있는 법률이 헌법을 위반해서는 안 된다. 만약 하위 법률이 헌법의 정신을 명확하게 반영하지 못했을 때는 위헌˚의 논란이 발생할 수 있다. 그런데 어떤 법률이 위헌인지 아닌지 정확하게 판단하는 것은 생각보다 쉽지 않다. 원래 법은 추상적이어서 다양하게 해석될 여지가 있기 때문이다.
▶ 다양하게 해석될 여지가 있는 법률

3 일반적으로 하위 법률이 헌법에 위배˚된다면, 헌법에 어긋나는 법 규범은 그 효력을 잃는 것이 원칙이다. 하지만 하나의 법률이 여러 가지 의미로 해석될 수 있는 경우라면 어떻게 할까? 어떤 경우에는 합헌적, 어떤 경우에는 위헌적으로 해석할 수 있는 경우에는 예외적으로 헌법과 합치˚되는 쪽으로 해석해야 하는데, 이를 합헌적 법률 해석이라고 한다. 말하자면, 합헌적 법률 해석이란 위헌인 것처럼 보이는 법률일지라도 헌법의 테두리 속에 합치될 수 있는 여지가 조금이라도 있다면, 함부로 이를 위헌으로 판단하기보다는 가급적 합헌으로 해석해야 한다는 것을 의미한다.
▶ 합헌적 법률 해석의 개념과 의미

4 합헌적 법률 해석을 하는 이유는 법률을 해석할 때 가급적 헌법에 합치되는 쪽으로 해석하여 통일적인 법질서를 유지하기 위해서이다. 그리고 법률이 위헌으로 결정되어 효력을 상실하면 법적 안정성이 깨지므로, 가급적 합헌으로 해석하여 법률의 효력을 유지시키기 위한 목적도 있다. 아울러 국민의 대표인 입법부˚가 제정한 법률을 위헌이라고 해석하여 곧바로 없애면 입법부의 권한을 침해˚할 수 있다는 판단에서 ㉠나온 것이기도 하다.
▶ 합헌적 법률 해석을 해야 하는 이유

5 물론 법률에 위헌적인 부분이 있는데도 무조건 합헌이라고 해석하는 것은 아니다. 어떤 법률 조항이 합헌으로도 해석할 수 있고 위헌으로도 해석할 수 있는 경우에, 합헌적인 내용만을 떼어 부분적으로 합헌이라고 결정하거나, 위헌적인 내용만을 떼어 부분적으로 위헌이라고 결정하기도 한다. 이는 법률 자체의 효력은 없애지 않되 일정한 해석 기준을 제시함으로써 법률을 위헌적으로 해석할 수 있는 여지를 없애기 위한 것이다.

▶ 위헌적 해석 여지를 없애기 위한 합헌적 법률 해석의 방법

▾ 정립(定立): 정하여 세움.

▾ 위헌(違憲): 법률 또는 명령, 규칙, 처분 따위가 헌법의 조항이나 정신에 위배되는 일.

▾ 위배(違背): 법률, 명령, 약속 따위를 지키지 않고 어김.

▾ 합치(合致): 의견이나 주장 따위가 서로 맞아 일치함.

▾ 입법부(立法府): 법률 제정을 담당하는 국가 기관.

▾ 침해(侵害): 침범하여 해를 끼침.

독해력 Upgrade

※각 문단의 중심 내용을 다음과 같이 정리할 때, 빈칸에 들어갈 알맞은 말을 쓰시오.

| **1** (헌법)의 개념과 지위 | ➡ | **2** 다양하게 해석될 여지가 있는 법률 | ➡ | **3** (합헌적) 법률 해석의 개념과 의미 | ➡ | **4** 합헌적 법률 해석을 해야 하는 (이유) | ➡ | **5** 합헌적 법률 해석의 방법 |

1 세부 정보 파악하기

답 ④

이 글을 통해 알 수 있는 내용으로 적절하지 않은 것은?

① 법은 추상적이어서 다양하게 해석될 수 있다. → 2문단

② 헌법에 어긋나는 하위 법률은 그 효력을 잃게 된다.
→ 3문단

③ 합헌적 법률 해석은 입법부의 권한을 침해하지 않기 위
한 방법이다. → 4문단

☑ 위헌의 여지가 있는 법률은 바로 위헌으로 결정해야 법
적 안정성이 유지된다.
× – 합헌, 위헌의 요소가 모두 있다면 합헌으로 해석함

⑤ 어떤 법률에 합헌적 요소와 위헌적 요소가 모두 있다면
합헌인 것으로 판단한다. → 3문단

정답 풀이

4문단에서 어떤 법률이 다양하게 해석될 수 있는 경우에, 법
률이 위헌으로 결정되어 효력을 상실하면 법적 안정성이 깨
진다고 하였다. 따라서 위헌의 여지가 있는 법률이라고 하더
라도 바로 위헌으로 결정하는 것이 아니라 가급적 합헌으로
해석하여 법률의 효력을 유지시킨다.

오답 풀이

① 2문단에서 원래 법은 추상적이어서 다양하게 해석될 여지가 있다고
하였다.

② 3문단에서 헌법에 어긋나는 법 규범은 그 효력을 잃는 것이 원칙이
라고 하였다.

③ 4문단에서 합헌적 법률 해석은 입법부가 제정한 법률을 위헌이라고
해석하여 곧바로 없애면 입법부의 권한을 침해할 수도 있기 때문에
이를 방지하려는 의도에서 나온 것이라고 하였다.

⑤ 3문단에서 위헌인 것처럼 보이는 법률일지라도 헌법의 테두리 속에
합치될 수 있는 여지가 조금이라도 있으면 가급적 합헌으로 해석한
다고 하였다.

2 구체적 사례에 적용하기

답 ④

이 글을 바탕으로 〈보기〉를 이해한 내용으로 가장 적절한 것은?

┤ 보기 ├

예전에 집회 및 시위에 관한 법률(집시법)에는 "해가 뜨
기 전이나 해가 진 후에는 옥외 집회나 시위를 해서는 안
된다."라는 규정이 있었다. 2014년 헌법 재판소는 "이 규
정을 해가 진 후부터 같은 날 24시까지의 시위에 적용하
위헌적인 내용만을 떼어 부분적으로 위헌이라고 판단함

는 것은 위헌"이라고 판결하였다. 이에 따라 해가 진 후부
터 같은 날 24시까지는 시위가 가능해졌다. 헌법 재판소
가 이렇게 결정한 것은 '해가 뜨기 전이나 해가 진 후'라는
광범위한 시간대의 시위를 금지해 집회의 자유를 과도하
게 제한했다고 판단했기 때문이다.
국민의 기본권을 지키기 위한 판단

① 헌법 재판소는 집시법이 헌법의 정신을 반영하고 있다고
생각했군.

② 헌법 재판소는 집시법을 폐지하여 통일적인 법질서를 유
지하려고 했군.

③ 헌법 재판소는 집시법에서 합헌적인 내용만을 떼어 합헌
이라고 결정했군.

☑ 헌법 재판소는 집시법 자체의 효력을 없애지 않고 부분
적으로만 위헌이라고 판단했군.
○ – 한정 위헌 결정으로 법률 자체의 효력은 없애지 않음

⑤ 헌법 재판소는 합헌적 요소와 위헌적 요소를 구별함으로
써 강력하게 법을 집행하려고 했군.

정답 풀이

5문단에서 어떤 법률 조항이 합헌으로도 해석할 수 있고 위
헌으로도 해석할 수 있는 경우에, 법률 자체의 효력은 없애지
않고 위헌적인 내용만을 떼어 부분적으로 위헌이라고 결정하
기도 한다고 하였다. 〈보기〉에서 헌법 재판소는 집시법의 내
용 중 '해가 뜨기 전이나 해가 진 후'라는 부분만을 위헌으로
결정하여, 집시법의 나머지 부분은 효력을 유지하게 하였다.

3 어휘의 의미 파악하기

답 ②

⊙과 문맥적 의미가 가장 유사한 것은?

① 그는 약속 장소에 나오지 않았다.
'일정한 목적으로 어떠한 곳에 오다'의 의미

☑ 그 실수는 내 욕심에서 나온 것이었다.
'어떠한 근원에서 발생하다'의 의미

③ 학급 신문에 내 사진이 큼지막하게 나왔다.
'책, 신문 따위에 글, 그림 따위가 실리다'의 의미

④ 바위 틈새로 나온 나무뿌리를 잡고 계속 올라갔다.
'속에서 바깥으로 솟아나다'의 의미

⑤ 그 상품은 시장에 나온 후에 곧바로 큰 인기를 끌었다.
'새 상품이 시장에 나타나다'의 의미

정답 풀이

'판단에서 나온'에서의 '나오다'는 '어떠한 근원에서 발생하다'
라는 의미로 사용되었다. ②의 '욕심에서 나온'에서의 '나오다'
역시 이와 유사한 의미로 사용되었다.

어휘력 Upgrade ※다음의 빈칸에 들어갈 알맞은 말을 〈보기〉에서 찾아 쓰시오.

┌ 보기 ┐
과도
위배
정립
침해

1 우리들은 새로운 목표를 (정립)했다.
→ 정하여 세움

2 (과도)한 지출로 파산 지경에 이르렀다.
→ 정도에 지나침

3 그는 느닷없이 나타나 우리의 권리를 (침해)했다.
→ 침범하여 해를 끼침

4 누구라도 법에 (위배)되는 행위를 한 사람은 반드시 처벌받아야 한다.
→ 법률, 명령, 약속 따위를 지키지 않고 어김

지도자의 권위는 어디에서 오나

1 ④　　2 ③　　3 ⑤

● 지문 갈무리
정치 지도자는 국민의 지지를 받아야 하는데, 이를 위해서는 정치적으로 권위가 있어야 해. 이 글은 막스 베버가 제시한 정치적 권위의 유형을 소개하고, 각 권위의 의미와 한계 등에 대해 설명하고 있어.

● 주제
막스 베버가 제시한 정치적 권위의 세 가지 유형

▾ 자발적(自發的): 남이 시키거나 요청하지 아니하여도 자기 스스로 나아가 행하는 것.

▾ 정당화(正當化): 정당성이 없거나 정당성에 의문이 있는 것을 무엇으로 둘러대어 정당한 것으로 만듦.

▾ 카리스마(charisma): 대중을 심복시켜 따르게 하는 능력이나 자질.

▾ 기반(基盤): 기초가 되는 바탕. 또는 사물의 토대.

▾ 창출(創出): 전에 없던 것을 처음으로 생각하여 지어내거나 만들어 냄.

1 정치란 사회생활을 하는 사람들 사이의 의견 차이나 갈등을 해결하는 활동이다. 그런데 의견 차이나 갈등을 해결하는 과정에서 또 다른 갈등이나 대립이 생겨나기도 한다. 이때 필요한 것이 '정치적 권위'이다. 정치적 권위는 특정인이나 특정 집단, 혹은 국가의 권력 행사를 아무런 저항 없이 자발적˘으로 받아들이려는 사람들의 마음 상태로부터 발생한다. 예를 들어, 정치 지도자가 어떤 말을 했을 때 사람들이 쉽게 그 말을 옳다고 받아들일 경우, 우리는 그 정치 지도자가 정치적 권위를 지니고 있다고 말한다.
▶정치의 기능과 정치적 권위의 의미

2 사회학자 막스 베버는 모든 정치적 권위가 물리적 힘에 의존한다고 지적했다. 그러면서 그는 정치 체제가 제대로 기능하기 위해서는 정치적 권위를 만들어 내는 그와 같은 힘이 정당한 것으로 인정되어야 한다고 주장했다. 베버는 이러한 힘의 정당성은 ㉠전통적 권위, ㉡카리스마적 권위, 그리고 ㉢합리적–법적 권위에 의해 실현된다고 보았다.
▶막스 베버가 제시한 정치적 권위의 유형

3 '전통적 권위'는 족장 혹은 왕의 권력 행사에서 볼 수 있는 권위에 해당한다. 이러한 권위는 대대로 전해 내려오는 전통이나 관습에 의해 정당화˘된다. 그런데 사회적으로 엄청난 변화가 일어나는 시기에는 전통이나 관습만으로는 정치적 권위를 유지하기 어렵다. 혼란한 시기가 되면 사람들은 초인적인 능력과 카리스마˘를 가진 정치가가 나타나 혼란을 벗어나게 해 주기를 원한다. 그러나 이러한 '카리스마적 권위'는 장기간 지속되기 어렵다. 혼란한 상황이 어느 정도 정리되면 그 권위는 독재라는 명예롭지 못한 결과를 낳게 되어 국민의 믿음을 잃게 되기 때문이다. 그래서 베버는 전통적 권위와 카리스마적 권위는 점차 합리적–법적 권위로 대체되면서 사라질 것이라고 보았다.
▶전통적 권위와 카리스마적 권위의 의미와 한계

4 '합리적–법적 권위'는 근대 산업 사회에 들어와 생긴 제도화된 권위이다. 이러한 권위는 사회적 협의를 통해 만들어진 합법적인 질서를 중요시한다. 그렇기 때문에 사회적 합의에 의해 만들어진 '법'이 정치적 권위의 기반˘이 된다. 이렇게 법이 합리적–법적 권위의 근거가 되기 때문에, 현대 사회의 정치권력들은 법에 의존하여 권위를 높이려고 한다. 그러나 제3세계의 많은 정치권력들은 아직도 합리적–법적 권위의 토대가 매우 약하다. 이 때문에 정권을 잡은 세력이 국민들에게 정치적 권위를 인정받지 못하는 경우가 많다. 이는 곧 정치권력이 자신의 정당성 혹은 정통성을 창출˘하는 데 실패했음을 의미한다. 그렇다 보니 ㉮오랜 기간 동안 정치 불안의 위기를 벗어나지 못하고 있다.
▶합리적–법적 권위의 토대가 약했을 때 나타나는 정치 불안

독해력 Upgrade ※각 문단의 중심 내용을 다음과 같이 정리할 때, 빈칸에 들어갈 알맞은 말을 쓰시오.

| **1** 정치의 기능과 정치적 권위의 의미 | ➡ | **2** (막스 베버)가 제시한 정치적 권위의 유형 | ➡ | **3** (전통적) 권위와 카리스마적 권위의 의미와 한계 | ➡ | **4** 합리적–법적 권위의 토대가 약했을 때 나타나는 정치 (불안) |

1 세부 정보 파악하기   답 ④

이 글의 내용과 일치하지 <u>않는</u> 것은?

① '전통적 권위'는 관습에 의해 그 힘이 정당화되었다.
  → 3문단
② '카리스마적 권위'는 상황에 따라 독재로 이어질 수 있다.
  → 3문단
③ '합리적–법적 권위'는 사회적인 합의에 기반을 두고 있다.
  → 4문단
❹ 정치적 권위는 강제적으로 사람의 마음을 움직이려 할
  때 생긴다.
  ×–사람들이 권력 행사를 자발적으로 받아들일 때
⑤ 정치 지도자가 권위가 있으면 사람들은 보통 그의 말을
  옳다고 여긴다. → 1문단

정답 풀이

1문단에서 정치적 권위는 특정 집단이나 국가의 권력 행사를
자발적으로 받아들이려는 사람들의 마음 상태로부터 발생한
다고 하였으므로, 강제적으로 사람의 마음을 움직이려 할 때
생긴다는 설명은 적절하지 않다.

오답 풀이

① 3문단에서 전통적 권위는 대대로 전해 내려오는 전통이나 관습에 의
  해 정당화된다고 하였다.
② 3문단에서 혼란한 상황이 어느 정도 정리되면 카리스마적 권위는 독
  재라는 명예롭지 못한 결과를 낳게 된다고 하였다.
③ 4문단에서 합리적–법적 권위의 경우, 사회적 합의에 의해 만들어진
  법이 정치적 권위의 기반이 된다고 하였다.
⑤ 1문단에서 정치 지도자가 정치적 권위를 지니고 있으면 사람들은 쉽
  게 그의 말을 옳은 것으로 받아들인다고 하였다.

2 구체적 사례에 적용하기   답 ③

**㉠~㉢에 해당하는 사례를 <보기>에서 찾아 바르게 짝지은 것
은?**

┤ 보기 ├

10명의 회원이 모여 취미 모임을 만들고 회장을 뽑았는
데, 다음과 같은 상황이 발생했다.

a. 모임의 규칙을 정하고 이에 따라 회장을 뽑았는데, 회장
  이 규칙대로 모임을 이끌자 회원들은 이에 잘 따랐다.
  → ㉢에 해당하는 사례
b. 나이가 가장 많은 회원을 회장으로 뽑았는데, 회장은
  나이가 어린 회원들을 무시하며 모임을 자기 뜻대로 이
  끌었다. → ㉠에 해당하는 사례

c. 능력이 가장 뛰어난 사람을 회장으로 뽑았는데, 모임에
  서 몇 가지 문제가 생기자 회원들은 모든 문제의 해결
  을 회장에게 미루었다. → ㉡에 해당하는 사례

	㉠	㉡	㉢
①	a	c	b
②	b	a	c
❸	b	c	a
④	c	a	b
⑤	c	b	a

정답 풀이

<보기>의 a에서는 합의를 통해 만든 규칙에 따라 모임을 운
영하고 있으므로, 사회적 합의에 의해 만들어진 법이 정치적
권위의 기반이 되는 합리적–법적 권위의 사례로 적절하다.
그리고 <보기>의 b에서는 나이가 많은 사람을 존중하는 관습
에 따라 회장을 선출해 모임을 운영하였으므로, 전통이나 관
습을 중시하는 전통적 권위의 사례로 적절하다. 또 <보기>의
c에서 모임의 회원들은 뛰어난 능력을 가진 사람이 문제를 해
결해 주기를 바라고 있으므로, 초인적인 능력과 카리스마를
가진 정치가가 나타나기를 원하는 카리스마적 권위의 사례로
적절하다.

3 이유 추론하기   답 ⑤

㉮의 이유로 가장 적절한 것은?

① 정치권력이 강력한 법으로 통치했기 때문에
② 정치권력이 전통이나 관습을 무시했기 때문에
③ 정치권력 내에 뛰어난 지도자가 없었기 때문에
④ 정치권력이 경제 발전을 제대로 이루지 못했기 때문에
❺ 정치권력이 정당성을 인정받을 수 있는 법적 근거가 약
  하기 때문에
  ○–합리적–법적 권위의 토대가 약함

정답 풀이

4문단에서 제3세계의 많은 정치권력들은 합리적–법적 권위
의 토대가 약하기 때문에 오랜 기간 동안 정치 불안의 위기를
벗어나지 못하고 있다고 하였다. 합리적–법적 권위의 토대가
약하다는 것은, 정치권력이 정권을 잡게 된 법적 근거가 취
약해 국민들에게 자신들의 정당성을 인정받지 못하고 있다는
의미이다.

어휘력 Upgrade   ※다음의 빈칸에 들어갈 알맞은 말을 <보기>에서 찾아 쓰시오.

┤ 보기 ├
기반
자발적
정당화
창출

1 어떤 이유로도 폭력을 (정당화)할 수는 없다.
  → 정당성에 의문이 있는 것을 무엇으로 둘러대어 정당한 것으로 만듦
2 판소리는 전승되던 설화에 (기반)을 두고 형성되었다.
  → 기초가 되는 바탕. 또는 사물의 토대
3 이제는 기업도 환경 오염을 막기 위해 (자발적)으로 노력해야 한다.
  → 남이 시키거나 요청하지 아니하여도 자기 스스로 나아가 행하는 것
4 현재의 선거 풍토를 대폭 개선해 새로운 정치 문화를 (창출)해야 한다.
  → 전에 없던 것을 처음으로 생각하여 지어내거나 만들어 냄

사회 안전망, 최저 소득 보장제와 기본 소득제

1 우리나라 사람들의 평균 소득을 기준으로 했을 때, 소득이 평균 소득의 60% 미만에 포함되는 이들을 경제적 취약˅ 계층이라고 한다. 불안정한 일자리를 가지고 있어 낮은 임금을 받는 사람, 지속적인 노동을 할 수 없는 고령자, 신체적 혹은 정신적 질병을 가진 사람 등이 이에 속하는 경우가 많다. 그렇기 때문에 이들의 삶을 보호하는 제도적 장치가 필요한데, 이 중 하나가 최저 소득 보장제이다.
▶ 경제적 취약 계층의 개념과 이들을 보호하는 제도의 필요성

2 ㉠최저 소득 보장제는 경제적 취약 계층이 최소한의 삶을 유지할 수 있도록 국가가 어느 정도의 생계비를 보장해 주는 제도이다. 국가는 생계를 스스로 유지할 수 없는 대상을 선정하고 이들에게 최저 생계비를 지원한다. 최저 생계비란 사람이 건강하고 문화적인 생활을 유지하는 데 필요한 최소한의 비용을 의미하는데, 일반 국민들의 소득 수준과 물가 수준 등을 고려하여 결정한다.
▶ 최저 소득 보장제의 개념과 시행 방법

3 최저 소득 보장제는 소득이 많은 사람들에게 걷은 세금을 활용하여 가난한 사람들의 삶을 지원하기 때문에 소득 불평등 문제를 해결할 수 있는 하나의 방법이 될 수 있다. 그러나 이 제도는 장점만 있는 것이 아니다. 때로는 일을 하여 소득을 올리기보다 정부의 지원을 받는 것이 유리하다 판단하여 적극적으로 일을 하지 않는 사람들을 양산˅하는 모순˅이 발생하기도 한다. 또한 국가가 지원 대상을 선별˅하거나 관리하는 비용이 발생하고, 지원이 필요한 대상이 누락˅되는 경우도 발생할 수 있다.
▶ 최저 소득 보장제의 장점과 단점

4 이러한 문제점 때문에 최저 소득 보장제의 대안˅으로 기본 소득제가 제시되기도 한다. ㉡기본 소득제란 국가가 모든 국민에게 일정한 금액을 지급하는 것을 말한다. 이것은 지원 대상을 심사하여 선정하는 과정이 생략되기 때문에 최저 소득 보장제의 단점을 보완할 수 있다. 하지만 여전히 정부의 지원을 받는 것을 선호하여 일자리를 적극적으로 찾지 않는 사람들이 발생할 수 있다. 또한 모든 국민에게 지원되는 만큼 국가의 예산이 충분히 준비되어야 하는 부담도 존재한다.
▶ 기본 소득제의 개념과 단점

5 그럼에도 불구하고 기본 소득제를 통해 기본 소득이 제공되면, 생계가 어려운 국민들도 시장에서 필요한 물건을 구매할 수 있게 되어 소비가 ⓐ늘어난다. 그리고 늘어난 소비만큼 경제가 성장할 수 있는 발판이 마련된다. 또한 일자리를 구하려는 사람들은 생계에 대한 부담이 줄어든 만큼 보다 나은 일자리를 선택할 수 있어 실업자들의 경제적 자립에 도움을 줄 수 있다.
▶ 기본 소득제의 장점

지문 갈무리
국가에서는 경제적 취약 계층을 보호하기 위해 여러 가지 정책을 실시하고 있어. 이 글은 그중에서 최저 소득 보장제와 기본 소득제의 개념을 소개하고, 각 제도의 장점과 단점에 대해 설명하고 있어.

주제
경제적 취약 계층을 보호하기 위한 최저 소득 보장제와 기본 소득제

˅ 취약(脆弱): 무르고 약함.
˅ 양산(量産): 많이 만들어 냄.
˅ 모순(矛盾): 어떤 사실의 앞뒤, 또는 두 사실이 이치상 어긋나서 서로 맞지 않음을 이르는 말.
˅ 선별(選別): 가려서 따로 나눔.
˅ 누락(漏落): 기입되어야 할 것이 기록에서 빠짐.
˅ 대안(代案): 어떤 안을 대신하는 안.

독해력 Upgrade

※각 문단의 중심 내용을 다음과 같이 정리할 때, 빈칸에 들어갈 알맞은 말을 쓰시오.

1 경제적 취약 계층을 (보호)하는 제도의 필요성 → **2** (최저) 소득 보장제의 개념과 시행 방법 → **3** 최저 소득 보장제의 장점과 단점 → **4** (기본) 소득제의 개념과 단점 → **5** 기본 소득제의 장점

1 핵심 정보 파악하기 　　　　답 ③

㉠과 ㉡의 내용을 다음과 같이 정리할 때, 적절한 것은?

	구분	㉠	㉡
①	개념	국민 모두에게 일정 금액을 지급하는 제도 →㉡	경제적 취약 계층의 생계비를 보장하는 제도 →㉠
②	시행 주체	일반 국민 →국가	소득이 많은 사람들 →국가
✔	지원 대상	소득이 평균 소득의 60% 미만인 사람들	모든 국민
④	장점	지원 대상을 선별하고 관리하는 비용이 발생하지 않음. →㉡	소득 불평등 문제가 해결됨. →㉠
⑤	단점	국가의 예산이 넉넉해야 시행할 수 있음. →㉡	지원만 받고 일하지 않는 사람들이 발생할 수 있음. →㉠, ㉡

답 풀이

㉠은 소득이 평균 소득의 60% 미만인 경제적 취약 계층을 선별하여 지원하는 제도이고, ㉡은 선별하는 과정 없이 모든 국민에게 일정한 금액을 지원하는 제도이다.

오답 풀이

① ㉠은 경제적 취약 계층의 생계비를 보장하는 제도이고, ㉡은 국민 모두에게 일정한 금액을 지급하는 제도이다.
② ㉠과 ㉡은 모두 국가(정부)에 의해 시행된다.
④ ㉠은 소득이 많은 사람들의 세금을 활용하는 것이므로 소득 불평등 문제를 해결할 수 있는 하나의 방법이다. ㉡은 모든 국민을 대상으로 하므로 지원 대상을 선별하고 관리하는 비용이 발생하지 않는다.
⑤ ㉠과 ㉡은 모두 지원만 받고 적극적으로 일을 하지 않는 사람들이 발생할 수 있는 단점이 있다. ㉡은 모든 국민을 대상으로 하기 때문에 많은 예산이 필요하다.

2 세부 정보 파악하기 　　　　답 ②

이 글에서 알 수 있는 내용으로 적절하지 않은 것은?

① 최저 생계비를 받는 사람들을 선정하는 과정에서 비용이 발생한다. →3문단
✔ 기본 소득제를 시행하는 과정에서 지원이 필요한 대상이 누락될 수 있다.
×－최저 소득 보장제

③ 국가는 평균보다 낮은 소득을 가진 사람들의 삶을 제도적으로 보호하려 한다. →1문단
④ 나이나 질병 때문에 생계를 유지할 수 없을 때에는 최저 생계비를 지원받을 수 있다. →2문단
⑤ 기본 소득이 확보되면 생활필수품을 구매할 수 있게 되어 생계에 대한 부담이 줄어든다. →5문단

답 풀이

4문단에서 기본 소득제는 국가가 모든 국민에게 일정한 금액을 지원하는 제도라고 하였다. 모든 국민을 대상으로 하기 때문에 지원 대상이 누락될 수는 없다. 국가의 선별 과정에서 지원이 필요한 대상이 누락될 수 있는 것은 최저 소득 보장제이다.

오답 풀이

① 3문단에서 최저 소득 보장제를 시행할 때에는 국가가 지원 대상을 선별하거나 관리하는 비용이 발생한다고 하였다.
③ 1문단에서 국가는 소득이 평균 소득의 60% 미만인 경제적 취약 계층을 보호하기 위한 제도적 장치를 마련하고 있다고 하였다.
④ 2문단에서 국가는 생계를 스스로 유지할 수 없는 대상을 선정하여 최저 생계비를 지원한다고 하였다.
⑤ 5문단에서 기본 소득제를 통해 기본 소득이 제공되면 생계가 어려운 국민들도 시장에서 필요한 물건을 구매할 수 있게 되어 소비가 늘어난다고 하였다.

3 어휘 바꿔 쓰기 　　　　답 ①

ⓐ와 바꿔 쓸 수 있는 말로 가장 적절한 것은?

✔ 증가(增加)한다 → 양이나 수치가 늘다
② 증발(增發)한다 → 정해진 수보다 더 늘려 내보내다
③ 증산(增産)한다 → 생산이 늘다. 또는 생산을 늘리다
④ 증설(增設)한다 → 더 늘려 설치하다
⑤ 증축(增築)한다 → 이미 지어져 있는 건축물에 덧붙여 더 늘리어 짓다

답 풀이

'소비가 늘어난다'에서의 '늘어나다'는 '부피나 분량 따위가 본디보다 커지거나 길어지거나 많아지다.'의 의미이다. 이는 '양이나 수치가 늘다.'의 의미를 가진 '증가하다'와 바꿔 쓰는 것이 가장 적절하다.

어휘력 Upgrade　　※다음의 빈칸에 들어갈 알맞은 말을 〈보기〉에서 찾아 쓰시오.

보기
누락
선별
양산
취약

1 주최 측의 실수로 그의 이름이 합격자 명단에서 (누락)되었다.
→기입되어야 할 것이 기록에서 빠짐
2 기업들은 국내 산업 기반의 (취약)으로 국제 경쟁력을 상실했다.
→무르고 약함
3 요즘 방송은 오락성 프로그램만을 (양산)하고 있다고 비판을 받는다.
→많이 만들어 냄
4 우리는 한우와 수입 고기를 (선별)하는 요령을 알아 둘 필요가 있다.
→가려서 따로 나눔

일탈에 관한 좌절-공격 이론과 낙인 이론

1② 2③ 3②

● 지문 갈무리
많은 학자들이 일탈의 원인을 밝히기 위해 연구해 왔어. 개인의 심리적 요인에 주목한 '좌절-공격 이론', 사회적 맥락을 중시한 '낙인 이론' 등이 대표적이지. 이 글은 두 이론의 입장, 특징, 한계에 대해 설명하고 있어.

● 주제
일탈의 원인을 분석한 '좌절-공격 이론'과 '낙인 이론'

1 일탈은 사회의 규범을 어기는 행위를 말한다. 그런데 우리는 왜 일탈을 하게 되는 것일까? 학자들은 이 질문에 답하기 위해 많은 연구를 해 왔다. 일탈의 원인을 밝히려는 연구는 크게 개인적 관점과 사회적 관점으로 나뉜다. ▶일탈의 개념과 일탈의 원인에 대한 의문

2 일탈의 원인을 개인의 문제로 본 이론들은 주로 일탈자의 생물학적 특성이나 심리적 요인에 주목하였다. 그중에서 '좌절-공격 이론'은 개인의 심리적 요인에서 일탈의 원인을 찾는 대표적 이론의 하나이다. 이 이론에서는 일탈의 원인을 개인의 심리적 욕구의 좌절로 보았다. 심리적 욕구가 충족되지 않으면 사람은 본능적으로 욕구 충족을 방해하는 대상에 대해 ㉠공격적인 행동을 하게 된다는 것이다. 만일 그 대상을 찾지 못하거나 혹은 그 대상이 자기보다 훨씬 강하다고 생각되면, 그것을 대체할 수 있는 다른 대상이라도 찾아 분풀이를 한다고 보았다. 이 이론은 일탈의 원인을 밝히면서 인간의 심리에 주목하게 해 주었다. 그러나 좌절-공격 이론은 일탈의 책임을 사회 구조가 아니라 개인에게서만 찾으려 했다는 한계도 지니고 있다. ▶좌절-공격 이론에서 본 일탈의 원인과 이론의 장점 및 한계

3 한편 일탈의 원인을 사회적인 맥락 속에서 파악하려고 했던 이론들도 있었다. 그중에서도 '낙인 이론'은 일탈에 대한 새로운 관점을 제시해 주었다. 이 이론에서는 일탈을 낙인의 결과로 보았다. 낙인이란 어떤 행동을 규범에서 벗어난 것으로 규정하는 행위이다. 규범에 어긋나는 크고 작은 행동은 누구나 할 수 있다. 하지만 이러한 행동을 했다고 그들 모두가 사회에서 일탈자로 낙인찍히는 것은 아니다. 사람들로부터 그 행동이 잘못된 것이라고 낙인찍히고 비난을 받게 될 때 비로소 일탈이 된다는 것이다. 따라서 이 이론에서는 어떤 행동의 성격보다 그 행동이 일어나는 상황과 여건을 더욱 중요하게 보았고, 그에 따라 일탈이 매우 상대적인 것이라고 주장했다. ▶낙인 이론에서 본 일탈의 원인

4 또한 낙인 이론에서는 한번 낙인이 찍히면 그 낙인에서 벗어나기가 쉽지 않다는 것에도 관심을 가졌다. 일단 일탈자로 낙인찍힌 자는 결국 사회적 역할을 수행하는 데 지장을 받게 되고 사회 적응에 어려움을 겪게 되어, 이후에도 일탈이 지속된다고 보았다. 이 이론은 일탈이 낙인에 따른 사회적 결과물임을 강조함으로써 일탈의 원인을 개인이 아닌 사회적 관계 속에서 조명할 수 있게 해 주었다. 하지만 낙인 이론은 이미 규범을 어긴 사람에 대한 사회적 반응에만 초점을 맞추어 애초의 행동을 유발시킨 다른 원인에 대해서는 간과하고 있다는 한계도 지니고 있다.

▶낙인 이론의 장점과 한계

♥ 주목(注目): 관심을 가지고 주의 깊게 살핌.
♥ 충족(充足): 일정한 분량을 채워 모자람이 없게 함.
♥ 규정(規定): 내용이나 성격, 의미 따위를 밝혀 정함.
♥ 조명(照明): 어떤 대상을 일정한 관점으로 바라봄.
♥ 간과(看過): 큰 관심 없이 대강 보아 넘김.

독해력 Upgrade

※각 문단의 중심 내용을 다음과 같이 정리할 때, 빈칸에 들어갈 알맞은 말을 쓰시오.

| **1** (일탈)의 개념과 일탈의 원인에 대한 의문 | → | **2** (좌절-공격) 이론에서 본 일탈의 원인과 이론의 장점 및 한계 | → | **3** (낙인) 이론에서 본 일탈의 원인 | → | **4** 낙인 이론의 장점과 한계 |

1 내용 전개 방식 파악하기 　답 ②

이 글의 집필 의도로 가장 적절한 것은?

① 이론이 형성되는 역사적 과정을 보여 준다.
×
☑ 대비되는 관점을 지닌 두 이론을 소개한다.
　○-개인적 관점의 '좌절-공격 이론'과 사회적 관점의 '낙인 이론'
③ 특정 이론의 문제점에 대한 글쓴이의 대안을 제시한다.
④ 기존 이론을 뒷받침할 수 있는 새로운 근거를 제시한다.
　　　　　　　　　　　　　　　　×
⑤ 두 이론의 공통점을 확대 적용하여 새로운 사실을 밝힌다.
　　　　　　　　　×

정답 풀이
이 글은 2문단에서 일탈의 원인을 개인의 심리적 요인에서 찾는 '좌절-공격 이론'을, 3문단과 4문단에서 일탈의 원인을 사회적 맥락 속에서 찾는 '낙인 이론'을 설명하고 있다. 즉, 이 글은 개인적 관점의 좌절-공격 이론과 사회적 관점의 낙인 이론이라는 대비되는 관점을 드러내는 두 이론을 소개하고 있다.

오답 풀이
① 좌절-공격 이론과 낙인 이론의 형성 과정은 언급되지 않았다.
③ 좌절-공격 이론과 낙인 이론의 한계는 언급되어 있지만, 글쓴이가 대안을 제시하지는 않았다.
④ 좌절-공격 이론과 낙인 이론을 소개하고 있을 뿐, 이를 뒷받침할 수 있는 새로운 근거를 제시하지는 않았다.
⑤ 좌절-공격 이론과 낙인 이론의 공통점을 제시하지는 않았다.

2 이유 추론하기 　답 ③

'좌절-공격 이론'의 관점에서 ㉠에 대해 설명한 내용으로 적절한 것은?

① 욕구 충족의 포기
② 심리적 안정감의 표현
☑ 욕구의 좌절로 인한 반응
　○-심리적 욕구 → 좌절 → 공격적인 행동(일탈)
④ 사회적 적응을 위한 실천
⑤ 세력이 약한 대상에 대한 보호

정답 풀이
'좌절-공격 이론'에서는 일탈의 원인을 개인의 심리적 욕구의 좌절로 보면서, 사람은 심리적 욕구가 충족되지 않으면 공격적인 행동을 하게 된다고 설명하였다. 따라서 ㉠의 공격적인 행동은 욕구의 좌절에서 오는 반응이라고 볼 수 있다.

3 구체적 사례에 적용하기 　답 ②

'낙인 이론'의 입장에서 〈보기〉를 이해한 내용으로 적절하지 않은 것은?

┤ 보기 ├

① 낙인 때문에 신입 사원이 앞으로 일탈 행동을 지속할 가능성이 커지겠군. → 4문단
☑ 신입 사원이 지각을 하게 된 원인을 개인의 심리적 요인에서 찾을 수 있겠군.
　　　　　　　　×-사회적인 맥락
③ 신입 사원은 회사에서 게으르고 불성실한 사람이라는 낙인을 벗기가 쉽지 않겠군. → 4문단
④ 만약 직장 사람들이 신입 사원을 낙인찍지 않았다면 그의 지각은 일탈로 보기 어렵겠군. → 3문단
⑤ 일탈자라는 낙인 때문에 신입 사원은 앞으로 사회적 역할을 수행하는 데 지장이 있겠군. → 4문단

정답 풀이
3문단에 따르면, '낙인 이론'에서는 일탈의 원인을 사회적인 맥락 속에서 파악하려고 한다. ②와 같이 일탈의 원인을 개인의 심리적 요인에서 찾으려고 한 것은 '좌절-공격 이론'이다.

오답 풀이
①, ⑤ 4문단에서 일탈자로 낙인찍힌 사람은 사회적 역할을 수행하는 데 지장을 받게 되어, 이후에도 일탈이 지속될 수 있다고 하였다.
③ 4문단에서 한번 낙인이 찍히면 그 낙인에서 벗어나기가 쉽지 않다고 하였다.
④ 3문단에서 사람들이 어떤 행동이 잘못된 것이라고 낙인찍었을 때 그 행동이 비로소 일탈이 된다고 하였다.

어휘력 Upgrade ※다음의 빈칸에 들어갈 알맞은 말을 〈보기〉에서 찾아 쓰시오.

┤ 보기 ├
간과
규정
조명
충족

1 이번 화재의 원인을 누전이라고 (규정)하기는 어렵다.
　　→ 내용이나 성격, 의미 따위를 밝혀 정함
2 이 글은 한국의 문화를 새로운 관점에서 (조명)하고 있다.
　　→ 어떤 대상을 일정한 관점으로 바라봄
3 우리는 이번 사태의 심각성을 결코 (간과)해서는 안 된다.
　　→ 큰 관심 없이 대강 보아 넘김
4 먹고사는 기본적인 욕구가 (충족)되어야 문화적인 것에 관심을 둘 수 있다.
　　→ 일정한 분량을 채워 모자람이 없게 함

소득을 나누어 불평등을 줄여요

1 ④ **2** ① **3** ④

1 우리나라의 커다란 사회 문제 중 하나가 빈부의 격차˚이다. 계층 간 소득 격차가 확대되어 빈부의 격차가 커지면 계층끼리 화합을 이루지 못하고 여러 가지 문제가 발생한다. 무엇보다 부가 한쪽으로 ⓐ치우치면 고소득 계층을 제외한 나머지 계층들의 소비가 줄게 된다. 그러면 시장에 돈이 돌지 않아 원활한 경제 성장이 어렵다. 따라서 많은 국가에서는 소득 재분배˚를 통해 이러한 문제를 해결하려고 한다. ▶빈부 격차가 커졌을 때의 문제점과 소득 재분배의 필요성

2 영국의 철학자이자 법학자인 벤담은 소득 재분배 정책을 실행할 때 가장 중요하게 고려해야 하는 것으로 '사회 전체의 총만족도'를 들었다. 그런데 이 총만족도에는 고소득층의 만족도 또한 포함되어 있다. 고소득층에게 세금을 많이 내게 해서 저소득층을 지원하는 데 사용한다면, 물론 저소득층의 만족도는 높아질 것이다. 하지만 고소득층은 자신들이 일해서 번 돈을 나라에 빼앗기는 기분을 느끼게 되므로, 결국 사회 전체의 총만족도는 높아지지 않는다. 벤담은 국가의 소득 재분배 정책은 지지하지만, 고소득층의 재산을 나누어 모든 사람이 부를 균등˚하게 가져야 한다는 생각에는 찬성하지 않았다. ▶소득 재분배에 관한 벤담의 견해

제러미 벤담

3 한편 미국의 철학자인 롤스는 최하위 저소득층에게 가장 큰 혜택을 줄 수 있도록 소득 재분배 정책을 실행해야 한다고 주장했다. 롤스는 만약 자신이 고소득층에 속할지 저소득층에 속할지 모르는 상황이라면, 대다수 사회 구성원은 최하위 소득 계층에 가장 큰 혜택이 돌아가는 소득 재분배 정책을 지지할 것이라고 생각했다. 이 때문에 롤스는 극빈층˚의 복지를 위해 분배의 형평˚을 추구하는 정책이 정당하다고 생각했다. 그러나 롤스는 완전히 평등한 사회를 추구하지는 않았다. 정부에서 모든 사회 구성원의 소득을 동일하게 만들겠다고 약속하면, 사람들의 노동 의욕이 떨어지고 사회의 총소득도 감소해 극빈층의 복지 수준이 오히려 악화˚될 것이기 때문이다. ▶소득 재분배에 관한 롤스의 견해

존 롤스

4 그렇다면 올바른 소득 재분배는 어떻게 이루어질 수 있을까? 우선 벤담과 롤스 모두 소득은 재분배되어야 한다고 생각하고 있다는 점에 주목해야 한다. 여기에는 소득 재분배가 경제적 효율성을 높인다는 생각이 전제되어 있다. 따라서 소득 재분배를 시행함으로써 나타나는 부정적 영향보다 긍정적 영향이 더 크다는 점을 사람들에게 인식시켜야 한다. 다음으로 벤담과 롤스 모두 소득은 불평등할 수밖에 없다는 점을 인정하고 있다. 따라서 모든 계층의 불만을 최소화할 수 있는 합리적인 소득 재분배 정책을 찾으려는 노력이 필요하다. 특히 사회적으로 약자인 저소득층이 스스로 빈곤에서 벗어날 수 있도록 기회를 균등하게 제공하는 정책도 고민되어야 할 것이다. ▶올바른 소득 재분배 정책을 위해 고려할 점

독해력 Upgrade ※각 문단의 중심 내용을 다음과 같이 정리할 때, 빈칸에 들어갈 알맞은 말을 쓰시오.

| **1** 빈부 격차가 커졌을 때의 문제점과 소득 (재분배)의 필요성 | → | **2** 소득 재분배에 관한 벤담의 견해 – 사회 전체의 (총만족도) 고려 | → | **3** 소득 재분배에 관한 (롤스)의 견해 – 극빈층의 복지 고려 | → | **4** 올바른 소득 재분배 정책을 위해 고려할 점 |

1 핵심 정보 파악하기   답 ④

이 글을 바탕으로 소득 재분배에 관한 벤담과 롤스의 견해를 〈보기〉와 같이 정리하였다. 적절하지 <u>않은</u> 것은?

┤ 보기 ├

벤담	롤스
• 사회 전체의 총만족도를 고려하는 것이 가장 중요하다.	• 최하위 저소득층을 배려하는 것이 가장 중요하다. ……… ㉢ → 3문단
• 고소득층이 세금을 많이 내 저소득층을 지원하더라도 사회 전체의 총만족도는 높아지지 않는다. ……… ㉠ → 2문단	• 자신의 소득 수준을 알기 전이라면 사람들은 재분배를 위한 부담 비율이 적은 정책을 지지한다. ……… ㉣ ✕ – 최하위 계층을 배려하는 정책
• 모든 사람이 부를 똑같이 나누어 가져서는 안 된다. ……… ㉡ → 2문단	• 모든 사람의 소득이 동일해지면 사람들의 노동 의욕은 감소한다. …… ㉤ → 3문단

① ㉠   ② ㉡   ③ ㉢

✔ ㉣   ⑤ ㉤

정답 풀이

3문단에 따르면, 롤스는 만약 자신이 고소득층에 속할지 저소득층에 속할지 모르는 상황이라면, 사람들은 최하위 소득 계층에 가장 큰 혜택이 돌아가는 소득 재분배 정책을 지지할 것이라고 생각했다. 즉, 자신의 소득 수준을 알기 전이라면 사람들은 재분배를 위한 부담 비율이 적은 정책이 아니라, 최하위 계층에 가장 큰 혜택을 주는 정책을 지지하게 된다.

오답 풀이

① 벤담은 고소득층에게 세금을 많이 내게 해서 저소득층을 지원하는 데 사용하면, 고소득층의 불만이 높아져 사회 전체의 총만족도는 높아지지 않는다고 보았다.
② 벤담은 고소득층의 재산을 나누어 모든 사람이 부를 균등하게 가져야 한다는 생각에 찬성하지 않았다.
③ 롤스는 최하위 저소득층에게 가장 큰 혜택을 줄 수 있도록 소득 재분배 정책을 실행해야 한다고 보았다.
⑤ 롤스는 정부에서 모든 사회 구성원의 소득을 동일하게 만들겠다고 약속하면 사람들의 노동 의욕이 떨어질 것이라고 보았다.

2 내용 추론하기   답 ①

벤담과 롤스가 모두 동의할 수 있는 진술을 〈보기〉에서 고른 것은?

┤ 보기 ├

ㄱ. 사람의 소득은 불평등할 수밖에 없다. → 4문단
ㄴ. 소득의 재분배는 경제적 효율성을 높일 수 있다. → 4문단
ㄷ. 극빈층을 중심으로 소득 재분배가 이루어져야 한다. ✕ – 롤스만 동의
ㄹ. 사회 정의를 위해 고소득층이 양보하는 자세를 지녀야 한다. ✕ – 이 글에 제시되지 않음

✔ ㄱ, ㄴ   ② ㄱ, ㄷ   ③ ㄴ, ㄷ
④ ㄴ, ㄹ   ⑤ ㄷ, ㄹ

정답 풀이

벤담과 롤스의 공통된 견해는 4문단에서 확인할 수 있다. 벤담과 롤스는 모두 소득은 불평등할 수밖에 없다는 점을 인정하였다(ㄱ). 또 벤담과 롤스는 모두 소득은 재분배되어야 한다고 생각했는데, 여기에는 소득 재분배가 경제적 효율성을 높인다는 생각이 전제되어 있다(ㄴ).

오답 풀이

ㄷ. 극빈층을 중심으로 소득 재분배가 이루어져야 한다고 본 사람은 롤스이다.
ㄹ. 사회 정의를 위해 고소득층이 양보하는 자세를 지녀야 한다는 주장은 이 글에 제시되지 않았다.

3 어휘 바꿔 쓰기   답 ④

문맥상 ⓐ와 바꾸어 쓸 수 있는 말로 가장 적절한 것은?

① 방치(放置)되면
 → 내버려 두어지다
② 좌우(左右)되면
 → 어떤 일에 영향이 주어져 지배되다
③ 투입(投入)되면
 → 던져져 넣어지다
✔ 편중(偏重)되면
 → 한쪽으로 치우치게 되다
⑤ 포함(包含)되면
 → 어떤 사물이나 현상 가운데 함께 들어가거나 함께 넣어지다

정답 풀이

ⓐ의 '치우치다'는 '균형을 잃고 한쪽으로 쏠리다.'라는 뜻이다. 이와 바꾸어 쓸 수 있는 말은 '한쪽으로 치우치게 되다.'라는 뜻을 지닌 '편중되다'이다

어휘력 Upgrade   ※다음의 빈칸에 들어갈 알맞은 말을 〈보기〉에서 찾아 쓰시오.

┤ 보기 ├
격차
균등
악화
형평

1 그 회사의 제품은 품질이 모두 (균등)하다.
 → 고르고 가지런하여 차별이 없음
2 한 조직의 책임자는 (형평)을 고려하여 일을 처리해야 한다.
 → 균형이 맞음. 또는 그런 상태
3 회사에서는 업무에 따른 임금 (격차)를 줄이기 위해 협상을 시작하였다.
 → 빈부, 임금, 기술 수준 따위가 서로 벌어져 다른 정도
4 그동안 화해 국면을 보여 온 양국 관계가 이번에 다시 (악화)될 조짐을 보이고 있다.
 → 일의 형세가 나쁜 쪽으로 바뀜

헤겔이 바라본 시민 사회

1 ⑤　　**2** ④　　**3** ⑤

1 '시민 사회'란 신분에 지배되지 않으며, 자유롭고 평등한 개인이 결합하여 만들어진 사회를 뜻한다. 시민 사회는 봉건 사회˘와 대립되는 개념으로 17세기에 등장하였는데, 1990년대 이후 세계 각지에서 '시민 사회론'이 부각되며 다시 주목받게 되었다. 19세기 독일의 철학자 헤겔은 이 시민 사회의 개념을 국가와 구분하여 이론으로 완성한 바 있다. 헤겔의 이론은 다양한 시민 사회 이론 중 날카로운 통찰력˘을 보여 준다고 평가받고 있으며, 현재의 시민 사회를 연구하는 데에도 여전히 도움이 되고 있다.
▶시민 사회의 개념과 헤겔의 이론을 살펴보아야 할 필요성

2 헤겔은 시민 사회가 두 가지의 보편적 성질에 따라 움직인다고 보았다. 그에 따르면 개인은 사회를 이루고 있는 다른 개인과 쌍방˘ 또는 의존적 관계를 가지는데, 이 관계 속에서 자신의 욕구를 이기적으로 충족하는 존재이다. 또한 개인은 개인적 욕구를 타인과의 사회적 관계 속에서 추구하고자 하는 공동체적 성격도 갖는다. 이러한 특성 때문에 헤겔은 시민 사회 안에서 개인의 이익을 조정하고 공동의 이익을 실현하는 데 기여하는 ㉠'직업 단체'와, 복지 및 치안˘ 문제를 해결하는 '복지 행정 조직'의 역할을 중요하게 여겼다. 직업 단체와 복지 행정 조직이 시민 사회가 이상적인 국가로 나아가기 위한 연결 고리라고 생각했기 때문이다.
▶시민 사회의 보편적 성질과 헤겔이 중시한 두 기구

3 헤겔은 시민 사회를 완벽하다고 보지 않았다. 그가 꼽은 시민 사회의 가장 큰 문제점은 '불평등'이었다. 헤겔은 개인의 능력이 불평등하게 주어진 부와 재능에 의해 제한되기 때문에, 모든 개인에게 시민 사회에 참여할 수 있는 기회가 평등하게 주어지지 않는다고 보았다. 물론 이를 개선하기 위해 시민 사회가 규범이나 제도를 마련하였지만, 헤겔은 시민 사회가 만든 규범이나 제도만으로는 시민 사회에 존재하는 불평등을 개선할 수 없다고 생각했다. 따라서 헤겔은 사회 문제를 해결하고 공공의 질서를 확립할 최종 주체˘로 국가를 설정하였으며, 시민 사회가 국가에 협력해야 한다고 주장하였다.
▶시민 사회의 문제점과 국가의 필요성

4 헤겔이 파악한 시민 사회는 기본적으로 개인이 욕망을 추구하며 살아가는 생활의 영역이자, 개인의 욕구를 사회 안에서 추구하는 공동체의 영역이다. 이 시민 사회는 내부의 단체 및 조직의 역할을 통해 이상적인 국가와 연결되는, 국가의 전 단계로도 볼 수 있다. 그렇다면 현재 우리가 살고 있는 시대의 시민 사회는 어떻게 설명할 수 있을까? 현대의 시민 사회는 일반적으로 국가와 시장으로부터 독립된 영역이자 국가와 시장을 감시하고 통제하는 영역이라고 설명할 수 있다. 이는 헤겔이 말한 시민 사회보다 조금 더 독립적이고 발전된 형태에 해당한다.
▶헤겔의 시민 사회에서 더 발전한 현대의 시민 사회

독해력 Upgrade　※각 문단의 중심 내용을 다음과 같이 정리할 때, 빈칸에 들어갈 알맞은 말을 쓰시오.

| **1** 시민 사회의 개념과 (헤겔)의 이론을 살펴보아야 할 필요성 | → | **2** 시민 사회의 보편적 성질과 헤겔이 중시한 두 기구 | → | **3** 시민 사회의 문제점과 (국가)의 필요성 | → | **4** 헤겔의 시민 사회에서 더 발전한 (현대)의 시민 사회 |

1 세부 정보 파악하기 답 ⑤

이 글을 통해 알 수 없는 것은?

① 시민 사회의 개념 →1문단

② 현대 시민 사회의 특성 →4문단

③ 시민 사회라는 개념이 등장한 시기 →1문단

④ 헤겔이 생각한 시민 사회의 문제점 →3문단

☑ 시민 사회와 대립되는 봉건 사회의 특징
× – 이 글에서 알 수 없음

정답 풀이

1문단의 "시민 사회는 봉건 사회와 대립되는 개념으로 17세기에 등장하였는데"에서 봉건 사회라는 말이 언급되었을 뿐이다. 시민 사회와 대립되는 봉건 사회의 특징에 대해서는 제시되지 않았으므로, ⑤는 이 글을 통해 알 수 없다.

2 반응의 적절성 판단하기 답 ④

이 글을 읽고 헤겔의 시민 사회 이론에 대해 반응한 내용으로 적절하지 않은 것은?

① 시민 사회의 개인은 이기적인 속성을 지니고 있구나. →2문단

② 시민 사회의 개인은 타인과의 관계 속에서 살아가는 존재구나. →2문단

③ 시민 사회는 완벽하지 않기 때문에 국가에 협력해야 하는구나. →3문단

☑ 개인의 자유로운 욕망 때문에 시민 사회가 이상적인 국
× – 이러한 관점은 글에 제시되지 않음
가로 나아가지 못하는구나.

⑤ 시민 사회의 제도와 규범만으로는 사회 문제를 해결하거나 공공질서를 확립하기 어렵구나. →3문단

정답 풀이

헤겔의 시민 사회 이론에서 개인은 자유로운 욕망을 지닌 존재이며, 시민 사회는 개인이 욕망을 추구하며 살아가는 생활의 영역이자 개인의 욕구를 사회 안에서 추구하는 공동체의 영역이다. 이러한 특성 때문에 헤겔은 직업 단체와 복지 행정 조직을 중시하고 이를 이상적인 국가로 나아가기 위한 연결 고리로 생각했다. 하지만 개인의 자유로운 욕망 때문에 시민 사회가 이상적인 국가로 나아가지 못한다는 관점은 이 글에서 확인할 수 없다.

3 관점 비교하기 답 ⑤

이 글의 ㉠과 〈보기〉의 ㉡을 비교한 내용으로 가장 적절한 것은?

┤ 보기 ├

프랑스의 사회학자 뒤르켐은 시민 사회에서의 ㉡직업 단체의 역할과 기능을 연구하였다. 그는 개인의 이익을 조정하고 공익과 공동체적 연대를 실현할 주체로서 직업 단체의 역할을 강조하였다. 또한 직업 단체가 정치적 중간 집단으로서 구성원의 이해관계를 국가에 전달하는 한편, 국가를 견제해야 한다고 보았다.
헤겔의 '직업 단체'와 비슷한 점 / 시민 사회와 국가를 연결함 / 헤겔의 '직업 단체'와 다른 점

① ㉠과 ㉡ 모두 국가를 견제하는 기능을 한다.
× – ㉡에만 해당함

② ㉡과 달리 ㉠은 시민 사회 내부에 존재한다.
× – 모두 해당함

③ ㉠과 달리 ㉡은 시민 사회와 국가를 연결하는 기능을 한다.
× – ㉠, ㉡ 모두 해당함

④ ㉠과 달리 ㉡은 치안 및 복지 문제를 해결하는 기능을 한다.
× – ㉠, ㉡ 모두 해당하지 않음

☑ ㉠과 ㉡ 모두 개인의 이익을 조정하고 공익 실현을 추구한다.

정답 풀이

2문단에 따르면 ㉠은 "시민 사회 안에서 개인의 이익을 조정하고 공동의 이익을 실현하는 데 기여하는" 역할을 하고, 〈보기〉에 따르면 ㉡은 "개인의 이익을 조정하고 공익과 공동체적 연대를 실현할 주체"로서의 역할을 한다. 따라서 ㉠과 ㉡은 모두 개인의 이익을 조정하는 기능과 공익을 실현하는 기능을 한다.

단원 어휘 테스트

03회 01 ㉡ 02 ㉢ 03 ㉠ 04 ㉣ 05 상반 06 악화 07 애착 08 격차 09 취약 10 선별 11 조명 12 회피 13 대안 14 보유 15 자극 16 절충 17 용이한 18 감소하고 19 소유하고 20 동일하다

04회 01 ㉠ 02 ㉡ 03 ㉣ 04 ㉢ 05 침해 06 변천 07 기반 08 독점 09 통찰력 10 상실감 11 신빙성 12 자발적 13 과도 14 규정 15 창출 16 대비 17 편중되어 18 위반한 19 충돌했다 20 누락된

어휘력 Upgrade ※다음의 빈칸에 들어갈 알맞은 말을 〈보기〉에서 찾아 쓰시오.

┤ 보기 ├
견제
쌍방
주체
치안

1 내 인생을 결정하는 (주체)는 바로 나 자신이다.
→ 사물의 작용이나 어떤 행동의 주가 되는 것

2 그 선수는 강력한 우승 후보였기 때문에 경기 내내 다른 선수들의 (견제)를 받았다.
→ 일정한 작용을 가함으로써 상대편이 지나치게 세력을 펴거나 자유롭게 행동하지 못하게 억누름

3 외국으로 여행을 갈 때에는 그 나라의 (치안)이 잘 유지되고 있는지 알아보아야 한다.
→ 국가 사회의 안녕과 질서를 유지·보전함

4 이 사고는 어느 한쪽의 잘못이 아니라 (쌍방)이 잘못해서 일어난 것이라고 판명되었다.
→ 이쪽과 저쪽 또는 이편과 저편을 아울러 이르는 말

말을 빌려 탄[借馬] 이야기[說]

1 ①　　2 ⑤　　3 ③

● 지문 갈무리
이 글의 글쓴이는 말을 빌려 탔던 경험에서, 사람이 가진 모든 것은 다른 사람으로부터 빌린 것이라는 사실을 깨닫고 있어. 이 글은 이러한 깨달음을 통해 소유에 대해 지나치게 집착하는 것은 바람직하지 않다고 말하고 있어.

● 주제
소유의 의미에 대한 깨달음

▼ 준마(駿馬): 빠르게 잘 달리는 말.

▼ 환란(患亂): 근심과 재앙을 통틀어 이르는 말.

▼ 총애(寵愛): 남달리 귀여워하고 사랑함.

▼ 미혹(迷惑): 무엇에 홀려 정신을 차리지 못함.

▼ 만방(萬邦): 세계의 모든 나라.

▼ 백승(百乘): 백 대의 수레. 많은 재물과 권력의 비유.

▼ 미천하다(微賤하다): 신분이나 지위 따위가 하찮고 천하다.

1 나는 집이 가난해서 말이 없기 때문에 간혹 남의 말을 빌려서 탔다. 그런데 「야위고 둔한 말을 얻었을 경우에는 일이 아무리

급해도 감히 채찍을 대지 못한 채 금방이라도 쓰러지고 넘어질 것처럼 벌벌 떨며 조심하기 일쑤요, 개천이나 도랑이라도 만나면 또 말에서 내리곤 한다.」그래서 후회하는 일이 거의 없다. 반면에 「발굽이 높고 귀가 쫑긋하며 잘 달리는 준마▼를 얻었을 경우에는 의기양양하여 마음대로 채찍을 갈기기도 하고 고삐를 놓기도 하면서 언덕과 골짜기를 모두 평지로 여긴 채 매우 유쾌하게 달리곤 한다.」그러나 간혹 위험하게 말에서 떨어지는 환란▼을 면하지 못한다.
　　　　　　　　　　　　　　　　　　　　　　　　　　　　▶ 말을 빌려 탔을 때의 심리 변화

2 아, 사람의 감정이라는 것이 어쩌면 이렇게까지 달라지고 뒤바뀔 수가 있단 말인가. 남의 물건을 빌려서 잠깐 동안 쓸 때에도 오히려 이와 같은데, 하물며 진짜로 자기가 가지고 있는 경우야 더 말해 무엇 하겠는가.
　　　　　　　　　　　　　　　　　　　　　　　　　　　▶ 자기 소유일 때의 심리 변화

3 그렇기는 하지만 사람이 가지고 있는 것 가운데 남에게 빌리지 않은 것이 또 뭐가 있다고 하겠는가. 임금은 백성으로부터 힘을 빌려서 존귀하고 부유하게 되는 것이요, 신하는 임금으로부터 권세를 빌려서 총애▼를 받고 귀한 신분이 되는 것이다. 그리고 자식은 어버이에게서, 지어미는 지아비에게서, 종은 주인에게서 각각 빌리는 것이 또한 심하고도 많은데, 대부분 자기가 본래 가지고 있는 것처럼 여기기만 할 뿐 끝내 돌이켜 보려고 하지 않는다. 이 어찌 미혹▼된 일이 아니겠는가.

그러다가 혹 잠깐 사이에 그동안 빌렸던 것을 돌려주는 일이 생기게 되면, 만방(萬邦)▼의 임금도 외톨이가 되고 백승(百乘)▼을 가졌던 집도 외로운 신하가 되는 법인데, 더군다나 미천한▼ 자의 경우야 더 말해 무엇 하겠는가.
　　　　　　　　　　　　　　　　▶ 모든 것은 자기 소유가 아니라 빌린 것이라는 깨달음

4 맹자(孟子)가 말하기를 "남의 것을 오랫동안 빌려 쓰고 있으면서 돌려주지 않았으니, 어찌 그것이 자기의 소유가 아닌 줄 알겠는가."라고 하였다. 「내가 이 말을 접하고서 ㉠느껴지는 바가 있기에, 〈차마설〉을 지어서 그 뜻을 넓히노라.」
　　　　　　　　　　　　　　　　　　　　　　　　　　　▶ 〈차마설〉을 쓴 동기

　　　　　　　　　　　　　　　　　　　　　　　　　　　　　　－ 이곡, 〈차마설〉

독해력 Upgrade ※각 문단의 중심 내용을 다음과 같이 정리할 때, 빈칸에 들어갈 알맞은 말을 쓰시오.

| 1 (말)을 빌려 탔을 때의 심리 변화 | → | 2 자기 (소유)일 때의 심리 변화 | → | 3 모든 것은 자기 소유가 아니라 (빌린) 것이라는 깨달음 | → | 4 〈차마설〉을 쓴 동기 |

1 내용 전개 방식 파악하기
답 ①

이 글의 서술 방식에 대한 설명으로 적절하지 않은 것은?

☞ 대화 형식을 통해 교훈적인 내용을 전달하고 있다.
 ×
② 구체적인 사례를 들어 자신의 주장을 뒷받침하고 있다.
 "임금은 백성으로부터 ~ 종은 주인에게서 각각 빌리는 것이 또한 심하고도 많은데"
③ 권위 있는 사람의 말을 인용하여 주제를 강조하고 있다.
 맹자
④ 개인의 일상적인 경험을 일반화하여 깨달음을 유도하고
 말을 빌려 탄 경험   소유의 의미에 대한 깨달음
 있다.   소유의 의미에 대한 깨달음
⑤ 대조적인 상황을 제시하여 말하고자 하는 바를 이끌어
 야위고 둔한 말과 준마를 빌려 탄 상황   잘못된 소유 관념 비판
 내고 있다.

정답 풀이
이 글은 개인의 경험을 보편적인 것으로 일반화하여 소유의 의미에 대한 교훈적인 내용을 전달하고 있을 뿐, 대화 형식을 사용하지는 않았다.

오답 풀이
② 사람이 가지고 있는 것 가운데 남에게 빌리지 않은 것이 없다고 하면서, "임금은 백성으로부터 힘을 빌려서 ~ 종은 주인에게서 각각 빌리는 것이 또한 심하고도 많은데"와 같이 사례를 들어 주장을 뒷받침하고 있다.
③ 맹자의 말을 인용하여 인간에게 본래부터 자기의 소유인 것은 없다는 글쓴이의 주장이 타당함을 강조하고 있다.
④ 첫 문단에서 말을 빌려 탄 개인의 경험을 제시한 다음, 이어서 이를 일반화하여 소유의 의미에 대한 깨달음을 전달하고 있다.
⑤ 야위고 둔한 말과 준마를 빌려 탔을 때의 심리 변화를 대조하여, 사람들의 잘못된 소유 관념을 이끌어 내고 있다.

2 글쓴이의 관점 추론하기
답 ⑤

이 글의 '나'에 대한 이해로 가장 적절한 것은?

① '나'는 '야위고 둔한 말'을 빌리는 경우 '벌벌 떨'다가 위험에 처하기 때문에 후회하게 된다고 여기고 있다.
 ×－스스로 조심하므로 후회하는 일이 없음
② '나'는 '준마'를 빌려 탈 때의 '의기양양'한 감정이 그것을 소유할 때에는 발생하지 않을 것이라고 예상하고 있다.
 ×－심리 변화가 더 클 것
③ '나'는 '가지고 있는 것'이 없는 천한 사람들을 '미혹'되었다고 생각하고 있다.
 ×－잘못된 소유 관념을 가지고 있는 다양한 계층의 사람들
④ '나'는 자기가 소유하고 있는 권력이 빌린 것임을 돌아보는 '임금'의 모습을 '외톨이'로 표현하고 있다.
 ×－빌렸던 것을 돌려주는 상황에 놓인

☞ '나'는 '맹자'의 '이 말'에서, 빌린 것을 소유했다고 여기는 사람들에 대한 문제의식을 떠올리고 있다.

정답 풀이
이 글에 인용된 맹자의 말은 잘못된 소유 관념의 문제점을 지적한 것이다. 글쓴이는 맹자의 말을 통해, 빌린 것을 자신의 소유로 생각하는 사람들의 잘못된 소유 관념을 비판하고 있다.

오답 풀이
① '나'는 야위고 둔한 말을 빌리는 경우, 스스로 조심하여 후회하는 일이 거의 없다고 말하고 있다.
② '나'는 남의 것을 빌렸을 때도 심리 변화가 심했던 자신의 경험으로 미루어 자기가 대상을 소유한 경우에는 이러한 심리 변화가 더 클 것이라고 생각하고 있다.
③ '나'는 다양한 계층의 사람들이 대부분 빌린 것을 소유했다고 여기고 있는데, 이것이 미혹된 일이라고 보고 있다.
④ '나'는 자기의 권력이 빌린 것임을 깨닫지 못하다가 이를 빼앗긴 후의 임금의 모습을 '외톨이'라고 표현하고 있다.

3 핵심 정보 파악하기
답 ③

㉠의 의미로 가장 적절한 것은?

① 남의 물건을 빌려 썼을 때는 반드시 돌려주어야 한다.
② 사람의 마음은 늘 바뀌므로 변하지 않도록 조심해야 한다.
☞ 사람이 가지고 있는 것은 모두 빌린 것이므로 자기의 소유인 것은 없다.
 느껴지는 바 = 이 글의 주제 의식 → 소유의 의미에 대한 깨달음
④ 사람은 남에게 무엇인가를 빌리지 않고 스스로의 힘으로 살아가야 한다.
⑤ 자기 소유인 줄 알고 쓰던 물건들은 실제 주인이 따로 있음을 알아야 한다.

정답 풀이
㉠은 글쓴이가 글에서 전달하고 있는 깨달음으로, 이 글의 주제 의식이라고 할 수 있다. 이 글에서 글쓴이는 말을 빌려 탄 경험을 통해 잠시 빌린 것에 대해서도 사람의 마음이 쉽게 변함을 느끼고 있다. 그리고 이 세상의 모든 것은 빌린 것인데 그것을 자기 것으로 생각하는 잘못된 소유 관념에 대해 지적하고 있다. 이러한 내용을 바탕으로 글쓴이가 깨달은 바를 정리하면 '사람이 가지고 있는 것은 모두 빌린 것이므로 자기의 소유인 것은 없다.'는 것이다.

어휘력 Upgrade   ※다음의 빈칸에 들어갈 알맞은 말을 〈보기〉에서 찾아 쓰시오.

┌ 보기 ┐
미천
미혹
준마
환란

1 옛날에는 가수가 (미천)한 직업으로 여겨졌다.
 → 신분이나 지위 따위가 하찮고 천함
2 그해에는 갖가지 (환란)으로 민심이 흉흉하였다.
 → 근심과 재앙을 통틀어 이르는 말
3 주몽은 위험에 대비해 골라 둔 (준마)를 타고서 부여에서 도망쳤다.
 → 빠르게 잘 달리는 말
4 사회가 혼란할 때는 달콤한 말로 대중을 (미혹)하는 무리가 종종 나타난다.
 → 무엇에 홀려 정신을 차리지 못함

인문

02 동기냐 결과냐, 그것이 문제로다

● 지문 갈무리
우리는 살면서 도덕적으로 어느 쪽을 선택해야 옳을지 판단하기 어려운 딜레마의 상황에 직면할 수 있어. 이 글에서 설명하고 있는 의무론과 목적론적 관점은 이러한 상황에서 우리가 어떤 선택을 해야 하는지에 대해 철학적 답변을 주고 있지.

● 주제
의무론적 관점과 목적론적 관점의 의미와 그 한계

▼ 딜레마(dilemma): 선택해야 할 길은 두 가지 중 하나로 정해져 있는데, 그 어느 쪽을 선택해도 바람직하지 못한 결과가 나오게 되는 곤란한 상황.

▼ 주목(注目): 관심을 가지고 주의 깊게 살핌.

▼ 초래(招來): 어떤 결과를 가져오게 함.

▼ 예외(例外): 일반적 규칙이나 정례에서 벗어나는 일.

▼ 허용(許容): 허락하여 너그럽게 받아들임.

1 다음 상황을 생각해 보자. 「민준이가 등교하는 길에 다리가 불편한 할머니가 횡단보도 건너는 것을 도와 달라고 하였다. 지금 학교에 가지 않으면 지각을 하여 벌점을 받게 된다. 민준이는 할머니를 도와야 할까, 아니면 학교에 가야 할까?」 이런 상황을 도덕적 딜레마▼라 한다. 이런 상황에서 개인 행위의 옳고 그름을 판단하는 기준이 필요하다. 이러한 기준을 우리는 크게 두 가지 관점에서 제시할 수 있다. 하나는 의무론적 관점이고 다른 하나는 목적론적 관점이다. ▶옳고 그름의 판단 기준인 의무론적 관점과 목적론적 관점

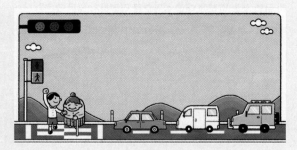

「」: 도덕적 딜레마의 상황

중심 화제

2 ⊙의무론적 관점은 행위에 대한 도덕적 판단이 도덕 법칙에 따라 이루어져야 한다고 보았다. 이 관점은 도덕 법칙을 지키려는 의지를 의무로 보았으며 결과와 무관하게 행위 자체의 옳고 그름에 주목▼하였다. 도덕 법칙은 언제나 타당하고 보편적인 것이기에 '왜'라는 질문은 성립하지 않는다. 따라서 좋지 않은 결과를 초래▼하더라도 도덕 법칙은 지켜야 한다. 이런 의미에서 의무론적 관점을 법칙론이라고도 한다. ▶의무론적 관점의 입장

옳고 그름을 판단하는 기준 ①   의무론적 관점의 입장

도덕 법칙은 언제나 타당하고 보편적인 것이기 때문에

3 그러나 의무론적 관점에는 한계가 있다. 두 개의 옳은 도덕 법칙이 충돌할 때 의무론적 관점에 따르면 결정을 내릴 수 없다. 예를 들어, 「1번 철로에는 3명의 인부가, 2번 철로에는 5명의 인부가 일을 하고 있을 때, 브레이크가 고장 난 채 달리고 있는 기차의 기관사는 어떤 길을 선택해야 할까?」 의무론적 관점은 이 상황에서 어떤 철로를 선택해야 할지 결정을 내릴 수 없다. ▶의무론적 관점의 한계

의무론적 관점의 한계   「」: 의무론적 관점의 한계를 보여 주는 예

4 한편 ⊙목적론적 관점은 행복이나 쾌락을 인간이 추구해야 할 목적으로 보았다. 이 관점은 오로지 최선의 결과를 가져오는 행위가 옳은 행위이며, 경험을 통하여 도덕을 얻을 수 있다고 생각하였다. 도덕은 '보다 많은 사람들에게 보다 많은 행복을 가져오는 행위'이다. 따라서 어떤 행위를 결정할 때는 미래에 있을 결과를 고려해야 한다. 이런 의미에서 목적론적 관점을 결과론이라고도 한다. ▶목적론적 관점의 입장

옳고 그름을 판단하는 기준 ②   목적론적 관점의 입장

보다 많은 사람들에게 행복을 가져와야 하기 때문에

5 그러나 목적론적 관점에도 한계가 있다. 똑같은 결과라도 사람마다 판단이 달라질 수 있기 때문이다. 「위의 예에서 브레이크가 고장 난 채 달리고 있는 기차의 기관사가 1번 철로를 선택하는 것이 목적론적 관점에서는 옳은 선택이겠지만, 1번 철로에 있던 인부의 가족에게 물었을 경우 이에 대한 대답은 달라질 것이다.」 이런 문제 때문에 목적론적 관점은 도덕 법칙에 대해 많은 예외▼를 허용▼할 우려가 있다. ▶목적론적 관점의 한계

목적론적 관점의 한계   「」: 목적론적 관점의 한계를 보여 주는 예

독해력 Upgrade ※각 문단의 중심 내용을 다음과 같이 정리할 때, 빈칸에 들어갈 알맞은 말을 쓰시오.

1 옳고 그름의 (판단 기준)인 의무론과 목적론	→	2 (의무론)적 관점의 입장	→	3 의무론적 관점의 한계	→	4 (목적론)적 관점의 입장	→	5 목적론적 관점의 한계

1 내용 전개 방식 파악하기   답 ③

이 글에 쓰인 전개 방식으로 적절한 것은?

① 다른 대상과 비교하여 가설을 입증하고 있다.

② 통념의 문제점을 제시하며 주장을 강조하고 있다.

✔ 중심 대상의 개념을 밝히고 사례를 들어 설명하고 있다.
　의무론적 관점과 목적론적 관점의 개념　브레이크가 고장 난 기차의 기관사

④ 서로 다른 관점을 절충하면서 결론을 이끌어 내고 있다.

⑤ 관점의 문제점을 지적한 후 합리적인 대안을 제시하고 있다.

정답 풀이

2문단에서 의무론적 관점은 행위에 대한 도덕적 판단이 도덕 법칙에 따라 이루어져야 한다고 보는 관점, 4문단에서 목적론적 관점은 행복이나 쾌락을 인간이 추구해야 할 목적으로 보는 관점임을 설명하며 개념을 밝히고 있다. 그리고 3문단과 5문단에서 브레이크가 고장 난 채 달리는 기차의 기관사의 사례를 들어 두 관점의 한계에 대해 설명하고 있다.

오답 풀이

① 의무론적 관점과 목적론적 관점을 비교하였다고 볼 수는 있지만, 가설을 제시하여 입증하지는 않았다.

② 의무론적 관점과 목적론적 관점에 대한 통념의 문제점을 지적하지는 않았다.

④ 의무론적 관점과 목적론적 관점을 각각 설명하였을 뿐, 이를 절충하여 결론을 이끌어 내지는 않았다.

⑤ 의무론적 관점과 목적론적 관점의 한계를 언급하고 있지만, 이를 해결할 수 있는 합리적인 대안을 제시하지는 않았다.

2 내용 추론하기   답 ①

㉠, ㉡에서 '민준'에게 할 수 있는 말로 적절하지 않은 것은?

✔ ㉠: '왜?'라는 질문에 답할 수 있게 행동하세요.
　×－의무론적 관점에서 '왜?'라는 질문은 성립하지 않음(2문단)

② ㉠: 누가 보더라도 옳다고 생각하는 기준에 따라 행동하세요.

③ ㉠: 나중에 일어날 일보다는 도덕을 지키려는 마음이 더 중요하지 않겠어요?

④ ㉡: 당신의 선택의 목적과 결과를 고려해 행동하세요.

⑤ ㉡: 당신뿐 아니라 다른 사람도 같이 기쁠 수 있게 행동하세요.

정답 풀이

민준이는 도덕적 딜레마의 상황에 처해 있다. ㉠은 도덕 법칙을 지키려는 의지를 의무로 보았으며, 결과와 무관하게 행위 자체가 옳다면 이를 선택해야 한다고 보는 관점이다. ㉠의 입장에서 도덕 법칙은 언제나 타당하고 보편적인 것이기에 그것을 선택하는 데 '왜'라는 질문은 성립하지 않는다. 따라서 의무론적 관점에서 민준이에게 '왜?'라는 질문에 답할 수 있게 행동하라고 말하는 것은 적절하지 않다.

3 세부 정보 파악하기   답 ④

목적론적 관점을 다음과 같이 정리할 때 적절하지 않은 것은?

┤ 보기 ├

질문 1. 목적론에서 옳다고 보는 행위는 무엇일까?

• 행복이나 쾌락을 가져오는 행위. ··················· ①
　→ 4문단
• 최선의 결과를 가져오는 행위. ··················· ②
　→ 4문단

질문 2. 목적론적 관점의 특징은 무엇일까?

• 도덕은 가능한 많은 행복을 추구하려는 의도를 지님. ·· ③
　→ 4문단
• 어떤 행위를 위한 결정은 행위 자체를 바탕으로 내림. ·· ✔
　×－의무론적 관점에 해당

질문 3. 목적론적 관점의 한계는 무엇일까?

• 도덕 법칙에 예외를 많이 허용할 수 있음. ·············· ⑤
　→ 5문단

정답 풀이

목적론적 관점에서는 어떤 행위를 결정할 때 미래에 있을 결과를 고려해야 한다고 보았으나, 의무론적 관점에서는 결과와 무관하게 행위 자체의 옳고 그름에 주목하였다. 따라서 ④는 의무론적 관점에 해당하는 특징이다.

오답 풀이

① 목적론적 관점은 행복이나 쾌락을 인간이 추구해야 할 목적으로 보았다고 하였다.

② 목적론적 관점은 최선의 결과를 가져오는 행위를 옳은 행위로 보았다고 하였다.

③ 목적론적 관점에서 도덕은 '보다 많은 사람들에게 보다 많은 행복을 가져오는 행위'라고 하였다.

⑤ 동일한 결과라도 사람마다 그것에 대한 판단이 달라질 수 있기 때문에 목적론적 관점은 도덕 법칙에 대해 많은 예외를 허용할 우려가 있다고 하였다.

어휘력 Upgrade

※다음의 빈칸에 들어갈 알맞은 말을 〈보기〉에서 찾아 쓰시오.

┤ 보기 ├
가설
딜레마
초래
허용

1 병원에서는 그 환자가 잠시 외출하도록 (허용)하였다.
　→ 허락하여 너그럽게 받아들임

2 조그마한 실수에서 (초래)된 사고는 많은 후회를 남긴다.
　→ 어떤 결과를 가져오게 함

3 그는 자신의 (가설)을 증명하기 위해 몇 가지 실험을 진행 중이다.
　→ 어떤 사실을 설명하려고 임시로 세운 이론

4 지금 그는 고백을 해야 하느냐 말아야 하느냐 하는 (딜레마)에 빠져 버렸다.
　→ 어느 쪽을 선택해도 바람직하지 못한 결과가 나오게 되는 곤란한 상황

객관적인 역사 서술을 위한 사료 비판

1 ③   **2** ②   **3** ①

1 역사는 과거의 사실 가운데 의미 있는 것만을 골라서 서술한 것이다. 역사를 서술할 때 의미 있는 과거의 사실들을 골라내기 위해서는 사료(史料)가 있어야 한다. 사료는 문헌˚이나 유물˚ 등 역사를 고찰˚하는 데 단서가 되는 모든 자료를 의미한다. 역사에서는 사료 없이 가능성만을 가지고 어떤 것이 존재한다고 기록할 수 없다. 즉, 사료에 포함되어 있지 않은 것은 역사적 사실로 볼 수 없다. 물론 역사가에게도 상상력은 필요하지만, 역사가는 소설가처럼 상상한 내용을 사실처럼 기록할 수 없다. ▶사료의 개념과 역사 서술에서 사료의 필요성

2 사료는 과거에 있었던 사실을 객관적으로 전달할 수 있는 것이어야 한다. 따라서 사료는 밝히고자 하는 역사적 사건과 동시대의 자료여야 하며, 그것을 가장 잘 전달할 수 있는 조건을 갖춘 사람의 기록이어야 한다. 하지만 모든 사료가 이러한 조건을 충족하고 있는 것은 아니다. 「원하는 사료가 처음부터 존재하지 않는 경우도 있고, 원형 그대로 전해지지 않는 경우도 있다. 그런가 하면 원본 자체가 아예 사라지고 베껴 쓴 사료만 있는 경우도 있다. 이럴 때는 베껴 쓴 사료에 오류가 없는지, 베껴 쓴 사람이 임의˚대로 고쳐 쓴 부분이 없는지 검토하는 작업이 필요하다.」 이처럼 사료에 잘못된 것은 없는지, 사료의 내용과 성격은 어떠한지 등을 밝히는 작업을 ㉠'사료 비판'이라고 한다. ▶사료가 갖추어야 할 조건과 사료 비판의 개념

3 역사가가 사료 비판을 할 때는 객관적이고 냉정해야 하며, 언제나 사료의 내용을 의심하는 태도를 취해야 한다. 왜냐하면 사료를 남긴 사람도 감정을 가진 인간이어서 사료에 주관˚이 개입될 수 있기 때문이다. 이 때문에 역사가들은 주관이 개입되기 어려운 사료나 물건으로 되어 있는 유물 사료를 선호하곤 한다. 특히 유물 사료는 실제로 역사 서술에 많이 이용되며 그 성과도 적지 않은 편이다. ▶사료 비판에 필요한 태도와 유물 사료의 선호

4 그러나 유물 사료는 글자로 기록된 사료가 아니기 때문에 이를 통해 당대의 사회상이나 사람들의 생각을 직접 알아내기에는 한계가 있다. 그렇기 때문에 유물이 만들어진 시기와 동일한 시기의 문헌 사료가 존재한다면 이를 같이 활용해야 한다. 다시 말해 유물 사료는 글자로 기록된 사료를 통해 다시 한 번 사료 비판을 해야 하는 번거로움이 있다. 이와 같이 사료 비판은 매우 번거롭고 쉽지 않은 작업이다. 하지만 사료 비판은 정확하고 객관적인 역사 서술을 위해 반드시 선행˚되어야 하는 작업이기도 하다.

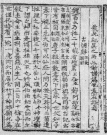

삼국사기(왼쪽)와 삼국유사(오른쪽)

▶유물 사료의 한계와 사료 비판 작업의 의의

독해력 Upgrade   ※각 문단의 중심 내용을 다음과 같이 정리할 때, 빈칸에 들어갈 알맞은 말을 쓰시오.

| **1** 사료의 개념과 역사 서술에서 사료의 필요성 | ➡ | **2** 사료가 갖추어야 할 조건과 (사료 비판)의 개념 | ➡ | **3** 사료 비판에 필요한 태도와 (유물) 사료의 선호 | ➡ | **4** 유물 사료의 한계와 사료 비판 작업의 (의의) |

1 세부 정보 파악하기 답 ③

이 글에서 알 수 있는 내용으로 적절하지 않은 것은?

① 사료에 없는 내용은 역사적 사실로 기록할 수 없다. → 1문단

② 사료라고 해서 역사 서술에 필요한 조건을 모두 갖추고 있는 것은 아니다. → 2문단

☑ 유물 사료는 당시 사람들의 생각이나 문화를 직접 알아내기에 적합한 자료이다.
    ✕ – 한계가 있음

④ 객관적으로 역사를 서술하기 위해서는 사료 비판 작업이 반드시 먼저 진행되어야 한다. → 4문단

⑤ 유물 사료를 선택해 역사를 서술할 때는 글자로 기록된 동시대의 사료를 참고해 보완해야 한다. → 4문단

정답 풀이

4문단에서 유물 사료는 글자로 기록된 사료가 아니기 때문에 이를 통해 당대의 사회상이나 사람들의 생각을 직접 알아내기에는 한계가 있다고 하였다.

오답 풀이

① 1문단에서 사료에 포함되어 있지 않은 것은 역사적 사실로 볼 수 없다고 하였다.

② 2문단에서 원형 그대로 전해지지 않거나 베껴 쓴 경우도 있어서, 모든 사료가 역사 서술에 필요한 조건을 충족하고 있는 것은 아니라고 하였다.

④ 4문단에서 정확하고 객관적인 역사 서술을 위해서는 사료 비판 작업이 반드시 선행되어야 한다고 하였다.

⑤ 4문단에서 유물 사료를 참고할 때는 그 한계로 인해 글자로 기록된 동시대의 사료를 같이 활용해야 한다고 하였다.

2 내용 추론하기 답 ②

㉠의 과정에서 역사가가 제기할 만한 질문으로 적절하지 않은 것은?

① 사료에 사료 제작자의 주관이 반영되었는가? → 3문단

☑ 사료에 담긴 사실이 현재적 가치를 지니는가?
    ✕ – 이 글에 제시되지 않은 내용임

③ 원본이 아니라면 베껴 쓴 사료에 오류가 없는가? → 2문단

④ 사료가 과거의 사실을 객관적으로 전달하고 있는가?
    → 2문단

⑤ 사료가 규명하고자 하는 역사적 사건과 동시대의 자료인가? → 2문단

정답 풀이

사료 비판 과정에서 사료에 담긴 사실이 현재에 어떠한 가치를 지니는지를 따져보아야 한다는 내용은 이 글에 제시되지 않았다. 사료에 담긴 역사적 사실의 현재적 가치는 사료 비판 과정이 아니라, 역사를 해석하는 과정에서 판단할 문제이다.

오답 풀이

① 사료는 주관을 지닌 인간이 남긴 것이기 때문에, 사료를 남긴 사람의 주관이 개입되어 있는지 검토해야 한다.

③ 사료가 원본이 아닌 경우에는 베껴 쓴 사료에 오류가 없는지, 베껴 쓴 사람이 임의대로 고쳐 쓴 부분이 없는지 검토해야 한다.

④ 사료가 과거에 있었던 사실을 객관적으로 전달할 수 있는 것인지 검토해야 한다.

⑤ 사료가 밝히고자 하는 역사적 사건과 동시대의 자료인지 검토해야 한다.

3 관점 비교하기 답 ①

이 글과 〈보기〉의 공통된 견해로 가장 적절한 것은?

┤ 보기 ├

역사가는 과거를 설명하는 사람일 뿐이지, 자신의 의견을 덧붙이는 사람이 아니다. 역사란 사료를 바탕으로 '일
    역사가의 객관적인 태도 강조 ①
어난 그대로'를 서술하는 행위이다.
    역사가의 객관적인 태도 강조 ②

– 랑케

☑ 역사가는 역사를 서술할 때 객관적인 입장을 취해야 한다.
    ○ – 이 글과 〈보기〉는 모두 역사가의 객관적 태도를 강조하고 있음

② 역사가는 과거의 모든 사실을 일어난 그대로 서술해야 한다.

③ 역사가는 많은 사료를 수집하여 역사를 빈틈없이 설명해야 한다.

④ 역사가는 상상력을 발휘하여 과거를 체계적으로 재구성해야 한다.

⑤ 역사가는 자신의 주관적 의견을 덧붙여 사건의 의미를 해석해야 한다.

정답 풀이

이 글은 과거에 있었던 사실을 객관적으로 전달하는 사료를 바탕으로 역사를 서술해야 한다고 강조하고 있고, 〈보기〉에서는 역사가가 일어난 그대로를 객관적으로 서술해야 한다고 설명하고 있다.

어휘력 Upgrade ※다음의 빈칸에 들어갈 알맞은 말을 〈보기〉에서 찾아 쓰시오.

┤ 보기 ├
고찰
임의
제기
주관

1 이건 네 (임의)대로 할 수 있는 문제가 아니다.
    → 일정한 기준이나 원칙 없이 하고 싶은 대로 함

2 수아의 의견에 영수는 반대 의견을 (제기)했다.
    → 의견이나 문제를 내놓음

3 그는 목표 의식이 강하고 (주관)이 뚜렷한 편이다.
    → 자기만의 견해나 관점

4 고대 소설을 (고찰)해 보면 현대 소설과는 다른 특징을 발견할 수 있다.
    → 어떤 것을 깊이 생각하고 연구함

동정심 때문에 한 행동은 도덕적일까

1 ③   2 ⑤   3 ③

1 우리가 어떤 상황에서 행동을 선택할 때는 그에 대한 자기 나름의 근거를 가지고 있기 마련이다. 그 근거 중의 하나가 다른 사람에 대한 공감과 동정심이다. 보통 사람들은 동정심을 인간이 가지고 있는 일반적인 감정이라고 생각하고, 동정심이 많은 사람을 도덕적으로 선한 사람이라고 여긴다. 맹자는 남의 어려운 처지를 동정하여 불쌍하게 여기는 마음을 측은지심이라고 하였다. 그리고 이를 인간의 본성으로 간주ᵛ하여 도덕적 가치를 판단하는 근거로 삼았다. 영국의 철학자인 데이비드 흄도 인간은 본성적으로 동정심을 가지고 있으며 이것이 도덕성의 근거가 된다고 하였다. ▶동정심을 도덕적으로 가치 있다고 보는 관점

2 하지만 만약 나와 사이가 좋지 않은 사람이 고통에 빠지게 된다면, 그의 처지에 공감하여 동정하는 마음을 가질 수 있을까? 아마도 어떤 사람은 그를 매우 미워하여 그가 고통을 당하는 것이 당연하다고 생각할 것이다. 때로는 나와 관계가 없는 사람의 큰 불행보다 나와 가까운 사람의 작은 불행이 더 동정심을 유발할 수도 있다. 이처럼 누군가를 동정하는 마음은 모든 사람에게 보편적으로 나타나지 않고 사람마다 다르게 나타난다. 그렇기 때문에 칸트는 동정심이나 공감이라는 감정 차원에서 어떤 행동을 선택하면, 그 행위는 도덕적 가치가 부족하다고 본다. ▶동정심을 도덕적으로 가치 없다고 보는 칸트의 관점

3 칸트의 윤리학에서 도덕적이라는 말은 오로지 행위자의 순수한 의지에서 비롯되는 행위만을 뜻한다. 이때 순수한 의지는 다른 어떠한 목적이나 결과에 대한 고려 없이 그것이 옳은 행위이기 때문에 행하는 마음씨이다. 칸트는 어떤 상황에서 자신의 순수한 의지로 선택한 결정과 행동은, 자신뿐만 아니라 다른 모든 사람들도 인정할 수 있는 보편타당성ᵛ을 지니고 있어야 한다고 보았다. 칸트는 감정이 이성의 제어를 벗어나면 도덕적으로 옳지 못한 행위를 할 수 있기 때문에, 사람은 감정을 이성으로 조절할 수 있어야 보편적 도덕 법칙을 준수ᵛ할 수 있다고 주장했다. 사람이 누군가에게 동정심을 느끼는 것도 마찬가지이다. 동정심은 도덕적으로 정당화될 수 있는 보편적 원리를 따르는 것이 아니므로, 동정심은 도덕적인 행위의 근본 원리가 될 수 없다는 것이다. ▶칸트의 윤리학에서 도덕적 행위의 의미

4 칸트의 이러한 생각은 간결한 논리로 구성되어 있다. 내가 어떤 행위를 선택해야 하는 상황에 빠져 있다고 가정해 보자. 나는 나의 이성에 따라 보편적인 도덕 법칙을 세운다. 그리고 나는 그 도덕 법칙을 충실히 수행한다. 내가 만든 도덕 법칙을 내가 따르는 것이기 때문에 이것은 타율ᵛ이 아니라 '자율'이라고 할 수 있다. 이 때문에 칸트의 윤리학은 자율의 윤리학이라고 불리기도 한다. ▶칸트의 윤리학이 자율의 윤리학이라고 불리는 이유

독해력 Upgrade

※각 문단의 중심 내용을 다음과 같이 정리할 때, 빈칸에 들어갈 알맞은 말을 쓰시오.

| **1** (동정심)을 도덕적으로 가치 있다고 보는 관점 | ⇨ | **2** 동점심을 도덕적으로 가치 없다고 보는 칸트의 관점 | ⇨ | **3** 칸트의 윤리학에서 (도덕)적 행위의 의미 | ⇨ | **4** 칸트의 윤리학이 (자율)의 윤리학이라고 불리는 이유 |

1 세부 정보 파악하기 답 ③

이 글의 내용과 일치하지 않는 것은?

① 사람은 동정심 때문에 어떤 행동을 선택하기도 한다.
② 칸트와 데이비드 흄은 동정심을 바라보는 관점이 다르다.
　→ 1문단
③ 맹자는 다른 사람을 불쌍하게 여기는 것은 옳지 않다고
　×–동정심을 도덕적 가치를 판단하는 근거로 삼음
　생각한다.
④ 불행한 일을 당한 사람을 보고 느끼는 동정심의 정도는
　사람마다 다르다. → 2문단
⑤ 칸트는 도덕적 행위를 하려면 이성으로 감정을 조절할
　수 있어야 한다고 본다. → 3문단

정답 풀이

1문단에서 맹자는 측은지심을 인간의 본성으로 간주하여 도덕적 가치를 판단하는 근거로 삼았다고 하였다. 즉, 다른 사람을 불쌍하게 여기는 마음을 도덕적으로 바람직하다고 여긴 것이다.

오답 풀이

① 1문단에서 사람이 어떤 행동을 선택하는 근거 중의 하나가 다른 사람에 대한 공감과 동정심임을 알 수 있다.
② 데이비드 흄은 동정심이 도덕적으로 가치가 있다고 생각했지만, 칸트는 동정심이 도덕적으로 가치가 없다고 생각했다.
④ 2문단에서 누군가를 동정하는 마음은 모든 사람에게 보편적으로 나타나지 않고 사람마다 다르게 나타남을 알 수 있다.
⑤ 3문단에서 칸트는 감정을 이성으로 조절할 수 있어야 보편적 도덕 법칙을 준수할 수 있다고 주장했음을 알 수 있다.

2 자료 해석의 적절성 평가하기 답 ⑤

이 글을 바탕으로 〈보기〉를 이해한 내용으로 적절하지 않은 것은?

┤ 보기 ├
　A는 B에게 갚아야 할 돈이 있었다. 어느 추운 겨울날 A는 돈을 갚기 위해 B의 집으로 가던 중, 거리에서 거지 C가 추위에 떨며 애처롭게 구걸하고 있는 모습을 보았다. C의 모습은 A의 동정심을 자극하였고, A는 순간적인 감정에 이끌려 B에게 갚아야 할 돈을 C에게 주고 말았다.

① 맹자는 A를 측은지심을 발휘했다고 긍정적으로 평가하겠군.

② 흄은 본성적으로 가지고 있던 A의 동정심이 표출됐다고 보겠군
③ 칸트는 A가 순수한 의지로 C를 도와주었다고 생각하지는 않겠군.
④ 칸트는 이성에 의해 제어되지 않은 A의 행위를 도덕적이라고 생각하지 않겠군.
⑤ 칸트는 A의 행위가 누구나 인정할 수 있는 보편타당성을
　×–보편타당성을 지니고 있지 않음
　지니고 있다고 판단하겠군.

정답 풀이

칸트는 어떤 행위가 도덕적이려면, 그 행위가 누구나 인정할 수 있는 보편타당성을 지니고 있어야 한다고 생각했다. 하지만 동정심은 사람마다 상대적이며 도덕적으로 정당화될 수 있는 보편적 원리를 따르는 것이 아니라고 보았다. 〈보기〉에서 A는 동정심 때문에 B에게 갚아야 할 돈을 C에게 주고 말았는데, 칸트의 입장에서 A의 행위는 감정에 치우친 것으로 보편타당성을 지니고 있다고 볼 수 없다.

3 구체적 사례에 적용하기 답 ③

이 글의 칸트가 가장 긍정적으로 평가할 만한 행위는?

① 자신의 회사를 홍보하기 위해 자사 제품을 구호물자로
　×–목적이나 결과를 고려함
　기증한 경우
② 국가의 명예를 높이기 위해 부상에도 불구하고 올림픽
　×–목적이나 결과를 고려함
　경기에 참가한 경우
③ 이웃을 돕는 것이 사람의 당연한 의무라고 생각하여 구
　○–목적이나 결과를 고려하지 않고 순수한 의지로 행함
　호 활동에 참여한 경우
④ 텔레비전에 소개된 독거 노인이 불쌍하게 느껴져 익명으
　×–동정심이라는 감정에 이끌림
　로 후원금을 전달한 경우
⑤ 판매 이익을 높이기 위해 공장을 세웠는데 그 공장이 많
　×–목적이나 결과를 고려함
　은 실업자들에게 일자리를 제공한 경우

정답 풀이

이 글에서 칸트가 긍정적으로 평가하는 행위의 기준은 '순수한 의지에서 비롯되어 보편타당성을 지니면서 이성으로 제어된 행위'이다. ③과 같이 어떠한 목적이나 결과를 고려하지 않고 그것이 옳기 때문에 순수한 의지로 행한 행위가 이에 해당한다.

어휘력 Upgrade　　※다음의 빈칸에 들어갈 알맞은 말을 〈보기〉에서 찾아 쓰시오.

┤ 보기 ├
간주
기증
준수
타율

1 국민은 헌법을 (준수)해야 할 의무를 지닌다.
　→전례나 규칙, 명령 따위를 그대로 좇아서 지킴
2 고대인들은 자연적인 현상을 모두 신의 행위로 (간주)하였다.
　→상태, 모양, 성질 따위가 그와 같다고 봄. 또는 그렇다고 여김
3 김 교수는 지니고 있던 수천 권의 책을 모교 도서관에 (기증)하였다.
　→선물이나 기념으로 남에게 물품을 거저 줌
4 정부의 긴급 조정권이 발동되어 노사 문제가 (타율)에 의해 결정되었다.
　→자신의 의지와 관계없이 정해진 원칙이나 규율에 따라 움직이는 일

욕망에 대한 제자백가의 견해

1 욕망은 무엇에 부족함을 느껴 이를 탐하는˘ 마음이다. 춘추 전국 시대를 살았던 제자백가˘들에게 인간의 욕망 은 언제나 중요한 주제였다. 그들은 권력과 부귀영화를 얻기 위해 전쟁을 일삼던 현실 속에서 인간의 욕망을 어떻게 바라볼 것인지, 그것에 어떻게 대처해야 할지를 탐구하였다.
▶인간의 욕망에 대해 탐구한 춘추 전국 시대의 제자백가

2 먼저 ㉠맹자는 인간의 욕망이 혼란한 현실 문제의 근본 원인이라고 보았다. 욕망이 지나치면 사람들 사이에서 대립과 투쟁이 생기기 때문이다. 맹자는 인간이 본래 선한 본성을 갖고 태어나지만, 살면서 욕망이 생기고 그 욕망에서 벗어날 수 없다고 생각했다. 그는 스스로 조심할 수는 있겠지만 욕망 그 자체를 없앨 수는 없기에, 욕망을 제어˘하면서 마음속의 선한 본성을 최대한 넓혀야 한다고 주장했다. 욕망을 제어하기 위한 방법으로는 마음을 수양˘함으로써 욕망을 줄일 것과, 지극히 크고 굳센 도덕적 기상인 호연지기를 길러 의로운 일을 꾸준히 실천할 것을 제안했다.
▶인간의 욕망에 대한 맹자의 견해

3 반면 맹자보다 후대의 인물인 ㉡순자는 인간은 태어날 때부터 욕망에 사로잡혀 있는 존재라고 보았다. 인간은 본래 이기적이고 질투가 심하며 만족할 줄도 모른다는 것이다. 또한 개인의 도덕적 판단 능력만으로는 욕망을 완전히 제어하기 힘들다고 보았다. 그런데 이기적인 욕망을 그대로 두면 사람들끼리 서로 다투어 세상을 어지럽히게 되므로, 왕이 '예(禮)'를 정하여 백성들의 욕망을 조절해야 한다고 생각했다. 예는 악한 인간성을 교화˘하는 방법이며, 사회를 바로잡기 위한 규범이라 할 수 있다. 그래서 순자는 사람들이 개인적으로 노력하는 동시에, 나라에서 교육과 학문을 통해 예를 세워 선(善)이 드러나도록 노력해야 한다고 주장했다.
▶인간의 욕망에 대한 순자의 견해

4 이들과 달리 ㉢한비자는 부귀영화를 바라는 인간의 욕망을 부정적으로 바라보지 않았다. 인간의 본성이 이기적이라고 본 점에서는 순자와 견해가 같았지만, 한비자는 인간의 본성을 교화할 수 없다고 보았다. 오히려 욕망을 추구하는 이기적인 본성이 이익을 추구하고자 하는 동기를 부여하고 나라를 강하게 만드는 수단이 될 수 있다고 보았다. 그는 세상을 사람들이 이익을 얻기 위해 경쟁하는 곳으로 여겼기에, 모든 인간관계가 충효와 같은 도덕적 관념이 아니라 단순히 이익에 의해 맺어져 있다고 생각했다. 따라서 그는 사람들이 자발적으로 선을 행할 것을 기대하기보다는 법을 엄격히 적용하는 것이 필요하다고 강조했다. 한비자는 백성들에게 공을 세우면 상을 받고, 잘못을 저지르면 벌을 받는다는 믿음을 심어 주는 것이 올바른 정치라고 주장했다.

▶인간의 욕망에 대한 한비자의 견해

● 지문 갈무리
동양의 사상가들은 예로부터 인간의 욕망에 대해 깊이 고민해 왔어. 이 글은 춘추 전국 시대의 제자백가 중 맹자, 순자, 한비자가 인간의 욕망에 대해 어떤 견해를 지니고 있었는지 소개하고 있어.

● 주제
맹자, 순자, 한비자의 욕망에 대한 견해

▼탐하다(貪하다): 어떤 것을 가지거나 차지하고 싶어 지나치게 욕심을 내다.

▼제자백가(諸子百家): 춘추 전국 시대의 여러 학자 및 학파를 통틀어 이르는 말.

▼제어(制御): 감정, 충동, 생각 따위를 막거나 누름.

▼수양(修養): 몸과 마음을 갈고닦아 품성이나 지식, 도덕 따위를 높은 경지로 끌어올림.

▼교화(敎化): 가르치고 이끌어서 좋은 방향으로 나아가게 함.

독해력 Upgrade

※각 문단의 중심 내용을 다음과 같이 정리할 때, 빈칸에 들어갈 알맞은 말을 쓰시오.

| **1** 인간의 욕망에 대해 탐구한 춘추 전국 시대의 제자백가 | ➡ | **2** 인간의 욕망에 대한 (맹자)의 견해 | ➡ | **3** 인간의 욕망에 대한 (순자)의 견해 | ➡ | **4** 인간의 욕망에 대한 (한비자)의 견해 |

1 내용 전개 방식 파악하기   답 ①

이 글에 대한 설명으로 가장 적절한 것은?

☑ 욕망에 대한 다양한 견해를 소개하고 있다.
　○ -맹자, 순자, 한비자의 견해를 소개함
② 욕망에 대한 상반된 관점을 절충하고 있다.
　　　　　　　　　　×
③ 욕망에 대한 이론의 장단점을 비교하고 있다.
　　　　　　　　　×
④ 욕망에 대한 논쟁의 현대적 의의를 밝히고 있다.
　　　　　　　　×
⑤ 욕망의 유형을 일정한 기준에 따라 분류하고 있다.
　×

정답 풀이
이 글은 1문단에서 '인간의 욕망'이라는 화제를 제시한 다음, 2문단에서 맹자, 3문단에서 순자, 4문단에서 한비자의 견해를 각각 소개하고 있다.

오답 풀이
② 욕망에 대한 맹자, 순자, 한비자의 서로 다른 견해가 나타나 있으나 완전히 상반되었다고 보기는 어려우며, 이를 절충하지도 않았다.
③ 맹자, 순자, 한비자가 지닌 견해의 공통점과 차이점이 나타나 있으나, 이론의 장단점을 비교하지는 않았다.
④ 맹자, 순자, 한비자의 견해를 단순히 소개하고 있어 논쟁을 제시했다고 보기는 어려우며, 현대적 의의를 밝히지도 않았다.
⑤ 욕망의 유형을 일정한 기준에 따라 분류한 글이 아니라, 욕망에 대한 여러 사상가의 견해를 소개한 글이다.

2 구체적 사례에 적용하기   답 ②

㉠의 입장에서 〈보기〉를 이해한 내용으로 가장 적절한 것은?

┤ 보기 ├
　A음식점에서 판매하는 음식에 이물질이 들어 있었다는 소문으로 A음식점은 손님이 크게 줄었다. 이에 A음식점 주인은 소문의 진상을 파악하기 위해 경찰에 수사를 의뢰했다. 조사 결과, 경쟁 관계에 있던 B음식점 주인이 A음식점에 빼앗긴 손님을 되찾고 싶은 마음에 허위 사실을 유포한 사실이 드러났다.

① B음식점 주인의 악한 인간성을 예를 통해 바로잡아야겠군.
　　　　　　　　× -순자의 견해
☑ B음식점 주인은 마음을 수양하여 욕심을 절제해야 할 필요가 있겠군.
③ B음식점 주인에게 법을 엄격히 적용해 다시는 잘못을 저지르지 않도록 해야겠군.
　　　× -한비자의 견해

④ B음식점 주인이 허위 사실을 유포한 일은 인간의 이기적 본성에서 비롯된 것이군.
　　　　× -맹자는 인간의 본성이 선하다고 생각함
⑤ B음식점 주인이 유포한 허위 사실을 제대로 확인하지 않은 손님들의 도덕성이 의심되는군.
　　　　× -이 글의 내용과 관련이 없음

정답 풀이
2문단에서 맹자는 욕망을 제어하기 위한 방법으로 마음을 수양하여 욕망을 줄일 것을 제안했다고 하였다. 따라서 빼앗긴 손님을 되찾고 싶은 욕망 때문에 허위 사실을 유포한 B음식점 주인에게, 마음의 수양을 통해 욕심을 절제해야 한다고 말할 수 있다.

오답 풀이
① 악한 인간성을 예를 통해 교화해야 한다고 본 사상가는 순자이다.
③ 법을 엄격히 적용해야 한다고 주장한 사상가는 한비자이다.
④ 맹자는 인간의 본성이 본래는 선하다고 보았다.
⑤ 손님들의 도덕성과 관련된 내용은 이 글에서 다루지 않았다.

3 관점 비교하기   답 ①

㉡와 ㉢의 공통된 견해로 적절한 내용을 〈보기〉에서 모두 고른 것은?

┤ 보기 ├
ㄱ. 인간은 이기적 본성을 지니고 있다.
　　순자와 한비자의 공통된 견해
ㄴ. 백성의 욕망을 다스리는 방법을 제시하였다.
　　순자와 한비자의 공통된 견해
ㄷ. 사회적 규범으로 인간 본성을 교화할 수 있다.
　　순자만의 견해
ㄹ. 인간의 욕망은 부국강병과 부귀영화를 이루는 수단이 된다.
　　한비자만의 견해

☑ ㄱ, ㄴ　　② ㄱ, ㄹ　　③ ㄴ, ㄷ
④ ㄴ, ㄹ　　⑤ ㄷ, ㄹ

정답 풀이
순자와 한비자는 모두 인간의 본성이 이기적이라는 것을 인정하고 있다(ㄱ). 그리고 순자는 '예'를 통해, 한비자는 '법'을 통해 백성의 욕망을 다스려야 한다고 보았다(ㄴ).

오답 풀이
사회적 규범인 '예'로 인간의 본성을 교화할 수 있다고 본 사상가는 순자이다(ㄷ). 그리고 인간의 욕망을 부국강병과 부귀영화를 이루는 수단으로 본 사상가는 한비자이다(ㄹ).

어휘력 Upgrade

※ 다음의 빈칸에 들어갈 알맞은 말을 〈보기〉에서 찾아 쓰시오.

┤ 보기 ├
교화
수양
유포
제어

1 나는 분한 마음에 울음을 (제어)할 수가 없었다.
　→ 감정, 충동, 생각 따위를 막거나 누름
2 교도소에서는 죄수들을 (교화)하기 위해 노력한다.
　→ 가르치고 이끌어서 좋은 방향으로 나아가게 함
3 물질의 풍요를 추구하는 것보다는 정신의 (수양)이 더욱 중요하다.
　→ 몸과 마음을 갈고닦아 품성이나 지식, 도덕 따위를 높은 경지로 끌어올림
4 상대방 후보에 대한 허위 사실을 (유포)하는 것은 선거법에 위반된다.
　→ 세상에 널리 퍼짐. 또는 세상에 널리 퍼뜨림

동물과 구별되는 '인간다움'의 진화 이야기

1③   2⑤   3④

1 인류학자들은 다른 동물과 구별되는 '인간다움'이 어떻게 진화하게 되었나를 밝혀내고자 하였다. 가장 먼저 인류의 진화에 대해 설명한 이론인 ㉠'남성-사냥꾼 모델'에서는 생존을 위해 사냥하는 과정에서 인간다움이 진화했다고 본다. 사냥하기 위해 두 발로 걷고, 도구와 무기를 생산했으며, 언어가 발달했다는 것이다. 그러나 이 모델은 초기 인류 역사에서 대규모 집단 사냥이 있었다는 증거가 없고, 사냥보다 채집이 생계에 더 큰 비중을 차지했다는 점을 설명하지 못한다. 결국 이 모델은 사냥이라는 남성 활동의 결과물에만 집중하고 여성의 위치를 보조적으로 묘사하는 남성 중심적 이론이라는 비판을 받았다.

2 '남성-사냥꾼 모델'에 비판적인 학자들은 ㉡'여성-채집자 모델'을 제안하였다. 이들은 초기 인류는 주로 식물성 식량에 의존하였으므로, 채집자였던 여성이 인류의 진화에 더 크게 기여했다고 주장했다. 채집을 하는 과정에서 도구가 발명되었으며, 아이를 옆에 끼고 식량을 운반하기 위해 두 발로 걷게 되었다는 것이다. 인간적 특징 중 하나인 음식 나눠 먹기도 어미—자식 관계에서 최초로 일어났다고 보았다. 그러나 이 가설 역시 '남성-사냥꾼 모델'과 마찬가지로 성 분업이 인류의 탄생과 함께 자연적으로 발생했다는 가정을 따르고 있다는 점에서 고정 관념을 벗어나지 못했다는 한계가 있다.

3 다만 인류 진화사의 어떤 시기에 성 분업이 일어났다는 것을 부정하기는 어렵다. 남녀가 모두 사냥과 채집에 참여하더라도 남성은 얻기 어렵고 위험이 따르는 동물성 식량의 획득에 집중하는 반면, 여성은 상대적으로 얻기 쉽고 위험이 적은 식물성 먹이의 획득에 집중하는 경향을 보이고 있다. 이와 같은 분업의 이유를 설명하기 위한 가설 중 하나는 ㉢'협동적 부모 식량 공급 모델'이다. 이는 성 분업이 부모 노릇을 효과적으로 수행하기 위해 나타났다는 것이다. 효율적으로 먹거리를 공급하면 자식의 생존율이 높아지고, 궁극적으로 남성과 여성 모두에게 진화적으로 이익이 된다는 것이다.

4 그러나 현재까지도 사냥이나 채집을 하는 몇몇 부족에 대해 연구한 결과, 성에 따른 역할이 명확하지 않으며 육아도 전적으로 여성의 몫이 아니라는 것이 확인되었다. 고정적인 성 분업이 모든 문화에 보편적으로 나타나는 현상은 아니라는 것이다. 이에 따라 초기 인류는 다른 영장류와 특별히 구분되지 않는 동물로, 엄격한 성별 노동 분화가 이루어지지 않고 양성 모두 일반화된 채집자로 존재했다는 ㉣최근의 가설이 설득력을 얻고 있다. 이른바 '인간다움'의 시작은 인류 진화사 후기에 가서야 일어났으며, 결국 '인간다움'의 진화는 (ⓐ)고 보게 된 것이다.

독해력 Upgrade

※각 문단의 중심 내용을 다음과 같이 정리할 때, 빈칸에 들어갈 알맞은 말을 쓰시오.

| **1** '남성-(사냥꾼) 모델'의 견해와 그 한계 | → | **2** '여성-(채집자) 모델'의 견해와 그 한계 | → | **3** '협동적 (부모) 식량 공급 모델'의 견해 | → | **4** '협동적 부모 식량 공급 모델'의 한계와 진화에 대한 최근의 견해 |

1 세부 정보 파악하기 답 ③

이 글을 통해 알 수 있는 내용으로 적절하지 <u>않은</u> 것은?

① '남성–사냥꾼 모델'은 진화 과정에서 여성의 역할이 보조적이었다고 생각한다. → 1문단

② '여성–채집자 모델'은 채집한 식량을 운반하기 위해 직립 보행이 일어났다고 본다. → 2문단

✓ ③ '여성–채집자 모델'은 남성과 여성의 역할에 대한 고정 관념에서 탈피했다고 평가된다.
　×–고정 관념에서 벗어나지 못함

④ '협동적 부모 식량 공급 모델'은 진화 과정에서 성 분업이 일어난 이유를 해명하고 있다. → 3문단

⑤ 최근 연구에서는 인류 초기에 성별 노동 분화가 엄격하게 이루어지지 않았다고 주장한다. → 4문단

정답 풀이
2문단에서 '여성–채집자 모델'은 '남성–사냥꾼 모델'과 마찬가지로 성 분업이 인류의 탄생과 함께 자연적으로 발생했다는 가정을 따르고 있다는 점에서 고정 관념을 벗어나지 못했다는 한계가 있다고 하였다. 즉, 남성과 여성의 역할에 대한 고정 관념에서 탈피하지 못한 것이다.

오답 풀이
① 1문단에서 '남성–사냥꾼 모델'은 사냥이라는 남성 활동의 결과물에만 집중하고 여성의 위치를 보조적으로 묘사했음을 알 수 있다.

② 2문단에서 '여성–채집자 모델'은 아이를 옆에 끼고 식량을 운반하는 과정에서 두 발로 걷게 되었다고 보았음을 알 수 있다.

④ 3문단에서 성 분업의 이유를 설명하기 위한 가설 중 하나가 '협동적 부모 식량 공급 모델'임을 알 수 있다.

⑤ 4문단에서 최근 연구에서는 인류 초기에 엄격한 성별 노동 분화가 이루어지지 않고 양성 모두 일반화된 채집자로 존재했다고 보고 있음을 알 수 있다.

2 정보 간의 관계 파악하기 답 ⑤

㉠~㉣에 대한 이해로 적절하지 <u>않은</u> 것은?

① ㉠은 가장 먼저 인류의 진화에 대해 설명하고자 했다.

② ㉡은 ㉠에 대해 비판적 입장을 취하고 있다.

③ ㉠은 남성 중심의 시각에서, ㉡은 여성 중심의 시각에서 진화를 설명하고 있다.

④ ㉢은 ㉠과 ㉡이 성 분업의 이유를 제대로 설명하지 못한다고 판단하고 있다.

✓ ⑤ ㉣은 ㉠~㉢과 달리 남성과 여성의 성 역할이 고정되어 있다고 주장한다.
　×–성 역할이 고정되어 있지 않다고 주장함

정답 풀이
㉣은 인류 초기에는 엄격한 성별 노동 분화가 이루어지지 않았다고 보고 있다. 남성과 여성의 성 역할이 고정되어 있다고 보는 것은 ㉠~㉢이다.

오답 풀이
① '남성–사냥꾼 모델'은 여러 가설 중에서 가장 먼저 인류의 진화에 대해 설명하였다.

② '남성–사냥꾼 모델'에 비판적인 입장의 학자들이 '여성–채집자 모델'을 제안하였다.

③ '남성–사냥꾼 모델'은 남성 중심적이라는 비판을 받았고, '여성–채집자 모델'은 여성이 인류의 진화에 더 기여했다고 주장했다.

④ '협동적 부모 식량 공급 모델'은 부모 노릇을 효과적으로 수행하기 위해 성 분업이 나타났다고 설명하고 있는데, 이는 다른 이론들이 성 분업의 이유를 제대로 설명하지 못했음을 전제로 하는 것이다.

3 생략된 내용 추론하기 답 ④

ⓐ에 들어갈 말로 가장 적절한 것은?

① 남성의 사냥을 토대로 이루어졌다

② 여성의 채집이 확대되면서 이루어졌다

③ 사냥과 채집의 균형을 통해 이루어졌다

✓ ④ 양성 간의 전략이 상호 결합하여 이루어졌다
　○–인류 초기에는 엄격한 성별 노동 분화가 이루어지지 않음

⑤ 인간이 동물과 경쟁하는 과정에서 이루어졌다

정답 풀이
ⓐ의 앞에서 최근에는 인류 초기에 엄격한 성별 노동 분화가 이루어지지 않고 양성 모두 일반화된 채집자로 존재했다는 가설이 설득력을 얻고 있다고 하였다. 이는 남성–사냥꾼 모델, 여성–채집자 모델, 협동적 부모 식량 공급 모델 등에서 고정적인 성 분업을 전제했던 것과 달리, 실제로는 인류의 진화 과정에서 성 역할이 고정적이지 않았다는 의미이다. 따라서 ⓐ에는 고정적인 성 역할에 대한 내용이 아니라, 남성과 여성의 상호 결합을 통해 인간다움의 진화가 이루어졌다는 내용이 들어가야 한다.

어휘력 Upgrade

※다음의 빈칸에 들어갈 알맞은 말을 <보기>에서 찾아 쓰시오.

┌─ 보기 ─┐
설득력
진화
채집
획득
└────┘

1 그 사건에 대한 이번 검찰의 발표는 (설득력)이 없다.
　→상대편이 이쪽 편의 이야기를 따르도록 깨우치는 힘

2 생물들은 대개 생존하는 데에 유리한 방향으로 (진화)를 거쳤다.
　→생물이 생명의 기원 이후부터 점진적으로 변해 가는 현상

3 그는 전국을 돌아다니면서 나비 (채집)을 하여 표본을 만들었다.
　→널리 찾아서 얻거나 캐거나 잡아 모으는 일

4 그녀는 지난 국회 의원 선거에서 유권자 절반의 지지율을 (획득)했다.
　→얻어 내거나 얻어 가짐

닭의 추론에는 무슨 문제가 있었을까

● 지문 갈무리
귀납법은 과거에 있었던 사실들을 관찰하여 앞으로 일어날 현상을 예측하는 방법이야. 그런데 귀납법은 예외가 있을 수 있고 순환 논증의 오류를 범하고 있다는 문제점이 있어. 이 글은 귀납법의 효용성과 문제점을 알기 쉽게 설명하고 있어.

● 주제
귀납법의 효용성과 문제점

1 과학이 신뢰를 주는 이유는 귀납법이라는 특별한 방법을 사용하기 때문이다. 귀납법
과학이 발전할 수 있었던 이유 / 중심 화제
은 관찰과 실험을 통해 얻은 개별적인 사실들로부터 가정을 세우고, 그것이 검증되면 일
귀납법의 개념
반적인 법칙으로 정립하는 방법이다. 그러면 그 법칙을 토대로 앞으로 일어날 현상을 설
귀납법의 장점
명하고 예측할 수 있다. 즉, 귀납법은 같은 조건에서 어떤 상황이 되풀이되었다면, 언제나
그런 상황이 일어날 것이라고 생각해 이를 법칙으로 받아들이는 추론▼ 방법이다.
▶ 귀납법의 개념과 장점

2 그런데 귀납법은 정말로 믿을 만한 추론 방법일까? 영국의 철학자 러셀은 귀납적 방
법의 문제점을 간단한 일화▼를 통해 지적했다.「어느 농부의 집에 살고 있는 닭은 매일 아
「 」: 귀납법의 문제점을 보여 주는 일화
침 눈을 뜨면서 어제 먹이가 주어졌듯이 오늘도 그럴 것이라고 예측한다. 그러나 어느 날
아침 그 닭은 깨어나자마자 농부에게 속절없이 머리가 잘리는 것으로 생을 마감한다.」예
외가 존재할 수 있는 상황을 생각하지 못한 것이다. 이렇게 보면 귀납법은 100%의 참을
귀납법의 문제점 ①
보장하지는 못한다.
▶ 귀납법의 문제점 ① – 항상 참을 보장하지는 못함

3 이에 대해 ㉠귀납을 신봉하는 사람들은 닭이 관찰을 충
분히 하지 않아서 그런 것이라고 반박▼하면서, 태양이 내일
다시 떠오를 것이라는 추론을 예로 든다. 태양은 수십억 년
수많은 경험과 관찰에 토대를 둔 믿을 만한 지식
동안 매일 아침 떠올랐다. 이 지식은 닭의 추론과는 비교할
충분한 관찰을 거치지 않은 불완전한 지식
수 없을 만큼 오랜 경험과 관찰에 토대를 두고 있다. 다시
말해 닭이 추론한 지식과 달리 태양이 떠오른다는 지식은
수많은 경험과 관찰에 토대를 두고 있으므로 믿을 만하다는 것이다.
귀납법으로 얻은 지식이 진리에 가까워지도록 하는 조건   ▶ 귀납법에 문제가 있다는 주장에 대한 반박

4 이에 대해 철학자 ㉡흄은 귀납이 증명하기로 되어 있는 것을 전제▼로 사용하는 순환
귀납법의 문제점 ②
논증의 오류를 범하고 있다고 지적한다. 순환 논증의 오류란 무엇인가를 정당화하려고 할
순환 논증의 오류의 개념
때, 정당화해야 하는 바로 그 대상을 이용해서 정당화하는 것이다. 예를 들면, '가치 있는
일을 해야 한다. 왜냐하면 그것이 가치 있는 일이기 때문이다.'와 같은 형태의 논증이다.
순환 논증의 오류를 보여 주는 예
흄은 지금까지 인간이 관찰해 온 것들은 미래에 일어날 일들에 대해 아무런 단서도 제공
하지 않는다고 말한다. '아침이면 태양이 뜬다.'와 같은 사실조차도 과거의 경험이 축적된
귀납법에 대한 흄의 비판
결과일 뿐, 미래에 대한 예측을 정당화할 수 있는 근거가 되지 못한다는 것이다.
▶ 귀납법의 문제점 ② – 순환 논증의 오류를 범함

5 물론 귀납법에 대해 회의적인 입장을 취했던 흄도 귀납법이 어떤 상황의 결과에 관한
귀납법의 효용성에 대한 긍정
매우 믿을 만한 예측을 제공하며, 우리는 이를 통해 삶을 발전시켜 나갈 수 있을 것이라고
생각했다. 다만 흄은 귀납법의 논리가 제 자신을 가정하지 않고는 정당화될 수 없다는 점
을 들어, 귀납법을 통해 도출▼된 사실을 불변의 진리라고 섣부르게 믿는 것을 경계하고 있
흄이 귀납법의 효용성을 인정하면서도 귀납법을 비판한 이유
을 뿐이다.
▶ 귀납법의 효용성과 한계를 동시에 지적한 철학자 흄

▼ 추론(推論): 어떠한 판단을 근거로 삼아 다른 판단을 이끌어 냄.

▼ 일화(逸話): 세상에 널리 알려지지 아니한 흥미 있는 이야기.

▼ 반박(反駁): 어떤 의견, 주장, 논설 따위에 반대하여 말함.

▼ 전제(前提): 어떠한 사물이나 현상을 이루기 위하여 먼저 내세우는 것.

▼ 도출(導出): 판단이나 결론 따위를 이끌어 냄.

독해력 Upgrade   ※각 문단의 중심 내용을 다음과 같이 정리할 때, 빈칸에 들어갈 알맞은 말을 쓰시오.

| **1** (귀납법)의 개념과 장점 | → | **2** 귀납법의 문제점 ① – 항상 (참)을 보장하지는 못함 | → | **3** 귀납법에 문제가 있다는 주장에 대한 반박 | → | **4** 귀납법의 문제점 ② – 순환 논증의 (오류)를 범함 | → | **5** 귀납법의 효용성과 한계를 동시에 지적한 철학자 흄 |

1 세부 정보 파악하기 답 ①

이 글에 대한 이해로 적절하지 <u>않은</u> 것은?

☑ 러셀은 귀납이 순환 논증의 오류를 범한다고 지적했다.
　　×－흄
② 귀납은 예외의 상황이 발생하면 논증의 효력이 깨진다.
　　　　　　　　　　　　　　　　　　　　→ 2문단
③ 흄은 귀납이 미래에 대한 예측을 정당화하지 못한다고
　비판했다. → 4문단
④ 귀납은 개별적인 사실들을 취합하여 이를 토대로 가정을
　세운다. → 1문단
⑤ 수많은 경험과 관찰에 토대를 두더라도 귀납이 완벽한
　추론 방법이라고 볼 수는 없다. → 2, 4문단

정답 풀이

귀납이 순환 논증의 오류를 범한다고 지적한 사람은 러셀이
아니라 흄이다.

오답 풀이

② 2문단에서 예외가 존재할 수 있기 때문에 귀납법은 100%의 참을 보
　장하지는 못한다고 하였다.
③ 4문단에서 흄은 귀납을 통해 도출된 사실이 미래에 대한 예측을 정
　당화할 수 있는 근거가 되지 못한다고 비판하였다.
④ 1문단에서 귀납법은 개별적인 사실들로부터 가정을 세우고, 그것이
　검증되면 일반적인 법칙으로 정립하는 방법이라고 하였다.
⑤ 귀납법은 100%의 참을 보장하지 못하고 순환 논증의 오류도 범하고
　있으므로, 완벽한 추론 방법이라고 볼 수는 없다.

2 관점 비교하기 답 ④

㉠과 ㉡이 대화를 나눈다고 가정할 때, 적절하지 <u>않은</u> 것은?

① ㉠: 과거의 상황에 비추어 미래를 예측할 수 있습니다.
② ㉡: 닭의 일화에서 알 수 있듯이, 과거의 상황이 반드시
　되풀이되리라는 보장은 없습니다.
③ ㉠: 닭의 관찰은 충분하지 않았습니다. 오랜 관찰에 바탕
　을 둔, 태양이 떠오른다는 지식은 믿을 수 있지 않습니까?
☑ ㉡: 귀납법은 순환 논증의 오류를 지니므로, 그것에 의해
　×－흄은 귀납법의 효용성을 인정하고 있음
　도출된 과학적 지식은 모두 부정되어야 합니다.
⑤ ㉠: 귀납법이 순환 논증의 오류를 가진다 해도, 충분한
　관찰과 경험에 토대를 둔 결과는 믿을 수 있습니다.

정답 풀이

5문단에 따르면, 흄은 귀납법이 어떤 상황의 결과에 관한 매
우 믿을 만한 예측을 제공한다고 생각했다. 즉, 귀납법의 효
용성을 모두 부정한 것은 아니다.

3 구체적 사례에 적용하기 답 ②

**이 글을 읽은 후 귀납의 방법을 일상생활에 활용했다고 할 때, 바
르게 활용하지 <u>못한</u> 사람은?**

> ┤ 보기 ├
>
> 형준: 먹구름이 잔뜩 낀 하늘을 보고 비가 올 것이라고 예
> 　　○－과거의 경험과 관찰을 바탕으로 한 예측
> 　측해 우산을 챙겼다.
>
> 화영: 자기가 응원하는 팀이 우승할 것이라고 예상해 새벽
> 　　×－과거의 경험과 관찰을 바탕으로 한 것이 아님
> 　에 일어나 경기를 시청했다.
>
> 재우: 지금까지 만났던 어린이들이 모두 장난감을 좋아했
> 　　　　　　　○－과거의 경험과 관찰을 바탕으로 한 예측
> 　기 때문에 어린 조카의 선물로 장난감을 준비했다.
>
> 예은: 지금까지 보았던 까만 새들이 모두 까마귀였기 때문
> 　　　　　　　○－과거의 경험과 관찰을 바탕으로 한 예측
> 　에 날아가는 까만 새를 보고 까마귀라고 생각했다.
>
> 수지: 매번 약속 시간에 늦는 친구와 약속을 잡았는데, 이
> 　번에도 친구가 늦을 것이라고 예측해 일부러 10분 늦게
> 　○－과거의 경험과 관찰을 바탕으로 한 예측
> 　나갔다.

① 형준　　　　☑ 화영　　　　③ 재우

④ 예은　　　　⑤ 수지

정답 풀이

화영이 자기가 응원하는 팀이 우승할 것이라고 예상한 것은,
과거의 수많은 경험과 관찰을 통해 예측한 것이 아니다. 이는
자기의 바람을 반영한 예상일 뿐이므로 귀납법을 활용한 것
으로 보기 어렵다.

오답 풀이

① 하늘에 먹구름이 끼면 비가 왔던 경험과 관찰을 바탕으로 추론한 것
　이므로, 형준은 귀납법을 활용했다고 볼 수 있다.
③ 그동안 만났던 아이들의 성향을 관찰하여 그 결과에 따라 추론한 것
　이므로, 재우는 귀납법을 활용했다고 볼 수 있다.
④ 지금까지 보았던 까만 새에 관한 경험과 관찰을 바탕으로 추론한 것
　이므로, 예은은 귀납법을 활용했다고 볼 수 있다.
⑤ 지금까지 경험했던 친구의 행동을 바탕으로 추론한 것이므로, 수지
　는 귀납법을 활용했다고 볼 수 있다.

어휘력 Upgrade　　※다음의 빈칸에 들어갈 알맞은 말을 〈보기〉에서 찾아 쓰시오.

┤ 보기 ├

도출
반박
일화
취합

1 나는 그의 주장에 한마디 (반박)도 할 수 없었다.
　→ 어떤 의견, 주장 논설 따위에 반대하여 말함
2 반장인 민주는 우리 반 아이들의 요구 사항을 (취합)하였다.
　→ 모아서 합침
3 우리는 힘을 합쳐 문제를 해결하기 위한 방안을 (도출)하였다.
　→ 판단이나 결론 따위를 이끌어 냄
4 아인슈타인이 우주론에 대한 자신의 논문을 일생 최대의 실수로 인정하며 후회했다는 (일화)가 있다.
　→ 세상에 널리 알려지지 아니한 흥미 있는 이야기

율곡 이이의 수양론과 경세론

1 유학은 수기치인(修己治人)을 통해 하늘의 도와 하나가 되는 경지에 도달한 사람인 '성인(聖人)'이 되는 것을 목표로 하는 학문이다. 수기치인에서 '수기'는 사물을 탐구하고 앎을 투철히˚ 하며 마음을 바르게 하여 자신을 닦는 일을 말한다. 그리고 '치인'은 집안을 바르게 하고 나라를 통치하며 세상을 평화롭게 하는 것을 의미한다. 이러한 유학의 이념을 받아들인 율곡 이이는 '수기'를 위해 몸과 마음을 닦아 품성이나 지식을 높은 경지로 끌어올려야 한다는 수양론과, '치인'을 위해 세상을 다스리는 이치를 깨달아야 함을 강조한 경세론을 주장했다. ▶수기치인의 개념과 이를 구현하기 위한 율곡의 수양론과 경세론

2 율곡의 이러한 주장은 만물을 '이(理)'와 '기(氣)'로 설명하는 이기론을 바탕으로 하고 있다. 율곡은 '이'를 형체가 없으며 시간과 공간의 제약을 받지 않고 존재하는 만물의 법칙이자 원리로 보았다. 이에 반해 '기'는 시간적인 선후˚와 공간적인 시작과 끝이 있고 끊임없이 변화하며 움직이는 물질적 요소로 보았다. 율곡은 이러한 '이'와 '기'로 세상의 모든 것이 구성되어 있으며, '이'와 '기'는 서로 다른 성질을 가지면서도 함께 현실 세계에 존재하고 있다고 생각했다. ▶수양론과 경세론의 바탕이 되는 이기론의 핵심 내용

3 이를 바탕으로 율곡은 수양론을 주장했다. 율곡은 만물이 하나의 같은 '이'를 공유˚하지만, 만물에 들어 있는 '기'의 성질이 달라 그 모습이 서로 다르게 나타난다고 생각했다. 그러면서 자기 수양을 통해 깨달음에 다다른 성인이나 자기 수양이 부족하여 깨달음에 다다르지 못한 일반인이나 가지고 있는 '이'는 동일하지만 '기'가 다르다고 생각했다. 따라서 율곡은 일반인이 성인이 되기 위해서는 '기'를 성인처럼 바꾸어야 한다고 주장했다. ▶성인이 되기 위해 '기'를 바꾸어야 한다고 주장한 율곡의 수양론

4 율곡은 또한 사회의 폐단˚을 제거하여 하늘의 도를 실현하려는 경세론을 주장했다. 율곡은 선조 임금과의 대화에서 "왕으로서 가져야 할 도리나 삼강오륜˚은 시대를 막론하고 변할 수 없는 것입니다. 하지만 법과 제도는 때에 따라 변할 수 있는 것이므로, 잘못된 것이 있다면 이를 개혁해야 합니다."라고 말했다. 이는 왕의 도리나 삼강오륜은 세상 만물을 다스리는 근본 원리이자 만물이 공유하고 있는 '이'에 해당하므로 바꿀 수 없지만, 그것을 세상에 펼치기 위한 법이나 제도는 '기'에 해당하므로 시대나 상황에 맞게 바꿀 수 있음을 의미한다. 백성의 삶을 힘들게 하는 여러 법과 제도를 계속 유지할 것이 아니라 바꾸어야 한다고 생각한 것이다. 이렇게 볼 때, 자신이 생각한 이기론을 바탕으로 더 나은 세상을 이루려 했던 율곡의 노력은 수기치인의 실천이라 할 만하다. ▶사회의 폐단을 제거하기 위해 법과 제도의 개혁을 주장한 율곡의 경세론

율곡 이이가 태어난 〈오죽헌〉

● **지문 갈무리**
율곡 이이는 유학을 공부하며 자신의 마음을 닦고 세상을 바르게 다스리려고 노력했지. 이 글은 '수기치인'이라는 유학의 개념을 제시하고, 이를 이루기 위한 방법으로 율곡이 주장했던 수양론과 경세론에 대해 설명하고 있어.

● **주제**
수기치인을 이루기 위한 율곡 이이의 수양론과 경세론

˚ **투철히(透徹히):** 사리에 밝고 정확하게.

˚ **선후(先後):** 먼저와 나중을 아울러 이르는 말.

˚ **공유(共有):** 두 사람 이상이 한 물건을 공동으로 소유함.

˚ **폐단(弊端):** 어떤 일이나 행동에서 나타나는 옳지 못한 경향이나 해로운 현상.

˚ **삼강오륜(三綱五倫):** 유교의 도덕에서 기본이 되는 세 가지의 강령과 지켜야 할 다섯 가지의 도리.

독해력 Upgrade ※각 문단의 중심 내용을 다음과 같이 정리할 때, 빈칸에 들어갈 알맞은 말을 쓰시오.

| **1** 수기치인의 개념과 이를 구현하기 위한 율곡의 수양론과 경세론 | → | **2** 수양론과 경세론의 바탕이 되는 (이기론)의 핵심 내용 | → | **3** 성인이 되기 위해 '기'를 바꾸어야 한다고 주장한 율곡의 (수양론) | → | **4** 사회의 폐단을 제거하기 위해 법과 제도의 개혁을 주장한 율곡의 (경세론) |

1 내용 전개 방식 파악하기 **답** ③

이 글에 대한 설명으로 가장 적절한 것은?

① 한 학자의 일생을 일대기적 구조에 따라 서술하였다. ×

② 한 학자의 이론이 지닌 문제점을 체계적으로 분석하였다. ×

✔ 한 학자가 주장하는 바를 특정 이론을 바탕으로 설명하였다.
율곡 이이 수양론, 경세론 이기론

④ 한 학자의 핵심 이론을 다른 이론과의 대조를 통해 고찰하였다. ×

⑤ 한 학자의 사상이 변화하는 과정을 시간의 흐름에 따라 제시하였다. ×

정답 풀이

이 글은 '이기론'이라는 철학적 이론을 바탕으로 하여 수기치인을 이루기 위한 율곡 이이의 수양론과 경세론에 대해 설명하고 있다.

2 세부 정보 파악하기 **답** ③

이 글을 바탕으로 할 때, 〈보기〉의 선생님의 질문에 대한 대답으로 적절하지 않은 것은?

──┤ 보기 ├──

선생님: 이 글을 읽고 율곡 이이의 사상과 이론에 대해 조금이나마 알게 되었나요? 용어가 낯설고 어려운 유학 이론이 담겨 있어 글을 읽기가 쉽지 않았을 거예요. 그래도 율곡 이이가 말하고자 했던 핵심 주장을 놓치지 말아야 합니다. 율곡의 이론에 대해 이해한 내용을 말해 볼까요?

① 수양론과 경세론은 모두 이기론을 바탕으로 하고 있어요. → 2문단

② '이'는 세상에 존재하는 만물의 법칙을 의미하는 개념이에요. → 2문단

✔ '기'는 변하지 않는 근원적인 물질적 요소를 뜻하는 개념이에요.
× - 끊임없이 변화하며 움직이는 물질적 요소

④ 수양론은 지식을 쌓거나 마음을 바르게 닦는 일과 관련이 있어요. → 1문단

⑤ 경세론은 집안과 나라, 세상을 바르게 다스리는 일과 관련이 있어요. → 1문단

정답 풀이

2문단에서 율곡은 '기'를 시간적인 선후와 공간적인 시작과 끝이 있고 끊임없이 변화하며 움직이는 물질적 요소로 보았다고 하였다.

오답 풀이

① 2문단에서 율곡 이이의 주장은 이기론을 바탕으로 하고 있다고 하였다.

② 2문단에서 율곡은 '이'를 만물의 법칙이자 원리로 보았다고 하였다.

④ 1문단에서 율곡은 사물을 탐구하고 앎을 투철히 하며 마음을 바르게 하여 자신을 닦는 일인 '수기'를 위해 수양론을 주장했다고 하였다.

⑤ 1문단에서 율곡은 집안을 바르게 하고 나라를 통치하며 세상을 평화롭게 하는 일인 '치인'을 위해 경세론을 주장했다고 하였다.

3 내용 추론하기 **답** ④

율곡 이이가 했을 법한 말을 추론한 것으로 적절하지 않은 것은?

① 만물의 모습이 다른 것은 '기'의 성질이 다르기 때문입니다. → 3문단

② 백성의 삶을 힘들게 하는 법과 제도는 계속 유지하지 말고 개혁해야 합니다. → 4문단

③ 일반인이 성인이 되기 위해서는 꾸준히 노력하여 '기'를 성인처럼 바꾸어야 합니다. → 3문단

✔ 삼강오륜과 같은 유교적 가르침은 시대나 상황의 변화에 맞게 적절히 바뀌어야 합니다.
× - '이'에 해당하므로 바꿀 수 없음

⑤ 유학을 하는 사람은 하늘의 도와 하나가 되는 경지에 도달하는 것을 목표로 삼아야 합니다. → 1문단

정답 풀이

4문단에서 율곡의 말을 인용한 뒤, 이는 왕의 도리나 삼강오륜은 세상 만물을 다스리는 근본 원리이자 만물이 공유하고 있는 '이'에 해당하므로 바꿀 수 없음을 의미한다고 하였다.

오답 풀이

① 율곡은 만물에 들어 있는 '기'의 성질이 달라 그 모습이 다르게 나타난다고 생각했다.

② 율곡은 법이나 제도는 '기'에 해당하므로 시대나 상황에 맞게 바꿀 수 있다고 보았다.

③ 율곡은 일반인이 성인이 되기 위해서는 '기'를 성인처럼 바꾸어야 한다고 주장했다.

⑤ 유학의 목표는 성인이 되는 것인데, 율곡은 유학자이므로 적절하다.

어휘력 Upgrade ※다음의 빈칸에 들어갈 알맞은 말을 〈보기〉에서 찾아 쓰시오.

┤ 보기 ├
공유
선후
투철
폐단

1 그는 국가관을 (투철)히 갖춘 사람이다.
→ 사리에 밝고 정확함

2 일을 진행할 때는 (선후)를 잘 따져서 해야 한다.
→ 먼저와 나중을 아울러 이르는 말

3 우리는 지나친 경쟁으로 인한 (폐단)을 없애야 한다.
→ 어떤 일이나 행동에서 나타나는 옳지 못한 경향이나 해로운 현상

4 정보의 (공유)는 정보화 시대를 살아가는 데에서 매우 중요하다.
→ 두 사람 이상이 한 물건을 공동으로 소유함

언어와 세계의 관계에 주목한 비트겐슈타인

1② 2② 3⑤

1 철학이란 인간과 세계의 근본적인 원리나 삶의 본질을 연구하는 학문이다. 따라서 철학을 탐구하기 위한 언어는 추상적♥이고 애매한♥ 뜻을 가질 수밖에 없다. 20세기 초에 일부 철학자들은 오스트리아의 빈 대학교에 모여 '빈 학파'를 결성하고, 철학을 과학과 같은 객관적인 언어로 이루어진 학문으로 만들고자 하였다. 비트겐슈타인은 이 활동에 큰 영향을 끼친 철학자이다. 그는 언어의 의미에 큰 관심을 갖고, 1922년에 그가 쓴《논리 철학 논고》에서 이를 다루었다.

비트겐슈타인

▶ 언어의 의미를 탐구한 철학자 비트겐슈타인

2 비트겐슈타인은 이 책에서 세상이 하나의 그림과 같고, 이를 정확한 언어로 나타낼 수 있다는 ㉠'그림 이론'을 제시했다. 예를 들어,「누군가 언덕 위에 있는 나무를 보면 그 장면을 한 장의 그림처럼 받아들이고, 이를 "언덕 위에 나무가 있다."라는 언어로 바꾸어서 이해할 것이다. 반대의 경우도 마찬가지로, "언덕 위에 나무가 있다."라는 말을 들으면 그 상황을 그림으로 떠올려서 이해하게 된다.」이와 같이 비트겐슈타인은 세계가 그림으로 인식되며 언어로 이를 받아들이기 때문에, 세계를 표현하기 위해서는 언어를 다듬어서 논리적이고 정확하게 사용해야 한다고 보았다. 이러한 관점에서 비트겐슈타인은 경험할 수 없는 대상인 신이나 영혼 등에 대해서 논의하는 것은 의미가 없다고 생각했다.

▶ 세계와 언어가 대응한다고 본 비트겐슈타인의 그림 이론

3 하지만 1930년대 중반에 이르러 그는 자신의 생각에 오류♥가 있음을 깨닫고, 언어의 의미를 ㉡새로운 관점에서 파악하기 시작했다. 그는 언어가 쓰이는 상황을 일종의 놀이와 같다고 보고, 놀이에 참여하는 사람들은 서로 약속된 규칙을 ⓐ지켜야 한다고 생각했다. 예를 들어,「한 남성이 뜨거운 목욕탕에서 "시원하다"라고 말했을 때, 이를 들은 어린아이와 한국말에 서툰 외국인은 그 의미를 이해하지 못할 수도 있다. 왜냐하면 속이 후련할 때 '시원하다'라는 말을 쓰는 한국인의 삶의 양식♥을 모르기 때문이다.」언어의 의미는 고정되어 있지 않고 쓰이는 상황에 따라 다양하게 변한다. 이에 비트겐슈타인은 고정된 형식의 언어는 없기 때문에, 상황을 고려하여 언어를 분석해야만 올바른 의미를 파악할 수 있다고 생각했다. 그는 언어가 단순하게 대상을 가리키는 것이 아니라, 그것이 사용되는 세계의 수많은 삶의 양식을 반영하기 때문에 의미 있다고 주장했다.

▶ 구체적 상황에서의 언어 사용에 주목한 비트겐슈타인의 놀이 이론

4 비트겐슈타인은 이러한 개념들을 바탕으로 철학에서 생기는 문제가 언어를 잘못 이해하고 그릇되게 사용하기 때문에 발생한다고 보았다. 이에 따라 그는 철학이 추구♥하는 진리를 찾기보다는, 언어를 올바르게 사용함으로써 사람들의 생각을 명확히 이해하고 표현하려는 노력이 필요하다고 주장했다.

▶ 철학에서 올바른 언어 사용을 강조한 비트겐슈타인

독해력 Upgrade

※각 문단의 중심 내용을 다음과 같이 정리할 때, 빈칸에 들어갈 알맞은 말을 쓰시오.

| **1** (언어)의 의미를 탐구한 철학자 비트겐슈타인 | → | **2** 세계와 언어가 대응한다고 본 비트겐슈타인의 (그림) 이론 | → | **3** 구체적 (상황)에서의 언어 사용에 주목한 비트겐슈타인의 놀이 이론 | → | **4** 철학에서 올바른 언어 사용을 강조한 비트겐슈타인 |

1 핵심 정보 파악하기 　답 ②

㉠에 대한 이해로 적절하지 않은 것은?

① 객관적인 언어로 철학의 추상성을 극복하고자 한다.

☑ 신이나 영혼 등은 철학에서 중요하게 다루어야 할 문제이다.
　× – 경험할 수 없는 대상에 대해 논의하는 것은 의미가 없다고 봄

③ 그림으로 떠올릴 수 있는 상황은 언어로 바꾸어 나타낼 수 있다.

④ 우리가 경험할 수 있는 세상은 언어로 정확하게 표현할 수 있다.

⑤ 우리는 누군가 공부하고 있는 모습을 보았을 때 이를 한 장의 그림으로 인식하게 된다.

정답 풀이

2문단에서 비트겐슈타인은 경험할 수 없는 대상인 신이나 영혼 등에 대해서 논의하는 것은 의미가 없다고 생각했다고 하였다. 따라서 비트겐슈타인의 입장에서 신이나 영혼 등은 철학에서 중요하게 다루어야 할 문제가 아니다.

2 구체적 사례에 적용하기 　답 ②

㉡의 관점에서 〈보기〉에 대해 설명한 내용으로 가장 적절한 것은?

ー 보기 ー

(가) (건축가가 조수의 도움을 받아 건물을 짓고 있다.)

건축가: 벽돌! / 조　수: (벽돌을 건축가에게 가져다준다.)
　　　벽돌을 가져오라는 의미

건축가: 석판! / 조　수: (석판을 건축가에게 가져다준다.)
　　　석판을 가져오라는 의미

(나) (태권도 사범의 지시에 따라 훈련생이 격파 시범을 보이고 있다.)

사　범: 벽돌! / 훈련생: (벽돌을 격파한다.)
　　　벽돌을 격파하라는 의미

사　범: 석판! / 훈련생: (석판을 격파한다.)
　　　석판을 격파하라는 의미

① (가)와 (나)에 사용된 '벽돌'과 '석판'의 의미는 고정되어 있군.

☑ (가)와 (나)에 쓰인 언어의 의미가 상황과 맥락에 따라 달라졌군.
　○ – 언어의 의미가 고정되어 있지 않고 상황에 따라 변한다고 봄

③ (가)의 '조수'와 (나)의 '훈련생'은 상대방의 의도를 오해하고 있군.

④ (가)의 '건축가'와 (나)의 '사범'은 상황을 그림처럼 인식하고 있군.

⑤ (가)와 (나)에 등장하는 사람들 사이에 의사소통이 원활하게 이루어지지 않고 있군.

정답 풀이

비트겐슈타인은 세계와 언어가 일대일로 대응한다고 주장하다가, 오류를 깨닫고 언어와 세계가 상황과 맥락에 따라 다양하게 대응한다고 입장을 바꾸었다. 이것이 ㉡의 '새로운 관점'이다. 〈보기〉에서 '벽돌'과 '석판'이라는 말은 (가)와 (나)에서 각각 다른 의미로 사용되고 있다. (가)에서는 건물을 짓는 상황에서 그것을 가져오라는 의미로 사용되었고, (나)에서는 격파 시범을 보여 주는 상황에서 그것을 격파하라는 의미로 사용되었다.

3 어휘 바꿔 쓰기 　답 ⑤

문맥상 ⓐ와 바꾸어 쓸 수 있는 말로 가장 적절한 것은?

① 감수(甘受)해야　　② 고수(固守)해야
　→ 책망이나 괴로움을 달갑게 받아들이다　→ 차지한 물건이나 형세를 굳게 지키다

③ 사수(死守)해야　　④ 완수(完遂)해야
　→ 죽음을 무릅쓰고 지키다　→ 뜻한 바를 완전히 이루거나 다 해내다

☑ 준수(遵守)해야
　→ 규칙이나 명령 따위를 그대로 좇아서 지키다

정답 풀이

ⓐ의 '지키다'는 '규정, 약속, 법, 예의 따위를 어기지 아니하고 그대로 실행하다.'의 의미로 사용되었다. 따라서 '규칙이나 명령 따위를 그대로 좇아서 지키다.'라는 의미를 지닌 '준수하다'와 바꾸어 쓰는 것이 가장 적절하다.

단원 어휘 테스트

05회 01 ㉢ 02 ㉠ 03 ㉣ 04 ㉡ 05 백승 06 채집 07 일화 08 추론 09 미천 10 제기 11 공유 12 취합 13 선행 14 허위 15 폐단 16 권위 17 고찰하고 18 추구하기 19 간주했다 20 축적된

06회 01 ㉡ 02 ㉢ 03 ㉠ 04 ㉣ 05 오류 06 임의 07 진화 08 타율 09 유포 10 총애 11 제어 12 허용 13 획득 14 기증 15 교화 16 수양 17 준수할 18 개입하지 19 초래할 20 도출하기는

 어휘력 Upgrade ※다음의 빈칸에 들어갈 알맞은 말을 〈보기〉에서 찾아 쓰시오.

ー 보기 ー
애매
오류
추구
추상적

1 사랑을 개념화하기에는 너무 (추상적)이다.
　→ 직접 경험하거나 지각할 수 있는 일정한 형태와 성질을 갖추고 있지 않은 것

2 개인은 저마다 개인의 행복을 (추구)하기 마련이다.
　→ 목적을 이룰 때까지 뒤좇아 구함

3 나는 수학 문제를 계산하는 과정에서 (오류)를 범했다.
　→ 그릇되어 이치에 맞지 않는 일

4 그가 하는 말은 사과인지 책임 회피인지 (애매)하게 보였다.
　→ 희미하여 분명하지 아니함

장소와 거리를 기억하는 뇌 속의 내비게이션

1 ②   2 ③   3 ①

● 지문 갈무리
우리가 방향을 잃지 않고 어딘가를 찾아갈 수 있는 건 뇌 속에 장소 세포와 격자 세포가 있기 때문이야. 이 세포를 발견한 과학자들은 노벨상을 받았지. 이 글은 뇌에서 내비게이션 역할을 하는 장소 세포와 격자 세포의 기능에 대해 설명하고 있어.

● 주제
뇌의 공간 지각을 담당하는 장소 세포와 격자 세포의 기능

1 우리는 집 근처의 공원에서 산책할 때 자신이 서 있는 위치가 어디인지, 집과의 거리는 어느 정도인지 자연스럽게 알 수 있다. 이는 우리의 뇌가 시각, 촉각과 같은 감각 기관의 정보를 받아들이고 각 내용들을 결합하여 주위의 공간을 파악하는 능력을 가지고 있기 때문이다. 이 과정에 관한 연구는 오랫동안 지속되었으나, 뇌의 어느 부분이 공간을 지각▼하는 능력에 관여하는지에 대한 의문은 쉽게 풀리지 않았다.
중심 화제

▶인간의 공간 지각 능력에 대한 의문

2 이와 관련하여 미국의 신경 과학자 존 오키프는 실험용 쥐를 이용해 한 가지 ㉠실험을 했다. 그는 「쥐의 뇌에 전극을 꽂고 유리로 된 공간 안에서 자유롭게 움직이게 한 후에,
장소 세포를 발견한 과학자. 2014년 노벨 생리 의학상을 받음
「」: 장소 세포를 발견하게 된 실험
뇌에서 발생하는 전기 신호를 측정▼하였다. 쥐가 한 장소를 지나가면 신경 세포 하나가 반응하였고, 다른 장소를 지나가면 다른 신경 세포의 반응이 관찰되었다.」그는 이를 통해 각
장소 세포
장소마다 반응하는 세포가 있음을 발견하고, 이를 장소 세포라고 이름 붙였다. 뇌의 해마▼
세포마다 각기 다른 장소를 기억함
에서 발견된 이 세포는 한 장소에 대해서만 반응하고 위치가 바뀌면 다른 세포가 반응하기 때문에, 장소 세포들은 각 장소들을 구분해 주는 역할을 수행한다.
장소 세포의 기능
▶장소를 구분해 주는 장소 세포의 발견

3 하지만 장소 세포는 공간들을 구분만 할 수 있을 뿐, 지도와 같이 정보들을 통합하여
장소 세포만으로는 인간의 공간 지각 능력을 설명할 수 없음
제공하는 기능을 수행할 수는 없다. 예를 들어, 「A라는 장소에서 세종 대왕 동상을 보고 B
「」: 장소 세포만으로는 공간을 지각할 수 없음을 보여 주는 예
라는 장소에서 분수를 본다면 두 장소가 다른 공간임을 바로 인지▼할 수 있다. 하지만 A가 B와 얼마나 떨어져 있는지, 그리고 지도상에서 어떤 위치에 있는지는 장소 세포의 기능으로 설명할 수 없다.」각 정보는 개별적으로 인식되었을 뿐 서로 연결되지 않았기 때문이다. 그런데 노르웨이의 신경 과학자 모세르 부부가 쥐를 이용한 ㉡실험에서 일정한 거
격자 세포를 발견한 과학자. 2014년 노벨 생리 의학상을 공동으로 수상함
리를 지날 때마다 뇌 속에 그 위치를 기록하는 격자 세포를 해마 주변부에서 발견했다. 이
넓은 공간에서 어느 지점에 있는지를 알려 줌
세포는 우리가 출발점에서 얼마나 멀리 지나왔고, 어느 시점에 어디로 방향을 바꿨는지
격자 세포의 기능
등에 관한 정보를 저장한다.
▶거리와 방향을 알려 주는 격자 세포의 발견

4 장소 세포와 격자 세포의 상호 작용으로 우리는 특정 장소를 인식할 수 있고, 장소들
장소 세포와 격자 세포의 발견으로 인간의 공간 지각 능력을 설명할 수 있게 됨
간의 관계를 파악할 수도 있다. 일종의 가상 지도가 머릿속에 생성▼되어서 주위의 공간을 지각할 수 있게 되는 것이다. 그렇기 때문에 우리는 가 보지 못한 장소에서도 자신의 대략적인 위치를 알 수 있으며, 과거에 방문했던 곳을 다시 찾아갔을 때 그 공간을 기억해 낼 수 있다.
▶장소 세포와 격자 세포로 이루어지는 뇌의 공간 지각

▼ 지각(知覺): 감각 기관을 통하여 외부의 사물을 인식하는 작용.
▼ 측정(測定): 일정한 양을 기준으로 하여 같은 종류의 다른 양의 크기를 잼.
▼ 해마(海馬): 뇌에서 장기 기억과 공간 개념, 감정적인 행동을 조절하는 데 관련되는 기관.
▼ 인지(認知): 어떤 사실을 인정하여 앎.
▼ 생성(生成): 사물이 생겨남. 또는 사물이 생겨 이루어지게 함.

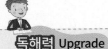
독해력 Upgrade

※각 문단의 중심 내용을 다음과 같이 정리할 때, 빈칸에 들어갈 알맞은 말을 쓰시오.

| **1** 인간의 공간 지각 능력에 대한 의문 | ⇒ | **2** 장소를 구분해 주는 (장소) 세포의 발견 | ⇒ | **3** 거리와 방향을 알려 주는 (격자) 세포의 발견 | ⇒ | **4** 장소 세포와 격자 세포로 이루어지는 뇌의 공간 지각 |

1 세부 정보 파악하기 답 ②

이 글을 읽고 알 수 있는 내용으로 적절하지 않은 것은?

① 장소 세포는 한 장소를 다른 장소와 구분해 준다. → 2문단

✓ 장소 세포는 뇌가 받아들인 공간 정보를 통합해 준다.
　× – 정보를 통합하는 기능을 수행할 수 없음

③ 장소 세포만으로는 원하는 목적지를 찾아가기 어렵다.
　→ 4문단

④ 격자 세포는 어느 정도의 거리를 지나왔는지 알려 준다.
　→ 3문단

⑤ 격자 세포는 어느 시점에 어디로 방향을 바꿨는지 알려
　준다. → 3문단

정답 풀이

3문단에서 장소 세포는 공간들을 구분만 할 수 있을 뿐, 정보
들을 통합하는 기능을 수행할 수는 없다고 하였다.

오답 풀이

① 장소 세포는 각 장소들을 구분해 주는 역할을 수행한다.

③ 장소 세포와 격자 세포가 상호 작용하여 뇌의 공간 지각이 이루어지
므로, 장소 세포만으로는 목적지를 찾아갈 수 없다.

④, ⑤ 격자 세포는 우리가 출발점에서 얼마나 멀리 지나왔고, 어느 시
점에 어디로 방향을 바꿨는지 등에 관한 정보를 저장한다.

2 내용 추론하기 답 ③

㉠과 ㉡에 대해 추론한 내용으로 적절하지 않은 것은?

① ㉠을 위해 쥐의 해마에 전극을 꽂았을 것이다.

② ㉠은 쥐가 돌아다닐 만큼의 공간 속에서 행해졌을 것이다.

✓ ㉡에서 장소가 바뀔 때마다 각기 다른 격자 세포가 반응
　× – 장소가 바뀔 때마다 각기 다른 세포가 반응하는 것은 장소 세포임
했을 것이다.

④ ㉡에서 격자 세포가 반응한 위치는 일정한 간격으로 나
타났을 것이다.

⑤ ㉠과 ㉡은 모두 쥐가 공간을 지각할 수 있다는 것을 전제
로 이루어졌을 것이다.

정답 풀이

㉡은 격자 세포를 발견한 실험이다. 장소가 바뀔 때마다 각기
다른 세포가 반응하는 특성을 지닌 것은 장소 세포이다.

오답 풀이

① 존 오키프는 뇌의 해마에서 장소 세포를 발견하였으므로, 실험을 할
때 쥐의 해마에 전극을 꽂았을 것이다.

② 존 오키프는 장소가 바뀔 때마다 반응하는 세포를 발견했으므로, 쥐
가 장소를 바꿔 돌아다닐 만큼의 공간에서 실험을 시행했을 것이다.

④ 모세르 부부가 발견한 격자 세포는 일정한 거리를 지날 때마다 반응
하였으므로, 그 반응 위치의 간격은 일정하였을 것이다.

⑤ 존 오키프와 모세르 부부의 실험은 뇌의 어느 부분이 공간을 지각하
는 능력에 관여하는지를 알기 위한 것이다.

3 구체적 사례에 적용하기 답 ①

이 글을 바탕으로 〈보기〉를 이해한 내용으로 가장 적절한 것은?

┤ 보 기 ├

A 씨는 퇴근하는 길에 교통사고를 당했다. A 씨는 인근
병원으로 옮겨져 치료를 받고 퇴원했지만, 사고 시에 뇌의
일부분이 손상되었다. A 씨는 현재 통원 치료를 받고 있으
며, 뇌의 손상 때문에 일상생활에서 어떤 장소를 봤을 때
다른 장소와 구분하기 힘든 어려움을 겪고 있는 상태라고
한다.　　　　　　　　　　　　　　　　　　－ ○○신문

✓ A 씨는 사고 당시에 뇌의 해마 부분을 다쳤을 것이다.
　○ – 장소 세포가 손상된 것을 통해 알 수 있음

② A 씨는 사고를 당하면서 뇌의 격자 세포에 이상이 생겼
을 것이다.

③ A 씨는 사고 이후에 다른 곳으로 이동할 때 거리를 지각
하지 못할 것이다.

④ A 씨가 만약 해마의 주변부만 다쳤다면 공간 지각에 어
려움이 없었을 것이다.

⑤ A 씨는 시간이 지나도 사고로 다친 뇌가 원래의 기능을
수행할 수 없을 것이다.

정답 풀이

A 씨는 장소를 구분하는 데에 어려움을 겪고 있으므로 장소
세포가 손상되었을 것이라고 생각할 수 있다. 따라서 A 씨는
사고를 당하면서 뇌의 해마 부분을 다쳤을 것이다.

오답 풀이

②, ③ 해마 주변부에 있는 격자 세포는 거리와 방향을 알려 주는 역할
을 한다. 〈보기〉에서 격자 세포에 이상이 생겼음을 알려 주는 내용은
언급되지 않았다.

④ 뇌의 공간 지각은 장소 세포와 격자 세포의 상호 작용으로 이루어
지므로, 만약 해마의 주변부를 다쳐 격자 세포가 손상되었다면 공간
지각에 어려움을 겪었을 것이다.

⑤ 이 글과 〈보기〉에서 뇌의 기능 회복에 대한 내용은 언급되지 않았다.

어휘력 Upgrade　※다음의 빈칸에 들어갈 알맞은 말을 〈보기〉에서 찾아 쓰시오.

┤ 보기 ├
생성
손상
인지
측정

1 전쟁이 격렬해지면서 인명 (손상)이 크게 증가하였다.
　　→ 병이 들거나 다침

2 백두산 천지는 화산이 폭발하면서 (생성)된 화구호이다.
　　　　　　　　　　　　　→ 사물이 생겨남. 또는 사물이 생겨 이루어지게 함

3 엄마는 동생에게 열이 있는 것 같다며 체온을 (측정)하셨다.
　　　　　　　　　　　　　→ 일정한 양을 기준으로 하여 같은 종류의 다른 양의 크기를 잼

4 경찰은 그 사람을 처음부터 범인으로 (인지)하고 수사를 진행해 왔다.
　　　　　　　　　　　　　→ 어떤 사실을 인정하여 앎

기상 이변을 일으키는 엘니뇨와 라니냐

● 지문 갈무리
엘니뇨와 라니냐는 바닷물의 온도가 일정 기간 이상 높아지거나 차가워지는 현상이야. 이 현상은 지구의 기후 전체에 크게 영향을 미치지. 이 글은 엘니뇨와 라니냐의 어원과 개념, 그 영향에 대해 설명하고 있어.

● 주제
엘니뇨와 라니냐의 영향으로 발생하는 기상 이변

1 꽃이 만개˙했던 우리나라의 3~4월이 달라지고 있다. 꽃놀이가 한창이어야 할 봄날에 흰 눈이 내리는 모습을 보고 있자니 덜컥 걱정이 앞선다. 지구에 무슨 문제라도 생긴 것은 아닐까? 과학자들은 ㉠'엘니뇨'와 ㉡'라니냐'를 기상 이변˙의 주요 원인으로 꼽는다. 엘니뇨와 라니냐는 원래부터 지구에서 일어났던 현상이지만, 그 강도가 점차 심해지면서 20세기 이후에 많은 환경 문제를 일으키고 있다.
▶기상 이변을 일으키는 엘니뇨와 라니냐

2 엘니뇨란 스페인어로 남자아이 또는 아기 예수를 의미한다. 매년 12월경이면 페루와 에콰도르 국경에 있는 콰야킬 만(灣)에서는 북쪽으로부터 난류˙가 유입˙된다. 그에 따라 평소 볼 수 없었던 고기들이 나타나자, 페루 어민들이 하늘의 은혜에 감사하는 뜻으로 크리스마스와 연관시켜 엘니뇨라 불렀다. 이처럼 엘니뇨는 태평양의 해수 온도가 높아져 일정 기간 계속되는 현상을 의미한다. 그런데 엘니뇨가 나타나 바닷물의 온도가 올라가면 대기 순환이 변화하여 기상 이변이 속출˙한다.
▶엘니뇨의 어원과 개념

3 엘니뇨 현상이 나타나면 인도네시아, 오스트레일리아 등에서는 평상시에 비해 강수량이 감소하여 가뭄이 발생하고 대규모 산불이 일어나기도 한다. 반면에 페루, 칠레 등에서는 평상시보다 많은 강수량을 보이면서 홍수가 자주 발생한다. 또한 알래스카와 캐나다 서부에서는 고온 경향이, 미국의 남동부에서는 저온 경향이 나타난다. 지금까지의 관측˙ 자료에 따르면, 엘니뇨 현상은 약 2~5년 주기로 발생하는 것으로 알려져 있다.
▶엘니뇨의 영향으로 발생하는 기상 이변

4 엘니뇨와 반대로 바닷물이 차가워지는 현상은 '라니냐'라 불리는데, 이는 스페인어로 여자아이라는 뜻이다. 라니냐가 발생하면 동남아시아와 오스트레일리아에서는 홍수가 잦아지거나 이상 고온 현상이 나타난다. 반대로 페루, 칠레 등에서는 평상시보다 더 건조해져 가뭄이 나타날 수 있으며 미국에는 극지방 같은 추위가 발생하는 경우도 있다. 기상청에 따르면 우리나라의 경우도 라니냐의 영향을 크게 받으면, 겨울의 평균 기온이 평년보다 2℃ 정도 낮아지고 강수량도 적어져 춥고 건조하다고 한다.
▶라니냐의 개념과 그 영향으로 발생하는 기상 이변

5 엘니뇨와 라니냐는 바닷물의 온도 변화나 강수량의 변화에만 영향을 미치는 것이 아니다. 바닷물의 온도가 변하는 과정에서 기압에 영향을 주고 대기의 흐름도 변화시킨다. 이로 인해 어장이 파괴되고 예기치 않은 산불이나 질병 등 다양한 문제를 일으킬 가능성이 높다. 더욱 걱정스러운 것은 엘니뇨와 라니냐가 지구 온난화 현상과 함께 작용하면 어떤 기상 이변이 벌어질지 모른다는 점이다.
▶엘니뇨와 라니냐가 지구에 미치는 영향

♥만개(滿開): 꽃이 활짝 다 핌.

♥이변(異變): 예상하지 못한 사태나 괴이한 변고.

♥난류(暖流): 적도 부근의 저위도 지역에서 고위도 지역으로 흐르는 따뜻한 해류.

♥유입(流入): 액체나 기체, 열 따위가 어떤 곳으로 흘러듦.

♥속출(續出): 잇따라 나옴.

♥관측(觀測): 기상, 천문 등의 자연 현상을 관찰하여 그 움직임을 측정하는 일.

독해력 Upgrade

※각 문단의 중심 내용을 다음과 같이 정리할 때, 빈칸에 들어갈 알맞은 말을 쓰시오.

1 기상 (이변)을 일으키는 엘니뇨와 라니냐 ➡ **2** (엘니뇨)의 어원과 개념 ➡ **3** 엘니뇨의 영향으로 발생하는 기상 이변 ➡ **4** (라니냐)의 개념과 그 영향으로 발생하는 기상 이변 ➡ **5** 엘니뇨와 라니냐가 지구에 미치는 영향

1 내용 전개 방식 파악하기　답 ①

이 글에 대한 설명으로 가장 적절한 것은?

☑ 현상들을 제시한 후 그 영향을 설명하고 있다.
　└ ○ㅡ엘니뇨와 라니냐 현상을 제시한 후 그 영향을 설명함
② 현상의 원인을 분석하여 올바른 해결책을 제시하고 있다.
　　　　×
③ 현상의 공통점과 차이점을 일정한 기준에 따라 분석하고
　　　　　　　　　　　×
　있다.
④ 현상과 관련한 다양한 이론을 소개하고 그 한계를 지적
　　　　　　　　×
　하고 있다.
⑤ 현상과 관련한 가설을 설정하고 구체적인 사례를 들어
　　　　　　×
　검증하고 있다.

정답 풀이

이 글은 1문단에서 엘니뇨와 라니냐가 기상 이변의 주요 원인
이라고 소개하고, 2~4문단에서 엘니뇨와 라니냐 현상의 개
념과 그 영향에 대해 설명한 다음, 5문단에서 이를 종합하며
글을 마무리하고 있다. 따라서 이 글은 현상들을 제시한 후
그 현상들이 미치는 영향에 대해 설명한 글이다.

오답 풀이

② 엘니뇨와 라니냐 현상의 영향을 받아 발생하는 기상 이변을 설명하
였을 뿐, 현상에 관한 해결책을 제시하지 않았다.
③ 엘니뇨와 라니냐 현상이 미치는 영향을 중심으로 설명하고 있을 뿐,
공통점과 차이점을 분석하지 않았다.
④ 엘니뇨와 라니냐 현상과 관련한 이론을 소개하지 않았으며, 따라서
그 이론의 한계 역시 제시되지 않았다.
⑤ 엘니뇨와 라니냐 현상과 관련한 가설을 설정하거나, 이를 사례를 들
어 검증하지 않았다.

2 내용 추론하기　답 ①

이 글을 통해 알 수 있는 내용으로 적절하지 않은 것은?

☑ 엘니뇨와 라니냐 현상은 20세기에 일어나기 시작했다.
　　　　　　　　×ㅡ원래부터 지구에서 일어났던 현상임
② 엘니뇨와 라니냐의 어원은 반대의 의미를 지니고 있다.
　　　　　　　　　　　　　　　→ 2, 4문단
③ 엘니뇨와 라니냐 현상은 강수량이나 온도에 영향을 미친다.
　　　　　　　　　　　　　　　　　→ 3, 4문단
④ 엘니뇨와 라니냐 현상이 지속되면 우리의 식탁에서 더는
　접할 수 없는 물고기가 생길 수 있다. → 5문단
⑤ 엘니뇨 또는 라니냐 현상의 영향을 받으면 어떤 나라에
　홍수가 질 때 다른 나라에는 가뭄이 발생할 수 있다.
　　　　　　　　　　　　　　　　→ 3, 4문단

정답 풀이

1문단에서 엘니뇨와 라니냐는 원래부터 지구에서 일어났던
현상으로, 그 강도가 점차 심해지면서 20세기 이후에 많은
환경 문제를 일으키고 있다고 언급하고 있다. 따라서 엘니뇨
와 라니냐가 20세기에 일어나기 시작했다는 설명은 적절하
지 않다.

오답 풀이

② 엘니뇨의 어원은 '남자아이', 라니냐의 어원은 '여자아이'이므로, 서
로 반대의 의미를 지니고 있음을 알 수 있다.
③ 3문단과 4문단에서 엘니뇨와 라니냐로 인해 홍수나 가뭄, 이상 고온
이나 저온 현상이 발생하게 됨을 알 수 있다.
④ 5문단에서 엘니뇨와 라니냐로 인해 어장이 파괴될 수 있음을 알 수
있다.
⑤ 3문단과 4문단에서 어느 지역에 홍수가 질 때 다른 지역에는 가뭄이
동시에 발생할 수 있음을 알 수 있다.

3 핵심 정보 파악하기　답 ④

㉠과 ㉡이 미치는 영향을 잘못 파악한 것은?

① ㉠일 때 인도네시아에서는 가뭄이 발생할 수 있어. → 3문단
② ㉠일 때 페루에서는 홍수가 자주 발생해. → 3문단
③ ㉡일 때 오스트레일리아에서는 이상 고온 현상이 나타나.
　　　　　　　　　　　　　　　　　　　　　→ 4문단
☑ ㉡일 때 우리나라에서는 겨울에 평년보다 비가 많이 내려.
　　　　　　　　　　×ㅡ강수량이 적어짐
⑤ ㉠과 ㉡이 나타나면 바닷물이 이전보다 따뜻해지거나 차
　가워져. → 2, 4문단

정답 풀이

4문단에서 라니냐의 영향을 받으면 우리나라도 겨울의 평균
기온이 낮아지고 강수량이 적어진다고 하였다. 따라서 라니
냐의 영향을 받았을 때 우리나라는 겨울에 평년보다 비가 적
게 내릴 것이다.

오답 풀이

① 3문단에서 엘니뇨의 영향으로 인도네시아, 오스트레일리아 등에서
는 가뭄이 발생할 수 있다고 하였다.
② 3문단에서 엘니뇨의 영향으로 페루, 칠레 등에서는 홍수가 자주 발
생한다고 하였다.
③ 4문단에서 라니냐의 영향으로 동남아시아와 오스트레일리아에서는
이상 고온 현상이 나타난다고 하였다.
⑤ 바닷물의 온도가 올라가는 현상이 엘니뇨이고, 바닷물이 차가워지는
현상이 라니냐이다.

어휘력 Upgrade ※다음의 빈칸에 들어갈 알맞은 말을 <보기>에서 찾아 쓰시오.

┌─ 보기 ─┐
검증
속출
유입
이변
└────┘

1 이번 경기에서는 신기록이 (속출)하고 있다.
　　　　　　　　　　　　　　　→잇따라 나옴
2 이 약은 관련 기관의 (검증)을 받은 안전한 제품입니다.
　　　　　　　　　　　　　→검사하여 증명함
3 주민들은 오염된 물의 지하수 (유입)을 막기 위한 대책을 강구하였다.
　　　　　　　　　　　　→액체나 기체, 열 따위가 어떤 곳으로 흘러듦
4 이번 대회는 신생팀이 강력한 우승 후보를 누르고 결승전에 오르는 등 (이변)을 낳았다.
　　　　　　　　　　　　　　　　　　　　　　　　　　　　　　→예상하지 못한 사태나 괴이한 변고

팽창하는 우주의 운명

● 지문 갈무리
허블의 발견으로 우주가 팽창하고 있다는 사실이 밝혀진 이후, 인간의 우주관은 크게 변했지. 이 글은 우주의 팽창을 중심으로 우주의 운명이 어떻게 될지에 대한 전망을 소개하고 있어.

● 주제
팽창하고 있는 우주의 미래에 대한 전망

1 셀 수 없이 많은 별들의 집단을 '은하'라고 하고, 태양계가 속해 있는 은하를 '우리 은하'라고 한다. 천문학자 허블이 우주에는 수많은 은하들이 흩어져 있다는 사실을 밝혀내기 전까지, ㉠인류는 오랜 시간 지구가 우주의 중심이라고 믿어 왔다. 「허블은 별 사이에 떠 있는 구름 덩어리로만 알려져 있던 흐릿한 천체들이 우리 은하처럼 수천억 개의 별들로 이루어진 외부 은하이고, 우주에 이런 은하들이 수없이 많다는 사실을 밝혀냈다.」 이러한 발견으로 말미암아 인간은 지구가 우주의 중심이라는 자기중심적 우주관을 버려야 했다. ▶허블의 발견으로 인한 우주관의 변화

2 인간이 갖고 있던 또 하나의 믿음은 우주가 변하지 않는다는 것이었다. ㉡뜨고 지는 천체의 운동은 그것을 근거로 해서 달력을 만들 정도로 규칙적이고 반복적이다. 그러므로 어찌 보면 우주가 변하지 않는다고 여기는 것이 당연할지도 모른다. 그러나 허블은 「빛을 내는 물체가 멀어질 때 붉어져 보이는 현상을 이용해, 외부 은하들이 우리 은하로부터 멀어지고 있다는 사실과 ㉢멀리 있는 은하일수록 더 빠른 속도로 멀어지고 있다는 사실을 알아냈다.」 이는 우주 공간이 똑같은 비율로 팽창하고 있음을 뜻한다. ▶우주가 팽창하고 있음을 밝혀낸 허블

3 더욱 놀라운 것은 우주 공간이 현재 팽창하고 있으므로 과거에는 우주가 더 작았을 것이며, 과거로 갈수록 더 작은 공간에 엄청난 양의 물질이 몰려 있었을 것이라는 사실이다. 공기를 급격하게 압축하면 뜨거워진다. 마찬가지로 과거에 우주를 채우고 있던 물질과 빛은 매우 뜨거웠을 것이다. 따라서 우주의 폭발이 시작되었다는 '빅뱅'에 가까운 과거일수록 우주는 뜨겁고 밀도가 높은 상태였으며, 우주가 팽창하면서 점차 식어 차갑고 밀도가 낮은 상태가 되었다고 추론할 수 있다. ▶우주의 탄생을 설명하는 빅뱅 이론

4 ㉣현재 과학자들이 예측하는 우주의 미래에는 세 가지 가능성이 있다. 첫째, 우주가 현재의 팽창을 멈추고 다시 수축할 가능성이다. 우주 공간이 팽창함에 따라 은하들은 멀어지지만, 한편으로는 중력이 은하들을 서로 끌어당기고 있다. 만약 멀어지는 속도가 아주 느리거나 은하들이 매우 무거워 중력이 강하면, ㉤은하들은 언젠가 팽창을 멈추고 다시 가까워지기 시작할 것이다. 둘째, 우주가 현재처럼 영원히 팽창할 가능성이다. 앞의 경우와 반대로 팽창 속도가 아주 빠르거나 우주 내에 있는 물질의 양이 적을 때, 은하들은 영원히 서로 멀어져 외로운 섬으로 남게 될 것이다. 셋째, 앞의 두 경우의 중간에 해당하는데, 우주가 계속 팽창하지만 그 팽창 속도가 점점 느려져 결국 팽창이 멈추게 될 가능성이다. 그러나 이 세 가지 가능성 중에서 우주의 운명이 어디로 흐를지는 아직 알 수 없다.

▶우주의 미래에 대한 세 가지 전망

▾자기중심적(自己中心的): 남의 일보다 자기의 일을 먼저 생각하고 더 중요하게 여기는 것.
▾팽창(膨脹): 부풀어서 부피가 커짐.
▾예측(豫測): 미리 헤아려 짐작함.
▾수축(收縮): 부피나 규모가 줄어듦.
▾운명(運命): 앞으로의 생사나 존망에 관한 처지.

독해력 Upgrade

※각 문단의 중심 내용을 다음과 같이 정리할 때, 빈칸에 들어갈 알맞은 말을 쓰시오.

| **1** (허블)의 발견으로 인한 우주관의 변화 | → | **2** 우주가 똑같은 비율로 (팽창)하고 있음을 밝혀낸 허블 | → | **3** 우주의 탄생을 설명하는 (빅뱅) 이론 | → | **4** 우주의 미래에 대한 세 가지 전망 |

1 세부 정보 파악하기 [정답] ⑤

이 글을 통해 알 수 있는 내용으로 가장 적절한 것은?

① 은하들의 중력이 크면 두 은하의 거리는 멀어질 것이다.
                        × - 가까워짐

② 우주는 태양계가 속해 있는 우리 은하로만 이루어져 있다.
   × - 수많은 은하들이 흩어져 있음

③ 인간은 멀리 있는 은하일수록 빠른 속도로 멀어진다고
     × - 우주가 변하지 않는다고 믿음
   믿어 왔다.

④ 허블의 발견 전까지 인류는 우리 은하가 우주의 중심이
               × - 지구가 우주의 중심이라고 생각함
   라고 생각했다.

☑ 허블의 발견으로 우주의 온도는 현재보다 과거가 높았음
         ○ - 과거의 우주는 뜨겁고 밀도가 높았을 것임(3문단)
   을 알 수 있다.

[정답] 풀이

3문단에서 빅뱅에 가까운 과거일수록 우주는 뜨겁고 밀도가
높았을 것이라고 하였다. 이를 통해 우주의 온도는 현재보다
과거가 높았다는 것을 알 수 있다.

[오답] 풀이

① 4문단에서 중력이 강하면 두 은하의 거리가 가까워짐을 알 수 있다.
② 1문단에서 우주에는 수많은 은하들이 흩어져 있음을 알 수 있다.
③ 2문단에서 인간은 우주가 변하지 않는다고 믿어 왔음을 알 수 있다.
④ 1문단에서 인간은 지구가 우주의 중심이라고 생각했음을 알 수 있다.

2 반응의 적절성 판단하기 [정답] ②

㉠~㉤을 읽고 학생이 보일 수 있는 반응으로 적절하지 않은 것은?

① ㉠: 허블의 발견 이후에 지구가 우주의 중심이라는 생각
   이 변했겠구나.

☑ ㉡: 우주의 규칙적인 움직임에 대한 믿음이 허블의 발견
     × - 허블의 발견으로 우주가 변하지 않는다는 믿음이 깨어짐
   으로 이어졌겠구나.

③ ㉢: 멀리 있는 은하일수록 은하들 사이의 중력의 크기가
   작겠구나.

④ ㉣: 지금은 우주가 팽창하고 있어도 미래에 그 상황이 계
   속된다고 장담할 수는 없겠구나.

⑤ ㉤: 은하의 팽창에는 중력이 큰 영향을 미치고 있구나.

[정답] 풀이

㉡은 천체의 운동이 규칙적이고 반복적이기 때문에, 인간은

우주가 변하지 않는다고 믿어 왔음을 설명하는 부분이다. 그
렇지만 허블은 우주가 팽창하고 있다는 사실을 밝혀냄으로써
이러한 믿음을 깨뜨렸다.

3 비판의 적절성 판단하기 [정답] ④

〈보기〉에 제시된 아인슈타인의 우주관을 비판하기 위한 질문으
로 가장 적절한 것은?

┤ 보기 ├

아인슈타인은 우주가 정적인 상태로 존재해야 한다는
믿음을 가지고 있었다. 그러나 수학적 지식을 바탕으로 연
구한 후, 그는 우주는 정적인 것이 아니라 팽창하거나 수
축하는 동적인 것이라는 결과를 얻었다. 이런 결과를 아인
슈타인은 받아들일 수 없었다. 그래서 우주가 정적인 상태
로 존재하는 것처럼 보이게 하는 요소를 의도적으로 그의
   자신의 이론에 우주 상수 개념을 도입함
이론에 삽입했다. 우주가 팽창하지도 수축하지도 않는 균
형을 이룬 세계라는 아인슈타인의 생각은 허블이 우주가
팽창한다는 사실을 밝혀낼 때까지 계속되었다.

① 공기를 압축하면 뜨거워진다는 사실은 어떻게 설명할 것
   인가?

② 지구가 우주의 중심이라고 믿어 온 것은 어떻게 설명할
   것인가?

③ 우주에 수많은 은하가 흩어져 있는 것은 어떻게 설명할
   것인가?

☑ 외부 은하가 붉은빛을 내며 멀어지는 것은 어떻게 설명
   ○ - 아인슈타인의 이론으로 설명할 수 없는 우주 팽창의 증거
   할 것인가?

⑤ 달력을 만들 정도로 우주의 움직임이 규칙적인 것은 어
   떻게 설명할 것인가?

[정답] 풀이

〈보기〉에 따르면, 아인슈타인은 허블의 발견 이전까지 정적
인 우주론을 주장하였다. 이러한 아인슈타인의 주장을 비판
하려면 우주가 팽창하고 있다는 사실을 입증하면 된다. 2문
단에서 허블은 빛을 내는 물체가 멀어질 때 붉어져 보이는 현
상을 이용해 우주가 팽창하고 있음을 밝혀냈다고 하였다. 즉,
아인슈타인의 정적인 우주론으로는 외부 은하가 붉은빛을 내
며 멀어지는 현상을 설명할 수 없다고 비판할 수 있다.

어휘력 Upgrade ※다음의 빈칸에 들어갈 알맞은 말을 〈보기〉에서 찾아 쓰시오.

┤ 보기 ├
예측
운명
자기중심적
팽창

1 이번 선거는 결과를 (예측)하기 힘들다.
   → 미리 헤아려 짐작함
2 고무풍선이 너무 (팽창)해서 터질 것만 같다.
   → 부풀어서 부피가 커짐
3 환경 보호는 세계 전체의 (운명)과 관련된 일이다.
   → 앞으로의 생사나 존망에 관한 처지
4 그는 항상 (자기중심적)으로 행동하여 사람들에게 비난을 받았다.
   → 남의 일보다 자기의 일을 먼저 생각하고 더 중요하게 여기는 것

때를 말끔히 제거하는 계면 활성제의 비밀

1⑤   2⑤   3③

● 지문 갈무리
물과 친한 부분과 기름과 친한 부분을 모두 가지고 있어서 물과 기름을 섞을 수 있는 물질이 계면 활성제야. 이런 특성 때문에 세탁 세제로 이용되지. 이 글은 계면 활성제의 특성과 계면 활성제가 옷에 묻은 때를 제거하는 과정을 설명하고 있어.

● 주제
계면 활성제의 특성과 옷에 묻은 때를 제거하는 원리

1 물과 잘 섞이는 물질을 친수성 물질이라 하고, 기름과 잘 섞이는 물질을 친유성 물질이라고 한다. 일반적으로 친수성 물질은 친수성 물질에 잘 녹고, 친유성 물질은 친유성 물질에 잘 녹는다. 물과 기름은 그 성질이 다르기 때문에 서로 잘 섞이지 않고 쉽게 분리된다. 그러면 이 둘을 섞는 것은 불가능한 일일까? 한쪽은 친수성 부분을 지니고 있고 또 한쪽은 친유성 부분을 지니고 있는 물질인 │계면 활성제│를 활용하면 물과 기름을 섞을 수 있다. 계면 활성제의 친수성 부분을 친수기라고 하고, 친유성 부분은 물을 꺼리는 부분이라 하여 소수기라고 한다. 계면 활성제 분자는 성냥개비 모양인데 성냥개비의 머리처럼 짧은 부분은 친수기, 몸통처럼 긴 부분은 소수기에 해당한다.   ▶계면 활성제의 개념과 구조

2 계면은 두 가지 이상의 물질이 만나는 경계면을 뜻한다. 예를 들면 물과 공기가 만날 때 물의 가장 위에 있는 표면 부분이 계면에 해당한다. 물속에 계면 활성제를 소량 넣으면 물과 친하지 않은 소수기는 물과의 반발˚로 물 밖의 공기 쪽을 향하게 되고, 친수기는 물 쪽을 향하게 되어 계면 활성제 분자들이 물과 공기의 계면에 배열˚하게 된다. 그런데 계면을 덮을 정도보다 더 많은 양의 계면 활성제를 물속에 넣으면 계면에 배열되어 있던 계면 활성제 분자들이 서로 뭉쳐 아주 작은 구(球)의 형태를 형성하는데, 이를 '미셀'이라 한다. 이때 구의 표면 부분에는 친수기가 위치하고 구의 내부에는 소수기가 위치한다. 이 미셀이 세탁에서 중요한 기능을 수행˚한다.   ▶물속에 계면 활성제를 넣었을 때의 변화

3 일반적으로 옷에 묻은 때의 대부분은 기름 성분으로 이루어져 있다. 그래서 물만으로는 소수성을 띠고 있는 때를 옷감에서 분리해 내기 쉽지 않다. 하지만 계면 활성제인 세탁 세제가 녹아 있는 물에 빨래를 담그면, 계면 활성제 분자들의 소수기가 섬유의 때를 둘러싸고 부풀게 하여 때들이 계면 활성제의 미셀 속에 갇히게 된다. 이때 옷감을 비비거나 움직여 주면 때가 더 쉽게 분리되고 옷감에 붙어 있던 때들이 더 작은 조각으로 나뉘면서 작은 미셀 속에 더 잘 갇힌다. 미셀에 갇힌 때들은 옷감에 다시 달라붙지 못한다. 이때 깨끗한 물로 때를 둘러싼 미셀들을 씻어 내면 세탁이 되는 것이다.   ▶계면 활성제가 세탁물의 때를 제거하는 원리

4 그러나 ㉠세제를 푼 물속에 빨래를 너무 오래 담가 두면 미셀들이 풀어지면서 때가 다시 옷감에 달라붙을 수 있어서 세탁 효과가 떨어질 수 있다. 또한 세제의 주성분인 계면 활성제가 화학 물질이다 보니 세탁물을 여러 번 헹궈도 옷감에 세제 성분의 일부가 남아 피부 질환˚을 유발˚하기도 한다. 아울러 너무 많은 양의 세제를 사용하면 환경 오염을 일으키기도 하므로, 적절한 사용량을 지켜 세탁하는 것이 좋다.   ▶계면 활성제가 지닌 문제점

˘ 반발(反撥): ① 탄력이 있는 물체가 퉁겨져 일어남. ② 어떤 상태나 행동 따위에 대하여 거스르고 반항함.

˘ 배열(配列): 일정한 차례나 간격에 따라 벌여 놓음.

˘ 수행(遂行): 생각하거나 계획한 대로 일을 해냄.

˘ 질환(疾患): 몸의 온갖 병.

˘ 유발(誘發): 어떤 것이 다른 일을 일어나게 함.

독해력 Upgrade   ※각 문단의 중심 내용을 다음과 같이 정리할 때, 빈칸에 들어갈 알맞은 말을 쓰시오.

| 1 계면 활성제의 개념과 (구조) | ➡ | 2 물속에 계면 활성제를 넣었을 때의 변화 | ➡ | 3 계면 활성제가 세탁물의 (때)를 제거하는 원리 | ➡ | 4 계면 활성제가 지닌 (문제점) |

1 세부 정보 파악하기 　답 ⑤

이 글에서 알 수 있는 내용으로 적절하지 않은 것은?

① 일반적으로 물질은 서로 비슷한 성질을 지닌 물질에 잘 녹는다. → 1문단

② 대체로 때는 친유성을 띠기 때문에 물만으로는 제거하기가 어렵다. → 3문단

③ 계면 활성제의 양이 충분할 때는 양이 적을 때와 배열 양상이 다르다. → 2문단

④ 물속의 미셀은 바깥으로 친수기가 위치하고 안쪽으로 소수기가 위치한다. → 2문단

☑ 계면 활성제는 기름을 꺼리는 소수기와 물과 친한 친수기로 이루어져 있다.
× — 물을 꺼리는 소수기

정답 풀이

1문단에서 계면 활성제의 친수성 부분은 친수기, 친유성 부분은 물을 꺼리는 부분이라 하여 소수기라고 한다고 하였다.

2 자료 해석의 적절성 평가하기 　답 ⑤

이 글을 바탕으로 〈보기〉의 ⓐ~ⓕ에 대해 탐구한 내용으로 적절하지 않은 것은?

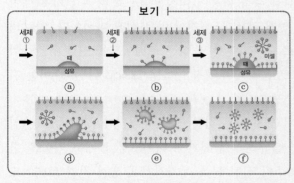

├ 보기 ┤

① ⓐ와 ⓑ의 계면에서 소수기는 공기 쪽을, 친수기는 물 쪽을 향하겠군.
성냥개비의 몸통처럼 긴 부분　성냥개비의 머리처럼 짧은 부분

② ⓐ~ⓒ를 보니 세제가 부족하면 표면을 덮더라도 미셀을 형성하지 못하겠군.
ⓐ와 ⓑ는 미셀을 형성하지 못했고, ⓒ는 미셀을 형성함

③ ⓑ와 ⓒ에서 세제의 소수기가 때를 향해 있으므로, 때는 기름 성분에 가깝겠군.
친유성인 소수기가 때를 둘러싸고 있음

④ ⓒ~ⓔ에서 세제는 때를 둘러싸면서 때를 부풀게 하여 섬유에서 떼어 내겠군.
미셀 속에 때를 갇히게 하여 섬유에서 분리시킴

☑ ⓔ~ⓕ를 보니 미셀이 형성되면 오래 담가 둬도 때가 섬유에 붙지는 않겠군.
× — 오래 담가 두면 미셀이 풀어질 수 있음

정답 풀이

4문단에서 세제를 푼 물속에 빨래를 너무 오래 담가 두면 미셀들이 풀어지면서 때가 다시 옷감에 달라붙을 수 있다고 하였다. 따라서 미셀 속에 갇힌 때라도 오래 방치하면 미셀이 풀어져 때가 섬유에 다시 붙을 수 있음을 알 수 있다.

오답 풀이

① 〈보기〉에서 성냥개비의 머리처럼 짧은 부분인 친수기는 물 쪽을 향하고 있고, 몸통처럼 긴 부분인 소수기는 공기 쪽을 향하고 있다.

② 〈보기〉에서 ⓑ는 계면 활성제가 표면을 덮고 있지만, 그 양이 충분하지 않아 ⓒ와 같이 미셀을 형성하지 못하였다.

③ ⓑ와 ⓒ에서 때 주위를 친유성인 소수기가 둘러싸고 있으므로, 때는 기름 성분에 가까울 것이라고 추측할 수 있다.

④ ⓒ~ⓔ에서 때가 부풀어 오르며 섬유에서 떨어져 나오는 것은, 계면 활성제 분자들이 때를 둘러싸고 부풀게 하여 미셀 속에 갇히게 한 다음 섬유에서 분리시켰기 때문이다.

3 세부 정보 파악하기 　답 ③

㉠에 대한 이해로 가장 적절한 것은?

① 세제는 옷에서 더러운 때를 제거하므로 인체에 무해하다.

② 세제는 환경 친화적이므로 생태계에 영향을 주지 않는다.

☑ 빨래할 때 세제를 필요한 양보다 더 많이 사용하는 것은 좋지 않다.
○ — 과다 사용은 환경 오염을 유발할 수 있음

④ 세제를 완전히 제거할 수는 없으므로 빨래는 조금만 헹구는 것이 좋다.

⑤ 때가 많은 옷은 세제를 푼 물에 오래 담가 넉넉히 불려서 세탁하는 것이 좋다.

정답 풀이

4문단에서 세탁물을 여러 번 헹궈도 옷감에 세제 성분이 남아 있을 수 있으며, 너무 많은 양의 세제를 사용하면 환경 오염을 일으킬 수 있다고 하였다. 따라서 세제를 필요한 양보다 더 많이 사용하는 것은 좋지 않으므로, 적절한 사용량을 지켜야 한다.

어휘력 Upgrade ※다음의 빈칸에 들어갈 알맞은 말을 〈보기〉에서 찾아 쓰시오.

┌ 보기 ┐
무해
반발
수행
유발

1 내가 먹는 약은 인체에 (무해)한 것이다.
→ 해로움이 없음

2 그는 자신이 맡은 업무를 충실히 (수행)하였다.
→ 생각하거나 계획한 대로 일을 해냄

3 시민들은 정부의 새로운 정책에 대해 강력하게 (반발)하였다.
→ 어떤 상태나 행동 따위에 대하여 거스르고 반항함

4 글을 쓸 때 의문문을 활용하면 독자의 호기심을 (유발)할 수 있다.
→ 어떤 것이 다른 일을 일어나게 함

심장 마비를 일으키는 토네이도의 비밀

● 지문 갈무리
이 글은 심장 마비가 발생하는 이유를 전기 토네이도에서 찾고 있어. 원래 심장의 수축 운동을 돕던 전기가 마치 토네이도와 같이 비정상적으로 움직이면 심장 마비가 생긴다고 설명하고 있어.

● 주제
심장 마비가 발생하는 이유

1 심장 마비는 재빠르게 대처하지 못하면 돌연사를 일으킬 수 있는 무서운 병이다. 그동안 이러한 병에 대처하지 못한 가장 큰 원인은 갑작스럽게 심장 마비가 오는 이유를 알 수 없었기 때문이다. 그런데 최근 들어 이와 관련한 비밀이 풀리고 있다. 미국 중남부 지역에서 일어나 삶의 터전을 황폐화하는 강렬한 회오리바람을 ㉠토네이도라고 한다. 그런데 심장 마비의 주범 역시 심장에서 생기는 ㉡전기 토네이도인 것으로 밝혀졌다. 지상의 토네이도는 공기의 흐름 때문에 일어나지만, 심장 근육의 토네이도는 전기 때문에 일어난다. ▶심장 마비의 원인으로 밝혀진 전기 토네이도

2 심장 근육은 1초에 한 번 꼴로 오그라들며 혈액을 짜내 동맥으로 내보낸다. 심장 근육이 수축할 때 호수에 물결이 퍼지는 것처럼 전기가 심장 근육을 타고 퍼진다. 정상인의 심장에는 호수에 하나의 돌멩이를 던져 생기는 물결과 같은 모습의 전기가 1초마다 발생한다. 이 전기가 심장 근육이 수축 운동을 할 수 있게 만들어 준다. 그런데 심장이 수축 운동을 제대로 하고 있는데도 불구하고, 심장 마비를 일으키는 전기 토네이도가 심장의 또 다른 부위 여기저기서 만들어진다. 호수에 여러 개의 돌멩이를 던지면 호수의 물결이 엉망으로 뒤엉키는 것처럼, 심장 마비도 전기가 뒤엉켜서 발생하는 것이다. ▶정상적인 심장의 운동과 심장 마비가 생기는 이유

3 심장 근육 여기저기서 생기는 전기 토네이도는 정상적인 심장 운동보다 훨씬 빠르게, 1초에 10여 차례씩 일어난다. 정상적인 심장 수축 활동이 비정상적으로 빠른 전기 토네이도의 속도를 쫓아가다 결국 지쳐 심장이 멎게 되는데, 이것이 바로 심장 마비이다. 하나의 전기 토네이도가 생기면 그것은 여러 개로 갈라지면서 또 다른 토네이도를 연달아 만들어 낸다. 또한 토네이도의 핵은 불규칙적으로 움직이며 심장 근육을 헤집고 다닌다. 이는 지상에서 발생하는 토네이도와 아주 흡사한 모습이다. ▶심장 마비의 개념 및 전기 토네이도와 토네이도의 유사성

4 이러한 연구를 토대로 흔히 '제세동기'라 불리는 심장 전기 충격기가 개발되었다. 심장 전기 충격기는 심장에 갑자기 발생한 불규칙적인 전기 토네이도를 없애는 역할을 한다. 강한 전기를 심장에 순간적으로 흘려주어 심장 근육 여기저기에 생긴 전기 토네이도를 제거하고 정상적으로 심장 박동이 일어나게 하는 전기만 남게 하는 것이 그 원리이다. 물론 이러한 심장 전기 충격기가 심장에 발생하는 불규칙적인 전기 토네이도를 미리 알려 주지는 못한다. 그렇기 때문에 심장에 발생하는 전기 토네이도를 사전에 감지하여 이를 근본적으로 없앨 수 있는 기술이 필요하다. ▶심장 전기 충격기의 원리와 앞으로의 연구 과제

▾돌연사(突然死): 외관상 건강하였던 사람이 갑자기 죽는 일.
▾황폐화(荒廢化): 집, 토지, 삼림 따위를 거두지 않고 그냥 두어 거칠고 못 쓰게 됨.
▾주범(主犯): 어떤 일에 대하여 좋지 아니한 결과를 만드는 주된 원인.
▾수축(收縮): 근육 따위가 오그라듦.
▾불규칙적(不規則的): 규칙에서 벗어나 있거나 규칙이 없는 것.

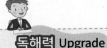

독해력 Upgrade   ※각 문단의 중심 내용을 다음과 같이 정리할 때, 빈칸에 들어갈 알맞은 말을 쓰시오.

| **1** 심장 마비의 원인으로 밝혀진 (전기) 토네이도 | → | **2** 정상적인 심장의 운동과 (심장 마비)가 생기는 이유 | → | **3** 심장 마비의 개념 및 전기 토네이도와 (토네이도)의 유사성 | → | **4** 심장 전기 충격기의 원리와 앞으로의 연구 과제 |

1 핵심 정보 파악하기   답 ④

이 글에서 다룬 내용이 아닌 것은?

① 심장 마비의 개념 → 3문단

② 심장 전기 충격기의 원리 → 4문단

③ 심장 마비가 발생하는 이유 → 2문단

☑ 심장 전기 충격기의 사용 방법
   × - 이 글에 언급되지 않은 내용

⑤ 심장 마비에 대처하기 어려웠던 이유 → 1문단

정답 풀이

4문단에서 전기 토네이도를 없애는 심장 전기 충격기의 원리를 설명하고 있을 뿐, 기기의 사용 방법은 제시하지 않았다.

오답 풀이

① 3문단에서 정상적인 심장 수축 활동이 비정상적으로 빠른 전기 토네이도의 속도를 쫓아가다 결국 지쳐 심장이 멎게 되는 것이 심장 마비라고 하였다.

② 4문단에서 강한 전기를 심장에 흘려 전기 토네이도를 제거하고 필요한 전기만 남게 하는 것이 심장 전기 충격기의 원리라고 하였다.

③ 2문단에서 전기 토네이도 때문에 전기가 뒤엉켜서 심장 마비가 일어난다고 하였다.

⑤ 1문단에서 그동안 심장 마비에 대처하지 못한 가장 큰 원인은 갑작스럽게 심장 마비가 오는 이유를 알 수 없었기 때문이라고 하였다.

2 세부 정보 파악하기   답 ③

이 글에 대한 이해로 적절하지 않은 것은?

① 심장 마비는 돌연사의 위험이 매우 크다. → 1문단

② 심장은 혈액을 짜내 동맥으로 내보내는 역할을 한다.
                                 → 2문단

☑ 심장에서 만들어진 전기는 심장 근육의 팽창 운동을 돕는다.
              × - 수축 운동

④ 전기 토네이도의 속도는 정상적인 심장 운동보다 훨씬 빠르다. → 3문단

⑤ 심장 마비가 발생했을 때 신속하게 제세동기를 사용하면 목숨을 구할 수도 있다. → 4문단

정답 풀이

2문단에서 정상인의 심장에서 발생하는 전기는 심장 근육이 수축 운동을 할 수 있게 만들어 준다는 것을 알 수 있다.

오답 풀이

① 1문단에서 심장 마비는 재빠르게 대처하지 못하면 돌연사를 일으킬 수 있는 무서운 병이라고 하였다.

② 2문단에서 심장 근육은 1초에 한 번 꼴로 오그라들며 혈액을 짜내 동맥으로 내보낸다고 하였다.

④ 3문단에서 전기 토네이도는 정상적인 심장 운동보다 훨씬 빠르게 1초에 10여 차례씩 일어난다고 하였다.

⑤ 4문단에 따르면 제세동기는 심장에 갑자기 발생한 불규칙적인 전기 토네이도를 없애는 역할을 하므로, 이를 신속하게 활용하면 심장 마비가 발생한 사람의 목숨을 구할 수 있을 것이다.

3 세부 정보 파악하기   답 ⑤

㉠과 ㉡을 비교한 내용으로 적절하지 않은 것은?

	구분	㉠	㉡
①	발생 장소	미국 중남부 지역	심장
②	성격	자연재해	인체 질환
③	원인	공기의 흐름	전기
④	피해	삶의 터전 황폐화	심장 마비(돌연사)
☑	예방 방법	기상 예보 × - 언급되지 않음	제세동기 × - 예방할 수 없음

정답 풀이

이 글에는 토네이도를 예방할 수 있는 방법이 설명되어 있지 않다. 그리고 4문단에서 심장 전기 충격기가 심장에 발생하는 불규칙적인 전기 토네이도를 미리 알려 주지는 못한다고 하였으므로, 제세동기가 있다고 해서 전기 토네이도가 발생하지 않도록 예방할 수 있는 것은 아니다.

오답 풀이

① 1문단을 통해 토네이도는 미국 중남부 지역에서 일어나고, 전기 토네이도는 심장에서 생긴다는 것을 알 수 있다.

② 토네이도는 자연재해 중의 하나이고, 전기 토네이도는 심장 마비를 일으키는 인체 질환이다.

③ 1문단을 통해 토네이도는 공기의 흐름 때문에 일어나고, 전기 토네이도는 전기 때문에 일어난다는 것을 알 수 있다.

④ 1문단을 통해 토네이도는 삶의 터전을 황폐화하는 강렬한 회오리바람이고, 전기 토네이도는 심장 마비를 일으키는 주범이라는 것을 알 수 있다.

어휘력 Upgrade

※ 다음의 빈칸에 들어갈 알맞은 말을 <보기>에서 찾아 쓰시오.

┌ 보기 ┐
불규칙적
수축
주범
황폐화

1 내 친구 수정이는 (불규칙적)인 생활을 하는 편이다.
               → 규칙에서 벗어나 있거나 규칙이 없는 것

2 심장이 (수축)하면 심실의 혈액이 압력을 받는다.
           → 근육 따위가 오그라듦

3 무분별한 개발은 지구촌 전체의 (황폐화)를 초래한다.
           → 집, 토지, 삼림 따위를 거두지 않고 그냥 두어 거칠고 못 쓰게 됨

4 기상청은 엘니뇨 현상을 최근에 나타난 이상 기후의 (주범)으로 꼽았다.
           → 어떤 일에 대하여 좋지 아니한 결과를 만드는 주된 원인

우리 몸의 에너지원이 만들어지는 과정

●지문 갈무리
사람이 활동을 하려면 많은 에너지가 필요해. 이 글은 호흡이 이루어지는 과정에서 몸속에 들어온 산소와 영양소가 만나 에너지가 만들어지는 과정을 세 단계로 나누어 설명하고 있어.

●주제
우리 몸에서 호흡을 통해 에너지가 만들어지는 과정

▼**전환(轉換):** 다른 방향이나 상태로 바뀌거나 바꿈.

▼**필수적(必須的):** 꼭 있어야 하거나 하여야 하는 것.

▼**폐포(肺胞):** 허파로 들어간 기관지의 끝에 포도송이처럼 달려 있는 자루.

▼**ATP:** 에너지 대사에 중요한 역할을 하는 유기 화합물의 하나.

▼**TCA 회로:** 피루브산을 이산화 탄소와 물로 분해하는 화학 회로.

▼**전자 전달계:** 전자를 운반하여 ATP를 생성할 수 있는 에너지를 방출하는 일련의 전자 운반체.

▼**내재(內在):** 어떤 사물이나 범위의 안에 들어 있음.

1 우리는 매일 밥을 먹고 산다. 밥의 주성분은 탄수화물인데, 이 탄수화물은 인체에서 일정한 과정을 거쳐 에너지로 전환된다. 이때 필수적인 역할을 하는 것이 호흡이다. 호흡은 크게 외호흡과 내호흡으로 나뉜다. 외호흡은 우리가 흔히 말하는 호흡으로, 폐에 있는 폐포와 모세 혈관 사이에서 일어나는 산소와 이산화 탄소의 기체 교환을 말한다. 내호흡은 모세 혈관과 조직 세포 사이에서 산소와 이산화 탄소의 기체 교환이 이루어지는 것을 말한다. 인체는 이러한 호흡을 통해 조직 세포에 들어온 산소와 영양소를 결합하여 활동에 필요한 에너지를 만들어 낸다. 그렇다면 영양소가 산소와 결합하여 에너지가 발생하기까지의 과정 은 어떻게 이루어질까? ▶우리 몸에서 에너지가 만들어지는 과정에 대한 의문

밥이 보약이야～

2 먼저 ㉠탄수화물을 통해 인체에 흡수된 포도당은 모세 혈관을 통해 조직 세포로 운반된다. 이때 포도당 한 분자는 세포의 세포질에서 2개의 피루브산으로 분해되면서, 2개의 ATP와 2개의 $NADH_2$라는 물질도 함께 만들어 낸다. ▶에너지가 만들어지는 첫 번째 단계

3 ㉡포도당이 분해되어서 만들어진 피루브산은 미토콘드리아의 TCA 회로에 투입된다. 피루브산 한 분자가 TCA 회로에 투입되면 이산화 탄소 세 분자가 생성되고, 4개의 $NADH_2$와 1개의 $FADH_2$, 1개의 ATP가 함께 만들어진다. 포도당 한 분자에서 피루브산이 두 분자 만들어지므로, TCA 회로에서는 포도당 한 분자로부터 6개의 이산화 탄소와 8개의 $NADH_2$, 2개의 $FADH_2$, 2개의 ATP가 만들어진다고 할 수 있다. 이 과정을 통해 만들어진 물질 중 에너지원으로 사용되는 것이 바로 ATP이다. 그렇지만 이때까지 만들어진 ATP만으로는 에너지의 양이 너무 적다. ▶에너지가 만들어지는 두 번째 단계

4 그렇기 때문에 호흡의 마지막 단계인 전자 전달계에서 이를 보완해 준다. ㉢이전 단계들에서 만들어진 $NADH_2$와 $FADH_2$는 직접 에너지원으로 사용할 수는 없지만, 이들을 이용해 미토콘드리아의 안에 있는 전자 전달계에서 ATP를 추가적으로 만들 수 있다. $NADH_2$와 $FADH_2$는 전자 전달계로 건너와 각각 3개, 2개씩의 ATP를 만든다. 이때 전자 수용체 역할을 하는 산소가 필요하다. (이전 단계 $NADH_2$ 10개 × 3개) + (이전 단계 $FADH_2$ 2개 × 2개) = 34개 요약하자면 포도당 한 분자에 대해 ATP는 포도당이 피루브산으로 분해되는 과정에서 2개, TCA 회로를 통해 2개, 전자 전달계를 통해 34개가 만들어져 총 38개를 얻을 수 있다. ▶에너지가 만들어지는 세 번째 단계

5 근육에 내재하는 포도당을 분해해 에너지를 얻는 경우에는 산소가 필요 없으나, 이 경우에는 포도당 한 분자를 이용해 2개의 ATP만을 만든다. 이에 비해 산소를 이용하여 영양분과 결합해 에너지를 만드는 방법은 매우 효율적이라 할 수 있다. ▶산소를 이용한 에너지 생산의 효율성

독해력 Upgrade

※각 문단의 중심 내용을 다음과 같이 정리할 때, 빈칸에 들어갈 알맞은 말을 쓰시오.

| **1** 우리 몸에서 (에너지)가 만들어지는 과정에 대한 의문 | → | **2** 에너지가 만들어지는 첫 번째 단계 | → | **3** 에너지가 만들어지는 두 번째 단계 | → | **4** 에너지가 만들어지는 세 번째 단계 | → | **5** (산소)를 이용한 에너지 생산의 효율성 |

1 세부 정보 파악하기 　답 ②

이 글의 내용과 일치하는 것은?

① NADH₂와 FADH₂는 직접적인 에너지원이 될 수 있다.
　× – ATP로 변환해야 함
② 피루브산 한 분자는 TCA 회로에서 1개의 ATP를 생성한다.
③ 포도당 한 분자는 <u>모세 혈관</u>에서 2개의 피루브산으로 분 → 3문단
해된다.
　× – 세포의 세포질
④ TCA 회로에서 만들어진 ATP로도 <u>충분한 에너지의 양이</u>
생성된다.
　× – 에너지의 양이 너무 적음
⑤ <u>외호흡</u>은 모세 혈관과 조직 세포 사이에서 일어나는 기
　× – 내호흡
체 교환이다.

정답 풀이

3문단에서 피루브산 한 분자가 TCA 회로에 투입되면 이산화
탄소 세 분자가 생성되고, 4개의 NADH₂와 1개의 FADH₂, 1
개의 ATP가 만들어진다는 설명을 확인할 수 있다.

오답 풀이

① 4문단에서 NADH₂와 FADH₂는 직접 에너지원으로 사용할 수 없어
전자 전달계에서 이를 ATP로 변환한다고 하였다.
③ 2문단에서 포도당 한 분자는 모세 혈관이 아닌 세포의 세포질에서 2
개의 피루브산으로 분해된다고 하였다.
④ 3문단에서 1, 2단계에서 만들어진 ATP만으로는 에너지의 양이 너무
적다고 하였다.
⑤ 1문단에서 모세 혈관과 조직 세포 사이에서 일어나는 기체 교환은
내호흡이라고 하였다.

2 내용 추론하기 　답 ④

㉠~㉢에 대한 이해로 적절하지 않은 것은?

① ㉠에서는 포도당 한 분자가 피루브산으로 분해되고, 이
과정에서 2개의 ATP를 생성한다.
② ㉡에서 피루브산 한 분자는 이산화 탄소 세 분자와 4개
의 NADH₂, 1개의 FADH₂, 1개의 ATP를 생성한다.
③ ㉡에서 만들어진 ATP를 에너지원으로 사용할 수 있다.
④ ㉢에서는 총 38개의 ATP를 얻을 수 있다.
　× – 34개
⑤ ㉠, ㉡의 과정에서 얻는 ATP의 수가 ㉢의 과정에서 얻는
　4개　　　　　　　　　　　　　　　　　　　　　34개
ATP의 수보다 적다.

정답 풀이

㉢은 1, 2단계에서 만들어진 ATP만으로는 에너지의 양이 너
무 적어 전자 전달계에서 이를 보완하는 과정이다. 4문단에
서 NADH₂와 FADH₂는 전자 전달계로 건너와 각각 3개, 2개
씩의 ATP를 만든다고 하였다. 그런데 첫 번째 단계에서 2개
의 NADH₂를 얻고, 두 번째 단계에서 8개의 NADH₂와 2개의
FADH₂를 얻었다. 즉, ㉢에서는 이전 단계에서 얻은 10개의
NADH₂와 2개의 FADH₂를 통해 총 34개의 ATP를 얻을 수
있다.

오답 풀이

① ㉠의 뒤에 이어지는 문장에서 포도당 한 분자는 2개의 피루브산으로
분해되면서, 2개의 ATP와 2개의 NADH₂를 함께 만들어 낸다고 하였
다.
② ㉡의 뒤에 이어지는 문장에서 피루브산 한 분자는 이산화 탄소 세
분자와 함께 4개의 NADH₂, 1개의 FADH₂, 1개의 ATP를 만들어 낸다
고 하였다.
③ 3문단에서 두 번째 과정에서 만들어진 물질 중 ATP가 에너지원으로
사용된다고 하였다.
⑤ ㉠과 ㉡의 과정에서는 각각 2개의 ATP를, ㉢의 과정에서는 34개의
ATP를 얻을 수 있다.

3 내용 추론하기 　답 ⑤

〈보기〉의 빈칸에 들어갈 개수는?

┤ 보기 ├

　사람의 몸에서 포도당 두 분자가 산소를 이용한 호흡을
통해 에너지원을 생성할 때, 총 (　　　　)의 ATP를 얻을
수 있다.

① 4개　　　　　② 34개　　　　　③ 38개

④ 68개　　　　　⑤ 76개
　　　　　　포도당 한 분자를 통한 ATP의 합 38개 × 2

정답 풀이

4문단의 마지막 부분에 요약되어 있는 내용에서, 포도당 한
분자에 대해 ATP는 포도당이 피루브산으로 분해되는 과정에
서 2개(1단계), TCA 회로를 통해 2개(2단계), 전자 전달계를
통해 34개(3단계)가 만들어져 총 38개를 얻을 수 있음을 알
수 있다. 포도당 한 분자를 통해 만들 수 있는 ATP의 합이 총
38개이므로, 포도당 두 분자를 통해서는 총 76개의 ATP를
얻을 수 있다.

어휘력 Upgrade ※다음의 빈칸에 들어갈 알맞은 말을 〈보기〉에서 찾아 쓰시오.

┤ 보기 ├
내재
전환
직접적
필수적

1 지금은 발상의 (전환)이 필요한 때이다.
　　　　　　　→ 다른 방향이나 상태로 바뀌거나 바꿈
2 그 사건에는 위험한 요소들이 (내재)하고 있다.
　　　　　　　　　→ 어떤 사물이나 범위의 안에 들어 있음
3 햇빛은 식물의 성장에 (직접적)인 영향을 미친다.
　　　　　　　　→ 중간에 아무것도 끼거나 거치지 않고 바로 연결하는 것
4 시계 제조 산업은 정밀함을 갖추는 것이 (필수적)이다.
　　　　　　　　　　　　　　→ 꼭 있어야 하거나 하여야 하는 것

치매를 부르는 '소포체 스트레스'

● **지문 갈무리**
단백질을 가공하는 역할을 하는 소포체라는 기관에 스트레스가 쌓이면 알츠하이머병이 생길 수 있다고 해. 이 글은 '소포체 스트레스'와 '소포체 스트레스 반응'이라는 개념을 통해 노화와 관련된 질환을 설명하고 있어.

● **주제**
치매를 부르는 '소포체 스트레스'의 원인과 '소포체 스트레스 반응'의 역할

1 알츠하이머병은 치매의 한 원인으로, 전체 치매 환자의 50~60% 정도가 알츠하이머병에 의한 치매 증상을 보이는 것으로 알려져 있다. 이 병은 오랜 시간 동안 뇌 속에 단백질이 쌓이면서 서서히 뇌의 신경 세포가 죽어가는 퇴행성 신경 질환 중 하나이다.
_{알츠하이머병의 개념}
퇴행성 신경 질환이란 오랜 시간이 흘러 신경 세포가
_{퇴행성 신경 질환의 개념}

제 기능을 하지 못하게 되면서 생기는 노화▼와 관계되는 질병을 일컫는다. 그런데 노화를 겪는 사람들이 모두 이 병에 걸려 고통을 받는 것은 아니다. ▶알츠하이머병의 개념과 발병 원인에 대한 의문

2 <u>알츠하이머병의 원인</u>이 분명하게 밝혀진 것은 아니지만, 연구자들은 세포 내에 유입
_{중심 화제}   _{소포체의 기능}
된 단백질을 가공하는 기관인 '소포체'와 관련이 있으리라고 예상하고 있다. 소포체 내에 들어온 단백질은 소포체에서 정교하게 꼬이고 접혀 복잡한 입체 구조로 바뀌게 된다. 그
_{소포체의 기능이 정상적일 때 단백질의 모습}
런데 소포체 내에 단백질이 급격하게 유입되거나 소포체 내에서 칼슘 농도에 변화가 생기면, 단백질의 접힘이 제대로 일어나지 않아 단백질의 구조가 입체적으로 변화하지 않게
_{소포체의 기능이 저하되었을 때 단백질의 모습}
된다. 이런 상태가 지속되면 소포체는 스트레스를 받게 되어 단백질을 가공하는 기능이
_{소포체 스트레스의 개념}
저하▼되는데, 이를 '소포체 스트레스'라고 한다. ▶소포체의 기능과 소포체 스트레스의 개념

3 소포체에는 스트레스를 감지하기 위한 세 개의 센서가 있어 스트레스를 막는 역할을 한다. 먼저 ㉠<u>센서 PERK</u>는 단백질이 새로 만들어지는 합성을 원천적▼으로 차단한다. 단
_{센서 PERK의 역할}
백질의 합성을 억제함으로써 소포체 내로 단백질이 과다▼하게 유입되는 것을 막는다. 다음으로 ㉡<u>센서 IRE1과 ATF6</u>은 단백질의 접힘을 도와주는 단백질인 샤페론의 양을 늘린
_{센서 IRE1과 ATF6의 역할}
다. 증가한 샤페론은 비정상적으로 접혀 있는 단백질이 정상적으로 접히도록 유도한다. 이렇게 세 개의 센서를 활성화하여 소포체를 정상화하려는 움직임을 '소포체 스트레스 반
_{소포체 스트레스 반응의 개념}
응'이라고 한다. 이러한 반응으로 인해 소포체로 유입되는 단백질이 줄고 소포체가 단백
_{소포체 스트레스 반응의 효과}
질 접힘 능력을 회복하여 소포체가 겪을 스트레스가 감소한다. 그러나 이러한 방법으로도 소포체의 항상성▼을 회복하기 어렵다면 전체 개체의 유익▼을 위하여 소포체는 세포를 죽음에 이르게 한다. ▶소포체에 있는 센서의 역할과 소포체 스트레스 반응의 개념

4 인간은 누구나 노화를 겪게 되며, 이 과정에서 소포체의 기능이 저하될 수 있다. 만약
_{알츠하이머병의 원인 ①}
「소포체의 기능이 저하되었을 때 이를 회복하기 위한 (ⓐ   ) 알츠
「 」: 알츠하이머병의 원인 ②   _{소포체 스트레스 반응이 정상적으로 작동하지 않는다면}
하이머병과 같은 질환으로 고통을 받을 수 있다. 다시 말해 소포체 내의 센서가 얼마나 제 기능을 발휘하는가에 따라 퇴행성 신경 질환의 발생 가능성은 줄어들게 된다.
▶알츠하이머병의 발병 원인에 대한 대답

▼ **노화(老化)**: 시간이 흐름에 따라 생체 구조와 기능이 쇠퇴하는 현상.
▼ **저하(低下)**: 정도, 수준, 능률 따위가 떨어져 낮아짐.
▼ **원천적(源泉的)**: 사물의 근원에 관계된 것.
▼ **과다(過多)**: 너무 많음.
▼ **항상성(恒常性)**: 늘 일정한 상태를 유지하는 성질.
▼ **유익(有益)**: 이롭거나 도움이 될 만한 것이 있음.

독해력 Upgrade   ※각 문단의 중심 내용을 다음과 같이 정리할 때, 빈칸에 들어갈 알맞은 말을 쓰시오.

1 알츠하이머병의 개념과 발병 (원인)에 대한 의문	→	**2** (소포체)의 기능과 소포체 스트레스의 개념	→	**3** 소포체에 있는 센서의 역할과 소포체 스트레스 (반응)의 개념	→	**4** 알츠하이머병의 발병 원인에 대한 대답

1 세부 정보 파악하기

답 ④

이 글의 내용과 일치하지 <u>않는</u> 것은?

① 뇌 속에 쌓인 단백질은 알츠하이머병을 일으키는 원인이 된다. → 1문단

② 소포체 내에 유입된 단백질은 복잡한 입체 구조로 바뀌게 된다. → 2문단

③ 소포체는 전체 개체의 유익을 위해 세포를 죽음에 이르게 할 수도 있다. → 3문단

④ 소포체 내에서 칼슘 농도에 변화가 생기면 <u>단백질이 좀 더 정교하게 접힌다.</u>
  ×－단백질의 접힘이 제대로 이루어지지 않음

⑤ 소포체에서 단백질의 구조가 입체적으로 변화하지 않으면 소포체의 기능이 저하된다. → 2문단

정답 풀이

2문단에서 소포체 내에서 칼슘 농도에 변화가 생기면, 단백질의 접힘이 제대로 일어나지 않아 단백질의 구조가 입체적으로 변화하지 않게 된다고 하였다. 따라서 칼슘 농도에 변화가 생기면 단백질이 좀 더 정교하게 접힌다는 설명은 적절하지 않다.

오답 풀이

① 1문단에서 뇌 속에 단백질이 쌓이면서 서서히 뇌의 신경 세포가 죽어가는 퇴행성 신경 질환이 알츠하이머병이라고 하였다.

② 2문단에서 세포 내에 유입된 단백질을 복잡한 입체 구조로 바꾸는 것이 소포체의 역할이라고 하였다.

③ 3문단에서 소포체의 항상성을 회복하기 어려울 때, 전체 개체의 유익을 위하여 소포체는 세포를 죽음에 이르게 한다고 하였다.

⑤ 2문단에서 단백질의 구조가 입체적으로 변화하지 않는 상태가 지속되면 소포체는 스트레스를 받게 되어 단백질을 가공하는 기능이 저하된다고 하였다.

2 세부 정보 파악하기

답 ⑤

㉠과 ㉡의 역할을 바르게 이해하지 <u>못한</u> 것은?

① ㉠은 소포체 내에서 단백질이 새로 만들어지는 것을 막는다.

② ㉠은 소포체 내로 단백질이 너무 많이 유입되는 것을 억제한다.

③ ㉡은 샤페론의 양을 늘려 비정상적으로 접혀 있는 단백질이 정상적으로 접히도록 유도한다.

④ ㉠과 ㉡의 기능은 소포체가 항상성을 유지하게 하는 것이다.

⑤ ㉠과 ㉡은 소포체 스트레스를 <u>증가시키는</u> '소포체 스트레스 반응'을 이끌어 낸다.
  ×－감소시키는

정답 풀이

㉠과 ㉡은 모두 소포체 스트레스를 감지하기 위한 센서이다. ㉠과 ㉡을 활성화하여 '소포체 스트레스 반응'이 작동하면 소포체의 스트레스는 감소한다.

오답 풀이

① 센서 PERK는 단백질이 새로 만들어지는 합성을 원천적으로 차단한다고 하였으므로 적절하다.

② 센서 PERK는 단백질의 합성을 억제함으로써 소포체 내로 단백질이 과다하게 유입되는 것을 막는다고 하였으므로 적절하다.

③ 센서 IRE1과 ATF6은 샤페론의 양을 늘려 비정상적으로 접혀 있는 단백질이 정상적으로 접히도록 유도한다고 하였으므로 적절하다.

④ "이러한 방법으로도 소포체의 항상성을 회복하기 어렵다면"을 통해, 세 개의 센서는 소포체가 항상성을 유지하도록 돕는 기능을 한다는 것을 알 수 있다.

3 생략된 내용 추론하기

답 ④

ⓐ에 들어갈 내용으로 가장 적절한 것은?

① 소포체 스트레스가 감소한다면

② 소포체 스트레스가 증가한다면

③ 소포체 스트레스 반응이 정상적으로 작동한다면

④ 소포체 스트레스 반응이 정상적으로 작동하지 않는다면
  ○－알츠하이머로 고통 받는다면 소포체 스트레스 반응이 제대로 작동하지 않은 것임

⑤ 소포체에 있는 세 개의 센서가 역할을 제대로 수행한다면

정답 풀이

ⓐ의 앞에서 소포체의 기능이 저하되었을 때 이를 회복하기 위한 것이라고 하였으므로, ⓐ에는 소포체 스트레스 반응과 관련된 내용이 들어가야 한다. 그런데 ⓐ의 뒤에서 알츠하이머병과 같은 질환으로 고통을 받을 수 있다고 하였으므로, 소포체 스트레스에 대응하기 위한 소포체 스트레스 반응이 정상적으로 작동하지 않았다는 것을 알 수 있다. 따라서 ⓐ에는 ④와 같은 내용이 들어가야 한다.

어휘력 Upgrade

※ 다음의 빈칸에 들어갈 알맞은 말을 〈보기〉에서 찾아 쓰시오.

보기
과다
노화
유익
저하

1 수도권에 인구가 (과다)하게 집중되고 있다.
  → 너무 많음

2 서로의 (유익)을 위해서는 조금씩 양보해야 한다.
  → 이롭거나 도움이 될 만한 것이 있음

3 주름살이 생기는 것은 (노화)의 증세 중 하나이다.
  → 시간이 흐름에 따라 생체 구조와 기능이 쇠퇴하는 현상

4 주장은 선수들의 (저하)된 사기를 북돋기 위해 애를 썼다.
  → 정도, 수준, 능률 따위가 떨어져 낮아짐

태양이 없어도 물체의 색을 구분할 수 있을까

1 ② **2** ⑤ **3** ⑤

1 우리는 어떤 물체가 자체의 색을 가지고 있고, 그것을 눈을 통해 바라본다고 생각한
  _{일반적인 통념의 제시}
다. 그러나 우리가 물체 표면의 색을 인지ᵛ하는 것은 태양과 같은 광원ᵛ의 빛이 물체 표면
                                          _{물체의 색을 인지하는 원리}
에서 반사되어 우리 눈이 그것을 감지ᵛ한 결과이다. 예를 들어, 낮에 거리에서 꽃을 보았
다면 그것은 꽃의 표면에서 반사된 빛을 본 것이다. 꽃이 원래 가지고 있던 색을 그저 바
라보는 단순한 과정이 아니라는 것이다. 그렇다면 만약 태양과 같은 광원에서 빛을 보내
                                          _{질문을 통해 궁금증을 유발함}
지 않는다면, 우리는 반사되어 눈에 들어오는 빛이 없어져 물체들의 색을 전혀 인지할 수
없게 되는 것일까?   ▶ 광원이 없을 때 색을 인지할 수 있는지에 대한 의문

2 그렇지 않다. 매우 뜨거운 물체는 태양이 없어도 그 색을
      _{질문에 대한 대답 – 물체가 뜨거우면 광원이 없어도 색을 인지할 수 있음}
인지할 수 있다. 용암이 흘러가는 모습을 보면, 매우 뜨거운
물체는 햇빛이 없는 어두운 밤에도 빛을 낸다는 사실을 확인
할 수 있다. 태양이 빛을 제공ᵛ해 주지 않아도 색깔을 인지하

는 데 필요한 빛을 용암이 스스로 제공한다는 것이다. 이 빛은 용암에서 방출ᵛ하는 전자기
파 파장의 길이와 관련이 있다. 뜨거운 용암은 매우 큰 열에너지를 가지고 있는데, 열에너
_{용암이 내는 빛과 관련된 요소}
지란 본질적으로 원자들의 움직임이다. 이 원자들 속에 있는 전자들이 전자기파를 발생시
켜 우리가 밤에도 용암을 볼 수 있게 하는 것이다. _{밤에도 용암을 볼 수 있는 이유} ▶ 광원이 없는 물체의 색을 인지할 수 있는 원리

3 이렇듯 물체가 전자기파를 방출하는 현상을 |열복사|라고 하며, 모든 물체는 열복사를
          _{열복사의 개념}   _{중심 화제}
통해 전자기파를 방출한다. 물체는 온도가 높을수록 파장이 짧은 전자기파를 더 많이 방
                          _{물체의 온도와 파장의 길이 사이의 관계}
출하는데, 우리가 빛으로 볼 수 있는 파장의 길이는 380~750nmᵛ 사이인 가시광선 영역
에 해당한다. 가시광선은 말 그대로 눈으로 볼 수 있는 빛으로 파장의 길이가 짧은 전자기
                                        _{가시광선의 개념과 특징}
파이다. 온도가 높은 물체만이 이렇듯 짧은 전자기파인 가시광선 영역을 많이 방출한다.
          _{광원이 없어도 온도가 높으면 물체의 색을 인지할 수 있음}
반면 사람의 피부는 온도가 낮아 파장이 긴 적외선 영역이 많이 나오기 때문에 밤에 피부
가 빛나는 것을 볼 수 없다.   ▶ 열복사의 개념과 광원이 없어도 물체의 색을 인지할 수 있는 이유

4 열복사는 온도에 따라 독특한 파장 범위의 전자기파를 내뿜는다고 해서 온도 복사라
고도 한다. 모든 물체는 온도에 따라 다른 범위의 전자기파를 방출한다. 열복사에서 나오
          _{온도가 전자기파의 파장을 다르게 하는 유일한 요인임}
는 전자기파는 물질의 종류와 관련이 없고 오직 온도하고만 관련이 있다. 물체의 온도가
대략 400℃보다 낮으면 물체는 전자기파로 가시광선을 거의 내놓지 않고 이보다 파장이
긴 적외선만 내놓는다. 그러나 온도가 400℃보다 높으면 파장이 짧은 가시광선도 내뿜는
다. 이 빛은 500℃ 정도에서는 엷은 붉은색이다. 온도가 높을수록 빛의 세기가 강해지고
    _{온도에 따른 색의 차이 ①}
파장은 짧아져 950℃에서는 진한 주황색, 1100℃에서는 연한 노란색, 1400℃ 이상에서는
          _{온도에 따른 색의 차이 ②}   _{온도에 따른 색의 차이 ③}
가시광선의 모든 파장의 빛이 골고루 섞여 흰색이 된다.   ▶ 온도에 따른 색 인식의 차이
_{온도에 따른 색의 차이 ④}

독해력 Upgrade

※각 문단의 중심 내용을 다음과 같이 정리할 때, 빈칸에 들어갈 알맞은 말을 쓰시오.

| **1** (광원)이 없을 때 색을 인지할 수 있는지에 대한 의문 | → | **2** 광원이 없는 물체의 색을 인지할 수 있는 원리 | → | **3** (열복사)의 개념과 광원이 없어도 물체의 색을 인지할 수 있는 이유 | → | **4** (온도)에 따른 색 인식의 차이 |

1 세부 정보 파악하기　　답 ②

이 글에 대한 이해로 적절하지 않은 것은?

① 우리는 태양이 없더라도 용암의 색을 인지할 수 있다.

② 우리는 물체 자체가 가지고 있는 색을 눈으로 인지한다.　→ 2문단
　× – 물체 표면에서 반사된 광원의 빛을 눈으로 감지함

③ '낮에 거리에서 본 꽃'은 열복사를 통해 전자기파를 방출한다. → 3문단

④ '사람의 피부'는 다른 광원이 없는 밤이라면 그 색을 인지할 수 없다. → 3문단

⑤ 어떤 물체가 발생시키는 전자기파의 범위는 그 물체의 온도에 따라 달라진다. → 4문단

[정답] 풀이

1문단에서 우리는 물체 자체가 가지고 있는 색을 눈으로 바라보는 것이 아니라, 물체 표면에서 반사된 광원의 빛을 눈으로 감지하는 것이라고 하였다.

[오답] 풀이

① 2문단에서 용암은 온도가 높아 파장이 짧은 전자기파를 발생시키기 때문에 햇빛이 없는 밤에도 빛을 낸다고 하였다.

③ 3문단에서 모든 물체는 열복사를 통해 전자기파를 방출한다고 하였다.

④ 3문단에서 사람의 피부는 온도가 낮아 파장이 긴 적외선 영역이 많이 나오기 때문에 밤에 피부가 빛나는 것을 볼 수 없다고 하였다.

⑤ 4문단에서 모든 물체는 온도에 따라 다른 범위의 전자기파를 방출한다고 하였다.

2 구체적 사례에 적용하기　　답 ⑤

4 를 뒷받침할 수 있는 사례로 가장 적절한 것은?

① 여름철에 검은색 옷을 입으면 더위를 더 심하게 느낀다.

② 기상 관측용 설비인 백엽상은 그 설비의 외부를 흰색으로 만든다.

③ 녹음된 목소리의 파장이 긴 것을 보고 목소리의 주인을 남성으로 추측했다.

④ 비가 오는 날에는 자동차 라이트의 불빛이 제 기능을 발휘하지 못하는 경우가 있다.

⑤ 도자기를 굽는 사람들은 가마에서 나오는 빛의 색깔을 보고 가마의 온도를 짐작한다.
　○ – 온도에 따라 색깔이 달라짐

[정답] 풀이

4문단에서 물체는 온도에 따라 색깔이 달라짐을 알 수 있으며, 이를 통해 빛이 내는 색을 보고 그 온도를 짐작할 수 있음도 알 수 있다. 이를 뒷받침할 수 있는 사례로는 도자기 가마에서 나오는 빛의 색깔을 보고 가마의 온도를 짐작할 수 있다는 ⑤가 적절하다.

[오답] 풀이

② 백엽상은 내부 온도가 높으면 기상 관측에 어려움이 있다. 흰색의 백엽상은 빛 반사율과 관련된 것으로 이 글의 내용과 관련이 없다.

3 구체적 사례에 적용하기　　답 ⑤

이 글을 바탕으로 〈보기〉를 이해한 내용으로 적절하지 않은 것은?

┤ 보기 ├

　가시광선의 파장의 길이는 380nm에서 750nm 사이이다. 파장의 길이에 따라 인지되는 색의 종류는 다음과 같다.

380 400　　500　　600　　700 750
파장(nm)

빨간색	750~620nm	초록색	570~495nm
주황색	620~590nm	파란색	495~450nm
노란색	590~570nm	보라색	450~380nm

① 초록색의 빛이 주황색의 빛보다 파장의 길이가 짧군.

② 노란색의 촛불은 파란색의 가스레인지 불보다 온도가 낮겠군.
온도가 높을수록 파장이 짧은 전자기파를 방출함(3문단)

③ 물체의 온도가 500℃ 정도라면 전자기파의 파장이 700nm 안팎이겠군.
옅은 붉은색(4문단)　　빨간색(〈보기〉)

④ 파장의 길이가 750nm보다 길면 사람의 눈으로 색을 인지할 수 없겠군.

⑤ 파장의 길이가 380nm보다 짧으면 선명하게 물체의 색을 구분할 수 있겠군.
× – 가시광선 영역을 벗어나므로 색을 볼 수 없음

[정답] 풀이

3문단에 따르면, 우리가 빛으로 볼 수 있는 파장의 길이는 380~750nm 사이인 가시광선 영역이다. 파장의 길이가 380nm보다 짧으면 가시광선 영역을 벗어나게 되므로 눈으로 색을 볼 수 없다.

어휘력 Upgrade

※다음의 빈칸에 들어갈 알맞은 말을 〈보기〉에서 찾아 쓰시오.

┤ 보기 ├
감지
방출
인지
제공

1 우리 모두가 이번 사태의 심각성을 (인지)해야 한다.
→어떤 사실을 인정하여 앎

2 성적 우수자에게는 장학금은 물론 숙식까지 (제공)한다.
→무엇을 내주거나 갖다 바침

3 동물의 눈은 인간의 눈보다 빛을 (감지)하는 능력이 더 뛰어나다.
→느끼어 앎

4 최근 인체에 유익한 원적외선을 (방출)하는 바이오 모니터가 개발되었다.
→입자나 전자기파의 형태로 에너지를 내보냄

열과 일의 관계에 대한 과학자들의 탐구

1 열과 일은 어떤 관계일까? 18세기에 과학자들의 큰 관심사 중 하나는 증기 기관과 같은 열기관°의 열효율 문제였다. 열효율이란 열기관이 흡수한 열의 양 대비 한 일의 양을 말한다. 이 시기에 사람들은 칼로릭(caloric)이 열의 실체°라고 생각했다. 칼로릭은 온도가 높은 쪽에서 낮은 쪽으로 흐르는 성질을 갖고 있는, 질량이 없는 입자들의 집합을 의미한다. 이를 칼로릭 이론이라고 부르는데, 이에 따르면 찬 물체와 뜨거운 물체의 온도가 같아지는 것은 칼로릭이 뜨거운 물체에서 차가운 물체로 이동하기 때문이라는 것이다.
　　▶열과 일의 관계에 대한 의문과 칼로릭의 개념

2 19세기 초에 프랑스의 물리학자 카르노는 칼로릭 이론을 바탕으로 열기관의 열효율 문제에 대해 다루었다. 카르노는 칼로릭이 고온에서 저온으로 이동하면서 일을 하게 되는데, 열기관의 열효율 역시 이러한 두 온도 차이에 따른 칼로릭의 이동에 의존한다고 생각했다. 다시 말해 열기관은 열의 흐름인 칼로릭이 실제로 소비됨으로써 일을 하는 것이 아니라, 따뜻한 물체에 저장된 칼로릭이 차가운 물체로 이동함으로써 일을 하는 것이라고 주장하였다.
　　▶칼로릭 이론을 바탕으로 열기관의 열효율 문제를 다룬 카르노

3 그러나 1840년대에 영국의 물리학자 줄(Joule)은 물통 속의 물을 휘저으면 물의 온도가 올라가는 실험을 통해 일이 열로 전환되는 것이라고 주장했다. 줄은 일정량의 열을 얻기 위해 필요한 에너지의 양을 측정하는 ㉠열의 일당량° 실험을 진행하였다. 다시 말해 1kcal의 열을 얻기 위해 필요한 일의 양을 측정한 것이다. 이를 통해 줄은 일과 열은 형태만 다를 뿐 서로 전환이 가능한 것임을 입증°하였다. 또한 열과 일의 에너지를 합한 양은 일정하게 보존°된다는 사실도 알아냈다. 이후 열과 일뿐만 아니라 화학 에너지, 전기 에너지 등이 상호 전환될 때에 에너지의 총량은 변하지 않는다는 에너지 보존 법칙이 입증되었다.
　　▶일과 열의 상호 전환과 에너지 보존 법칙을 입증한 줄

4 이후 영국의 물리학자 톰슨은 ㉡칼로릭 이론에 입각한 카르노의 열기관에 대한 설명이 줄의 에너지 보존 법칙에 어긋난다고 지적°하였다. 카르노의 이론에 따르면, 열기관은 높은 온도에서 흡수한 칼로릭이라는 입자가 열 전부를 낮은 온도로 방출하면서 일을 한다. 하지만 이는 열기관이 일을 하는 것은 열에너지가 일 에너지로 바뀐 것이라는 줄의 실험 결과와는 어긋나는 것이었다. 따라서 열의 실체는 칼로릭이며 이 칼로릭이 이동하면서 열기관이 일을 하게 된다는 생각은 더 이상 유지될 수 없게 되었다. 하지만 카르노의 이론과 같은 과거의 과학 이론은 그 자체의 옳고 그름보다는 새로운 과학 이론을 탄생시키며 과학의 발전을 이끌었다는 데에서 의의를 찾을 수 있다.
　　▶카르노 이론의 문제점을 지적한 톰슨

● **지문 갈무리**
과학은 어느 한 사람만의 연구로 발전하는 것이 아니야. 어떤 주제에 대해 누군가 먼저 연구를 했다면, 다른 과학자가 앞선 연구의 문제점을 해결하면서 과학이 발전하지. 이 글은 열과 일의 관계에 대한 과학자들의 탐구 과정을 소개하고 있어.

● **주제**
열과 일의 관계에 대한 여러 과학자들의 탐구

▾ **열기관(熱機關):** 열에너지를 기계적 에너지로 바꾸는 기관을 통틀어 이르는 말.
▾ **실체(實體):** 어떤 대상의 진정한 정체나 본질.
▾ **일당량(一當量):** 역학적 에너지와 열에너지가 서로 값이 같음을 표시하는 양.
▾ **입증(立證):** 어떤 증거 따위를 내세워 증명함.
▾ **보존(保存):** 잘 보호하고 간수하여 남김.
▾ **지적(指摘):** 허물 따위를 드러내어 폭로함.

독해력 Upgrade　　※각 문단의 중심 내용을 다음과 같이 정리할 때, 빈칸에 들어갈 알맞은 말을 쓰시오.

| **1** 열과 일의 관계에 대한 의문과 (칼로릭)의 개념 | → | **2** 칼로릭 이론을 바탕으로 열기관의 열효율 문제를 다룬 카르노 | → | **3** 일과 열의 상호 전환과 에너지 (보존) 법칙을 입증한 줄 | → | **4** 카르노 이론의 문제점을 지적한 (톰슨) |

1 세부 정보 파악하기 답 ①

이 글에서 알 수 있는 내용으로 가장 적절한 것은?

☑ 카르노의 이론은 과학의 발전을 이끄는 계기가 되었다.
　○ – 새로운 과학 이론을 탄생시키며 과학의 발전을 이끎(4문단)
② 열효율은 한 일의 양 대비 열기관이 흡수한 열의 양이다.
　× – 열기관이 흡수한 열의 양 대비 한 일의 양
③ 칼로릭은 고온에서 저온으로 흐르는 질량을 가진 입자들
　의 집합이다.　× – 질량이 없는
④ 줄의 에너지 보존 법칙은 톰슨에 의해 더 이상 유지될 수
　　　　　　　　　　　× – 카르노의 이론
　없게 되었다.
⑤ 카르노는 칼로릭이 실제로 소비됨으로써 열기관이 일을
　하게 된다고 보았다.　× – 고온에서 저온으로 이동하면서

정답 풀이

4문단에서 카르노의 이론은 줄의 에너지 보존 법칙에 어긋났
지만, 새로운 과학 이론을 탄생시키며 과학의 발전을 이끌었
다는 데에서 의의를 찾을 수 있다고 하였다.

2 자료 해석의 적절성 평가하기 답 ⑤

〈보기〉를 참고할 때, ㉠을 이해한 내용으로 적절하지 않은 것은?

┌─ 보기 ┐

줄은 그림과 같이 실험 장치를
만들고 추를 낙하시켜 물탱크 안
의 물갈퀴를 회전시켰다. 추는 낙
하할 때 위치 에너지가 발생한다.
이 위치 에너지가 결국 물갈퀴를
회전시키는 일 에너지를 발생시
킨다. 줄은 물탱크 속의 물 온도가 추의 낙하 전과 후에 어
떻게 바뀌는지를 측정하였다. 그 결과 물탱크 속의 물 온
도가 점차 상승함을 확인할 수 있었다.

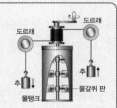

① 일과 열이 관계가 있음을 보여 주는군.
② 추의 위치 에너지가 열에너지로 전환되었군.
③ 실험을 반복하면 물의 온도는 점점 더 올라가겠군.
④ 추를 더 높은 곳에서 낙하시키면 물의 온도는 더 올라가
　겠군.
☑ 이 실험의 에너지 전환 과정에서 에너지의 총량은 작아
　지겠군.　× – 에너지의 총량은 그대로 유지됨

정답 풀이

〈보기〉는 추가 낙하할 때 발생하는 위치 에너지가 물갈퀴를
회전시키는 일 에너지로 사용되고, 이로 인해 물탱크 속의 물
온도(열에너지)가 상승하는 것을 보여 주는 줄의 '열의 일당량
실험'이다. 줄의 에너지 보존 법칙에 따르면 일과 열은 서로
전환이 가능하며, 열과 일의 에너지를 합한 양은 일정하게 보
존된다.

3 이유 추론하기 답 ④

㉡의 이유로 가장 적절한 것은?

① 칼로릭의 총량이 변한다는 사실을 발견했기 때문이다.
② 카르노의 주장은 실험을 통해 입증되지 않았기 때문이다.
③ 카르노의 주장과 달리 칼로릭은 실제로 소비되는 것이기
　때문이다.
☑ 줄의 주장처럼 열기관은 열에너지를 일 에너지로 바꾸어
　　　　　　　　○ – 줄의 이론이 입증되면서 카르노의 이론이 유지될 수 없게 됨
　일을 하기 때문이다.
⑤ 칼로릭은 사실 고온에서 저온이 아니라 저온에서 고온으
　로 이동하기 때문이다.

정답 풀이

카르노에 따르면, 열기관은 따뜻한 물체에 저장된 칼로릭이
라는 입자가 차가운 물체로 이동하면서 일을 한다. 하지만 줄
은 열기관은 열에너지가 일 에너지로 바뀌면서 일을 한다고
보았다. 이 때문에 톰슨은 카르노의 열기관에 대한 설명이 줄
의 에너지 보존 법칙에 어긋난다고 지적한 것이다.

단원 어휘 테스트 ✔

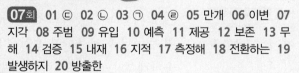

07회 01 ㉢ 02 ㉣ 03 ㉠ 04 ㉤ 05 만개 06 이변 07
지각 08 주범 09 유입 10 예측 11 제공 12 보존 13 무
해 14 검증 15 내재 16 지적 17 측정해 18 전환하는 19
발생하지 20 방출한

08회 01 ㉠ 02 ㉢ 03 ㉤ 04 ㉣ 05 질환 06 배열 07
노화 08 관측 09 불규칙적 10 자기중심적 11 직접적 12
원천적 13 속출 14 시행 15 생성 16 반발 17 감지하게
18 차단했다 19 저하되었다 20 제거하는

어휘력 Upgrade　※다음의 빈칸에 들어갈 알맞은 말을 〈보기〉에서 찾아 쓰시오.

┌─ 보기 ┐
보존
실체
입증
지적
└─────┘

1 그 고문서는 (보존) 상태가 별로 좋지 않았다.
　→ 잘 보호하고 간수하여 남김
2 그 사고는 목격자가 없어 (입증)이 불가능했다.
　→ 어떤 증거 따위를 내세워 증명함
3 교수님은 내 논문에 창의성이 없다고 (지적)하셨다.
　→ 허물 따위를 드러내어 폭로함
4 검찰의 수사로 마침내 그 사건의 (실체)가 밝혀졌다.
　→ 어떤 대상의 진정한 정체나 본질

기술 01

컴퓨터, 좀비가 되다

1① 2③ 3④

◉ 지문 갈무리
디도스 공격은 좀비 컴퓨터를 이용해 많은 양의 트래픽을 보냄으로써 특정 서버를 공격하는 방법이야. 이 글은 디도스 공격이 이루어지는 과정을 소개하고, 상대방의 대응에 따라 공격 방법이 더욱 진화하고 있다고 설명하고 있어.

◉ 주제
디도스 공격의 개념과 과정

1 우리가 사용하는 인터넷 서버ᵛ가 해커에게 공격 당해 인터넷이 끊기면 어떻게 될까? (상황을 가정하여 흥미를 유발함) 인터넷으로 주고받는 이메일이나 뉴스를 확인할 수 없어 불편한 것은 물론, 전화나 텔레비전도 이용할 수 없어 무척 답답할 것이다. (네트워크가 단절됨으로써 발생하는 손실 ①) 특히 많은 기업들이 인터넷을 기반으로 고객과 소통하면서 상품을 팔거나 서비스를 제공하기 때문에, 기업은 개별 가정보다 금전적 손실이 비교할 수 없이 클 것이다. (네트워크가 단절됨으로써 발생하는 손실 ②) 최근에는 인터넷 서비스를 마비시키려는 해커들의 공격 방식도 다양해지고 있는데, 그 대표적인 방식이 디도스(DDoS) 공격(중심 화제)이다.
▶인터넷 서비스를 마비시키는 대표적 방식인 디도스 공격

2 디도스 공격은 특정 서버를 해킹하거나 관리자 권한을 탈취ᵛ하지 않고, 특정한 서버에 많은 트래픽을 보내 서비스를 마비시키는 방법이다. (디도스 공격의 개념과 방법) 트래픽이란 통신 시스템이나 네트워크를 통해 전달되는 데이터의 양을 의미하는데, (트래픽의 개념) 비정상적으로 많은 양의 트래픽이 유입되면 서버는 이를 다 처리할 수 없어서 결국 서비스 거부 상태가 된다. (디도스 공격의 효과) 정상적인 서비스 이용자들이 해당 서버를 이용할 수 없게 되는 것이다.
▶많은 양의 트래픽을 보내 서비스를 마비시키는 디도스 공격

3 공격자는 먼저 불특정 다수의 컴퓨터를 악성 코드에 감염ᵛ시킴으로써 좀비 컴퓨터로 만든다. (디도스 공격 과정 ①) 개별 컴퓨터 사용자가 이를 알지 못하는 상태에서 악성 코드에 감염된 좀비 컴퓨터는 공격자의 명령에 따라 특정 서버의 공격에 가담한다. 공격자가 다수의 좀비 컴퓨터를 제어하여 특정 홈페이지에 대한 공격 명령을 내리면 좀비 컴퓨터는 그 홈페이지에 다량의 트래픽을 보낸다. (디도스 공격 과정 ②) 분산되어 있는 좀비 컴퓨터의 공격이 한 시기에 집중되면 공격을 받은 서버는 다량의 트래픽이 유입되어 서비스 거부 상태가 된다. (디도스 공격 과정 ③) 개별 컴퓨터 사용자는 자신도 모르는 사이에 디도스 공격에 참여하게 되는 것이다. 자신의 컴퓨터가 좀비 컴퓨터가 되지 않게 하려면, 인증ᵛ되지 않은 웹 사이트의 방문을 피하고 의심스러운 이메일을 열어 보지 않는 것이 좋다. (디도스 공격에 이용당하지 않기 위한 방안)
▶디도스 공격이 이루어지는 과정과 이에 이용당하지 않기 위한 방안

4 물론 웹 사이트들은 디도스 공격에 대응하여 비정상적인 트래픽을 선별ᵛ하여 차단한다. 디도스 공격에 동원되는 좀비 컴퓨터들은 정상적인 이용자들에 비해 과도한 트래픽을 보내기 때문에 정상적인 트래픽과 이를 넘어서는 트래픽을 구분하여 차단함으로써 (디도스 공격을 방어하는 방법) 디도스 공격을 ㉠방어한다. 그러나 최근에는 디도스 ㉡공격도 진화ᵛ하고 있다. 그중 하나가 더 많은 좀비 컴퓨터를 이용하여 정상적인 양의 트래픽을 웹 사이트에 전송하게 하는 것이다. (웹 사이트의 방어를 무력화하는 진화된 디도스 공격 방법) 각각의 컴퓨터는 과도한 트래픽을 보내지 않기 때문에 웹 사이트에서는 이들을 정상으로 인식하여 차단하지 않는다. 이렇게 되면 결국 많은 양의 트래픽이 특정 웹 사이트를 공격하는 꼴이 된다.
▶디도스 공격에 대한 방어 방법과 디도스 공격의 진화

- ᵛ서버(server): 주된 정보의 제공이나 작업을 수행하는 컴퓨터 시스템.
- ᵛ탈취(奪取): 빼앗아 가짐.
- ᵛ감염(感染): 컴퓨터 바이러스가 컴퓨터의 하드 디스크나 파일 따위에 들어오는 일.
- ᵛ인증(認證): 어떠한 문서나 행위가 정당한 절차로 이루어졌다는 것을 공적 기관이 증명함.
- ᵛ선별(選別): 가려서 따로 나눔.
- ᵛ진화(進化): 일이나 사물 따위가 점점 발달하여 감.

독해력 Upgrade ※각 문단의 중심 내용을 다음과 같이 정리할 때, 빈칸에 들어갈 알맞은 말을 쓰시오.

1 인터넷 서비스를 마비시키는 대표적 방식인 (디도스) 공격 → **2** 비정상적으로 많은 양의 (트래픽)을 보내 서비스를 마비시키는 디도스 공격 → **3** 디도스 공격이 이루어지는 과정과 이에 이용당하지 않기 위한 방안 → **4** 디도스 공격에 대한 방어 방법과 디도스 공격의 (진화)

1 세부 정보 파악하기   답 ①

이 글의 내용과 일치하는 것은?

☑ 디도스 공격은 기업에 금전적으로 큰 손실을 입힌다.
    ○ - 기업은 금전적 손실이 매우 클 것임(1문단)
② 디도스 공격은 특정 서버를 해킹함으로써 서비스를 마비
    × - 특정 서버를 해킹하지 않음
   시킨다.
③ 디도스 공격자는 미리 지정되어 있는 컴퓨터를 좀비 컴
    × - 불특정 다수의 컴퓨터
   퓨터로 만든다.
④ 좀비 컴퓨터들은 시기를 분산하여 공격 대상에 다량의
    × - 한 시기에 집중함
   트래픽을 보낸다.
⑤ 디도스 공격보다 디도스 공격을 효과적으로 막는 방법이
    × - 디도스 공격이 진화하고 있음
   더 빨리 발전한다.

정답 풀이

1문단에서 해커에게 공격 당해 인터넷이 끊기면, 인터넷을 기
반으로 고객과 소통하면서 상품을 팔거나 서비스를 제공하는
기업은 개별 가정보다 금전적 손실이 비교할 수 없이 클 것이
라고 하였다.

2 자료 해석의 적절성 평가하기   답 ③

이 글을 바탕으로 <보기>를 이해한 내용으로 적절하지 않은 것은?

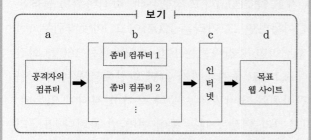
| 보기 |

① a는 d를 서비스 거부 상태로 만들기 위해 미리 악성 코드
   를 유포한다. → 3문단
② b는 a가 유포한 악성 코드에 감염되면 d에 다량의 트래
   픽을 보낸다. → 3문단
☑ c를 통해 다량의 트래픽이 d로 집중되면 그제야 b의 사
   용자가 이를 알게 된다.
    × - 자신도 모르는 사이에 디도스 공격에 참여하게 됨
④ d에서는 a의 공격을 막기 위해 b의 트래픽을 정상적인
   트래픽과 구분하려 한다. → 4문단

⑤ a의 공격이 성공하면 정상적인 이용자들이 d에 접근하지
   못하게 된다. → 2문단

정답 풀이

3문단에서 개별 컴퓨터 사용자는 자신도 모르는 사이에 디도
스 공격에 참여하게 된다고 하였다. 인터넷(c)을 통해 다량의
트래픽이 목표 웹 사이트(d)로 집중되어도 좀비 컴퓨터(b)의
사용자들은 이를 알지 못한다.

오답 풀이

① 3문단에서 공격자는 먼저 불특정 다수의 컴퓨터를 악성 코드에 감염
   시켜 좀비 컴퓨터로 만든다고 하였다.
② 3문단에서 악성 코드에 감염된 좀비 컴퓨터는 공격자의 명령에 따라
   공격 대상에 다량의 트래픽을 보낸다고 하였다.
④ 4문단에서 웹 사이트들은 정상적인 트래픽과 이를 넘어서는 트래픽
   을 구분하여 차단함으로써 디도스 공격을 방어한다고 하였다.
⑤ 2문단에서 서비스 거부 상태가 되면 정상적인 서비스 이용자들이 해
   당 서버를 이용할 수 없게 된다고 하였다.

3 전제 추론하기   답 ④

㉠과 ㉡이 공통적으로 전제하고 있는 것은?

① 좀비 컴퓨터의 수가 정상적인 이용자의 컴퓨터보다 더
   많다.
② 과도한 트래픽을 보내는 경우도 웹 사이트에서는 정상으
   로 인식할 수 있다.
③ 좀비 컴퓨터들은 정상적인 양의 트래픽으로도 웹 사이트
   를 공격할 수 있다.
☑ 악성 코드에 감염된 컴퓨터는 일반 컴퓨터보다 많은 양
    ㉠은 트래픽의 양을 구분하여 방어하고, ㉡은 트래픽의 양을 줄여 공격함
   의 트래픽을 전송한다.
⑤ 인증된 웹 사이트만 방문하면 컴퓨터가 악성 코드에 감
   염되는 상황을 막을 수 있다.

정답 풀이

㉠은 정상적인 트래픽과 이를 넘어서는 트래픽을 구분하는
방법을 이용한 것이다. 그리고 ㉡은 좀비 컴퓨터에서 보내는
트래픽의 양을 줄이는 방법을 이용한 것이다. 이는 모두 좀비
컴퓨터가 보내는 트래픽의 양이 일반 컴퓨터가 보내는 트래
픽의 양보다 많다는 것을 전제로 하여 고안된 방법들이다.

어휘력 Upgrade   ※다음의 빈칸에 들어갈 알맞은 말을 <보기>에서 찾아 쓰시오.

| 보기 |
감염
인증
진화
탈취

1 이 자료는 국립 과학 수사 연구소에서 (인증)된 것이다.
    → 어떠한 문서나 행위가 정당한 절차로 이루어졌다는 것을 공적 기관이 증명함
2 그들은 강제로 국권을 (탈취)하여 식민 지배를 시작하였다.
    → 빼앗아 가짐
3 문명은 인간의 생활을 더 편리하게 하는 쪽으로 (진화)하게 마련이다.
    → 일이나 사물 따위가 점점 발달하여 감
4 인터넷에서 자료를 받을 때에는 컴퓨터 바이러스의 (감염)을 조심하여야 한다.
    → 컴퓨터 바이러스가 컴퓨터의 하드 디스크나 파일 따위에 들어오는 일

조선 시대의 거리 측정 수레인 '기리고차'

1 ② **2** ④ **3** ④

1 조선 시대에는 어떻게 거리를 정확하게 잴 수 있었을까? 농경 사회인 조선 시대에 <u>각 도와 읍을 조사한 지도를 만들고</u>, <u>토지에 적절한 세금을 부과˚하거나</u>, <u>국가적인 토목 공</u>
<small>거리 측량의 필요성 ①　　　　　거리 측량의 필요성 ②　　　　　거리 측량의 필요성 ③</small>
<u>사를 하기 위해서는 거리를 정확하게 측량˚하는 것</u>이 매우 중요했다. 그 이전까지는 원시적인 방법으로 거리를 일일이 재다가, 세종 때에 중국의 거리 측정 장치를 개량˚하여 만든 <u>'기리고차'를 사용하게 되면서 비로소 정밀˚한 측량이 가능하게 되었다.</u> 기리고차란 톱니
<small>중심 화제</small>
<u>바퀴를 사용한 일종의 반자동 거리 측정 기기였다.</u>
<small>기리고차의 개념</small>

2 〈그림〉을 보면 기리고차는 마차의 중심바퀴
<small>기리고차의 구성 요소 ①</small>
축에 있는 톱니바퀴가 그 위의 아랫바퀴와 맞물
<small>기리고차의 구성 요소 ②</small>
려 있고, 다시 아랫바퀴 축의 톱니에는 중간바퀴
<small>기리고차의 구성 요소 ③</small>
가, 중간바퀴 축의 톱니에는 윗바퀴가 연결된 구
<small>기리고차의 구성 요소 ④</small>
조로 이루어져 있다. 「중심바퀴가 12바퀴 돌면 아
<small>「 」: 기리고차의 거리 측정 원리 ①</small>
랫바퀴는 1바퀴 돌고, 다시 아랫바퀴가 15바퀴
돌면 중간바퀴가 1바퀴 도는 식이다.」 중간바퀴와
윗바퀴의 비율은 10:1이고 중간바퀴와 윗바퀴에
는 각각 종과 북이 연결되어 있다. 톱니바퀴들의
<small>기리고차의 구성 요소 ⑤</small>
톱니 수를 각각 다르게 하여 비율에 따라 거리를
<small>톱니바퀴들의 톱니 수를 다르게 한 이유</small>
계산하기 쉽게 했던 것이다.

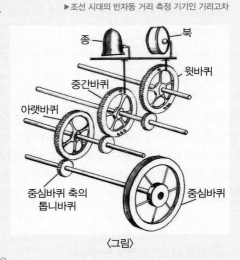

▶ 조선 시대의 반자동 거리 측정 기기인 기리고차

〈그림〉

▶ 기리고차의 구조와 거리 측정 원리 ①

3 <u>세종 때 1자는 약 20cm, 1리는 1800자로 약 360m라고 정했는데</u>, 중심바퀴의 둘레는
<small>세종 때 길이의 단위</small>
10자이다. 「중심바퀴가 12번 회전하면서 이동하면 그 거리는 120자이고, 아랫바퀴는 1번
<small>「 」: 기리고차의 거리 측정 원리 ②</small>
회전하게 된다. 또한 아랫바퀴가 15번 회전하면 중간바퀴는 1번, 중심바퀴는 180번 회전하며 이동 거리가 1800자, 즉 1리가 된다. 그리고 중간바퀴가 10번 회전해서 윗바퀴가 한 번 회전하면 18,000자가 측정된다.」「중간바퀴와 윗바퀴에는 종과 북이 연결되어 있는데,
<small>「 」: 기리고차의 거리 측정 원리 ③</small>
기리고차가 1/2리를 가면 종이 1번 울리고, 1리를 갔을 때는 종이 여러 번 울린다. 또 5리를 가면 북이 1번, 10리를 가면 북이 여러 번 울리는 구조로 되어 있어 종소리와 북소리의 횟수를 기록하여 거리를 측정할 수 있다.」
▶ 기리고차의 구조와 거리 측정 원리 ②

4 세종 때 기리고차 및 여러 천문 관측 기구를 사용해 <u>위도˚ 1도의 거리를 측정한 결과,</u>
<small>기리고차의 측정 사례</small>
그 거리가 약 108km라는 기록이 있다. 이는 현대에 서울을 기준으로 위도를 측정한 거리
<small>기리고차의 측정 방식이 매우 정밀했음을 보여 주는 근거</small>
<u>110km와 거의 유사하여 조선 시대에 기리고차를 이용한 측정 방식이 매우 정밀했음을 보여 준다.</u>
▶ 현대의 거리 측정과 큰 차이가 없는 기리고차의 우수성

● **지문 갈무리**
'기리고차'는 여러 개의 톱니바퀴를 연결해 거리를 쟀던 조선 시대의 측정 기기야. 이 글은 기리고차를 이용해 거리를 재는 원리를 설명하면서, 그 측정값이 오늘날과 거의 차이가 없을 정도로 정밀하다고 설명하고 있어.

● **주제**
조선 시대의 거리 측정 기기인 '기리고차'의 원리와 우수성

▼ **부과(賦課):** 세금이나 부담금 따위를 매기어 부담하게 함.

▼ **측량(測量):** 기기를 써서 물건의 높이, 깊이, 넓이, 방향 따위를 잼.

▼ **개량(改良):** 나쁜 점을 보완하여 더 좋게 고침.

▼ **정밀(精密):** 아주 정교하고 치밀하여 빈틈이 없고 자세함.

▼ **위도(緯度):** 지구 위의 위치를 나타내는 좌표축 중에서 가로로 된 것.

독해력 Upgrade

※각 문단의 중심 내용을 다음과 같이 정리할 때, 빈칸에 들어갈 알맞은 말을 쓰시오.

| **1** 조선 시대의 반자동 (거리) 측정 기기인 기리고차 | ➡ | **2** 기리고차의 구조와 거리 측정 원리 ① | ➡ | **3** 기리고차의 구조와 거리 측정 원리 ② | ➡ | **4** 현대의 거리 측정과 큰 차이가 없는 기리고차의 (우수성) |

1 세부 정보 파악하기 　　　　답 ②

이 글을 통해 알 수 있는 내용으로 적절하지 않은 것은?

① 기리고차가 1리를 가면 종소리가 여러 번 난다. → 3문단

✓ 기리고차의 <u>중심바퀴와 윗바퀴</u>의 비율은 10:1이다.
　　　　　　　×－중간바퀴와 윗바퀴

③ 조선 시대에 기리고차로 위도의 거리를 측정한 적이 있다.
　　　　　　　　　　　　　　　　　　　　→ 4문단

④ 토지에 세금을 매기기 위해서는 거리를 정확하게 재야
한다. → 1문단

⑤ 조선 시대 이전에는 우리나라에 정확한 거리 측정 장치
가 없었다. → 1문단

정답 풀이

2문단에서 중간바퀴와 윗바퀴의 비율이 10:1이라고 하였으므
로, 중심바퀴와 윗바퀴가 아니라 중간바퀴와 윗바퀴의 비율
이 10:1임을 알 수 있다.

오답 풀이

① 3문단에서 기리고차가 1/2리를 가면 종이 1번 울리고, 1리를 갔을 때
는 종이 여러 번 울린다고 하였다.

③ 4문단에서 세종 때 기리고차 및 여러 천문 관측 기구를 사용해 위도
1도의 거리를 측정한 기록이 있다고 하였다.

④ 1문단에서 토지에 적절한 세금을 부과하기 위해서는 거리를 정확하
게 측량하는 것이 매우 중요했다고 하였다.

⑤ 1문단에서 기리고차가 만들어지기 전까지는 원시적인 방법으로 거
리를 일일이 쟀다고 하였다.

2 구체적 사례에 적용하기 　　　　답 ④

〈보기〉의 경우에, 기리고차 바퀴의 회전수를 바르게 계산한 것은?

┤ 보기 ├

기리고차가 5리를 이동했고 북이 한 번 울렸다.

	중심바퀴의 회전수	아랫바퀴의 회전수	중간바퀴의 회전수	윗바퀴의 회전수
①	1800번	150번	10번	1번
②	180번	15번	1번	1/10번
③	90번	75번	1번	1/2번
✓	900번	75번	5번	1/2번
⑤	90번	15/2번	1/2번	1/20번

정답 풀이

2문단과 3문단을 통해 중심바퀴와 아랫바퀴의 비율은 12:1,
아랫바퀴와 중간바퀴의 비율은 15:1, 중간바퀴와 윗바퀴의 비
율은 10:1임을 알 수 있다. 그리고 중심바퀴의 둘레는 10자
이고, 1리는 1800자이다. 따라서 북이 한 번 울리는 5리, 즉
9000자를 이동했을 때, 중심바퀴는 900번, 아랫바퀴는 75
번, 중간바퀴는 5번, 윗바퀴는 1/2번 회전한다.

3 반응의 적절성 판단하기 　　　　답 ④

이 글을 읽은 학생의 반응으로 가장 적절한 것은?

① 중국의 거리 측정 장치를 <u>그대로 도입한 것</u>으로 보아, 기
　　　　　　　　　　　　×－개량하여 만듦
리고차는 독창성이 부족한 것 같아.

② 거리를 계산할 때 종과 북은 마차 위에서 <u>직접 울려야 하</u>
　　　　　　　　　　　　　　　　　　×－자동으로 울림
<u>니까</u>, 기리고차를 반자동이라고 보기 힘들 것 같아.

③ 현대에 측정한 위도 1도의 거리와 차이가 큰 것을 보면,
기리고차는 <u>주먹구구식으로 거리를 측정</u>했던 것 같아.
　　　　　　×－측정 방식이 매우 정밀함

✓ 기리고차와 함께 여러 천문 관측 기구를 사용한 것으로
보아, <u>기리고차만으로 위도 1도의 거리를 재기는 어려웠</u>
　　　○－4문단을 통해 추측할 수 있는 내용
<u>던 것 같아.</u>

⑤ 원시적인 방법으로 거리를 재다가 세종 때에 기리고차를
개발한 것을 보면, 백성들이 다른 농경지로 이주할 때 거
　　　　　　　　　　　×－세금 부과 등에 필요
리를 정확하게 계산할 필요가 있었던 것 같아.

정답 풀이

4문단에서 기리고차 및 여러 천문 관측 기구를 함께 사용했
다는 내용을 통해, 기리고차만으로는 위도 1도의 거리를 재기
가 어려웠을 것이라고 추측할 수 있다.

오답 풀이

① 1문단에서 중국의 거리 측정 장치를 개량하여 만들었다고 하였으므
로, 기리고차는 중국의 장치를 그대로 도입한 것이 아니다.

② 제시된 〈그림〉과 2, 3문단의 내용을 통해 기리고차의 종과 북은 마차
위에서 직접 울리는 것이 아니라 자동으로 울리는 구조임을 알 수
있다.

③ 4문단에서 위도 1도의 거리를 측정한 결과가 현대에 측정한 것과 거
의 유사하여 매우 정밀했다고 하였으므로, 기리고차가 주먹구구식
으로 거리를 측정했다고 할 수 없다.

⑤ 1문단에서 세금 부과 등을 위해 거리 측량이 중요하다고 했지만, 백
성들의 이주에 대한 내용은 이 글에 언급되지 않았다.

어휘력 Upgrade　　　※다음의 빈칸에 들어갈 알맞은 말을 〈보기〉에서 찾아 쓰시오.

┤ 보기 ├

개량
부과
이주
측량

1 김 박사는 벼의 품종을 (개량)하여 수확량을 늘렸다.
　　　　　　　　　　→ 나쁜 점을 보완하여 더 좋게 고침
2 아버지의 직장을 따라 우리 가족은 북경으로 (이주)하게 되었다.
　　　　　　　　　　　　　　→ 본래 살던 집에서 다른 집으로 거처를 옮김
3 그는 군대에 입대했을 때 전국의 토지를 (측량)하는 일을 맡았다.
　　　　　　　　　　　　　→ 기기를 써서 물건의 높이, 깊이, 넓이, 방향 따위를 잼
4 앞으로 정부는 수입된 상품에 대해 높은 관세를 (부과)할 것으로 보인다.
　　　　　　　　　　　　　→ 세금이나 부담금 따위를 매기어 부담하게 함

정밀한 제품의 결함을 찾아내는 비파괴 검사

지문 갈무리
비파괴 검사는 제품을 손상시키지 않으면서 내부의 결함을 찾아내는 방법이야. 이 글은 비파괴 검사를 방사선 투과 검사와 자분 탐상 검사로 나눈 다음, 그 절차와 장단점을 자세히 설명하고 있어.

주제
비파괴 검사의 종류와 장단점

▼ **결함(缺陷):** 부족하거나 완전하지 못하여 흠이 되는 부분.

▼ **투과(透過):** 장애물에 빛이 비치거나 액체가 스미면서 통과함.

▼ **자분(磁粉):** 철가루와 같이 자성의 성질을 가진 가루.

▼ **탐상(探傷):** 금이 간 곳이나 무너진 데를 찾아냄.

▼ **현상(現像):** 노출된 필름이나 인화지를 약품으로 처리하여 상이 나타나도록 함.

▼ **영구(永久):** 어떤 상태가 시간상으로 무한히 이어짐.

▼ **정밀(精密):** 아주 정교하고 치밀하여 빈틈이 없고 자세함.

1 비파괴 검사는 검사 대상인 시험체를 손상시키지 않고 제품이나 재료의 결함▼이나 이상 여부를 ㉠찾아내는 기술을 말한다. 비파괴 검사에서는 검사하고자 하는 대상의 특성을 고려하여 검사 방법을 결정한다. 대표적인 방법으로는 대상의 내부 결함을 파악하는 데 가장 많이 이용하는 '방사선 투과▼ 검사'와 표면이나 표면 바로 아래에 발생한 결함을 검사할 때 많이 이용하는 '자분▼ 탐상▼ 검사'가 있다. ▶비파괴 검사의 개념과 대표적인 검사 방법

2 방사선 투과 검사는 먼저 검사하고자 하는 시험체 뒤에 필름을 붙이고 엑스선이나 감마선과 같은 방사선을 투과시킨다. 다음으로 방사선에 노출된 필름을 현상▼하여 검사 대상의 내부 결함이나 이상 여부를 파악한다. 이때 대상 내부에 비어 있거나 결함이 있는 부분의 투과율이 그렇지 않은 부분보다 많이 나오게 된다. 이는 결함이 있는 부분의 밀도가 결함이 없는 부분의 밀도보다 낮기 때문이다. 따라서 필름을 현상하면 이상이나 결함이 있어서 비어 있는 부분은 정상적으로 채워진 부분보다 더 검게 나타난다. 방사선은 거의 모든 재료를 투과하는 성질을 가지고 있으므로, 이 방법은 대부분의 제품들을 시험체로 검사할 수 있다. 검사 결과 또한 필름에 영구▼히 기록할 수 있어 훗날에도 동일한 시험체에 대한 참고 자료로 활용할 수 있다. 그러나 다른 검사에 비해 비용이 많이 들고 방사선을 사용하는 데 따른 위험성도 단점으로 지적되고 있다. ▶방사선 투과 검사의 절차 및 장점과 단점

3 자분 탐상 검사는 검사 대상이 자석과 같은 성질을 갖도록 만들어 그것에 자기장을 형성시킨 뒤, 철가루를 뿌려 결함이나 이상 여부를 확인하는 방법이다. 만약 시험체에 이상이나 결함이 존재하면 검사 대상 내부에 형성된 자기장 일부가 결함이나 이상이 있는 부분의 표면으로 흘러나온다. 이때 시험체의 표면에 철가루를 뿌리면 표면으로 흘러나온 자기장 주위에 철가루가 달라붙게 된다. 어떤 제품의 표면이나 표면 바로 아래에 미세한 틈이 생겼을 때 이 방법을 활용하면 결함을 쉽게 확인할 수 있다. 이 검사는 비용이 적게 들고 방사능의 위험도 없지만, 시험체가 반드시 자기장을 형성할 수 있는 물질로 이루어진 경우에만 활용할 수 있다는 단점이 있다. ▶자분 탐상 검사의 절차 및 장점과 단점

4 비파괴 검사는 말 그대로 검사할 대상을 손상시키지 않고 대상의 이상 여부를 검사하는 방법이므로 복잡하고 정밀▼한 항공, 선박 부품 등을 검사할 때 많이 사용된다. 특히 이전에 이상이 있었던 검사 결과들을 데이터로 저장해 두면 제품의 이상 여부를 예측할 수 있으며, 이를 토대로 불량품을 조기에 발견하고 제품을 제조하는 기술도 발전시킬 수 있을 것이다. ▶비파괴 검사의 활용 분야와 장점

독해력 Upgrade

※각 문단의 중심 내용을 다음과 같이 정리할 때, 빈칸에 들어갈 알맞은 말을 쓰시오.

| **1** (비파괴) 검사의 개념과 대표적인 검사 방법 | ⇨ | **2** (방사선) 투과 검사의 절차 및 장점과 단점 | ⇨ | **3** (자분) 탐상 검사의 절차 및 장점과 단점 | ⇨ | **4** 비파괴 검사의 활용 분야와 장점 |

1 자료 해석의 적절성 평가하기 답 ④

이 글을 바탕으로 〈보기〉를 이해한 내용으로 적절하지 않은 것은?

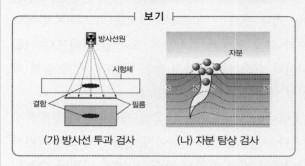

┤ 보기 ├

(가) 방사선 투과 검사   (나) 자분 탐상 검사

① (가)에서는 방사선에 노출된 필름을 현상하여 시험체의 결함을 파악한다. → 2문단

② (나)에서 시험체는 반드시 자기장을 형성할 수 있는 재료여야 한다. → 3문단

③ (가)는 (나)보다 비용이 많이 들고 방사선에 의한 위험성도 있다. → 2, 3문단

☑ (나)는 (가)보다 표면부터 내부까지 결함 여부를 더 잘 파악할 수 있다.
×─(가)는 내부 결함, (나)는 표면이나 표면 아래 결함을 파악하는 데 이용함

⑤ (가)와 (나)는 모두 불량품을 조기에 발견하고 제품 제조 기술을 발전시키는 데 유용하다. → 4문단

정답 풀이

1문단에서 (가)는 대상의 내부 결함을 파악하는 데 가장 많이 이용하고, (나)는 표면이나 표면 바로 아래에 생긴 결함을 검사할 때 많이 이용한다고 하였다. 따라서 (나)가 (가)보다 내부까지 결함 여부를 잘 파악할 수 있는 것은 아니다.

2 반응의 적절성 판단하기 답 ④

이 글을 참고할 때, 〈보기〉에 대한 반응으로 적절하지 않은 것은?

┤ 보기 ├

　　X선 사진은 해부를 하지 않고 인체의 내부를 정확하게 진단하는 기술이다. X선 사진은 X선을 인체에 조사하고, 투과된 X선을 필름에 현상해 얻어낸 것이다. 인체에 조사된 X선의 일부는 조직에서 흡수되고 나머지는 조직을 투과해 반대편으로 나오는데, 투과율이 낮을수록 필름에는 하얗게 나타난다. 인체에서 밀도는 뼈가 제일 높고 그 다음이 물, 그 다음이 지방이다.

① X선 사진의 투과율은 지방보다는 물이, 물보다는 뼈가 낮겠군.

② X선 사진을 여러 차례 찍으면 방사선에 의한 위험에 노출될 수 있겠군.

③ X선 사진 기술도 비파괴 검사처럼 검사 대상에 물리적 손상을 가하지 않는군.

☑ X선 사진에는 지방이 위치한 부분이 뼈가 위치한 부분보다 더 하얗게 나타나겠군.
×─뼈의 투과율이 낮으므로 뼈가 위치한 부분이 더 하얗게 나타남

⑤ X선 사진 기술은 비파괴 검사의 자분 탐상 검사보다 방사선 투과 검사와 유사하군.

정답 풀이

2문단을 통해 비어 있거나 결함이 있으면 투과율이 높고 밀도가 낮음을 알 수 있다. 따라서 밀도가 높으면 투과율이 낮다. 〈보기〉에서 밀도는 '뼈＞물＞지방'의 순으로 나타나므로, 투과율은 '지방＞물＞뼈'의 순서가 된다. 투과율이 낮을수록 필름에는 하얗게 나타나므로, 뼈가 위치한 부분이 지방이 위치한 부분보다 더 하얗게 나타난다.

오답 풀이

① 밀도가 높을수록 방사선의 투과율은 낮다.

② 방사선을 투과하므로 방사선에 의한 위험에 노출될 수 있다.

③ X선은 해부를 하지 않고 인체의 내부를 진단하는 기술이다.

⑤ X선 사진 기술 역시 방사선을 투과하여 필름에 현상한다.

3 어휘 바꿔 쓰기 답 ①

㉠과 바꿔 쓸 수 있는 말로 가장 적절한 것은?

☑ 발견하는

② 발달하는 → 신체, 정서, 지능 따위가 성장하다

③ 발명하는 → 아직까지 없던 기술이나 물건을 새로 생각하여 만들어 내다

④ 발생하는 → 어떤 일이나 사물이 생겨나다

⑤ 발휘하는 → 재능, 능력 따위를 떨치어 나타내다

정답 풀이

㉠의 '찾아내다'는 '모르는 것을 알아서 드러내다.'의 뜻으로 사용되었다. 이는 '미처 찾아내지 못하였거나 아직 알려지지 아니한 사물이나 현상, 사실 따위를 찾아내다.'의 뜻을 가진 '발견하다'와 바꿔 쓸 수 있다.

어휘력 Upgrade　※다음의 빈칸에 들어갈 알맞은 말을 〈보기〉에서 찾아 쓰시오.

┤ 보기 ├
결함
영구
정밀
투과

1 이번에 문제가 된 차는 엔진에 (결함)이 있었음이 밝혀졌다.
　→ 부족하거나 완전하지 못하여 흠이 되는 부분

2 김 교수는 유전자를 (정밀)하게 분석하여 유전자의 구조를 밝혀내었다.
　→ 아주 정교하고 치밀하여 빈틈이 없고 자세함

3 정부는 당시의 사건 전개를 기록한 그 자료의 중요성을 감안하여 (영구)히 보존하기로 했다.
　→ 어떤 상태가 시간상으로 무한히 이어짐

4 미세 먼지를 걸러 준다는 마스크가 실제로는 미세 먼지를 그대로 (투과)시키는 것으로 나타났다.
　→ 장애물에 빛이 비치거나 액체가 스미면서 통과함

친환경 미래 에너지 수소

1 ⑤ 2 ④ 3 ③

1 석유나 천연가스와 같은 화석 연료에서 배출˚되는 이산화 탄소는 지구 온난화의 주원인으로 꼽히고 있다. 지구 온난화로 인한 기후 변화는 생태계의 질서를 파괴하여 인류의 생존에 큰 위협을 주고 있다. 뿐만 아니라 화석 연료는 머지않아 고갈˚될 것이므로 이를 대체할 에너지원도 필요하다. 그래서「이산화 탄소가 발생하지 않는 태양광, 수력 등의 자연 에너지를 이용하거나 수소와 같은 청정 에너지가 개발되고 있다.」

화석 연료의 문제점 ①
화석 연료의 문제점 ②
「」: 화석 연료의 문제점을 해결하기 위한 대안
중심 화제
▶화석 연료의 문제점과 대체 에너지의 개발

2 태양광 발전은 어디에나 존재하는 빛에너지를 이용하기 때문에 에너지원이 무한하지만, 투자 비용에 비해 발전 효율이 떨어진다. 수력 발전은 오염이 발생하지 않고 유지비가 적게 들지만, 초기 건설 비용이 많이 들어가고 건설 기간도 오래 걸린다. 반면에 수소는 1kg당 28,620kcal의 전기 에너지를 방출하여, 에너지 효율이 비교적 높다고 알려진 석유보다 효율성이 훨씬 높다. 또 연소 과정에서 산소와 결합하기 때문에 물과 극소량의 질소 산화물만 발생할 뿐 다른 공해 물질이 생기지 않는다. 게다가 수소는 물과 생물체뿐만 아니라 다양한 화합물의 형태로 지구상에 거의 무한한 양이 존재한다.

태양광 에너지의 장단점
수력 에너지의 장단점
수소 에너지의 장점 ①
수소 에너지의 장점 ②
수소 에너지의 장점 ③
▶태양광, 수력 에너지의 장단점과 수소 에너지의 장점

3 그런데 문제는 무한 에너지에 가까운 수소를 얻어 내는 방법이다. 가장 오래된 방식은 100년 전에 개발되어 지금까지 쓰이는 전기 분해법이다. 하지만 이 방식은 투입된 에너지에 비해 산출˚되는 수소량이 너무 적어 비효율적이다. 그렇기 때문에 풍력이나 지열˚을 이용한다든지, 태양광과 미생물을 활용한다든지, 천연가스와 물을 고온에서 반응시키는 등 수소를 생산하는 방식이 다양하게 연구 중이다.

수소 에너지를 활용하기 위한 현재의 과제
수소 생산 방법 ①
전기 분해법의 단점
수소 생산 방법 ②
수소 생산 방법 ③
수소 생산 방법 ④
▶수소 생산 방식에 대한 다양한 연구

4 현재 수소를 활용한 가장 유망˚한 분야로 꼽히고 있는 것은 ㉠수소 연료 전지 발전과 ㉡수소 핵융합 발전이다. 수소 연료 전지 발전은 수소와 산소를 반응시켜 전기를 생산하는 방법이다. 이 방법은 연소 과정에 특별한 장치가 필요하지 않으며, 에너지 생산이 많아 매우 경제적이다. 현재 만들어지고 있는 대부분의 수소 연료 자동차들이 이러한 방식을 기본으로 한 전기 자동차에 해당한다. 수소 핵융합 발전은 가벼운 수소 원소들이 충돌하면서 무거운 원소로 융합할 때 발생하는 에너지를 활용한다. 이것은 우라늄이나 플루토늄을 활용한 원자력 발전과 달리 방사능 유출 위험이 거의 없다. 물론 이 방법은 아직 실험 단계이지만 머지않아 실용화˚될 것으로 기대하고 있다. 수소를 활용한 연료 전지 발전과 핵융합 발전 기술은 화석 연료의 고갈에 따른 에너지 부족 문제와 날로 심각해지고 있는 지구 온난화 문제를 해결하기 위한 매우 중요한 기술이다.

수소를 활용한 유망한 분야 ①
수소 연료 전지 발전의 장점
수소를 활용한 유망한 분야 ②
수소 핵융합 발전의 장점
수소를 활용한 연료 전지 발전과 핵융합 발전 기술의 의의
▶수소를 활용한 연료 전지 발전과 핵융합 발전 기술의 장점

독해력 Upgrade

※각 문단의 중심 내용을 다음과 같이 정리할 때, 빈칸에 들어갈 알맞은 말을 쓰시오.

| **1** 화석 연료의 문제점과 대체 에너지의 개발 | ➡ | **2** 태양광, 수력 에너지의 장단점과 (수소) 에너지의 장점 | ➡ | **3** 수소 (생산) 방식에 대한 다양한 연구 | ➡ | **4** 수소를 활용한 (연료 전지) 발전과 핵융합 발전 기술의 장점 |

1 세부 정보 파악하기 답 ⑤

이 글의 내용과 일치하지 않는 것은?

① 화석 연료의 문제점을 해결하기 위한 대안이 필요하다.
→ 1문단
② 수소를 생산하는 전통적인 방식은 효율성이 높지 않다.
→ 3문단
③ 태양광 에너지는 들이는 비용에 비해 효율이 떨어진다.
→ 2문단
④ 수소는 환경 오염 물질이 거의 생기지 않는 친환경 에너지이다. → 2문단
☑ 수력 에너지는 유지 비용이 많이 들어 활용하는 데 어려움이 있다.
×－유지 비용이 적게 듦

정답 풀이

2문단에서 수력 발전은 오염이 발생하지 않고 유지비가 적게 든다고 하였다. 다만, 초기 건설 비용이 많이 들어가고 건설 기간도 오래 걸리는 것이 단점으로 지적되었다.

오답 풀이

① 1문단에서 화석 원료는 지구 온난화의 주원인으로 꼽힐 뿐만 아니라 머지않아 고갈될 것이므로 이를 대체할 에너지원이 필요하다고 하였다.
② 3문단에서 100년 전에 개발되어 지금까지 쓰이는 전기 분해법은 투입된 에너지에 비해 산출되는 수소량이 적어 비효율적이라고 하였다.
③ 2문단에서 태양광 발전은 투자 비용에 비해 발전 효율이 떨어진다는 단점이 있다고 하였다.
④ 2문단에서 수소는 연소 과정에서 물과 극소량의 질소 산화물만 발생할 뿐 다른 공해 물질이 생기지 않는다고 하였다.

2 세부 정보 파악하기 답 ④

㉠과 ㉡에 대한 설명으로 적절하지 않은 것은?

① ㉠은 수소 연료 자동차에 이용되고 있다.
② ㉡은 방사능 유출 위험이 없어 안전하다.
③ ㉠과 ㉡은 환경 오염을 줄이는 데 유리하다.
☑ ㉠과 ㉡은 이미 실용화되어 널리 쓰이고 있다.
×－㉡은 아직 실험 단계임
⑤ ㉠과 ㉡은 에너지 부족 문제를 해결하는 데 도움을 준다.

정답 풀이

수소 연료 전지 발전(㉠)은 현재 만들어지고 있는 수소 전기차에 이미 활용되고 있지만, 수소 핵융합 발전(㉡)은 아직 실용화되지 않고 실험 단계에 있다고 하였다.

오답 풀이

① 현재 만들어지고 있는 대부분의 수소 연료 자동차들은 수소 연료 전지 발전 방식을 기본으로 한 전기 자동차이다.
② 수소 핵융합 발전은 방사능 유출 위험이 거의 없다.
③, ⑤ 수소를 활용한 연료 전지 발전과 핵융합 발전 기술은 에너지 부족 문제와 지구 온난화 문제를 해결하기 위한 중요한 기술이다.

3 반응의 적절성 판단하기 답 ③

이 글과 〈보기〉를 읽은 학생의 반응으로 가장 적절한 것은?

┤ 보기 ├

수소는 우주에서 가장 가벼운 기체로, 저장과 보관이 까다로운 에너지원으로 꼽힌다. 강하게 확산하는 성질이 있어 보관하는 시설에 미세한 틈이나 약한 압력이 발생하면 폭발 위험에 노출되기 쉽다. 그래서 수소 전기차나 수소 충전소를 만들 때는 사고가 발생하지 않도록 세심하게 주의해야 한다.

① 수소를 얻어 내는 방법을 보다 다양하게 연구해야 하겠군
×－〈보기〉의 내용을 반영하지 못한 반응
② 수소보다는 태양광이나 수력을 이용한 에너지를 개발하는 데 주력해야겠군.
×－태양광이나 수력의 단점을 보완할 수 있는 것이 수소임
☑ 청정한 수소 에너지를 이용하려면 안전하게 관리하기 위한 노력이 중요하겠군.
○－이 글에서 끌어낼 수 있는 내용   ○－〈보기〉에서 끌어낼 수 있는 내용
④ 깨끗하고 풍부한 수소 에너지를 사용하려면 어느 정도의 위험은 감수해야겠군.
×－위험을 방지하기 위해 노력해야 함
⑤ 수소를 다루기가 쉽지 않으니 아무리 장점이 많더라도 수소 에너지는 포기하는 게 낫겠군.
×－이 글의 내용을 반영하지 못한 반응

정답 풀이

이 글에서는 수소가 화석 원료를 대체할 수 있는 청정 에너지라고 설명하고 있다. 그런데 〈보기〉에서는 수소가 폭발 위험에 노출되기 쉬운 물질이라고 설명하고 있다. 이러한 내용을 모두 고려하면 ③과 같이 반응하는 것이 가장 적절하다.

오답 풀이

① 〈보기〉의 내용을 반영하지 못한 반응이다.
② 태양광이나 수력은 발전 효율이나 비용 면에서 한계가 있다고 하였다.
④ 〈보기〉의 내용을 고려할 때 위험을 감수하자는 반응은 적절하지 않다.
⑤ 이 글에서 수소 에너지의 장점을 설명하고 있으므로, 수소 에너지를 포기하자는 반응은 적절하지 않다.

어휘력 Upgrade   ※다음의 빈칸에 들어갈 알맞은 말을 〈보기〉에서 찾아 쓰시오.

┤ 보기 ├
감수
고갈
산출
실용화

1 이 금광에서는 금이 더 이상 (산출)되지 않는다.
→ 어떤 것이 생산되어 나옴
2 많은 고통을 (감수)한 결과 오늘의 성공을 이루었다.
→ 책망이나 괴로움 따위를 달갑게 받아들임
3 벌목과 화재로 산림 자원이 점차 (고갈)되어 가고 있다.
→ 어떤 일의 바탕이 되는 돈이나 물자, 소재, 인력 따위가 다하여 없어짐
4 과학 기술이 발달함으로써 컴퓨터나 무선 전화기 등이 (실용화)되었다.
→ 실제로 쓰거나 쓰게 함

습도를 조절하는 제습기의 원리

● 지문 갈무리
포화 수증기량을 늘리거나 습기를 직접 제거하면 습도를 낮출 수 있어. 제습기는 이런 원리를 이용한 것이지. 이 글은 제습기의 방식을 건조식, 냉각식, 전자식으로 구분하고, 각각의 작동 원리에 대해 설명하고 있어.

● 주제
공기 중의 습기를 제거하는 제습기의 방식과 그 원리

1 우리가 흔히 말하는 습도에는 절대 습도와 상대 습도가 있다. 절대 습도는 일정한 부피의 공기 중에 포함되어 있는 수증기의 양이고, 상대 습도는 현재 온도의 포화 수증기량에 대한 대기 중의 수증기량을 백분위로 나타낸 것이다. 포화 수증기량은 공기가 최대한 품을 수 있는 수증기의 양을 말한다. 불쾌지수를 따질 때의 습도는 상대 습도를 뜻하는데, 쾌적한♥ 실내를 위해서는 상대 습도를 40~60%로 유지하는 것이 좋다. 포화 수증기량이 많아지거나 대기 중의 수증기량이 적어질수록 상대 습도는 낮아진다. 포화 수증기량은 온도에 따라 높아지게 마련이므로 공기를 가열하면 포화 수증기량을 늘릴 수 있고, 이에 따라 상대 습도를 줄일 수 있다. 또한 공기 중의 습기를 직접 제거해도 상대 습도를 낮출 수 있다. 제습기는 이러한 방식으로 상대 습도를 조절하여 공기를 쾌적하게 한다.

2 공기 중의 습기를 제거하는 제습기의 방식에는 건조식과 냉각식이 있다. 건조식 제습기는 공기 중의 수증기를 흡수하는 화학 물질을 이용한다. 만약 화학 물질이 습기를 더 이상 흡수하지 못하게 되면, 제습기는 이 화학 물질을 가열해서 화학 물질에 쌓여 있는 습기를 제습기 바깥으로 내보내 화학 물질을 다시 사용할 수 있게 한다. 이러한 방식은 밀폐♥된 공간에서 적은 양의 습기를 제거하는 데 유용하다.

3 ㉠냉각식 제습기는 공기 중의 수증기를 냉각♥시켜 물로 바꾸어 습기를 조절한다. 수증기를 물로 바꾸기 위해서는 이슬점♥ 이하로 공기의 온도를 내려야 한다. 때문에 냉각식 제습기는 냉각을 위해 냉매♥를 이용한다. 냉각식 제습기는 「습한 공기를 팬으로 빨아들인 뒤 냉매를 이용한 냉각 장치로 통과시킨다. 냉각 장치를 통과한 공기는 온도가 낮아지고, 공기가 이슬점에 도달하면 수증기는 물로 변한다. 이 물은 물통에 떨어져 모이게 된다. 찬 물을 담은 컵의 표면에 물방울이 맺히는 것과 같은 원리인 셈이다. 습기가 제거된 건조한 공기는 다시 데워진 후에 실내로 방출된다.」특히 이 방식은 상대 습도가 높을 때 효과적인데, 에어컨의 제습 기능은 이를 활용하여 이루어진다.

4 한편 전자식 제습기도 있는데, 이는 펠티에 효과(Peltier effect)를 이용한 냉각 방식으로 작동한다. 펠티에 효과는, 다른 두 금속의 양 단면을 서로 연결하고 전기를 통하게 하면 그 양 단면에서 발열♥과 냉각이 동시에 일어나는 현상이다. 전자식 제습기는 이 효과를 적용한 반도체를 사용하며, 냉각되는 금속판 쪽에서 공기 중의 수증기가 물로 변하여 밖으로 배출된다. 전자식 제습기는 소음이 없고 소형화가 가능해 카메라나 보청기와 같이 정밀한 기기를 보관하는 제습함에 이용된다.

♥쾌적하다(快適하다): 기분이 상쾌하고 즐겁다.

♥밀폐(密閉): 샐 틈이 없이 꼭 막거나 닫음.

♥냉각(冷覺): 식어서 차게 됨. 또는 식혀서 차게 함.

♥이슬점: 대기의 온도가 낮아져서 수증기가 응결하기 시작할 때의 온도.

♥냉매(冷媒): 냉동기 따위에서, 저온 물체로부터 고온 물체로 열을 끌어가는 매체.

♥발열(發熱): 열이 남. 또는 열을 냄.

 **독해력 Upgrade**

※각 문단의 중심 내용을 다음과 같이 정리할 때, 빈칸에 들어갈 알맞은 말을 쓰시오.

| **1** 상대 습도를 낮출 수 있는 방법과 제습기의 원리 | → | **2** (건조식) 제습기의 작동 원리와 장점 | → | **3** (냉각식) 제습기의 작동 원리와 장점 | → | **4** (전자식) 제습기의 작동 원리와 장점 |

1 세부 정보 파악하기   답 ③

이 글의 내용과 일치하지 <u>않는</u> 것은?

① 상대 습도가 높을 경우에는 냉각식 제습기가 효과적이다.

② 건조식 제습기의 화학 물질은 가열해서 다시 사용할 수
있다. → 2문단   → 3문단

✔ 상대 습도는 포화 수증기량 및 대기 중의 수증기량에 비
례한다.   ×－대기 중의 수증기량에 비례, 포화 수증기량에 반비례

④ 공기를 가열하면 포화 수증기량이 늘어나 상대 습도가
줄어든다. → 1문단

⑤ 전자식 제습기의 두 금속판 중에서 온도가 낮은 쪽에 물
이 맺힌다. → 4문단

정답 풀이

1문단에서 포화 수증기량이 많아지거나 대기 중의 수증기량
이 적어질수록 상대 습도가 낮아진다고 하였다. 따라서 상대
습도는 대기 중의 수증기량에는 비례하지만, 포화 수증기량
과는 반비례한다.

2 자료 해석의 적절성 평가하기   답 ④

**〈보기〉는 ㉠의 제습 과정을 나타낸 것이다. ⓐ~ⓓ에 대한 설명
으로 적절한 것은?**

┤ 보기 ├
※ ——▶ : 공기의 흐름

① ⓐ에서 ⓑ로 이동한 공기의 온도는 이슬점 이하로 내려
간다.   ×－ⓑ는 아직 냉각 장치를 통과하기 전임

② ⓐ에서 ⓓ로 이동할수록 공기의 온도가 점차 낮아진다.
   ×－ⓒ에서 공기의 온도가 낮아짐

③ ⓑ보다 ⓒ에서 포화 수증기량이 더 많아진다.
   ×－포화 수증기량이 적어짐

✔ ⓑ에 포함된 수증기는 ⓒ를 지나며 물로 변한다.
   ○－냉각 장치를 통과한 후 이슬점에 도달하면 물로 변함

⑤ ⓓ에서는 ⓐ보다 수증기량이 많다.
   ×－수증기량이 적음

정답 풀이

4문단에서 냉각 장치를 통과한 공기는 온도가 낮아지고, 공
기가 이슬점에 도달하면 수증기는 물로 변한다고 하였다. 따

라서 ⓑ에 포함된 수증기는 냉각 장치를 통과한 후 ⓒ에서 물
로 변해 물통에 떨어지게 된다.

오답 풀이

① ⓑ는 아직 냉각 장치를 통과하기 전의 공기이다.

② ⓒ에서 공기의 온도가 낮아지며, 습기가 제거된 건조한 공기는 다시
데워진 후 실내로 방출되므로 ⓓ에서는 다시 온도가 올라간다.

③ 공기의 온도가 낮아지면 포화 수증기량이 적어진다.

⑤ ⓓ에서는 습기가 제거된 상태이므로 ⓐ보다 수증기량이 적다.

3 반응의 적절성 판단하기   답 ④

**이 글의 내용을 참고할 때, 〈보기〉에 대한 반응으로 적절하지 <u>않</u>
<u>은</u> 것은?**

┤ 보기 ├

비가 내려 기온이 떨어지는 날 텐트 천장에 물방울이 맺
히는 현상을 결로 현상이라고 한다. 대체로 텐트 외부와
내부의 온도 차이 때문에 나타나는데, 이를 막기 위해서는
수시로 환기하여 외부와의 온도 차이를 줄이거나, 바닥에
서 올라오는 습기를 차단해야 한다.

① 텐트 내부의 온도를 높게 하면 결로 현상은 덜하겠군.

② 텐트 외부 온도가 이슬점 이하로 내려갈 때 결로 현상이
나타나겠군.

③ 텐트 바닥에서 올라오는 습기를 차단해 주면 절대 습도
가 낮아지겠군.

✔ 텐트 내부에 맺힌 물방울을 밖으로 배출하면 상대 습도
는 높아지겠군.   ×－상대 습도가 낮아짐

⑤ 텐트 외부의 비는 냉각식 제습기의 냉각 장치와 유사한
역할을 하는군.

정답 풀이

텐트의 결로 현상은 이슬점에 도달한 수증기가 물로 변한 것
이므로, 물방울을 밖으로 배출하면 제습기의 습기 제거 방식
과 같은 효과를 발휘해 상대 습도를 줄여 준다.

오답 풀이

① 온도를 높게 하면 포화 수증기량이 늘어나 상대 습도가 줄어든다.

② 수증기가 물로 변하는 현상은 공기가 이슬점에 도달할 때 나타난다.

③ 바닥에서 올라오는 습기를 차단하면 수증기의 유입을 막아 절대 습
도를 줄일 수 있다.

⑤ 물방울이 맺혔으므로 비가 온도를 이슬점까지 낮추었음을 알 수 있다.

어휘력 Upgrade   ※다음의 빈칸에 들어갈 알맞은 말을 〈보기〉에서 찾아 쓰시오.

┤ 보기 ├
냉각
밀폐
쾌적
환기

1 모든 국민은 (쾌적)한 환경에서 생활할 권리가 있다.
     → 기분이 상쾌하고 즐거움

2 아파트는 (밀폐)되어 있어 먼지나 냄새가 고여 있기 쉽다.
     → 샐 틈이 없이 꼭 막거나 닫음

3 실내를 (환기)하지 않아 생선 구운 냄새가 방 안에 가득 차 있다.
     → 탁한 공기를 맑은 공기로 바꿈

4 드라이아이스는 순도 높은 이산화 탄소를 압축한 후 (냉각)시켜서 만든 것이다.
     → 식어서 차게 됨. 또는 식혀서 차게 함

컴퓨터의 파일 압축은 어떤 원리로 이루어질까

1 ③   2 ④   3 ⑤

● 지문 갈무리
컴퓨터에서 용량이 큰 파일을 전송할 때는 압축해서 보내는 것이 효율적이야. 그런데 파일의 종류에 따라 압축하는 방식이 달라. 이 글은 문자 파일, 그림 파일, 음향 파일을 압축하는 원리에 대해 각각 설명하고 있어.

● 주제
컴퓨터에서 파일을 압축하는 원리

1 내가 가지고 있는 파일을 누군가에게 보내려 한다. 이때 파일의 크기가 너무 크거나 파일의 개수가 많다면 짧은 시간 안에 처리하기 어려울 뿐더러 한 번에 보내기도 어렵다. 이럴 때 우리가 사용하는 방법이 파일 압축이다. 컴퓨터의 파일 압축이 필요한 경우
파일 압축은 어떤 원리로 이루어지는 것일까?
중심 화제
▶컴퓨터의 파일을 압축하는 원리에 대한 궁금증

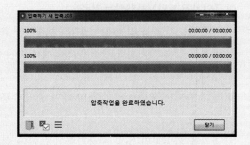

2 먼저 ㉠문자 파일을 압축하는 가장 기본적인 원리는 반복되는 단어를 기호화하는 것이다. 예를 들어, "나는 국어 선생님이 좋아. 그래서 나는 국어 공부가 좋아."라는 문장은
문자 파일을 압축할 때 사용하는 방법
띄어쓰기와 마침표 등을 제외하면 총 22자로 이루어져 있다. 그런데 앞의 문장과 뒤의 문장에서 '나는', '국어', '좋아'라는 단어가 반복되었다. 즉, 이 두 문장은 '나는', '국어', '선생
기호화를 통해 압축할 수 있는 부분
님이', '좋아', '그래서', '공부가'의 6개 단어만으로 표현할 수 있다(편의를 위해 조사는 따로 단어로 분류하지 않음). 요컨대 반복되는 단어를 기호화하여 각각 A, B, C로 만든다면
문자 파일을 압축하는 원리
단어 수가 3개 줄어들게 된다. 반복되는 단어를 찾아 기호화하는 이러한 과정을 반복하다 보면 파일 안에 들어 있는 문자들을 압축하여 크기를 줄일 수 있다. ▶문자 파일을 압축하는 원리

3 다음으로 컴퓨터에서 ㉡그림 파일을 압축하는 원리는 색상의 수를 최대한 줄이는 것이다. 우리가 컴퓨터에서 보는 그림은 사실 아주 작은 점들, 즉 화소들의 집합이다. 화소
그림 파일를 압축할 때 사용하는 방법
가 높을수록 그림이 선명한데, 이는 그 그림이 많은 점들로 세밀하게 나누어져 있기 때문이다. 따라서 그림이 선명하다는 것은 곧 저장해야 할 그림의 용량이 크다는 것을 의미하
많은 점(화소)을 가지고 있기 때문에
기도 한다. 화소를 줄이기 위해서는 세밀하게 나누어진 점들 중 색상이 비슷한 점들을 하
그림 파일을 압축하는 원리
나의 색상으로 처리하여 압축해야 한다. 눈으로 쉽게 구별하지 못하는 범위에서 비슷한 색상을 한 가지 색으로 통일해 저장하는 것이다. 그러면 화소의 숫자가 줄어들어 압축된 그림 파일을 만들 수 있다. ▶그림 파일을 압축하는 원리

4 마지막으로 음향 파일을 압축할 때는 소리가 없는 구간이나 동일한 멜로디를 부호화
음향 파일을 압축할 때 사용하는 방법 ①
하는 방식을 사용한다. 이는 파일을 원래 형태 그대로 보존하는 방식에 해당한다. 하지만 디지털 사운드에는 반복되는 데이터가 적기 때문에 이 방식으로 파일의 크기를 줄이는 데는 한계가 있다. 그래서 음향을 압축할 때는 MP3 방식이 많이 쓰인다. MP3는 디지털
음향 파일을 압축할 때 사용하는 방법 ②
사운드를 분석해서 사람이 ⓐ알아차리기 어려운 사운드를 미리 잘라 내는 방식으로 압
MP3 방식에서 음향 파일을 압축하는 원리
축을 수행한다. 사람은 너무 낮거나 높은 소리를 인식할 수 없으므로, 사람이 들을 수 없는 부분을 잘라 내고 다시 연결하는 것이다. 이렇게 하면 압축률이 상당히 높아진다.
▶음향 파일을 압축하는 원리

● 기호화(記號化): 어떤 뜻이나 대상이 부호나 그림, 문자 따위로 표현됨.

● 화소(畵素): 텔레비전이나 사진 전송에서, 화면을 전기적으로 분해한 최소의 단위 면적.

● 세밀하다(細密하다): 자세하고 꼼꼼하다.

● 용량(容量): 저장할 수 있는 정보의 양.

● 부호화(符號化): 주어진 정보를 어떤 표준적인 형태로 변환하거나 거꾸로 변환함.

독해력 Upgrade ※각 문단의 중심 내용을 다음과 같이 정리할 때, 빈칸에 들어갈 알맞은 말을 쓰시오.

| **1** 컴퓨터의 파일을 압축하는 원리에 대한 궁금증 | → | **2** (문자) 파일을 압축하는 원리 | → | **3** (그림) 파일을 압축하는 원리 | → | **4** (음향) 파일을 압축하는 원리 |

1 세부 정보 파악하기

답 ③

㉠과 ㉡에 대한 이해로 가장 적절한 것은?

① ㉠: 반복되는 단어가 있으면 이를 삭제한다.
　×－반복되는 단어를 기호화함
② ㉠: 반복되는 단어가 많을수록 압축률이 낮다.
　　　　　　　　　×－압축률이 높음
③ ㉡: 그림이 선명할수록 압축해야 할 양이 많다.
　○－그림이 선명하다는 것은 파일의 용량이 크다는 것을 의미함
④ ㉡: 그림의 여러 색상 중 가장 진한 색으로 통일하여 압축한다.
　　　　　×－비슷한 색상을 한 가지 색으로 통일함
⑤ ㉠, ㉡: 파일의 크기를 유지하면서 파일의 개수를 줄일 수 있다.
　　×－파일의 크기가 줄어듦

정답 풀이

3문단에서 그림이 선명하다는 것은 저장해야 할 그림의 용량이 크다는 것을 의미한다고 하였다. 따라서 그림 파일을 압축할 때 그림이 선명할수록 압축해야 할 양은 많다.

오답 풀이

① 문자 파일을 압축할 때는 반복되는 단어를 기호화하여 압축한다.
② 문자 파일을 압축할 때 반복되는 단어가 많으면 기호화할 수 있는 단어가 많아지기 때문에 압축률이 높아진다.
④ 그림 파일을 압축할 때는 가장 진한 색으로 통일하는 것이 아니라 비슷한 색상을 한 가지 색으로 통일한다.
⑤ 파일의 크기가 너무 크거나 파일의 개수가 많을 때 압축을 하게 되므로, 파일을 압축하면 파일의 크기가 줄어든다.

2 반응의 적절성 판단하기

답 ④

4를 읽은 학생의 반응으로 적절하지 않은 것은?

① 동일한 멜로디를 부호화하는 것은 문자 파일을 압축하는 방식과 비슷하구나.
② 압축된 음향 파일에서 부호를 원래의 멜로디로 바꾸면 원래 파일로 복원할 수 있을 거야.
③ MP3 압축 파일에서는 내가 듣지 못하는 영역의 고음이나 저음이 사라질 거야.
④ MP3 압축 파일에서 삭제된 소리들은 음향에 약간의 손상을 입은 채 복원될 거야.
　　　　　　　　　　　×－복원되지 않음
⑤ MP3 방식은 멜로디를 부호화하는 방식에 비해 압축률이 높을 거야.

정답 풀이

4문단에서 MP3 방식은 디지털 사운드를 분석해서 사람이 알아차리기 어려운 사운드를 미리 잘라 내는 방식으로 압축을 수행한다고 하였다. 효과적으로 파일을 압축하기 위해 특정 데이터를 삭제하고 나머지를 연결해 놓은 것이므로, 이는 다시 복원되지 않는다.

오답 풀이

① 음향 파일을 압축할 때 동일한 멜로디를 부호화하는 것은, 문자 파일을 압축할 때 반복되는 단어를 기호화하는 것과 비슷하다고 볼 수 있다.
② 멜로디를 부호화하는 방식은 파일을 원래 형태 그대로 보존하는 방식이다. 데이터가 사라진 것이 아니기 때문에, 부호를 원래의 멜로디로 바꾸면 파일이 복원된다.
③ 사람은 너무 낮거나 높은 소리를 인식할 수 없으므로, MP3 방식에서는 사람이 인식할 수 없을 정도의 고음이나 저음을 삭제하여 파일을 압축한다.
⑤ 멜로디를 부호화하는 방식은 파일의 크기를 줄이는 데 한계가 있으며, 사람이 들을 수 없는 부분을 잘라 내는 MP3 방식을 사용하면 압축률이 상당히 높아진다.

3 어휘 바꿔 쓰기

답 ⑤

ⓐ와 바꿔 쓸 수 있는 말로 가장 적절한 것은?

① 인가(認可)하기 → 인정하여 허가하다
② 인정(認定)하기 → 확실히 그렇다고 여기다
③ 인준(認准)하기 → 공무원의 임명과 행정부의 행정 행위를 인정하다
④ 인증(認證)하기 → 정당한 절차로 이루어졌다는 것을 증명하다
⑤ 인지(認知)하기

정답 풀이

ⓐ의 '알아차리다'는 '알고 정신을 차려 깨닫다.'의 뜻을 지니고 있다. 이는 '어떤 사실을 인정하여 알다.'의 뜻을 가진 '인지하다'와 바꿔 쓸 수 있다.

오답 풀이

① '인가하다'는 '인정하여 허가하다.'의 뜻이다.
② '인정하다'는 '확실히 그렇다고 여기다.'의 뜻이다.
③ '인준하다'는 '입법부가 공무원의 임명과 행정부의 행정 행위를 인정하다.'의 뜻이다.
④ '인증하다'는 '어떠한 문서나 행위가 정당한 절차로 이루어졌다는 것을 증명하다.'의 뜻이다.

어휘력 Upgrade ※다음의 빈칸에 들어갈 알맞은 말을 〈보기〉에서 찾아 쓰시오.

┌ 보기 ┐
복원
부호화
세밀
용량

1 훼손된 문화재의 (복원)이 시급하다.
　→ 원래대로 회복함
2 그의 소설은 인물에 대한 (세밀)한 묘사가 두드러진다.
　→ 자세하고 꼼꼼함
3 이 프로그램을 설치하기에는 컴퓨터의 (용량)이 너무 작다.
　→ 저장할 수 있는 정보의 양
4 획득한 정보의 (부호화)는 장기 기억에 많은 도움을 줄 수 있다.
　→ 주어진 정보를 어떤 표준적인 형태로 변환함

지진에 견디는 건축물의 비밀

● 지문 갈무리
건물을 지을 때는 지진에 견딜 수 있도록 여러 가지 방법을 사용해. 이 글은 지진에 견딜 수 있는 건물의 내진 구조와 면진 구조, 제진 구조에 대해 설명하고 있어. 아울러 지진에 대비하기 위해 우리가 해야 할 일도 언급하고 있지.

● 주제
지진 대비를 위한 건축물의 구조

1 최근 우리나라도 지진에서 안전하지 않다는 인식에 따라, 지진을 견뎌 내는 건축물에 대한 연구가 활발해지고 있다. 보통 건물을 지을 때는 운반과 변형˘이 쉽고, 비용도 저렴한 콘크리트를 많이 사용한다. 하지만 콘크리트만으로 세운 기둥에는 약점이 있다. 일반적으로 콘크리트는 누르는 힘에는 강하지만 끌어당기는 힘에는 취약˘하여 지진이 발생하면 파괴되기 쉽다.
▶지진이 발생하면 파괴되기 쉬운 콘크리트

2 끌어당기는 힘에 약한 콘크리트 건축물의 단점을 보완˘하기 위해 건물을 지을 때 철근을 사용한다. 그래서 많은 건물이 철근을 넣고 콘크리트를 덧댄 철근 콘크리트 구조로 세워진다. 철근과 콘크리트를 적절한 비율로 섞어 사용하면 건물을 튼튼하게 지을 수 있다. 그러나 철근 콘크리트를 활용한 튼튼한 건물이라 할지라도, 지진이 났을 때 사람들이 대피할 정도의 시간을 벌어줄 수 있을 뿐 일정한 강도 이상의 강한 지진에는 무너질 수밖에 없다. 그래서 최근에는 지진을 견뎌 낼 수 있는 내진˘ 강도를 높이는 데에서 나아가 면진이나 제진 구조를 가진 건축물을 짓고 있다.
▶철근 콘크리트의 한계와 지진에 견디기 위한 건축 구조

3 면진(免震) 구조는 '지진을 모면하는 구조'이다. 이는 건물과 땅 사이에 스프링이나 고무 패드를 설치하여 땅의 흔들림을 건물이 덜 느끼게 하는 구조이다. 그리고 제진(制震) 구조는 '지진이 일으키는 진동을 제어하는 구조'로, 공진 현상을 막기 위한 장치에 해당한다. 지구상에 있는 모든 물체는 그 자체의 흔들림을 갖고 있다. 어떤 물체가 그 물체와 같거나 유사한 고유 진동 주기를 만나면 진폭˘이 갑자기 커지는 현상이 발생하는데, 이를 공진 현상이라고 한다. 대부분의 건물은 고유 진동 주기가 지진파의 진동 주기와 유사한 경우가 많아, 지진이 일어나면 공진에 의해 큰 피해를 입는다. 제진 장치는 지진이 일어났을 때 땅 표면의 진동수와 건물의 진동수를 계산하여, 땅 표면에서 일어나는 진동에 반대되는 방향으로 건물에 힘을 가하는 역할을 하도록 설계되어 있다.
▶지진에 대비하기 위한 면진 구조와 제진 구조의 원리

4 요컨대 내진은 견디고, 면진은 피하고, 제진은 나누어 분담˘하는 방식이라고 할 수 있다. 현재 우리나라는 3층 이상의 건축물에만 내진 설계가 의무화되어 있다. 이제 대형 건축물뿐만 아니라 소형 건축물들의 지진 대비에도 관심을 가져야 한다. 우리나라도 지진의 안전지대가 아니기 때문에 최소한으로 규정된 법에 얽매일 필요가 없으며, 경제적 부담이 크다는 이유로 내진 설계를 회피해서도 안 된다. 자연재해를 막을 수는 없지만, 평소에 철저히 대비한다면 그 피해를 줄일 수는 있다.
▶철저한 지진 대비를 위해 고려할 점

˘ 변형(變形): 모양이나 형태가 달라지거나 달라지게 함.
˘ 취약(脆弱): 무르고 약함.
˘ 보완(補完): 모자라거나 부족한 것을 보충하여 완전하게 함.
˘ 내진(耐震): 지진을 견디어 냄.
˘ 진폭(振幅): 주기적인 진동이 있을 때 진동의 중심으로부터 최대로 움직인 거리.
˘ 분담(分擔): 나누어서 맡음.

독해력 Upgrade

※각 문단의 중심 내용을 다음과 같이 정리할 때, 빈칸에 들어갈 알맞은 말을 쓰시오.

| **1** (지진)이 발생하면 파괴되기 쉬운 콘크리트 | → | **2** (철근) 콘크리트의 한계와 지진에 견디기 위한 건축 구조 | → | **3** 지진에 대비하기 위한 (면진) 구조와 제진 구조의 원리 | → | **4** 철저한 지진 대비를 위해 고려할 점 |

1. 세부 정보 파악하기

답 ③

이 글을 읽고 알 수 없는 내용은?

① 우리나라도 지진에 대한 대비가 필요하다. → 4문단
② 콘크리트만으로 건물을 세우면 지진에 약하다. → 1문단
✔ 철근과 콘크리트를 섞어 건물을 지으면 지진에 안전하다.
　 × → 강한 지진에는 견디지 못함
④ 3층 미만의 건축물에는 내진 설계가 의무화되어 있지
　 않다. → 4문단
⑤ 제진 장치를 설치하지 않으면 지진이 났을 때 공진 현상
　 으로 큰 피해를 입을 수 있다. → 3문단

정답 풀이

2문단에서 철근 콘크리트를 활용하여 지은 건물도 강한 지진
에는 무너질 수밖에 없다고 하였으므로 지진에 안전하다고
볼 수 없다.

오답 풀이

① 4문단에서 우리나라도 지진의 안전지대가 아니라고 하였다.
② 1문단에서 콘크리트는 끌어당기는 힘에 취약하여 지진이 발생하면
　 파괴되기 쉽다고 하였다.
④ 4문단에서 현재 우리나라는 3층 이상의 건축물에만 내진 설계가 의
　 무화되어 있다고 하였다.
⑤ 3문단에서 지진이 일어나면 공진 현상 때문에 큰 피해를 입는다고
　 하였다.

2. 내용 전개 방식 파악하기

답 ③

① ~ ④에 대한 설명으로 적절하지 않은 것은?

① ①: 지진이 발생했을 경우 콘크리트의 단점을 설명하고
　 있다.
② ②: 콘크리트의 단점을 보완한 철근 콘크리트의 한계를
　 제시하고 있다.
✔ ③: 면진 구조를 실제 건축물에 적용할 때 주의할 점을
　 　 × → 면진 구조의 원리
　 언급하고 있다.
④ ③: 공진 현상의 개념을 바탕으로 제진 구조의 원리를
　 설명하고 있다.
⑤ ④: 건축법의 문제점을 지적하면서 지진에 대한 철저한
　 대비를 당부하고 있다.

정답 풀이

면진 구조의 원리를 설명하고 있을 뿐, 면진 구조를 실제 건
축물에 적용할 때 주의할 점을 언급하지는 않았다.

오답 풀이

① 콘크리트는 끌어당기는 힘에 취약하여 지진이 발생하면 파괴되기
　 쉽다고 콘크리트의 단점을 설명하고 있다.
② 콘크리트의 단점을 보완하기 위해 철근 콘크리트를 활용하지만, 이
　 역시 강한 지진에는 무너질 수밖에 없다고 한계를 제시하고 있다.
④ 공진 현상의 개념을 설명한 다음, 이를 바탕으로 지진이 발생시키는
　 진동에 반대되게 힘을 가하는 제진 구조의 원리를 설명하고 있다.
⑤ 현재 우리나라는 3층 이상의 건축물에만 내진 설계가 의무화되어 있
　 다고 지적하면서, 평소에 지진에 철저히 대비하자고 당부하고 있다.

3. 자료 해석의 적절성 평가하기

답 ③

이 글을 바탕으로 〈보기〉를 이해한 내용으로 적절하지 않은 것은?

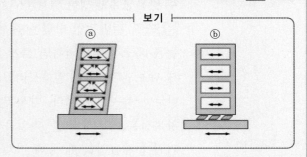

┤ 보기 ├

① ⓐ는 공진 현상을 막기 위한 구조이군.
② ⓐ는 땅 표면의 진동수와 건물의 진동수가 같아지지 않
　 도록 하는군.
✔ ⓑ는 지진 때문에 발생하는 진동을 제어하는 구조이군.
　 　 × → 지진을 모면하는 구조
④ ⓑ는 건물 밑에 스프링을 설치하여 건물의 흔들림을 줄
　 여 주는군.
⑤ ⓐ와 ⓑ는 강한 지진에도 건물이 무너지지 않도록 돕는
　 역할을 하는군.

정답 풀이

ⓐ는 지진의 진동과 다른 방향으로 힘을 가하는 장치가 설치
되어 있으므로 '제진 구조'에 해당하고, ⓑ는 건물과 땅 사이
에 스프링 장치가 설치되어 있으므로 '면진 구조'에 해당한다.
따라서 ⓑ는 '지진이 일으키는 진동을 제어하는 구조'가 아닌
'지진을 모면하는 구조'라고 할 수 있다.

어휘력 Upgrade　　※다음의 빈칸에 들어갈 알맞은 말을 〈보기〉에서 찾아 쓰시오.

┤ 보기 ├

변형
보완
분담
취약

1 그는 아내와 집안일을 (분담)하기로 했다.
　 → 나누어서 맡음
2 이 제도는 부작용이 많아서 (보완)이 시급하다.
　 → 모자라거나 부족한 것을 보충하여 완전하게 함
3 그 회사는 재정 기반이 (취약)하여 어려움을 겪고 있다.
　 → 무르고 약함
4 그 물건은 심하게 (변형)이 일어나서 원래 형태를 찾아볼 수 없었다.
　 → 모양이나 형태가 달라지거나 달라지게 함

우주 왕복선의 대기권 재돌입 시스템

1② 2② 3⑤

1 밤하늘의 별똥별은 대부분 아름다운 불빛과 함께 대기 중에서 사라진다. 별똥별이 대기권으로 들어오면 빠른 속도 때문에 별똥별 앞면의 공기가 급격히 압축되고, 그 결과 별똥별의 온도가 1만~2만℃ 정도로 상승한다. 이를 '공력 가열 현상'이라고 하는데, 이로 인해 별똥별은 결국 타서 사라지는 것이다. 마찬가지로 지구로 귀환하는 우주 왕복선이 대기권에 재돌입하는 과정에서도 공력 가열 현상이 발생한다. 그렇다면 우주선은 어떻게 고온을 견디고 무사히 지구로 귀환할 수 있는 것일까?

2 우주 왕복선은 사람이 타고 있기 때문에 반드시 공력 가열 문제를 해결해야 한다. 우주 왕복선이 대기권에 재돌입할 때 속도가 빠르면 빠를수록 공기의 압축 정도가 커지고 압축 정도가 커지면 온도는 더 높아진다. 따라서 우주 왕복선은 S자 턴을 여러 번 반복하면서 속도를 줄여 공력 가열 현상을 약하게 만든다. 그러나 우주 왕복선이 S자 턴을 반복함으로써 속도를 줄이더라도 선체에 1500℃~2000℃ 정도의 고열이 발생한다. 따라서 우주 왕복선에 발생한 열을 더 낮춰야 한다.

3 가장 일반적인 방법은 복사 냉각을 이용해 우주 왕복선의 열을 낮추는 것이다. 철을 높은 온도까지 가열하면 붉게 빛나는 것처럼, 물체는 고온이 되면 빛이나 적외선을 강하게 내보낸다. 이를 열복사라고 한다. 이때 물체의 열이 밖으로 달아나게 되는데, 이것이 바로 ㉠복사 냉각이다. 다시 말해 열복사가 ⓐ일어나면 복사 냉각도 같이 일어난다. 우주 왕복선은 외부에 내열 타일을 부착해서 복사 냉각을 한다. 이 타일은 우주 왕복선이 대기권에 재돌입할 때 공력 가열을 받아 1,500℃의 고온이 된다. 그러면 타일 자체가 빛이나 적외선을 내면서 열을 밖으로 내보낸다.

4 그런데 내열 타일이 녹을 정도로 공력 가열을 높게 받는 경우에는 복사 냉각의 방법을 쓸 수 없다. 이런 경우에는 고온에 의해 내열재가 열분해 되는 현상을 이용한 ㉡어블레이션(ablation)이라는 방법을 사용한다. 탄소 섬유 등을 섞은 강화 플라스틱으로 만들어진 내열재는 공력 가열을 받으면 그 자체가 열을 흡수하면서 분해되어 증발한다. 이렇게 내열재가 증발하는 과정에서 열이 달아나게 된다. 하지만 이러한 방법들에도 불구하고 우주 왕복선의 대기권 재돌입은 항상 위험한 일이다. 우주 왕복선에 타고 있는 승무원들의 안전을 위해서는 아직도 해결해야 할 과제가 많다.

독해력 Upgrade

※각 문단의 중심 내용을 다음과 같이 정리할 때, 빈칸에 들어갈 알맞은 말을 쓰시오.

| 1 '(공력 가열) 현상'의 개념과 우주선의 무사 귀환에 대한 의문 | → | 2 우주 왕복선의 열을 낮추는 방법 ① – S자 턴의 반복 | → | 3 우주 왕복선의 열을 낮추는 방법 ② – 복사 (냉각) | → | 4 우주 왕복선의 열을 낮추는 방법 ③ – (어블레이션) |

1 핵심 정보 파악하기   답 ②

대기권에 재돌입하는 과정에서 우주 왕복선에 일어나는 현상을 〈보기〉에서 골라 바르게 묶은 것은?

┤ 보기 ├
ㄱ. 우주 왕복선은 공력 가열 현상에 따라 고온 상태가 된다.
　　　　　　　　　　　　　　　　　　　　→ 1문단
ㄴ. 우주 왕복선은 S자 턴을 반복하면서 온도가 점차 높아진다.
　　　　　　　　×－속도가 줄어 온도가 낮아짐
ㄷ. 우주 왕복선은 속도가 빠르면 빠를수록 온도가 더 높아진다. → 2문단
ㄹ. 우주 왕복선은 빛이나 적외선을 내보내면서 온도가 더 높아진다.
　　　　　　　×－복사 냉각이 일어나 온도가 낮아짐

① ㄱ, ㄴ   ☑ ㄱ, ㄷ   ③ ㄴ, ㄷ
④ ㄴ, ㄹ   ⑤ ㄷ, ㄹ

정답 풀이

1문단에 따르면, 우주 왕복선이 대기권에 재돌입하는 과정에서 공기의 급격한 압축에 따라 온도가 상승하는 공력 가열 현상이 발생한다(ㄱ). 그리고 2문단에 따르면, 우주 왕복선은 대기권에 재돌입할 때 속도가 빠를수록 공기의 압축 정도가 커지고 압축 정도가 커지면 온도가 더 높아진다(ㄷ).

오답 풀이

ㄴ. 2문단에 따르면, 우주 왕복선이 S자 턴을 여러 번 반복하는 것은 속도를 줄여 공력 가열 현상을 약하게 만들기 위해서이다. 공력 가열 현상이 약해지면 온도가 낮아진다.
ㄹ. 3문단에 따르면, 빛이나 적외선을 내보내는 열복사가 일어나면 복사 냉각도 같이 일어난다. 복사 냉각이 일어나면 온도가 낮아진다.

2 세부 정보 파악하기   답 ②

㉠과 ㉡에 대한 설명으로 적절하지 않은 것은?

① ㉠과 ㉡은 모두 우주 왕복선의 열을 내리는 방법이다.
☑ ㉠과 ㉡은 모두 물체가 고온이 되었을 때 적외선을 방출하는 원리를 이용한다.
　　×－㉠에만 해당하는 설명임
③ ㉠과 ㉡은 모두 우주 왕복선이 대기권에 재돌입하는 과정에서 발생하는 문제를 해결하기 위한 것이다.
④ ㉡은 ㉠과 달리 내열재가 증발하면서 열이 달아나게 하는 방법을 사용한다.

⑤ ㉡은 ㉠에 비해 더 높은 공력 가열 현상이 발생할 때에 효과적으로 열을 낮춘다.

정답 풀이

3문단에 따르면, 물체는 고온이 되면 빛이나 적외선을 강하게 내보내는 열복사가 일어나고, 이때 물체의 열이 밖으로 달아나게 된다. 이러한 원리를 이용한 것은 복사 냉각(㉠)이다. 어블레이션(㉡)은 복사 냉각을 쓸 수 없을 만큼 공력 가열이 높을 때 사용되는 방법으로, 고온에 의해 내열재가 열분해되는 원리를 이용한 것이다.

오답 풀이

① 복사 냉각과 어블레이션은 모두 공력 가열 현상을 약하게 만들어 우주 왕복선의 열을 낮추기 위해 사용되는 방법이다.
③ 복사 냉각과 어블레이션은 모두 우주 왕복선이 대기권에 재돌입하는 과정에서 공력 가열 때문에 우주 왕복선의 온도가 높아지는 문제를 해결하기 위한 것이다.
④ 어블레이션은 공력 가열을 받은 내열재가 열을 흡수하면서 분해되어 증발하는 과정에서 열이 달아나게 하는 방법이다.
⑤ 어블레이션은 높은 공력 가열 현상이 발생하여 복사 냉각의 방법을 쓸 수 없는 경우에 사용하는 방법이다.

3 어휘의 의미 파악하기   답 ⑤

ⓐ의 문맥적 의미와 가장 가까운 것은?

① 그만 자고 어서 일어나 학교에 가거라.
　　　　　　잠에서 깨어나다
② 얼마 후에 꺼져 가던 불꽃이 다시 일어났다.
　　　　　약하거나 희미하던 것이 성하여지다
③ 연주회가 끝나자 관객들은 자리에서 일어나 박수를 쳤다.
　　　　　　　　　　　　　　　누웠다가 앉거나 앉았다가 서다
④ 그는 친구의 말에 화가 일어났지만 곧 마음을 가라앉혔다.
　　어떤 마음이 생기다
☑ 기상청에서는 오늘 황사 현상이 일어날 것이라고 예보했다.
　　　　　　　　　자연이나 인간 따위에게 어떤 현상이 발생하다

정답 풀이

'열복사가 일어나면'에서의 '일어나다'는 '자연이나 인간 따위에게 어떤 현상이 발생하다.'의 의미로 사용되었다. 이와 문맥적 의미가 가장 가까운 것은 ⑤의 '일어나다'이다.

오답 풀이

① '잠에서 깨어나다.'의 의미로 사용되었다.
② '약하거나 희미하던 것이 성하여지다.'의 의미로 사용되었다.
③ '누웠다가 앉거나 앉았다가 서다.'의 의미로 사용되었다.
④ '어떤 마음이 생기다.'의 의미로 사용되었다.

어휘력 Upgrade   ※다음의 빈칸에 들어갈 알맞은 말을 〈보기〉에서 찾아 쓰시오.

┤ 보기 ├
귀환
방출
부착
증발

1 취재를 끝낸 외국 기자들은 각자 본국으로 (귀환)하였다.
　→ 다른 곳으로 떠나 있던 사람이 본래 있던 곳으로 돌아오거나 돌아감
2 물은 열이 가해지면 수증기가 되어 공기 중으로 (증발)한다.
　→ 어떤 물질이 액체 상태에서 기체 상태로 변함
3 이 과일 모양의 자석은 냉장고에 (부착)해서 장식하는 데 쓴다.
　→ 떨어지지 아니하게 붙음. 또는 그렇게 붙이거나 닮
4 은하가 태양계에 (방출)하는 빛의 양은 은하의 기울기에 따라 달라진다.
　→ 입자나 전자기파의 형태로 에너지를 내보냄

인체의 내부를 진단하는 CT의 원리

1 병원에 가면 몸을 정밀하게 검사하기 위해 CT(컴퓨터 단층 촬영)를 찍자는 말을 흔히 듣게 된다. CT는 Computed Tomography의 약자로, tomography는 단면이나 조각을 뜻하는 그리스어 tomos와 기록을 뜻하는 graphein이 결합된 말이다. 즉, CT는 일반 촬영으로 나타낼 수 없는 신체의 단층 영상을 기록하여 나타내는 장치이다. ▶CT의 어원과 개념

2 CT로 영상을 얻는 방법은 다음과 같다. 우선 X선으로 관찰하고자 하는 인체의 특정 부분을 돌아가면서 촬영하면, 이 정보가 검출기로 전해진다. 특정 부위를 관찰하기 위해 여러 방향에서 조사한 X선은 관찰하고자 하는 인체의 부위에 존재하는 뼈나 혈액, 근육 등을 통과하면서 미세한 흡수 차를 보이게 된다. 검출기는 이 흡수 차에 대한 정보를 컴퓨터로 전달한다. 그러면 컴퓨터는 이 정보를 영상으로 재구성하는 것이다. ▶CT로 영상을 얻는 원리

3 CT로 촬영된 영상은 아픈 부위의 절단면을 마치 칼로 무를 자른 듯이 깨끗하게 보여 준다. 그렇기 때문에 관찰하고자 하는 대상의 단면을 입체적으로 파악할 수 있다. CT를 이용하면 일반 X선 영상에서는 겹쳐서 보이지 않는 신체 내부 장기나 해부학적으로 복잡한 구조를 지닌 부위도 정확하게 진단할 수 있다. 그래서 CT는 ㉠종래의 X선 사진에 비해 머릿속이나 소화 기관의 종양, 폐암이나 간암 등을 진단하는 데 특히 유용하다. ▶CT가 유용하게 활용되는 진단 분야

4 그런데 ㉡CT는 X선을 사용한다는 단점이 있다. X선은 우리 몸에 좋지 않은 방사능을 내보내기 때문에 X선에 장시간 노출될 경우 건강에 좋지 않은 영향을 미칠 수 있다. 이 때문에 고안된 영상 장치가 MRI(자기 공명 영상)이다. ㉢MRI는 인체의 주변에 자기장을 만든 뒤 인체에 고주파를 쏜다. 이 고주파를 받은 인체의 수소 원자는 자기장이 사라지며 에너지를 방출한다. 이때 정상 부위와 질병 부위가 내놓는 에너지의 양에 차이가 나는데, 이 차이를 컴퓨터 영상으로 나타낸다. 일반적으로 MRI는 CT에 비해 좀 더 정밀한 입체 영상을 얻을 수 있는 것으로 알려져 있다. ▶CT의 단점을 보완한 MRI의 원리와 장점

5 그러나 MRI는 자기장을 이용하므로 심장 박동기나 치아 보철물 등 자기장을 형성할 수 있는 인공 장치가 몸에 있는 사람은 검사할 수 없다. 또한 검사 비용도 CT에 비해 부담이 큰 편이다. 이에 비해 CT는 촬영 시간이 짧고, 별다른 준비가 필요 없으며, 몸에 심장 박동기와 같은 금속 장비가 있을 경우에도 촬영이 가능하다. 따라서 교통사고 등으로 시급하게 신체의 손상 여부를 파악해야 할 때는 CT가 MRI보다 중요한 역할을 하고 있다. ▶MRI의 단점과 이와 대비되는 CT의 유용성

● **지문 갈무리**
CT는 기존의 X선 사진으로는 파악하기 어려웠던 인체 내부의 질병을 진단할 수 있는 장비야. 이것이 좀 더 발전하면서 MRI라는 장비도 나왔지. 이 글은 CT와 MRI를 비교하면서 CT의 원리와 장단점을 설명하고 있어.

● **주제**
CT의 원리와 장점 및 MRI와의 비교

♥ **조사(照射)**: 광선이나 방사선 따위를 쬠.
♥ **종양(腫瘍)**: 몸 안의 세포가 자율성을 가지고 과잉으로 발육한 종기나 혹.
♥ **진단(診斷)**: 의사가 환자의 병 상태를 판단하는 일.
♥ **유용(有用)**: 쓸모가 있음.
♥ **고안(考案)**: 연구하여 새로운 안을 생각해 냄.
♥ **보철물(補綴物)**: 이가 상한 데를 고치어 바로잡거나 이를 해 박을 때 사용되는 물건.

독해력 Upgrade

※각 문단의 중심 내용을 다음과 같이 정리할 때, 빈칸에 들어갈 알맞은 말을 쓰시오.

| **1** CT의 어원과 개념 | → | **2** CT로 (영상)을 얻는 원리 | → | **3** CT의 장점과 유용하게 활용되는 분야 | → | **4** CT의 단점을 보완한 (MRI)의 원리와 장점 | → | **5** MRI의 단점과 이와 대비되는 (CT)의 유용성 |

1 내용 전개 방식 파악하기
답 ②

이 글의 중심 화제를 다루기 위해 사용된 글쓰기 전략으로 바르게 묶인 것은?

┤ 보기 ├

ㄱ. 중심 화제의 개념을 정의하고 원리를 소개할 것.
　　○-CT의 개념을 정의하고, CT로 영상을 얻는 원리를 설명함

ㄴ. 중심 화제의 발전 과정을 통시적으로 고찰할 것.

ㄷ. 중심 화제를 친숙한 다른 대상에 빗대어 설명할 것.

ㄹ. 중심 화제의 특성을 다른 대상과의 비교를 통해 드러낼 것.
　　○-CT와 MRI를 비교함

① ㄱ, ㄴ　　　✓② ㄱ, ㄹ　　　③ ㄴ, ㄷ

④ ㄴ, ㄹ　　　⑤ ㄷ, ㄹ

정답 풀이

이 글은 1문단에서 중심 화제인 CT의 개념을 정의하고, 2문단에서 CT로 영상을 얻는 과정과 원리에 대해 설명하고 있다 (ㄱ). 그리고 4문단과 5문단에서 CT와 MRI의 장단점을 비교하면서, CT가 MRI에 비해 유용한 점을 설명하고 있다(ㄹ).

오답 풀이

ㄴ. CT의 원리와 장단점에 대해 설명하고 있을 뿐, CT의 발전 과정을 고찰하지는 않았다.

ㄷ. CT와 MRI를 비교하고 있을 뿐, CT를 친숙한 다른 대상에 빗대어 설명하지는 않았다.

2 세부 정보 파악하기
답 ④

㉠~㉢에 대한 이해로 가장 적절한 것은?

① ㉠은 ㉡에 비해 복잡한 구조를 지닌 부위를 진단하기에 적합하다.
　×-㉢은 ㉠에 비해

② ㉡은 ㉢에 비해 검사 비용이 많이 든다.
　×-㉢은 ㉡에 비해

③ ㉡은 자기장을 이용하고, ㉢은 X선을 이용한다.
　×-㉢

✓④ ㉢을 사용하면 ㉡에 비해 정밀한 영상을 얻을 수 있다.
　　×-㉡

⑤ ㉢은 ㉡에 비해 건강에 좋지 않은 영향을 미칠 수 있다.
　×-㉡은 ㉢에 비해

정답 풀이

4문단에서 CT(㉡)의 단점을 보완하기 위해 고안된 MRI(㉢)는 CT에 비해 좀 더 정밀한 입체 영상을 얻을 수 있는 것으로 알려져 있다고 하였다.

오답 풀이

① 3문단에서 CT를 이용하면 X선 영상에서는 겹쳐서 보이지 않는 신체 내부 장기나 해부학적으로 복잡한 구조를 지닌 부위도 정확하게 진단할 수 있다고 하였다.

② 5문단에서 MRI의 검사 비용은 CT에 비해 부담이 크다고 하였다.

③ CT는 X선으로 관찰하고자 하는 부분을 촬영하는 방식이고, MRI는 인체의 주변에 자기장을 만든 뒤 인체에 고주파를 쏘는 방식이다.

⑤ 4문단에서 CT는 방사능을 내보내는 X선을 사용하여 건강에 좋지 않은 영향을 미칠 수 있으며, 이 때문에 고안된 것이 MRI라고 하였다.

3 내용 추론하기
답 ③

이 글의 내용을 참고할 때, CT로 검사를 받을 수 있는 대상이 아닌 사람은?

① 사랑니를 발치하기 전에 정확한 진단을 받아야 하는 사람

② X선 촬영 검사 후에도 위장 장애의 원인을 찾지 못한 사람

✓③ 임신 중에 걷지 못할 정도의 허리 통증을 느껴 병원에 온 사람
　　×-CT는 건강에 좋지 않은 영향을 미칠 수 있음

④ 큰 교통사고를 당한 후에 응급실에 실려 와 통증을 호소하고 있는 사람

⑤ 인공 심장 박동기를 삽입한 후 가슴 통증과 호흡 곤란을 겪고 있는 사람

정답 풀이

4문단에서 CT는 방사능을 내보내는 X선을 사용하기 때문에 건강에 좋지 않은 영향을 미칠 수 있다고 하였다. 따라서 임신 중의 CT 촬영은 바람직하지 않다는 것을 알 수 있다.

단원 어휘 테스트 ✔

09회 01 ㉢ 02 ㉣ 03 ㉠ 04 ㉡ 05 환기 06 이주 07 투과 08 인증 09 복원 10 정밀 11 쾌적 12 배출 13 실용화 14 밀폐 15 노출 16 변형 17 유사한 18 인지하지 19 전송했다 20 귀환하였다

10회 01 ㉡ 02 ㉢ 03 ㉠ 04 ㉣ 05 진단 06 증발 07 측량 08 감염 09 유용 10 주력 11 부과 12 보완 13 유망 14 산출 15 분담 16 감수 17 고갈되고 18 부착해 19 탈취하여 20 선별하기

어휘력 Upgrade　　※다음의 빈칸에 들어갈 알맞은 말을 <보기>에서 찾아 쓰시오.

┤ 보기 ├

고안
보철물
유용
진단

1 전자계산기는 복잡한 계산을 재빨리 해치우기에 (유용)하다.
　　→ 쓸모가 있음

2 의사들은 환자를 (진단)한 후 오랜 회의 끝에 수술을 하기로 결정했다.
　　→ 의사가 환자의 병 상태를 판단하는 일

3 우리 회사는 한 달에 한 번씩 사원들이 (고안)해 낸 안건들을 검토한다.
　　→ 연구하여 새로운 안을 생각해 냄

4 기존 치아와 유사한 색상의 (보철물)로 충치 치료를 했더니 치료한 부분이 잘 드러나지 않았다.
　　→ 이가 상한 데를 고치어 바로잡거나 이를 해 박을 때 사용되는 물건

게임 이론의 수학적 분석

1 ②   2 ④   3 ②

● 지문 갈무리
사람은 항상 최선의 선택을 할까? 게임 이론에 따르면 꼭 그렇지는 않다고 해. 이 글은 보수 행렬을 이용한 수학적 접근을 통해 치킨 게임과 죄수의 딜레마의 특성을 설명하고 있어.

● 주제
보수 행렬을 이용한 게임 이론의 수학적 해석

1 ㉠치킨 게임은 대결을 벌이는 두 사람이 각각 자동차에 올라타고, 서로 마주 본 다음 상대방을 향해 돌진˚하는 게임이다. 두 사람 중에서 겁을 먹고 먼저 핸들을 돌려 충돌을 피하는 쪽이 게임에서 지고 '겁쟁이(chicken)'가 된다. 게임 참여자의 선택에 따라 얻게 되는 이익이나 보상이 어떻게 달라지는지를 행렬˚로 나타낸 보수 행렬을 통해, 치킨 게임과 같은 게임의 이론을 수학적으로 해석하기도 한다.
▶치킨 게임의 개념과 그 이론의 수학적 해석

2 오른쪽 표에서 보듯이, 두 사람 다 양보하면 각각 2의 효용˚, 한 사람이 양보하고 다른 사람은 양보하지 않아 누군가 승리하면 4의 효용, 두 사람 다 양보하지 않아 충돌하면 -2의 효용을 얻는다. 두 사람이 서로 양보하면 모두 목숨을 건질

치킨 게임		게임 참여자 2	
		양보	돌진
게임 참여자 1	양보	2, 2	0, 4
	돌진	4, 0	-2, -2

수 있지만 겁쟁이가 된다. 이와 반대로 만약 상대방이 양보해 준다면 가장 큰 효용(0, 4 또는 4, 0)을 얻을 수 있다. 따라서 최선의 방법(2, 2)이 있음에도 불구하고, 참여자는 4의 효용을 얻고 싶어 양보보다는 돌진을 선호하게 된다. 이와 같은 해석에 따라, 치킨 게임은 서로의 이해˚를 조정하거나 공동의 이익을 추구하기가 곤란한 예로 사용된다.
▶양보보다는 돌진을 선호하는 치킨 게임 분석

3 또 다른 게임 이론인 죄수의 딜레마 이론은 치킨 게임과 같이 (㉡　　　　)는 점에서 공통점이 있지만, 상대를 배신할 수 있는 전략이 있다는 점에서 차이가 있다. 죄수의 딜레마는 범죄를 같이 저지른 두 사람이 경찰에 붙잡혔을 때, 경찰이 아직 죄를 입증할 만한 증거를 찾지 못한 상태라고 가정하는 데에서 시작한다. 이때 경찰은 두 사람에게 다음과 같이 말한다. 두 사람 다 범행을 부인˚하면 모두 석방, 한 사람이 자백했는데 다른 사람이 부인하면 자백한 사람은 석방하고 부인한 사람은 3년 형, 두 사람 다 자백하면 모두 2년 형을 받을 것이다. 이 경우 어떤 선택을 하는 것이 가장 합리적일까? 최선의 방법은 두 사람 다 죄를 부인하고 석방되는 것이지만, 이를 위해서는 상대가 자백하지 않을 것이라는 믿음이 있어야 한다. 결국 자신은 부인하더라도 상대방이 자백하면 불리하다는 생각에 두 사람 다 자백하게 되고 모두 2년 형을 받게 된다. ㉢이 역시 보수 행렬로 나타낼 수 있다.
▶최선의 방법을 선택하지 못하는 죄수의 딜레마 분석

4 이전부터 협력, 갈등, 대립 등 게임과 관련된 내용을 학문적으로 연구하려는 시도는 있었다. 하지만 기존의 연구들은 대부분 특정한 상황에서의 전략을 연구하는 데 그쳤다. 치킨 게임과 죄수의 딜레마는 게임 이론을 수학의 영역으로 끌어들였다. 이후 게임 이론은 여러 수학적 개념과 결부˚해 발전해 나갔다. 아울러 경제학뿐만 아니라 존 롤스의 〈정의론〉이나 리처드 도킨스의 〈이기적 유전자〉와 같은 책의 논리 전개에도 영향을 주었다.
▶수학과 결부한 게임 이론이 다른 학문에 끼친 영향

◆ 돌진(突進): 세찬 기세로 거침없이 곧장 나아감.

◆ 행렬(行列): 여러 숫자나 문자를 정사각형 또는 직사각형으로 배열한 것.

◆ 효용(效用): 인간의 욕망을 만족시킬 수 있는 재화의 효능.

◆ 이해(利害): 이익과 손해를 아울러 이르는 말.

◆ 부인(否認): 어떤 내용이나 사실을 옳거나 그러하다고 인정하지 아니함.

◆ 결부(結付): 일정한 사물이나 현상을 서로 연관시킴.

독해력 Upgrade　　※각 문단의 중심 내용을 다음과 같이 정리할 때, 빈칸에 들어갈 알맞은 말을 쓰시오.

1 치킨 게임의 개념과 그 이론의 (수학)적 해석 → **2** 양보보다는 돌진을 선호하는 (치킨) 게임 분석 → **3** (최선)의 방법을 선택하지 못하는 죄수의 딜레마 분석 → **4** 수학과 결부한 게임 이론이 다른 학문에 끼친 영향

1 어휘의 의미 파악하기 답 ②

> **㉠의 특성을 나타내는 단어로 가장 적절한 것은?**
>
> ① 기습(奇襲) → 갑자기 들이쳐 공격함
> ☑ 배수진(背水陣) → 어떤 일을 성취하기 위하여 더 이상 물러설 수 없음
> ③ 최선책(最善策) → 가장 좋고 훌륭한 대책
> ④ 일거양득(一擧兩得) → 한 가지 일을 하여 두 가지 이익을 얻음
> ⑤ 일확천금(一攫千金) → 힘들이지 아니하고 단번에 많은 재물을 얻음

정답 풀이

치킨 게임은 두 사람 중에서 겁을 먹고 먼저 핸들을 돌려 충돌을 피하는 쪽이 지게 되는 게임이다. 즉, 치킨 게임에서 겁쟁이가 되지 않기 위해서는 죽음을 각오하고 상대방을 향해 돌진해야만 한다. 이러한 특성은 '어떤 일을 성취하기 위하여 더 이상 물러설 수 없음을 비유적으로 이르는 말'인 배수진으로 나타내기에 적절하다.

오답 풀이

① 기습은 '적이 생각지 않았던 때에, 갑자기 들이쳐 공격함.'을 뜻한다. 치킨 게임은 갑자기 공격하는 방식이 사용되지 않는다.
③ 최선책은 '가장 좋고 훌륭한 대책.'을 뜻한다. 치킨 게임은 최선의 방법인 상호 간의 양보를 택하지 않는다.
④ 일거양득은 '한 가지 일을 하여 두 가지 이익을 얻음.'을 뜻한다. 치킨 게임에서는 손해를 무릅쓰고서라도 돌진을 감행하는 경향이 나타나므로 이익을 위해 위험을 감수하는 상황과 관련된다.
⑤ 일확천금은 '힘들이지 아니하고 단번에 많은 재물을 얻음.'을 뜻한다. 치킨 게임은 위험을 감수할수록 보상이 높아지는 방식으로 이루어진다.

2 생략된 내용 추론하기 답 ④

> **㉡에 들어갈 말로 가장 적절한 것은?**
>
> ① 모두에게 이익이 돌아가는 합리적인 선택이 가능하다
> ② 겁쟁이가 되지 않기 위해 효용이 떨어지는 선택을 한다
> ③ 이익을 극대화하기 위해서 적극적으로 상대방과 협상한다
> ☑ 가장 합리적인 선택이 있지만 참여자들이 다른 선택을 한다
>   치킨 게임: 둘 다 양보하는 것이 최선 → 돌진을 선호
>   죄수의 딜레마: 둘 다 부인하는 것이 최선 → 둘 다 자백
> ⑤ 가장 비효율적일 때 참여자 모두에게 좋은 결과가 나타난다

정답 풀이

치킨 게임에서는 두 사람 다 양보하는 최선의 선택이 있지만, 겁쟁이가 되는 것이 싫어 돌진을 선호하게 된다고 하였다. 또 죄수의 딜레마에서도 두 사람 다 죄를 부인하고 석방되는 최선의 선택이 있지만, 상대방에 대한 믿음이 부족하여 모두 죄를 자백하게 된다고 하였다. 따라서 치킨 게임과 죄수의 딜레마는 모두 최선의 선택이 있지만 결국 참여자들이 다른 선택을 하게 된다는 공통점이 있다.

3 내용 추론하기 답 ②

> **〈보기〉를 참고하여 ㉢을 보수 행렬로 바르게 나타낸 것은?**
>
> ───┤ 보기 ├───
>
> 보수 행렬은 특정 상황에서 각자가 얻게 되는 이익이나 보상 등의 보수를 수치화하여 열거한 행렬이다. 보수 행렬은 행렬을 구성하는 성분 (a, b)의 값으로 나타낼 수 있다. 죄수의 딜레마에서 보수 행렬 안의 숫자는 감옥에서 지내게 되는 기간을 의미하며, 죄수는 A와 B 두 명이라고 가정한다.
> • 둘 다 범행 부인 → 모두 석방(0, 0)
> • 한 사람 자백, 한 사람 부인 → 석방, 3년(0, 3)
> • 둘 다 자백 → 모두 2년(2, 2)

①
죄수의 딜레마		죄수 B	
		부인	자백
죄수 A	부인	2, 2	3, 0
	자백	3, 3	1, 1

② ☑
죄수의 딜레마		죄수 B	
		부인	자백
죄수 A	부인	0, 0	3, 0
	자백	0, 3	2, 2

③
죄수의 딜레마		죄수 B	
		부인	자백
죄수 A	부인	2, 2	3, 0
	자백	0, 3	3, 3

④
죄수의 딜레마		죄수 B	
		부인	자백
죄수 A	부인	1, 1	2, 2
	자백	2, 2	0, 3

⑤
죄수의 딜레마		죄수 B	
		부인	자백
죄수 A	부인	0, 0	3, 3
	자백	3, 3	2, 2

정답 풀이

3문단에서 설명한 죄수의 딜레마 이론에 따르면, 죄수 A와 B가 모두 범행을 부인하면 둘 다 감옥에서 지내지 않게 되어 (0, 0)이 된다. 그리고 A와 B가 모두 자백하면 둘 다 감옥에서 2년을 지내게 되어 (2, 2)가 된다. 만약 A와 B 중에서 한 사람이 자백하고 다른 사람이 부인하면 자백한 사람은 석방하고 부인한 사람은 감옥에서 3년을 지내게 되어 (0, 3) 또는 (3, 0)이 된다. 따라서 적절한 것은 ②이다.

어휘력 Upgrade ※다음의 빈칸에 들어갈 알맞은 말을 〈보기〉에서 찾아 쓰시오.

┤ 보기 ├
결부
극대화
돌진
이해

1 버스가 인도로 (돌진)하여 많은 사상자를 내었다.
  → 세찬 기세로 거침없이 곧장 나아감
2 이 기술은 에너지 효율을 (극대화)할 것으로 기대된다.
  → 아주 커짐. 또는 아주 크게 함
3 그는 책을 읽고 자신의 경험과 (결부)해 감상문을 썼다.
  → 일정한 사물이나 현상을 서로 연관시킴
4 그들은 힘을 합쳐 일을 끝낼 생각은 하지 않고 각자의 (이해)만 따지고 들었다.
  → 이익과 손해를 아울러 이르는 말

아름다움에 숨어 있는 수학적 원리

● 지문 갈무리
황금 분할이 적용된 대상은 아름답고 안정적으로 느껴진다고 해. 그래서 예술품이나 건축물을 만들 때 많이 이용되지. 이 글은 황금 분할의 개념과 의미, 유래, 적용된 예 등에 대해 설명하고 있어.

● 주제
황금 분할의 개념과 의미 및 적용된 예

1 인간이 찾아낸 아름다운 수학적 양식 중 하나가 황금 분할이다. 흔히 "수학은 어떤 학문인가?"라는 질문에 대한 대답으로 "수학은 아름다운 학문이다."라고 하는데, 왜 수학을 아름답다고 하는지에 대해서는 이해하기 쉽지 않다. 하지만 황금 분할에 대해 알게 되면 이런 의문은 해결될 수 있다.
▶수학이 아름다운 학문임을 뒷받침하는 황금 분할 이론

2 이 황금 분할을 수학적으로 표현하면 다음과 같다.

선분 AB의 길이를 1이라고 가정하고, 어떤 비율로 선분 AB를 나누고자 한다. 선분 AB의 길이에 대한 선분 PB의 길이의 비가, 선분 PB의 길이에 대한 선분 AP의 길이의 비와 같도록 점 P가 결정될 때, 황금 분할이 이루어진다. 즉, 어떤 주어진 선분에서 (a+b) : b = b : a의 등식이 이루어지게 나눌 수 있는 점을 황금 분할의 점이라고 한다. 황금 분할의 점은 전체 길이의 61.8%에 해당하는 점이어서, 일반적으로 황금 분할을 이루는 비율은 0.618 또는 1.618을 의미한다. a를 b로 나누면 0.618이 되고, b를 a로 나누면 1.618이 된다. 그러므로 황금 분할은 전체 속에서 두 개의 크기가 다른 부분 사이의 독특한 상호 관계를 나타내며, 아울러 이 비율 관계의 절묘함을 뜻하기도 한다.
▶황금 분할의 개념과 의미

3 인간의 시각에서 볼 때 이 황금 분할의 비율을 응용하여 만든 물건들은 다른 비율을 응용해 만든 것에 비해 아름답고 안정적으로 느껴진다. 그렇기 때문에 많은 예술품과 건축물에 이 황금 분할의 비율이 사용되어 왔다. 지금까지 남아 있는 유물 중 황금 분할을 적용한 가장 오래된 예는 기원전 4700년경에 건설된 피라미드이다. 이집트인들이 발견한 황금 분할의 개념은 그리스로 전해져, 파르테논 신전의 전면에 나타나는 직사각형의 변들처럼 그리스의 조각, 회화, 건축 등에 적용되었다. 황금 분할이라는 명칭은 그리스의 수학자 에우독소스가 붙였고, 이를 나타내는 파이(∅, 1.61803)도 이 비율을 조각에 이용하였던 피디아스라는 사람의 그리스어 머리글자에서 따왔다.
▶황금 분할이 적용된 분야와 명칭의 유래

4 '모든 것의 근원은 수'라고 생각했던 고대 그리스의 피타고라스 학파 사람들은 이 파이 안에서 우주 질서의 비밀을 찾으려 했다. 그들은 파이를 단순한 숫자로 생각하기보다는 신성한 하나의 상징으로 인식했다. 그러기에 그들은 황금 분할의 비율이 내재된 오각형 별을 그들의 상징으로 삼았고, 황금 분할이 드러내는 특징처럼 자신의 특성을 보존하면서도 전체의 더 큰 형태에 융화되는 삶을 이상으로 생각했다.
▶황금 분할의 의미를 삶에서 실천하려 한 피타고라스 학파

❥ 분할(分割): 나누어 쪼갬.

❥ 가정(假定): 사실이 아니거나 또는 사실인지 아닌지 분명하지 않은 것을 임시로 인정함.

❥ 절묘하다(絕妙하다): 비할 데가 없을 만큼 아주 묘하다.

❥ 유물(遺物): 선대의 인류가 후대에 남긴 물건.

❥ 내재(內在): 어떤 사물이나 범위의 안에 들어 있음.

❥ 융화(融和): 서로 어울려 갈등이 없이 화목하게 됨.

독해력 Upgrade   ※각 문단의 중심 내용을 다음과 같이 정리할 때, 빈칸에 들어갈 알맞은 말을 쓰시오.

| **1** 수학이 아름다운 학문임을 뒷받침하는 (황금 분할) 이론 | → | **2** 황금 분할의 개념과 의미 | → | **3** 황금 분할이 적용된 분야와 (명칭)의 유래 | → | **4** 황금 분할의 의미를 삶에서 실천하려 한 (피타고라스) 학파 |

1 내용 전개 방식 파악하기   답 ③

이 글의 전개 방식으로 가장 적절한 것은?

① 사회적 통념의 문제점을 지적한 후 그 원인을 밝히고 있다.

② 서로 다른 관점들을 종합하여 새로운 결론을 제시하고 있다.

　　　　　　　　 ○-황금 분할의 개념과 의미 설명

③ 의문을 제기한 다음 특정 개념을 설명함으로써 이를 해
　 ○-왜 수학을 아름답다고 하는가
소하고 있다.

④ 전문가의 말을 인용하여 전달하려는 내용에 신뢰성을 부여하고 있다.

⑤ 구체적인 예를 제시한 뒤 이를 바탕으로 일반화된 개념을 이끌어 내고 있다.

정답 풀이

이 글은 1문단에서 왜 수학을 아름다운 학문이라고 하는지에 대해 의문을 제기한 다음, 2문단부터 황금 분할의 개념과 의미 및 적용 분야 등을 설명함으로써 그러한 의문을 해소하고 있다.

2 세부 정보 파악하기   답 ③

이 글에 대한 이해로 가장 적절한 것은?

① 황금 분할의 가치를 처음 발견한 것은 그리스인들이다.
　　　　　　　　　×-이집트에서 그리스로 전해짐
② 선분을 둘로 나눌 때 황금 분할을 이루는 점은 무수히
　　　　　　　　　×-황금 분할을 이루는 점은 하나임
많다.

③ 황금 분할은 조각, 회화, 건축 등 다양한 분야에서 이용되었다. → 3문단

④ 피타고라스 학파는 개성보다는 전체 속에 융화되는 삶을
　　　　　　　　×-개성과 전체와의 융화를 동시에 추구함
중시했다.

⑤ 황금 분할이 적용되지 않은 대상이 적용된 대상보다 안
　×-황금 분할이 적용되면 아름답고 안정적으로 느껴짐
정적인 느낌을 준다.

정답 풀이

3문단에서 황금 분할의 비율이 적용되면 아름답고 안정적인 느낌을 주기 때문에 많은 예술품과 건축물에 사용되어 왔으며, 황금 분할의 비율은 조각, 회화, 건축 등 다양한 분야에 적용되었다고 하였다.

3 자료 해석의 적절성 평가하기   답 ④

이 글을 바탕으로 〈보기〉를 해석한 내용으로 적절하지 않은 것은?

┤ 보기 ├

'1, 1, 2, 3, 5, 8, 13, 21, …'과 같이 앞의 두 수를 합한 값이 다음에 나오는 수가 되는 수열을 피보나치 수열이라고 한다. 이 수열을 반복하면, 인접한 두 수의 비율은 황금 분할에 가까워진다. 이를 그림으로 나타내면 아래와 같다. 그림에서 도형 ABCD는 황금 분할에 해당한다고 가정한다.

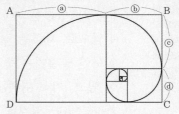

① $\overline{AB}$를 $\overline{BC}$로 나누면 1.618이다.

② $\overline{AB}$에서 ⓐ의 비율은 0.618이다.

③ $\overline{BC}$에서 ⓓ의 비율은 0.382이다.

④ ⓑ와 ⓒ의 비율을 합한 값은 0.5이다.
　　　 ×-비율을 합한 값은 1임
⑤ ⓐ와 ⓑ의 비율은 ⓒ와 ⓓ의 비율과 같다.

정답 풀이

2문단에서 황금 분할을 이루는 점은 전체 길이의 61.8%(=0.618)에 해당하는 점이라고 하였다. $\overline{AB}$에서 짧은 부분인 ⓑ의 비율은 0.382이고 $\overline{BC}$에서 긴 부분인 ⓒ의 비율은 0.618이므로, 이 둘을 합한 값은 1이다.

오답 풀이

① 2문단에서 황금 분할을 이루는 선분의 긴 부분을 짧은 부분으로 나누면 1.618이 된다고 하였다. 따라서 사각형 ABCD가 황금 분할을 이루고 있을 때 긴 변인 $\overline{AB}$를 짧은 변인 $\overline{BC}$로 나누면 1.618이 된다.

② $\overline{AB}$에서 ⓐ는 황금 분할을 이루는 변의 긴 부분이므로 황금 분할 비율인 0.618이 된다.

③ $\overline{BC}$에서 ⓒ와 ⓓ는 황금 분할을 이루고 있으므로, ⓓ의 비율은 1에서 0.618을 뺀 0.382가 된다.

⑤ $\overline{AB}$에서 긴 부분인 ⓐ를 짧은 부분인 ⓑ로 나누면 1.618이 되고, BC에서 긴 부분인 ⓒ를 짧은 부분인 ⓓ로 나누면 1.618이 된다. 따라서 둘의 비율은 같다.

어휘력 Upgrade   ※다음의 빈칸에 들어갈 알맞은 말을 〈보기〉에서 찾아 쓰시오.

┤ 보기 ├

분할
융화
절묘
해소

1 그녀는 바느질 솜씨가 매우 (절묘)하다.
　　　　　　　 →비할 데가 없을 만큼 아주 묘함
2 우리는 모처럼 바다로 가서 그동안 쌓인 스트레스를 (해소)했다.
　　　　　　　　　　　　　 →어려운 일이나 문제가 되는 상태를 해결하여 없애 버림
3 이 회사는 신입 사원을 상반기와 하반기에 절반씩 (분할)해서 모집한다.
　　　　　　　　　　　　　　　 →나누어 쪼갬
4 주민들이 출신 지역은 다르지만 서로 잘 (융화)해서 부유한 마을을 만들었다.
　　　　　　　　　　　　　　 →서로 어울려 갈등이 없이 화목하게 됨

백제의 뛰어난 문화를 보여 주는 무령왕릉

1 ⑤ **2** ② **3** ④

1 충남 공주에 있는 [무령왕릉]은 백제 25대 임금인 무령왕과 왕비의 무덤으로, 백제 고분˘ 가운데 주인을 정확하게 알 수 있는 유일한 무덤이다. 무령왕은 왕권을 튼튼히 하고 국가 제도를 정비˘하여 백성들에게 존경을 받았던 임금으로 알려져 있다. 무령왕릉은 백제 시대의 뛰어난 문화를 보여 주는 건축물로, 그 안에서 발견된 중국산 도자기와 동남아시아산 구슬 등은 백제가 국제 사회와 활발하게 교류˘했음을 알려 준다. ▶무령왕과 무령왕릉 소개

2 무령왕릉은 여러 문양이 새겨진 벽돌로 만든 아치형˘ 무덤으로, 내부는 널길과 널방으로 이루어져 있다. 무덤의 입구인 널길에는 죽은 사람의 정보가 적혀 있는 지석이 놓여 있고, 지석 뒤에는 무덤을 지키는 상징적 동물인 진묘수가 서 있다. 널길을 지나면 널방이 나오는데, 널방의 중앙에는 왕과 왕비의 시신을 안치˘한 목관이 있다. ▶무령왕릉의 구조

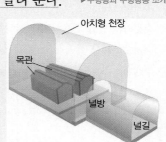

아치형 천장
목관
널방
널길

3 무령왕릉은 백제의 다른 무덤들과 달리 중국 남조에서 유행하던 벽돌무덤 형식을 취하고 있다. 무령왕릉에 사용된 벽돌의 종류는 모두 28가지이다. 주로 사용된 벽돌은 연꽃무늬가 있는 벽돌이지만, 글자가 있는 벽돌과 무늬가 없는 벽돌도 사용되었다. 연꽃무늬 벽돌은 벽돌 2장을 한 쌍으로 맞춰야 온전한 꽃무늬가 나타나도록 배치되어 있다. 벽돌에 연꽃을 새긴 것은 무령왕이 다시 태어나기를 바라는 마음을 담은 것으로 보인다. ▶무령왕릉의 특징 ① – 벽돌무덤 형식과 다양한 종류의 벽돌

4 벽체는 벽돌을 이중으로 쌓아 만들되, 벽돌을 네 개는 눕히고 한 개는 세워서 쌓는 사평일수의 방식을 활용하여 중국의 삼평일수 방식과 차이를 보인다. 천장은 아치형으로 만들어져 곡선의 아름다움을 형성하고 있다. 그런데 위에서 누르는 압력 때문에 무너지기 쉬웠을 천장이 1,500년이 넘는 긴 세월 동안 무너지지 않고 ㉠버텼다. 그 비결은 바로 단면이 사다리꼴인 사각뿔대 형태의 벽돌로 아치를 만든 것이었다. ▶무령왕릉의 특징 ② – 벽돌 쌓기 방식과 아치형 천장

5 사각뿔대의 크기가 다른 두 밑면 중 크기가 작은 면이 널방에서 보이도록 쌓으면 아치형이 만들어진다. 아치형 천장 위에 흙을 덮어 봉분˘을 만들면, 흙의 무게와 아치를 쌓은 벽돌의 무게가 더해진 중력이 지구 중심 방향으로 작용한다. 하지만 아치에 작용하는 힘은 양쪽의 기둥으로 분산˘되면서 틈이 생기지 않도록 벽돌을 밀어 주는 힘으로 변한다. 뿐만 아니라 벽돌을 미는 힘은 이에 반발하는 반력을 생기게 하는데, 양쪽에서 오는 반력으로 형성된 합력이 중력과 평형을 이루어 아치가 균형을 잡는 데 도움을 준다. ▶아치형 천장이 무너지지 않게 하는 과학적 원리

6 이처럼 사각뿔대 벽돌의 사용과 독특한 쌓기 방식으로 무령왕릉은 안정성과 예술성을 동시에 지니게 되었다. 무령왕릉은 백제 미술의 아름다움과 함께, 백제인들이 갖추었던 수학적 지식과 공학적 이해의 높은 수준을 엿볼 수 있게 한다. ▶무령왕릉의 가치와 의의

독해력 Upgrade

※각 문단의 중심 내용을 다음과 같이 정리할 때, 빈칸에 들어갈 알맞은 말을 쓰시오.

| **1** 무령왕과 무령왕릉 소개 | → | **2** 무령왕릉의 (구조) | → | **3** 무령왕릉의 특징 ① | → | **4** 무령왕릉의 특징 ② | → | **5** (아치형) 천장에 담긴 과학적 원리 | → | **6** 무령왕릉의 가치와 (의의) |

1 세부 정보 파악하기
답 ⑤

이 글의 내용과 일치하는 것은?

① 무령왕릉에 사용된 벽돌에는 모두 연꽃무늬가 새겨져
 ×-글자가 있는 벽돌과 무늬가 없는 벽돌도 사용됨
 있다.

② 무령왕릉에서 벽돌을 쌓는 방식은 중국의 방식을 차용하
 ×-중국의 삼평일수 방식과 차이를 보임
 였다.

③ 무령왕릉은 당시 백제에서 유행하던 건축 양식을 택하여
 ×-중국 남조에서 유행하던 벽돌무덤 형식
 만들었다.

④ 무령왕릉이 만들어질 당시에 백제는 다른 나라와 교류하
 지 않았다. ×-국제 사회와 활발하게 교류함

☑ 무령왕릉의 아치형 천장에 사용된 벽돌의 단면은 사다리
 꼴 모양이다. → 4문단

정답 풀이

4문단에서 무령왕릉의 아치형 천장은 단면이 사다리꼴인 사
각뿔대 형태의 벽돌로 만들었다고 하였다.

2 자료 해석의 적절성 평가하기
답 ②

5를 바탕으로 〈보기〉를 이해한 내용으로 적절하지 않은 것은?

┤ 보기 ├

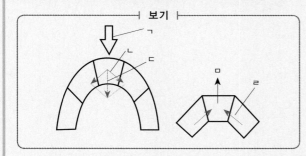

① ㄱ은 봉분의 흙과 벽돌의 무게가 더해져 힘이 지구 중심
 방향으로 작용한다.

☑ ㄱ은 ㄴ으로 나뉘면서 아치에 가해지는 압력을 높인다.
 ×-아치에 가해지는 압력이 줄어듦

③ ㄱ이 ㄴ과 같이 분산됨으로써 ㄷ의 방향으로 작용하려는
 힘이 약해진다.

④ ㄹ은 ㄴ에 반발하는 힘으로 ㅁ의 힘을 발생시킨다.

⑤ ㅁ은 ㄱ과 힘의 균형을 이룸으로서 아치를 유지하는 데
 도움을 준다.

정답 풀이

무령왕릉은 위에서 누르는 압력 때문에 무너지기 쉬웠을 천
장이 1,500년이 넘는 긴 세월 동안 무너지지 않고 버텼다고
하였다. 이는 흙의 무게와 벽돌의 무게가 더해진 ㄱ의 힘을
ㄴ과 같이 분산함으로써 아치에 가해지는 압력을 줄였기 때
문이다.

오답 풀이

① 흙의 무게와 벽돌의 무게가 더해진 ㄱ은 지구 중심 방향으로 작용하
 여 아치형 천장에 압력을 가한다.

③ 아치에 가해지던 ㄱ의 힘은 ㄴ과 같이 양쪽의 기둥으로 분산되어 그
 압력이 줄어든다.

④ ㄴ과 같이 분산되어 벽돌을 미는 힘은 이에 반발하는 반력을 생기게
 하며, 양쪽의 반력은 ㅁ과 같은 합력을 형성한다.

⑤ 양쪽의 반력으로 형성된 ㅁ은 ㄱ과 평형을 이루어 아치가 균형을 잡
 는 데 도움을 준다.

3 어휘의 의미 파악하기
답 ④

㉠과 문맥적 의미가 가장 유사한 것은?

① 나는 밥을 먹지 않고 3일을 버텼다.
 → 어려운 일이나 외부의 압력을 참고 견디다

② 어떤 건장한 청년이 문 앞에 떡 버티고 서 있었다.
 → 어떤 대상이 주변 상황에 움쩍 않고 든든히 자리 잡다

③ 고객은 자신의 잘못을 인정하지 않고 끝까지 버텼다.
 → 자기의 주장을 굽히지 않다

☑ 이 다리는 폭증하는 차량의 무게를 버티지 못할 것이다.
 → 무게 따위를 견디다

⑤ 말단 사원이 상급자의 부당한 압력에도 잘 버티고 있다.
 → 주위 상황이 어려운 상태에서도 굽히지 않고 맞서 견디어 내다

정답 풀이

'긴 세월 동안 무너지지 않고 버텼다.'에서의 '버티다'는 '무게
따위를 견디다'의 의미로 사용되었다. ④의 '버티다'도 이와
유사한 의미로 사용되었다.

단원 어휘 테스트 ✔

11회 01 ㉣ 02 ㉠ 03 ㉡ 04 ㉢ 05 고분 06 돌진 07
정비 08 부인 09 절묘 10 결부 11 해소 12 신성 13 차
용 14 융화 15 극대화 16 교류 17 안치했다 18 분산되어
19 선호하는 20 내재된

어휘력 Upgrade
※다음의 빈칸에 들어갈 알맞은 말을 〈보기〉에서 찾아 쓰시오.

┤ 보기 ├
교류
분산
정비
차용

1 그는 새로운 사업을 시작하기 위해 은행에서 자금을 (차용)하였다.
 → 돈이나 물건 따위를 빌려서 씀

2 그 사고로 부상을 입은 환자들은 시내의 병원에 (분산)되어 수용되었다.
 → 갈라져 흩어짐. 또는 그렇게 되게 함

3 조직이 (정비)되고 나면 우리 회사도 안정적으로 성장할 수 있을 것이다.
 → 흐트러진 체계를 정리하여 제대로 갖춤

4 어떤 분야든지 간에 다른 분야와 학문적 성과물을 (교류)해야만 더욱더 발전할 수 있다.
 → 문화나 사상 따위가 서로 통함

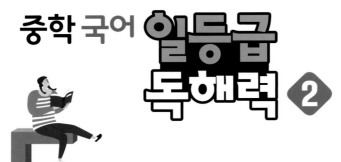

중학 국어 일등급 독해력 ②

●● 비문학을 어렵게 느끼고 다가가기 힘들어하는 학생들이 많습니다. 이 책은 학생들에게 비문학 독해란 무엇인지 알려 주고 독해 연습을 통해 비문학과 차차 친해질 수 있도록 하지요.　　　　　　　　　　　－ 김경아 선생님

●● 독해력과 어휘력은 국어 공부뿐만 아니라 모든 학습의 바탕입니다. 이 책을 단짝처럼 옆에 두고 매일매일 공부하면 독해력과 어휘력을 키울 수 있고, 이는 학교 공부를 잘할 수 있는 바탕이 됩니다.　　　　－ 백승재 선생님

●● 다양한 글 읽기는 사고의 폭을 넓히고 지식을 확장시켜 줍니다. 이 책은 예술, 사회, 인문, 과학, 기술, 융합의 다양한 지문을 수록하여 풍부하고 핵심적인 이슈들을 짚어 보게 합니다.　　　　　　　　　　－ 최홍민 선생님

●● 최근 수능 국어에는 정보량이 많은 긴 비문학 지문이 출제되고 있습니다. 이러한 흐름을 볼 때 이제 중학생에게도 비문학 독해 학습이 꼭 필요해졌습니다. 이 책은 지문과 문제에서 수능 유형을 충실하게 반영하여, 수능까지 내다본 비문학 공부를 시작하기에 더없이 좋은 교재입니다.
　　　　　　　　　　　　　　　　　　　　　　　　　　　－ 송경님 선생님

지은이 김우경 외　**펴낸곳** (주)꿈을담는틀
펴낸이 백종민　**등록번호** 제302-2005-00049호
대표전화 1544-6533　**팩스** 02-749-4151　**펴낸날** 2019년 9월 25일 초판 1쇄
주소 서울시 영등포구 당산로 50길 3 꿈을담는빌딩　**홈페이지** www.ggumtl.co.kr

새 교과서에 맞춘 최신 개정판

적중! 영문법 3300제

문법 개념 정리	+	내신 대비 문제
출제 빈도가 높은 문법 내용을 표로 간결하게 정리		연습 문제+영작 연습+중간·기말 고사 대비+워크북

1. **최신 개정 교육과정 교과서 연계표** (중학 영어 교과서의 문법을 분석)
2. **서술형 대비 강화** (학교 시험에 자주 나오는 서술형 문제 강화)
3. **문법 인덱스** (적중! 영문법 3300제의 문법 사항을 abc, 가나다 순서로 정리)